中國古代史學叢書

建炎以来繫年要録

【宋】李心傳 撰
辛更儒 點校

叁

建炎以來繫年要録卷四十八

1 紹興元年冬十月甲子朔，龍圖閣待制、知臨安府孫覿提舉江州太平觀，以集英殿修撰、新知温州席益代之。覿不爲吕頤浩、秦檜所喜，故引疾而有是命。

責授單州團練副使宋㬇復朝請大夫。㬇，庠曾孫，（庠，安陸人，皇祐中宰相。）蔡攸妻弟也。靖康初，以徽猷閣待制爲江淮發運副使，坐累責永州。至是，復官奉祠。而言者以爲罪戾昭著，乃罷予祠之命。

2 乙丑，詔曰：「黨錮之論，自古病之。本朝自章惇、蔡京首建元祐之黨，至崇寧、宣和間委任一相，則天下人材不歸蔡京，則歸王黼之門矣。恭聞太上内禪之日，已自悔爲奸臣蒙蔽，乃屬其大臣，令輔淵聖，盡用司馬光政事。逮朕嗣位以來，遵用太上玉音，追復元祐臣僚官職，又録用其子孫，亦欲破朋黨之論也。方今國削而迫，殊乏賢能幹蠱之士，與共圖治，而於推擇除授之際，尚以蔡京、王黼門人爲嫌，似未通變。自今應京、黼門人實有材能者，公舉而器使之，庶幾人人自竭，以濟艱難之運。」時吕頤浩爲政，喜用材吏，以其多出京、黼之門，恐爲言者所指，乃白上，下此詔焉。

參知政事李回不爲吕頤浩所喜，力丐免，罷爲資政殿學士、江西安撫大使兼知洪州。（回罷政，日曆不載，會要罷免門亦無之，皆不可曉。熊克載於九月甲寅。按日曆，十月二日乙丑，回與執政同加恩，尚帶參知政事銜。四日丁卯，方書回辭免江西新命。克甚誤也。況朱勝非尚在江西未罷，回何由便除洪州？樓鑰拜罷録繫於乙丑日，蓋得其的。今從之。

給事中洪擬試吏部尚書。

尚書右司員外郎趙子晝試太常少卿，降授朝奉大夫權江東安撫大使司參議官姚舜明、考功員外郎仇悆爲左右司員外郎。朝散郎、主管江州太平觀潘良貴爲考功員外郎，朝奉郎、主管臨安府洞霄宫樓炤爲兵部員外郎。炤，永康人，秦檜所薦也。

太常少卿蘇遲、樞密院檢詳諸房文字歐陽懋請補外，皆命爲徽猷閣待制出守。懋初見建炎元年。言者以其非舊典争之，乃並改集英殿修撰。遲知處州，懋知婺州。二人改命，在是月丁丑。

右武大夫、榮州團練使、江南東路馬步軍副總管巨師古爲神武後軍統制。

3 丙寅，降觀文殿學士、宣奉大夫、江西安撫大使、新知洪州兼淮南宣撫使朱勝非爲中大夫，分司南京，江州居住。時侍御史沈與求論勝非避事辭難，且言：「馬進陷九江，由勝非赴鎮太緩。」故貶。勝非以寄禄官分務，不帶卿監官，中書失之也。勝非家傳云：「勝非嘗論鎮撫使處置乖方之狀，又謂安撫大使名甚重而實不及一小邑，上皆是之，而當軸者不樂，諷言者指其逗遛之罪，責官居住。」按吕頤浩初秉政，與勝非無嫌。又勝非所論，乃范宗尹時事，頤浩胡爲不樂之？今不取。

詔自今諸郡守臣改移及罪罷者，並不俟新官，先次罷任，令轉運司選以次廉幹官權行主管，其帥臣則令監司權攝。以言者奏罪罷之人，無所顧藉，肆爲不法故也。

直顯謨閣、江東轉運副使王琮、直秘閣、福建轉運使朱宗並罷。張邦昌之僭位也，二人自庶官擢爲侍從，至是用言者奏而斥之。

初，命福建制置使辛企宗移屯福州，八月壬午。而企宗留南劍州不進。呂頤浩聞之，是日下堂札詰責企宗，仍令斟量賊勢，如不能措置，即具以聞，當别遣將。會范汝爲請屯福州就糧，企宗懼得罪，乃言：「初受命招捉盜賊，已招捉過二十三萬餘人。汝爲元係謝嚮等統轄之人，已令陸棠説諭赴軍前公參矣①。」詔企宗係制置使，毋得分彼此，速往福州措置。

4 丁卯，詔直秘閣李允文就大理寺賜死，坐擁兵跋扈，擅權專殺也。

集英殿修撰、知嚴州柳約權尚書户部侍郎。

詔朝請郎耿延禧復龍圖閣學士。中書舍人程俱言：「京城之陷，咎由延禧父子專以和議阻天下勤王之兵。二聖未還，艱危未濟，而乃起自廢放，盡還舊職，何以慰天下之公議？」詔延禧復徽猷閣待制、提舉江州太平觀。

寶文閣直學士趙子櫟提舉萬壽觀。

責授汝州團練副使陳宥復昭宣使、貴州防禦使，提舉江州太平觀，以赦叙也。初，方臘之亂，令中奉大夫張宛提點兩浙刑獄，挺身遁去。詔貸死長流昌化軍。至是，已叙舊官，復以明堂恩還直秘閣。言者奏其罪，命乃寢。宛，武進人也。

吏部言：「元祐黨籍及元符上書三等邪人，渡江籍記，各已散失。欲令逐家子孫，各録告敕干照自陳。」

從之。既而直秘閣黄策以蔡京所書黨碑及國子監所刊印黨籍上書人名來上，詔付吏部。

5 戊辰，詔寶文閣待制、新知廣州林遹當苗、劉之亂，首請納禄，可除龍圖閣直學士，以寵其節。日曆於戊辰、丁丑兩書之。會要在十四日丁丑，蓋出誥之日，今從初旨。

6 己巳，登州防禦使、權主管殿前司公事郭仲荀復護國軍承宣使、侍衛親軍步軍都指揮使②，主管殿前司公事。

中奉大夫盧襄復爲太中大夫。襄始坐事僞庭貶，至是盡復之。

詔陳嗇之補迪功郎。嗇之未見。

是日，浙西安撫大使司統制官王德以黄榜招安水軍統制邵青，既而降之。初，青自鎮江引舟師駐於崇明鎮，朝廷遣德往招捕。德駐軍青龍鎮，自率親兵往崇明，而爲泥港所隔。青先遣人鋪板布釘籤，官軍不知，争渡而過，多死於泥中。青遥語德曰：「太尉後隔潮水，我若以數百人棹舟扼守津要，則太尉糧食不通而自斃矣。然豈可扼人於險？太尉其速歸。」德曰：「邵統制，汝壯士，盍歸朝廷乎？」青曰：「諾。然軍中不能不犯朝廷之法，太尉可乞降一黄榜，應以前罪犯，一切不問，則與太尉同歸。」德許之，折箭爲誓。言於朝，詔以青改過自新，可依所乞，日前罪犯，特與赦免。德遣使持榜示青，榜中有云：「官軍晝夜攻打，青等城上乞降。」青見之大怒，其妻謂青曰：「汝不記作賊繫獄，我剪髮饋汝，今既如此，乃欲負朝廷耶？」時副統制、從義郎單德忠等皆欲受招，惟統轄官閻在不欲。後數日，諸將晨謁青，德忠即擊殺在於坐，謂衆曰：「敢有不歸朝廷者依此。」衆默然。青聞之，揮涕而出曰：「單統制若欲得印，當好相付，胡爲乃爾？」德忠食塊自明③，然後勸青納兵以贖罪。青從之，德忠即命倒旗鎗，通欵狀，遂受招安。此據趙甡之遺史修入。但甡之記持榜事於十月乙亥，而日曆劉光世所奏狀乃云：「據邵青公文，今月六日，承樞密院黄榜。」則其日乃己巳也，或是初六日黄榜到，而十二日閣在爲單德忠所殺，遂定降計耳。日曆九月丙辰降黄榜，去己巳十四日。甡之又云：「黄榜大概言王德掩殺水賊，邵青其勢困厄，不欲廣殺，乞降榜招降。」與史所載差不同，今從日曆本語。

7 庚午，户部尚書孟庾參知政事。王明清揮麈後録云：「孟富文爲户部侍郎，紹興辛亥之歲，邊遽少寧，廟堂議乘隙削平諸路盜賊。其方張者，莫如范汝爲，乃以命韓世忠，然病其難制，或爲州縣之害，當選從官中有風力者一人，置宣撫使，世忠副之。衆謂孟人物厖厚，且嘗爲韓所薦，首遷本部尚書遣之，又以爲韓官已高，亦非尚書所能令，乃欲以爲同簽樞。上意已定，時洪成季爲禮部尚書，吕丞相以孟除與成季參預之命同進，上留擬狀。值連日假告而已傳播。初，沈必先爲侍御史，嘗擊去成季。至是，沈召還舊列，成季亦復爲宗伯。以吕丞相初拜，未欲論也。至是，聞將大用，亟奏成季罷去。上意謂二相初拜，薦二執政，其一已先擊去，其一萬一又有議之者，二相俱不安矣。遂亟批出富文除參知政事。蓋誤當成季所擬官，二相亦恐紛紛，不復申前説，然亦議定，俟閩中使還即罷之。而會逢多事④，居位獨久，凡三年然後去國。」此尤謬誤。按孟庾以今年九月自户部除江湖宣諭使，未嘗兼閩中，亦不除韓世忠。是時，辛企宗已在建寧，朝廷又遣胡世將督捕。十月二日，洪擬始自瑣闥遷吏書，後五日，庾即除參政。又兩日，擬以沈與求論罷。此時擬方丐外，安得云上已留參政擬狀數日也？十一月五日，庾除福建宣撫，世忠副之，其執政已彌月。蓋方滋誤記，而明清又因之，今不取。

禮部員外郎王居正乞補外，不許。先是，侍御史沈與求之論范宗尹也，其言頗及居正，故居正請外。上謂輔臣曰：「宗尹既去，朕常諭止責萬格、王俣二人，餘不可因宗尹進退。卿等在廟堂，且爲朕力破黨與。」上因謂吕頤浩曰：「劉光世與卿有故怨，諸事略與應副。」頤浩具奏致怨本末，因言：「臣蒙聖恩，再使備位宰相，軀命不足惜，但觀近日事，尤費力。」秦檜曰：「頤浩所謂費力者，蓋恐小人不悦，事多掣肘耳。」上曰：「但問搢紳公論，小人何足恤？」熊克小曆以居正爲太常少卿。按居正明年二月方遷，此時少常乃趙子晝也。始，與求再居言路，或疑其論范宗尹所引用者，悉出之。與求曰：「近世人才，以宰相出處爲進退，蓋習以成風。今當別人之邪正能否而公言之，豈可謂一時所用皆不賢，而使視宰相爲進退哉？」

建武軍節度使、新知江州楊惟忠復爲江西馬步軍副都總管，屯洪州。武經大夫、江西安撫大使司統制官劉紹先知江州，兼沿江安撫使。時朱勝非在江州，紹先不之禮，由是勝非恨之。

詔進納授官人毋得注令録。後又詔毋得注親民及理法官。

初，四川制置使張深、利夔路制置使王庶，各以宣撫處置司之命，檄所部監司並受節制。知夔州韓迪以其不便，密聞於朝，詔張浚相度，仍命施、黔義兵毋得調往他路。

徽猷閣直學士湯東野爲江淮等路發運使，代權邦彦赴行在。

直龍圖閣、知婺州傅崧卿試秘書少監。

起復宣義郎、知溧水縣高堯明叙宣教郎。堯明，俅子，嘗爲户部員外郎，靖康初停廢。至是遂爲邑，非舊制也。

保義郎、漣水軍兵馬監押劉靖爲閤門祗候。

江東安撫大使司言：「李捧、華旺已就招。」詔：「揀其兵隸諸將。」初，張琪既遁，捧等乃以所部就劉洪道招安。尋以捧爲武經大夫、壽春府兵馬鈐轄，旺爲池州兵馬都監。既而洪道言：「捧所部精鋭，可得萬人。捧狀貌偉健，且勇於戰鬬，雖語言鄙俚，每合兵機，又不矜能，採用衆謀，以得下情。觀捧所長，殆非庸將所及。」乃命神武前軍統制王璦以捧衆赴行在。十一月戊申。

8 壬申，吏部尚書洪擬罷爲龍圖閣直學士，知温州。擬初除尚書，而侍御史沈與求言其未嘗歷州縣，乃命出守。

内侍楊公恕嘗爲康邸都監，又從上在河朔，至是，以舊恩乞差遣。三省欲與州都監，上曰：「其人難使近民。」富直柔曰：「近一任鈞者至密院干差遣，陛下知其爲人否？」上曰：「鈞尤狠愎。此曹稍不循理者，不欲使之在左右。」遂已。熊克小曆載此事於八月壬申，蓋誤。

詔行在置宗正一司，以武翼大夫、越州兵馬鈐轄趙仲蒸權行主管。時内外宗司分寓廣、潮、泉三郡，上以行在宗子無統屬之人，故有是命。

敦武郎韓世良爲閤門宣贊舍人。世良，世忠兄也。

中奉大夫、新知梅州魏彦純爲中書門下省都點檢文字。彦純，彦明兄，初自省吏出職，至是吕頤浩復用之。

9 甲戌，尚書吏部員外郎廖剛守起居舍人。剛在吏部時嘗言：「臣前所獻幸閩之説，姑備一時之急爾。國家艱難，亦已云極，今乃圖新之時，故經營建康殆不可緩。歲晚固所未暇，俟有機會可乘，當親擁六師，往爲固守之計。彼敵雖黠，詎能妄意吾之虛實而輒窺也哉？且東南建國，無異金陵。臣聞劉豫在齊、魏間省徭薄賦，招徠人士，誘以僞官，安知不圖吾根本地乎？宜出其不意而徙居焉，亦先事制人之道也。」及爲舍人，又言：「陛下游意翰墨，博覽羣書，亦可謂之好學。然帝王之學與文士異。」因援孟子所言「天下之本在身」，與大學之道「治國平天下」，「其端在正心誠意，願去末學之無益，坐進此道，則可以復羣生矣。」

秘閣修撰孫近爲尚書户部郎中。近，武進人也。

直秘閣秦梓知台州。

乙亥，起復明州觀察使、陝西諸路都統制、秦鳳路經略使吴玠及金人戰於和尚原，大敗之。初，金陝西都統婁宿死，完顏宗弼遂會諸道及女真兵，合數萬人，謀入界。宣撫處置使張浚命玠先據鳳翔之和尚原以待之。宗弼造浮梁於寶雞縣，渡渭攻原。玠及其弟秦鳳兵馬都鈐轄璘率統制官雷仲等，選勁弓强弩與戰，分番迭射，號駐隊矢，接發不絶，且繁密如雨。敵稍却，則以奇兵邀擊，斷其糧道，凡三日。是夜，大破之，俘馘首領及甲兵以萬計。宗弼中流矢二，僅以身免，得其麾蓋。自入中原，其敗衄未嘗如此也。於是浚承制，以玠爲鎮西軍節度使，璘康州團練使、涇原路馬步軍副總管。是役也，玠所部全軍轉五萬官資，而朝請郎、通判鳳翔府兼經略司主管機宜文字陳遠猷亦遷左朝散大夫、直秘閣，秉義郎、閤門宣贊舍人王喜遷左武大夫、威州刺史、宣撫司統領軍馬。喜，蒲城人。靖康初，金人破京師，陝右大震，喜聚壯士十八人，不旬日附者甚衆，喜爲立保伍法於常樂鎮，營建寨柵，號王萬年。王庶爲節制使，奏授成忠郎⑤。已乃率所部歸玠，玠用爲秦州兵馬鈐轄，改知同州。至是，以奇功遂驟進。始，宗弼既趨江、浙，乃自淮南入陝西。是行也，及韓世忠戰於大江，劉錫戰於富平，吴玠戰於和尚原，凡三戰而兩勝，蓋世忠與錫失利。至是，宗弼爲玠所敗，始自河東還燕山。左副元帥宗維留宗弼在軍中，更以陝西副統撒離喝爲陝西經略使，將兵屯鳳翔府，與玠相持。王之望西事記曰：「吴玠以一軍見據和尚原，金人屢攻之不克，大破金人，殺其大帥。人多疑其不實。夫吴玠之勝，四太子之敗，固未可知，然金若不敗，則今無四川矣。」按和尚原之捷，蜀賴以全。張匯所進節要亦備言之，非無實也。張浚行狀云：「黏罕在陝西，病篤，召諸大帥謂曰：『吾自入中國來，未嘗有敢嬰吾鋒者，獨張樞密與我抗。我在，猶不能取，爾曹宜悉此意，務自保而已。』兀朮出而怒曰：『是謂我不能耶？』黏罕死，即合兵來攻。」按諸書，此時黏罕在雲中，實婁宿死，行狀誤也。方玠之起師也，檄河南鎮撫司統制官董先、董震自商、虢出師爲牽制之策。先引兵而出，道遇金人數百徇洛上，敗之，遣使詣宣撫司伐其功，欲得河東陝西經制使印，且求餉其軍。浚以問利夔路制置使王庶，庶請使之攻敵以示信，苟不聽，吾絶之有詞；先與敵戰則俱弊，其來歸我，易與也。使人告先曰：「餽餉遠不可致，輦金帛往矣。誠能破女真，宣撫司無所愛。」先信服庶，身出秦川，殺傷敵相當，其兵耗失多。無何，天大雪，先等乏絶，歸取償於金州。守將王彦訴其狀，庶遣二裨將行金州，揚言興元兵至，先遁去。此以晁公遡所作王庶傳及日曆中董震奏狀參修。庶傳以爲，庶使人言先攻敵，而震奏以爲準吴玠公文，今兩存之，庶不失實。

降授朝議大夫宋伯友復集英殿修撰。伯友，靖康末知鄭州，坐失守得罪，至是始復之。

權吏部員外郎李元裕自湖南督上供綱，泛海還行在。是日，至福州大金灣，爲盜所殺。此據紹興三年三月二十二日元裕母吕氏自訴狀增入。狀云：「十月十二日，在大金灣。」乙亥十二日也，故附於此。

11 戊寅，定江昭慶軍節度使、神武右軍都統制、江淮招討使張俊以凱還，除太尉，移屯婺州。

武德大夫、閤門宣贊舍人、江東安撫大使司統制官王進知池州，代神武後軍統制王瓊赴行在。時進統所部在池陽，故就用之。

詔：「樞密院先因童貫陳請過指揮，更不施行。如有可行事件，令本院參酌取旨。」

初，命兩浙安撫大使劉光世宣撫淮南七州，至是，光世請鑄淮東宣撫使印，置官屬，給錢糧，增將吏。時已賜揚、楚等諸郡錢各二萬緡，乃命鑄真揚通泰承楚州漣水軍宣撫使印，餘皆許之。光世復請用便宜指揮，不許。

直秘閣、河南鎮撫司營田官任直清言：「河南殘破，民歸業者尚罕，所剏營田，全藉軍兵，恐力微難以號令。乞鎮撫使翟興兼營田使。」從之。

12 己卯，翊衛大夫、福州觀察使、浙東馬步軍副總管、兼温台明州防遏事辛道宗罷兼職。初，道宗既出，會浙東副總管楊可輔上書言時政，辭旨切直，罷之。此據趙甡之遺史。富直柔因薦用道宗，且剏防遏司使領其事，論者以爲言，故省。

秘閣修撰、德安鎮撫使陳規以守禦功，陞徽猷閣待制，而奉議郎、權通判府事李忓亦加直秘閣⑥。

13 庚辰，資政殿學士、提舉臨安府洞霄宮謝克家知泉州。

江淮招討使張俊奏：「本軍幹辦官郗漸從軍有勞，乞除直秘閣。」既而言者以爲職名非所以賞軍功，乃進一官爲朝請郎。漸改命在二年一月庚午。

奉直大夫、淮東營田副使王實爲淮南東路提點刑獄公事，塡復置闕。

武顯大夫、閤門宣贊舍人、知滁州寇宏知濠州，武翼大夫、知濠州李玠爲樞密院準備將領。日曆：九月四日丁酉，武功大夫、知濠州李玠奏，乞委宣撫司捕王才。十四日丁未，武翼郎、特差濠州兵馬都監李玠奏，乞下宣撫司嚴責近限，剿殺王才。奉聖旨，李玠除知濠州，令專一措置。所書前後牴牾，皆不可曉。又紹興二年正月癸丑，江西安撫大使李回奏，東南第六將闕，乞差武翼大夫、閤門宣贊舍人李玠。此所云階官，又與前兩奏不同，今且用第三奏，俟考。　初，王才據横澗山寨，遣將丁順圍濠州，兩月不退。權州事張德患之，宏時在鳳凰州⑦，與德皆遣人詣宣撫使劉光世告急，光世遣統制官酈瓊率本部攻横澗山，才急，乃招順歸寨。順夜伏兵叢莽之中，焚其營而去。州人喜，啓門争出，順乘亂叩城，城中出勁弓射之，相持一餉間，賊乃退。時官軍與賊皆乏矢，悉破冢斲柩以爲箭簳，由是破伐無遺。德自以守城之功在宏之下，乃以州印授宏，宏不辭，德甚悔恨。朝廷聞宏已在濠州，故有是命。日曆宏、玠除命於九月丙辰、十月庚辰兩書之，而庚辰所書頗詳。又趙甡之遺史亦載此事於十月，故附此。但甡之以爲朝廷授宏敦武郎，與日曆不同，蓋誤。

14 辛巳，直秘閣、提舉臨安府洞霄宫王映提點江淮等路坑冶鑄錢，後半月，復寢其命，以言者論列也。

15 壬午，尚書省言：「近分撥神武右軍往婺州屯駐，合用錢理須樁辦。緣行在至婺州，不通水路，難以津搬。契勘便錢之法，自祖宗以來，行於諸路，公私爲便。比年有司奉行不務經久，致失信於民。今來軍興調度，與尋常事體不同，理當別行措置。」詔：「户部印押見錢關子，降付婺州。召人入中，執關子赴杭、越榷貨務請錢，每千搭十錢爲優潤。有僞造者，依川錢引抵罪。」東南會子法，蓋張本於此。

詔建州順陽村張毅特補保義郎。用樞密院請也。毅受李芘招安，屢與范汝爲戰，故官之。

是日，福建民兵統領范汝爲入建州。汝爲據建安，衆十餘萬，至造黄紅傘等。制置使辛企宗用兵連年，卒不能制。及是，汝爲引兵入城，守臣直秘閣王浚明以下皆遁，賊遂舉其城。時承議郎葉棐權知甌寧縣，爲所拘，即以棐權知州事。熊克小曆：十二月，建寇范汝爲聞大軍將至，亟入據州城，監司守宰以下皆遁去。按日曆，十一月十七日庚戌，知鉛山縣姚舜恭申：「范汝爲以十月十九日據建州城，逐處守倅⑧。」十九日壬午也。十一月十九日戊戌，始命孟庾、韓世忠，克所云「聞大軍將至，亟入據州城」者，恐誤。今併附此，更須詳之也。

16 甲申，起復龍圖閣待制、知興元府、利夔路制置使王庶陞徽猷閣直學士。初，庶以本路軍籍單寡，乃籍興元府、興、洋州諸邑及三泉縣强壯，每兩丁取一，三丁取二，與免户下物力錢二百千，號曰義士。每五十人爲一隊，知縣爲軍正，尉爲軍副，日閲武於縣，月閲武於州，不半年有兵數萬，每遇州教，則厚犒賞之。教閲有方，可以出戰，則令尉皆改京秩。張浚言於朝，故有是命。其後，合興、洋、三泉四郡義士至七萬餘人，至今不廢。此以庶附傳、吕大麟見聞録及晁公遡所作庶傳參修。王之望西事記曰：「張浚以王庶帥興元，制置利、夔兩路，付之軍士。然官軍甚少，所將以爲用者，皆招安之盜。又團結民兵，號爲義士，興元、興、洋旋得七萬人，資妝旗鼓，有類兒戲。去年八月，聞傳金將以陜西之衆數路大入，南人震恐，但營築山寨，搬糧清野，爲避伏計耳。」按興洋義士可用，西人類能言之。之望所云，蓋休兵之後，教閲廢弛所致，非庶時比也。大麟所録云：「庶於興元府、興、洋、金、蓬、閬、達諸處，令州縣選强壯，不半年有兵二十萬。」而公遡所作傳，但云按興元、武康、順政興籍，得丁之伉健者七萬餘人，號義士。二書復不同。按金州此時乃王彦所統，庶無由可制其民，大麟亦誤也。張浚奏狀稱，庶勸誘興元府、興、洋州并三泉縣良家子弟，籍爲義士。今從之。

直秘閣、都大主管成都熙河五路茶馬、宣撫使司隨軍轉運使、總領西川財賦趙開陞直顯謨閣，以張浚言其出賣茶引，措置酒課增羨也。時浚已用便宜，特授開直龍圖閣，而朝廷不知，故有是命。日曆二年四月八日，張浚奏趙開自建炎元年至今年秋，措置酒課增羨，已陞直龍圖閣，蓋在朝廷降旨之前，今附見此。

金之圍慶陽也，帥臣楊可昇固守不下，張浚承制，授可昇靜難軍承宣使⑨，言於朝，朝廷疑可昇未落階官，不許。據宣和詔旨，楊可昇宣和末已爲檀州團練使，不知朝廷何以猶未知其落階官也。然可昇後已降敵，或謂其詐降，將有以報，事泄遇害。

宣議郎劉子翼知建州。子翼，子羽弟也。朝廷聞李芘病亟，故改命之。子翼請降招安黃榜，權住招軍，蠲明年夏税，諸縣尉權差武臣，罷本州添差官，審察縣令，凡六事。吏、户部看詳，除蠲税不行及添差官許終任外，餘從之。子翼所請，以十一月丁酉行下，今併書之。

朝散大夫、直秘閣滕膺特除名，興化軍編管，坐附會李允文也。紹興六年五月十三日，量移人滕膺狀：「紹興元年六月二十一日，蒙特旨除名勒停，送興化軍編管。念膺昨任京西路轉運副使，知州程昌寓於建炎四年正月内詐作被召離任，臨行擁兵恃强，迫脅膺從軍。及至漢陽，密告撫諭馮康國及節制軍馬李允文，申述昌寓棄城擁脅之狀。李允文差幹官富誼前來體究，其富誼却恣受昌寓金銀等物，轉與爲地，其允文用便宜指揮，差昌寓權知荆南府。膺方獲脱身還本路，偶因分鎮罷司，見允文説及昌寓詐稱被召棄城，不當復差知荆南。允文恐膺陳訴上件因依，遂勾抽送還兵級分刺諸軍，及拘擁膺入城。其允文妄作等事，悉不干預。蒙刑部告示，稱膺未勒停前，係充鄂岳辰沅州鎮撫使李允文下參謀官。念膺不曾充允文參謀官，況允文下參謀從辟官許大年等已蒙録用，獨膺謫在遠方，乞照赦除落過犯。有旨，特放逐便。」

17 乙酉，同知樞密院事富直柔言：「祖宗時三衙用邊功、戚里、班行各一人，蓋有指意。」上曰：「參用戚里，固祖宗法，然窒礙處多，恐不可用。」

18 丙戌，武節大夫、榮州團練使劉超知光州。時超在公安，宣撫處置使司幹辦官劉光輔以詔書撫諭，超聽命，遂以超守光州。王明清揮麈第三録：張默荆州遺事云：乃公在荆州，説孔彦舟平鍾相，遂入蜀謁魏公。「行至夔州，又遇劇賊劉超者，擁數萬衆，欲往湖南劫掠。張又以告彦舟之言告之，且言太尉或肯從我，當併往宣撫司言之。超亦聽命，駐軍於夔州，不爲擄掠之計。後遇劉季高自蜀被召趨朝，持降書入奏，朝廷大喜。季高之進用，由此而得之。」按日曆，紹興四年閏四月二十二日，超自叙狀乃云：「劉光輔招安。」與默所記不合，當考⑩。超行至黄州團風口，爲蘄黄鎮撫使孔彦舟所襲，其衆皆潰。超與餘兵數百至蘄陽鎮，彦舟復邀入城，奪其姬妾輜重，然後遣超與光輔偕行。

小校趙進聚衆走江州之瑞昌，其徒漸盛。

是晚，行在越州火，燔民居甚衆。

19 戊子，斬有蔭人崔紹祖於越州市，其弟光祖配瓊州牢城，以僞造上皇手詔，自稱大元帥故也。事初見二月丙戌。

詔邵青以舟師赴行在。宣撫處置使張浚始聞熙河馬步軍副總管劉惟輔死狀，承制贈惟輔昭化軍節度使，賻銀帛布各二百匹兩，官子孫十二人，立廟於成州，號忠烈。此據宣撫司案牘。

20 己丑，升越州爲紹興府，以守臣陳汝錫有請也。

斬修職郎李霿於都市。霿爲李成軍正，成敗，爲太湖令所獲以獻。至是誅之。

録唐宰相張九齡十二世孫昭爲中州文學。

張琪自宣州遁去，欲北降僞齊。是日，知承州王林所遣總轄官、閤門祗候張賽生擒之於楚州，檻赴行在。

21 辛卯，朝請郎、知南康軍陳敏識爲江南東路轉運判官，令與葉夢得計置錢糧。時敏識猶未赴南康也。

22 壬辰，録程頤孫將仕郎易爲分寧令，後五日，又官其家一人。

23 癸巳，范汝爲遣兵犯邵武軍，守臣朝散郎吴必明、統制官閤門宣贊舍人江西兵馬副都監李山率兵與戰，衆潰，退保光澤縣，山遂走信州。此據鉛山縣所申修入。

是月，曹成引兵及馬友戰於潭州，成敗去，復還攸縣。

僞齊劉豫遣其將王世沖以蕃漢兵寇廬州，守臣王亨以計誘世沖斬之，大破其衆。豫置招受司於宿州，又以其弟北京留守益爲汴京留守，知單州李儔知青州。

校勘記

① 已令陸棠説諭赴軍前公參矣　「陸」，原作「葉」，據叢書本改。參卷四五校勘記⑧。後文卷四十九、卷五十二同改。

② 侍衛親軍步軍都指揮使　「衛」字原脱，據宋史卷一六六職官志補。

③ 德忠食塊自明　「食塊」，三朝北盟會編卷一四九作「吃泥」。塊即泥土也。

④ 而會逢多事　「逢」，原作「逄」，據叢書本改。

⑤ 奏授成忠郎　「奏」，原作「奉」，據叢書本改。

⑥ 而奉議郎權通判府事李忬亦加直秘閣　「忬」，原作「忖」。「奉議郎」後原有「觀察使」三字，程俱北山集卷二四有德安府復州漢陽軍鎮撫使陳規除徽猷閣待制、德安府通判李忬直秘閣二制，後者即作「忬」字，且謂「以爾能以才力，佐治一邦，屢嬰賊鋒，卒固城守」，其中未及觀察使云云，因據删改。

⑦ 宏時在鳳凰州　「州」，原作「洲」，據本書卷四三紹興元年四月己卯記事，三朝北盟會編卷一四六改。

⑧ 逐處守倅　「逐處」，叢書本作「遂據」。按：此句文義欠通，疑有脱誤。

⑨ 張浚承制授可昇静難軍節度使　「制」，原作「旨」，據叢書本改。

⑩ 當考　此後有四庫館臣按語：「宋史繫甲申日。」今删。

建炎以來繫年要録卷四十九

1 紹興元年十有一月甲午朔，尚書祠部員外郎鄭士彦罷。初，士彦奉太廟、景靈宮神御在温州，而主管内侍許佃等三人與之不相能，頗爲所擾。上聞之，黜内侍而徙士彦，命大臣選郎官有風力者代之，乃以都官員外郎向宗厚爲祠部郎官兼權太常少卿、知温州，充景靈宮、太廟提點。武功大夫、忠州防禦使岑筌爲内侍省押班，主管迎奉。仍詔筌凡事并申提點所，毋得行移文字。宗厚，敏中曾孫也。

兵部尚書兼侍讀胡直孺卒，特贈端明殿學士，官給葬事。

承務郎任申先通判秀州，申先辭召命，特録之。

2 乙未，右文殿修撰、提舉臨安府洞霄宮胡安國試中書舍人兼侍講，秦檜薦之也。

直秘閣、知宣州李彦卿爲尚書刑部郎中。

詔泉州布衣朱沖召赴都堂審察。

是日，江東安撫大使葉夢得始至建康。時建康荒殘，見兵不滿三千人，諸將散居他郡。夢得至，乃奏統制官韓世清一軍自宣州移屯建康，遣水軍統制官崔增屯采石，及統制官閻臯分守要害，夢得行述云：「巨師古、閻臯分守要害。」按師古今年十月已除後軍統制，行述恐誤。而世清尚未至也。先是，王才據横澗山降劉豫，遂引僞知宿州胡斌以兵入寇。詔淮南宣撫使劉光世遣兵招捕。夢得使統制官張俊自青陽間道會之。呂頤浩欲招才，乃命才以所部赴行在。於是夢得遣使臣張偉諭才如詔旨，才遂率其將丁順等三千餘人渡江。才懼罪，請留建康，頤浩議以淮西一郡授才，使統其兵之任。夢得以爲不可，乃詔才自武顯郎、閤門宣贊舍人特遷武翼大夫，充建康府兵馬鈐轄，汰遣其衆，得正兵千餘人，分隸諸軍。按史，今年九月丁酉詔劉光世遣兵捕才，丁未詔才赴行在，甲辰光世奏止小張俊出兵，辛亥又奏才犯濠州；十二月一日夢得奏才已謝恩，詔相度與淮南一郡①，甲申才轉官除建康鈐轄，丙戌坐夢得奏才不可往淮西。首尾蓋百餘日，今牽聯書之。

3 丙申，翰林學士翟汝文兼侍讀，吏部侍郎李光兼權侍讀。

遣內侍高傑、任鎮持詔書撫問孔彥舟、桑仲，且以銀合、茶藥、戰袍、戎器、金束帶賜之。

4 丁酉，神武中軍統制辛永宗權主管侍衛馬軍司公事，神武後軍統制巨師古權中軍統制。初，上召呂頤浩復相，而永宗與同知樞密院事富直柔、右司諫韓璜見上多言頤浩之短。侍御史沈與求奏其交結，上將黜永宗，故有是命。趙甡之遺史云：「與求再章言永宗之罪。其章不行，而有是除。」非也，其實上將罪永宗，先解其兵權耳。

賜宇文虛中家錢千緡，以其奉使日久，守節不屈也。日曆：「紹興元年十二月一日甲子樞密院奏，據探報，金國昨差宇文虛中往河北册立劉豫。虛中請國相并監軍郎君茶酒，虛中道：『若册立劉豫，與黃河外，陝西五路，放過二主歸國，我只佐得一主。』國相、監軍不語，尋差太原張孝純册立劉豫了當。勘會已降指揮，宇文虛中奉使守節不屈，令福州賜錢一千貫與虛中男師瑗。今據探報，忠節可嘉。有旨，令福州更切存恤虛中家屬。」

承事郎王趯充廣西經略幹辦公事，專切提舉左右江峒丁及收買戰馬。自五路既陷，馬極難得。議者謂嶺外於西南夷接境，有馬可市，而大理、特磨諸國所産尤多。時已罷買司，事見建炎四年八月。以帥屬領其事。工部侍郎韓肖胄言，戰以騎兵爲勝，今川、陜馬綱不通，而廣右鄰諸番，宜即邕州置官收市，專責成功。故復置官提舉。二年五月癸巳所書可參考。

5 戊戌，詔以會稽漕運不繼，移蹕臨安。命兩浙轉運副使徐康國兼權臨安府，與内侍楊公弼先營公室。既而康國奏爲屋百楹，以充大内。公弼請增之，上不許。遣公弼在辛丑，公弼請增屋在乙巳。

先是，尚書左僕射吕頤浩言：「今國步多艱，中原隔絶，江、淮之地，尚有巨賊，駐蹕之地，最爲急務。伏惟陛下發中興之誠心，行中興之實事，要當先定駐蹕之地，使號令易通於川、陜，將兵順流而可下，漕運不至於艱阻。然後速發大兵，一軍從江西、湖南以平羣寇，一軍往池州至建康府，處置已就招安、尚懷反側之人，於明年二三月間，使民得務耕桑，則在我之根本立矣。然後乘大暑之際，遣精鋭之兵，與劉光世渡淮，犄角而北去，由淮陽軍、沂州入密州，以摇青、鄆，命張浚躬親統兵，由河中府入絳州，以撼河東。乘兩路餘民心懷我宋未泯之時，知王師有收復中原之意，則中興之業可覬也。若不速爲之，逡巡過春夏，則金人他日再來，不惟大江之南，我之根本不可立，而日後之患，不可勝言矣。臣嘗觀自古有爲之君，將以取天下者，弗躬弗親，則不能戡禍亂，定海内。伏望考漢高祖以馬上治之之蹟，法唐太宗櫛風沐雨之事，以速圖之，不可緩也。三四年來，金人纔退，士大夫及獻言之人便以謂太平無事，致機會可乘之便，往往沮抑不得行。今天下之勢，可謂危矣。既失中原，止存江、浙、閩、廣數路而已，其間亦多曾經殘破，浙西郡縣，往往已遭焚劫，浙東一路，在今形勢，漕運皆非所便。若不移蹕於上流州軍，保全此數路，及漸近川、陝，使國家命令易通於四方，則民失耕業，號令阻絶。俄頃之間，已至秋冬，金人復來，則雖欲追悔無及矣。」至是，遂定移蹕之議。頤浩奏不得月日，行狀係之再相時，而奏有云：「浙東形勢，漕運非便。」則是未移蹕臨安以前也。

參知政事孟庾爲福建江西荆湖宣撫使，神武左軍都統制韓世忠副之。時朝廷猶未知范汝爲據建州，而論者皆言：「神武副軍都統制、福建制置使辛企宗懦怯玩寇。」福建安撫使程邁等請改命將帥，章四十三上，故更遣世忠自台州進。仍命世忠械招撫官朝散大夫謝嚮、承直郎陸棠赴行在。械二人之旨在此月庚子。

6 己亥，宣教郎婁寅亮守監察御史，以其言宗社大計也。寅亮初見六月辛巳。

帶御器械、權主管侍衛馬軍司公事辛永宗罷爲江南西路兵馬副總管，坐與幹辦官李秉文盜請諸軍券錢，爲御史沈與求所論。秉文，故堂吏李瑗子也[2]。遂以龍神衛四廂都指揮使、忠州防禦使邊順兼權主管馬軍司公事，而黜秉文爲遠小監當。

湖西安撫使程昌寓以便宜印造販茶短引，以給軍食。吕頤浩聞其事，命金部止之。

承務郎、敕令所删定官陳康伯通判衢州。康伯，弋陽人也。

7 辛丑，詔：「孟庾、韓世忠應官吏軍兵一切事務，共爲一司，不得輒分彼此。自范汝爲外，餘皆與免罪，許令歸業。」庾請徽猷閣待制李皓、屯田員外郎李易並爲參謀官，朝奉大夫陳杋、直秘閣張鋭並爲轉運使，直秘閣李健等十人幹辦公事，朝散大夫、新通判岳州趙康直等十人準備差遣。皓不就。庾又請賜空名敕告，以備賞軍。尚書省勘會，庾係見任執政，所行文字與朝廷一同，其立功將佐合行推恩之人，自當一面施行訖奏。從之。

自劉豫之僭位也，朝廷以金故，至以大齊名之。至是，襄陽鎮撫使桑仲始上疏：「請正豫惡逆之罪，下詔進幸荆南，庶幾中原人心不致摇動。」詔答以荆南形勢，固可駐蹕，但以糧運未通，已令參知政事孟庾計置，俟就緒進發。

太常少卿趙子畫請續編紹興太常因革禮。明年乃成，凡八十六篇，爲二十七卷。淳熙十二年三月庚子又進中興禮書。子畫又言：「每歲春分日祀高禖，自巡幸不行。雖多故之時，禮文難徧，至於祓無子，祝多男，以係四方萬里之心，蓋不可闕。望自來歲舉行。」從之。

8 壬寅，起居舍人廖剛以招降閩盜余勝之勞，進秩一等。時制置使辛企宗與剛有隙，會士人廖廷實爲勝所擄，企宗奏廷實乃剛之侄，爲賊參議。剛愬於朝，十一月庚子。事既明，剛卒辭不拜。

9 甲辰，詔從義郎單德忠忠節顯著，特先進秩二等。

詔以鎮江府、常州、江陰軍苗米三十七萬斛爲劉光世軍中一歲之用，仍令漕臣分月給之。

10 乙巳，右司諫韓璜責監潯州商税，用侍御史沈與求奏也。先是，與求言：「同知樞密院事富直柔附會辛道宗、永宗兄弟，爲致身之資。昨者，直柔任御史中丞，永宗携女妓宴飲其家，物論騰沸。暨陛下擢登樞府，而道宗兄弟倡言於朝，自謂直柔之用，我嘗有力。已而道宗果爲樞密院副都承旨。是時給事中陳戩議駁除命之際，道宗使所親諭戩曰：『直柔以附我，故有今日。公第行之，必有以報。』會陛下批降道宗怙寵賣恩，亟罷承旨之命，天下稱快。比又除道宗防遏及總管差遣，往來温、台、明三州之間，剏置此闕，以便其私，蓋直柔請也。外人皆云，宫禁語言，道宗、永宗往往傳漏，陛下意嚮，無不知之，必以語直柔，而直柔又以語司諫韓璜。凡璜所言，逆知事端，巧發微中者，直柔道之也。賴陛下英斷，逐道宗、永宗於外，伏望併黜直柔及璜，以爲臣子陰懸私邪之大戒。」時吕頤浩、秦檜皆忌直柔，繇是二人卒俱罷。

詔發運使置司饒州。

迪功郎陳剛中上書論：「今民力凋瘵，國用匱乏，而冗食之官衆，不急之務繁，行在之局務，可省併者三分居一，而州縣冗食尤可怪駭，以月計之，不知所費緡錢幾何。萬民之脂膏，日以乾涸；邦之財賦，日以蠹耗。奈之何民不窮且盜也？願罷冗食，去虚文，以足邦用。」上召對③，改合入官，所陳令三省措置。剛中改官在十一月壬子。

言者論浙西科斂之害，以爲：「均買度牒，勸諭告官，下户貧民，俱已困乏。不支糴錢，强令輸粟，號曰均糴，又别立一名曰借糴。當此艱食，方時大旱，而官吏於常賦均糴之外，復計頃畝，以月科敷。既均度牒矣，又敷修城木，木未及輸，復敷麻皮，又敷牛皮、羊皮，又敷糯米，則農末之病，殆不聊生。將鬻田而償，則孰肯受者？將棄之而遁，則質其妻孥，錮其婢僕。其他郡邑，大抵類是。上下相蒙，名曰健吏。暴虐若此，民其無所措手足矣。若此等事，雖非陛下之意，然所以科敷者，必以朝廷爲名，是利歸於貪吏，而怨歸於陛下矣。若今盜賊，幾半天下，豈天下之人皆跖之徒哉？實三吴失業之良民，不聊生之赤子也。陛下試遣有司執一人而問之曰：『若何爲盜？』其必有説也。願詔重科敷之罪，嚴貪墨之法，指天誓日，示以必行。庶幾人心未叛，天命未改。」疏入，詔本路漕司究實聞奏。

通直郎、知瓊州虞沇言：「近歲州縣之吏多賄敗者，望自今命官犯入己贓，許人越訴。其監司不即按治者，重行黜責。」從之。沇，錢塘人也。

是日，磔武義大夫、閤門宣贊舍人張琪於越州市。

11 丙午，起復寶文閣直學士權邦彦試户部尚書，吕頤浩薦之也。

12 丁未，德安府復州漢陽軍鎮撫使陳規奏本鎮營屯田畫一事件。自中原失守，諸重鎮多失，惟規與羣盜屢戰。自楊進、李孝忠、孔彦威、董平、曹成、馬友、桑仲、李横之徒，皆不能犯，由是德安獨存。牢城卒方壽等嘗謀亂，規方會食，有告變者，規捕而詰之，問從謀者幾，壽曰：「一城之軍，公之左右皆是，今夕舉事矣。」規命誅壽，餘不問，一府皆服。時羣盜稍息，規以境内多官田、荒田，乃倣古屯田之制，命射士、民兵分地耕墾，其説以兵民不可並耕，故使各處一方。軍士所屯之田，皆相其險隘，立爲保寨，寇至則保聚捍禦，無事則乘時田作。其射士皆分半以耕屯田，少增錢糧，官給牛種，收其租利，有急則權罷之，使從軍。凡民户所營之田，水田畝賦粳米一斗，陸田賦麥、豆各伍升，滿二年無欠輸④，給爲永業。流民自歸者，以田還之。凡屯田事，營田司兼行，營田事，府縣官兼行，皆不更置官吏。條畫既具，乃聞於朝。詔嘉獎。明年，下其法於鎮，使行之。

朝散郎、知邵武軍吴必明以失守待罪，詔降一官衝替，令赴宣撫司軍前自效。

承議郎、知公安縣孫倚以營田辦集，遷二官，用荆南歸峽荆門公安軍鎮撫使解潛奏也。

13 己酉，詔福建制置使辛企宗聽宣撫司節制。

14 庚戌，中大夫、同知樞密院事富直柔守本官，提舉臨安府洞霄宫。侍御史沈與求既劾直柔罪，詔下其章，直柔乃求去，遂有是命。

承務郎鄧肅主管江州太平觀，從所請也。

福建江西湖南宣撫使孟庾辭行，庾請樞密院計議官張致遠主管機宜文字。致遠，沙縣人，先是謁告歸閩中，還言賊勢方盛，乞遣重兵致討。故庾辟之。

承議郎、知鉛山縣姚舜恭言：「建賊范汝爲等，乍臣乍叛，首尾二年。中間謝嚮、陸棠、施逵等三人，皆以招安爲職，反爲賊計，俾其固守巢穴。辛企宗提兵本路，經今及年，而企宗初不識汝爲之面。昨企宗全軍自南劍退往福州，止留李山一軍，守禦邵武。近汝爲據建州，破邵武軍，李山已來信州駐劄。萬一賊兵果破福州，則全閩皆賊有矣。契勘江南、兩浙，係與福建鄰境，本縣正與崇安、光澤連接，雖申信州遣發巡尉，召募土豪，分布把截，然不諳戰敵，深慮不能捍禦。伏望朝廷，速賜分遣大兵，專委近上將帥，從浦城、崇安等處分路致討。」詔以付宣撫司。

右武大夫、宣州觀察使閻皐進秩二等，録饒州掩殺張琪之功也。將士受賞者四千四百八十有二人。於是武功大夫、威州防禦使、閤門宣贊舍人張俊以不策應，特貶一秩。

是日，荊湖廣西宣撫使吳敏始受命，置司柳州。敏奏：「臣以十一月十七日恭受除命，置司治事。」庚戌，十七日也⑤。時降授右武大夫、和州防禦使馬擴避地融州之仙溪，敏即起擴爲本司都統制兼參議，直秘閣范直方爲參謀。直方，純仁孫也。擴之在仙溪也，宣撫處置使張浚以貲幣招之，且貽書曰：「上之待公不輕，雖緣讒毀，終必保全。公荷上恩如此，可不圖報乎？」擴以參贊軍事劉子羽在真定有隙，不復往，以書謝之。至是始爲敏用。

15 辛亥，陞康州爲德慶府。

尚書右司郎中方孟卿行右司諫。

閤門宣贊舍人、主管宿衛親兵李永志降一官，落閤職，令吏部與遠小監當差遣。永志，吳湛部曲也，辛永宗用爲中軍提舉事務。侍御史沈與求論其同爲奸利，使軍情不安，故黜之。

除名勒停人盧宗原敘承議郎。宗原，宣和末以徽猷閣待制爲江淮發運副使，坐與朱勔交通，送肇慶府編管。至是，始復之。宗原已見建炎元年正月辛卯。

16 壬子，手詔：「內外侍從各舉所知三人，限五日以聞。舉得其人，當受上賞。毋以先得罪於朝廷及蔡京、王黼門人爲嫌。」先是，上得陳襄薦司馬光等三十三人奏章，大善之，故有是詔。禮部侍郎李正民以爲光等皆不合時宜者，由是上薄之。中興聖政：臣留正等曰：「臣誦周詩，而知安天下之本；觀孔子之言，而得廣求人材之要。文王之詩曰：『濟濟多士，文王以寧。』武王之詩曰：『無競維人，四方其訓之。』成王之詩曰：『佛時仔肩，示我顯德行。』蓋得賢則能爲邦家立太平之基，故成周治效，致兵寢刑措，而國祚過八百年之永者，本於此三詩而已。孔子曰：『舉爾所知，爾所不知，人其舍諸？』自昔論求材者多矣，語簡而曲盡其要，無過此一言者。今太上皇帝詔曰：『方仰瞻雪耻，不有多士，寘之周行，則不能也。』此蓋深得文、武、成王爲治之本。詔又曰：『己雖賢，不若薦賢之爲愈。』因舉陳襄薦司馬光等三十三人疏章，宣示羣臣，使之各舉所知，則與孔子之言，若合符契。於是聚精會神，相與協成三十六年中興之治，蓋本於此詔而已。嗚呼大哉！」

翰林學士兼侍讀翟汝文爲學士承旨。

新除吏部尚書盧法原依前徽猷閣直學士、提舉臨安府洞霄宮。法原自成都召還，道梗不能赴，從所請也。熊克小曆：建炎四年五月，法原除吏部尚書，不及供職，改知夔州。誤也。法原明年十二月始以張浚奏，就差知夔州。此時韓迪爲夔帥，克不詳考耳。

詔天章閣祖宗神御二十四位，權於臨安府院奉安，朔望節序，酌獻共饗一分而已。此據會要增入，三年二月己亥復舊。

17 癸丑，秘書省校書郎林待聘守尚書司封員外郎。待聘嘗言：「原廟之在郡國，有漢故事，而太廟神主，禮宜在都。今新邑未奠，宜考古師行載主之義，還之行闕，以彰聖孝。」

閤門宣贊舍人韓世良爲神武中軍右部統領官，兼主管宿衛親兵。世良初見今年十月壬申。

中奉大夫張純提轄榷貨務都茶場。純，省吏也。吕頤浩更張鹽法，故引魏伯芻舊例而命之。

朝奉郎、知南劍州張觷爲福建路轉運判官。觷未行，會范汝爲之將忠翊郎葉徹引衆來犯，時武德郎、制置司統制官任士安駐軍城西，不力戰，觷獨率州兵拒敵，徹中流矢死。觷知士安方懼無功，即函徹首與之。州兵皆憤，觷曰：「賊必再至，非與大軍合力，不能破也。」未幾，徹二子引衆聲言復父讎，縞素來攻。於是士安與州兵偕戰，大敗之，汝爲稍挫。觷，侯官人。士安，本范瓊部曲，有衆數千，瓊誅，改隸御營司，辛企宗因以爲將。

18 乙卯，紹興府奏百姓路榮失火罪狀，上曰：「此災不細，恐是天戒，不專爲榮罪，止杖遣足矣。」

19 丙辰，侍御史沈與求論起復福建等路宣撫司隨軍轉運副使陳杌貪污剥尅，不可用。詔孟庾、韓世忠別辟能臣代之。呂頤浩、秦檜因言：「與求前論宗尹，近擊直柔，頗爲稱職。」上曰：「論宗尹固當，然在今日，能破直柔黨與，尤非小補。」

尚書禮部侍郎李正民罷爲徽猷閣待制，知吉州。

詔武功大夫、榮州團練使曹成以所部赴行在，命張浚遣使持詔書往攸縣就賜之。時朝奉大夫、提舉江西茶鹽公事侯懋言：「成今據衡山上流，控扼要害，毒流三千里，莫之誰何。馬友見與李宏潰卒合爲一軍，雖駐兵在潭，然素畏曹成。昔成在鄂，友自漢陽移軍潭、衡以避之，其忌成可知矣。臣料賊意，若成由衡山順流而下，友必棄潭而東入江西。蓋前有孔彥舟之隙，後逼曹成，西拒劉忠，萬一勢窮力盡，則必歸曹成而攻江西矣。聞友近招人買馬，打造兵器，度其狡獪之心，觀望向背，止在今春。朝廷若不早作措置，則江西諸郡恐非朝廷有，江西失則二廣危矣。」詔付宣撫司。懋，潭州人也。懋奏下在庚申，今併書之。

20 丁巳，日南至，命資政殿大學士、提舉萬壽觀兼侍讀王綯祀昊天上帝於告成觀，初復舊禮也。

21 己未，命吏部侍郎兼權侍讀李光往臨安府節制本府內外見屯諸軍，及兼權户部侍郎，總領臨安府應干錢糧、卸納綱運及修繕移蹕事務。

詔武經大夫、東南第十副將辛璋處斬。先是，福建安撫使程邁遣璋以所部屯古田縣，璋逗遛不行，邁奏免之。璋集麾下，持兵見邁請留，既而亡去。邁言於朝，有司迹璋於海鹽縣，捕誅之。

22 辛酉，詔諭福建州縣以彌盜罷兵、與民休息之意。

承奉郎樞密院編修官楊愿、從事郎李誼並充樞密院計議官。誼初見建炎二年九月。

遣大理少卿錢稔往浙西路，催促見楚公事⑥。稔請因便密行，體訪民間利病。許之。

僞齊秦鳳經略使郭振以數千騎掠白石鎮，武節大夫、閤門宣贊舍人、宣撫司選鋒將王彦與熙河統制官關師古併兵禦之，賊兵大敗，振爲官軍所獲，遂復秦州。張浚承制以彦爲康州刺史。彦，上黨人也。明年九月丁丑奏至。

23 壬戌，監察御史劉一止言：「伏見尚書六曹，下逮百司，凡所用法令，初無畫一之論，類以人吏省記，便爲予奪。蓋法令具在，奸吏猶得舞之，今乃一切聽其省記，顧欺蔽何所不有？欲與則呈與例，欲奪則呈奪例，或與或奪，在其牙頰，其患可勝言哉？陛下聖明，灼見此弊，嘗降處分，令左右司郎官以其省記之文，刊定頒行。然左右司職事號爲最繁，竊恐於此不能專一，無由速成。伏望改差詳定一司敕令所，立限刊定，鏤板頒降。內吏部條法最爲急務，乞責近限，先次施行，庶幾杜絶奸吏弄法受財之弊。」詔如其請，吏部法限一月，餘限一季成書。既而廣東轉運司以元祐吏部法來上，乃命參以七司所省記、元豐至紹興條例，參酌修立。再踰年而後成云。

是日，曹成犯安仁縣，執湖東安撫使向子諲。初，成既屯攸縣，而子諲兵不滿萬，駐司於衡之安仁，遣使招成，成亦聽命。子諲乃檄成權本司都統制，而命諸將韓京以一軍西守衡陽，吳錫以一軍南定宜章。賊徒逡巡不敢南向者，百有餘日，上江諸郡，遂得以穫。既而援兵不至，成忿子諲扼己，即擁衆而南。子諲遣從事郎權安撫司幹辦公事何彦猷、迪功郎隨軍錢糧官張節夫見成計事，遇於途，二人皆遁去。子諲率親兵與成相拒，自午至申，官軍悉潰，子諲度不可遏，單騎入成軍，諭以國家威靈。成不服，遂掠安仁縣，進攻道州，執子諲寘軍中而去。節夫，安陽人也。

金房鎮撫使王彦斬中軍統制官趙横、統領官門璋。彦既敗李忠，凱歌而歸，大賞將士，待横如初，終不言豐里之敗，横亦不疑。至是，忽會諸將於毬場，酒四行，叱横使起，數其豐里不策應之罪，併璋斬之，復飲數行而歸。

校勘記

① 詔相度與淮南一郡　「淮南」，前後正文、注文皆云「淮西」，疑誤。

② 爲御史沈與求所論秉文故堂吏李瑗子也　「故」，原在「論」字後，據叢書本乙。

③ 上召對　「召」，原作「詔」，據文意改。

④ 滿二年無欠輸　「滿二年」，宋史全文卷一八上同，宋史卷三七七陳規傳作「滿三年」。

⑤ 十七日也　「七」原作「一」，據文意改。本月甲午朔，庚戌應爲十七日。

⑥ 催促見楚公事　「見楚」，叢書本同，意義不明。張綱華陽集卷一七有駁錢稔與郡指揮狀，謂曰：「契勘錢稔，素無廉聲，而有酷惡之資。頃爲臣寮論列，其奉使浙西，則罪贓狼籍，皆得所取受，迹狀甚明。」亦未知其往浙西，所奉何事。

建炎以來繫年要録卷五十

1 紹興元年十有二月甲子朔，知樞密院事、宣撫處置使張浚言：「今年二月，於階、成州駐兵，與金人相持。聞潼川府路有僞造檄書，稱平蜀大將軍，不顯姓名，指斥宗廟，摇動吏民。臣移師利、閬之間，密切採訪。據知潼州府宇文粹中稱，本府吏民乞用曲端充統制官等。緣端跋扈之迹顯著，臣受陛下重寄，豈有主兵之官，却用藩府薦用？萬一事出於意外，臣將何辭以報朝廷？已送端恭州，置獄推治外，四川見今前執政、侍從等官在職，慮與臣議論不同，別有奏陳，乞賜下照。」詔已覽來章，令三省札浚照會。時端已爲浚所殺，而朝廷未知也。併著此，以見端之死所坐無名，故浚之詞支離也。

詔直徽猷閣、提舉臨安府洞霄宮黃叔敖文學、吏事皆有可觀，恬退之節，士夫推重，可除給事中，令所在以禮敦遣赴行在。

龍圖閣學士、提舉江州太平觀路允迪守本職致仕。允迪以前執政告老，不進官，非故事也。

2 乙丑，太常少卿趙子晝權尚書禮部侍郎。本朝以公族爲從官，自子晝始。

朝散郎、廣南東路提點刑獄公事程瑀試太常少卿，秦檜引之也。

降授朝奉大夫、主管臨安府洞霄宮曾班除名勒停，雷州編管。以右司諫方孟卿論其在秦州植旗降敵，上書「秦州已投拜大金國」八字，且行移斥御名也。班兄弟顯謨閣直學士楙、顯謨閣待制開，乞納官以贖班之罪，上不許。

太中大夫吴敏充資政殿學士、提舉臨安府洞霄宫。敏初除湖廣宣撫使，以祖母年高，力丐免，未報。敏受命置司柳州，時寇盗充斥，敏方鳩兵選將，未能出師，而吕頤浩檢會敏丐祠之章，故有是命。敏至司才十六日也。熊克小曆：吴敏不能制賊，爲言者所論而罷，降資政殿學士、提舉洞霄宫。與日曆所書不同，當考。

國學進士上官孔明上書，論范汝爲猖獗之狀，且言：「爲范賊之策有三：直擣廣南，盤據要地，疲用王師，使苦嵐瘴，歲月莫能下，此上策也；引衆直前，據福州城，食城中粟，北守壯嶺，南斷浮橋，備河口舟，阻古田險，坐困王師，此中策也；不度智力，迎敵王師，此下策也。臣今料之，彼必出下策。然福建之地，平原曠野，率皆磽确。民利於步戰，而王師長於車騎，便於長戟，利於弓弩。地有所宜，戰非所利。謂宜永嘉航海，直至福建。秣馬厲兵，張皇聲勢。募福建之民，以攻福建之賊。」詔付宣撫司。孔明，邵武人也。

3 丙寅，詔：「依祖宗故事，復置樞密都承旨，以兩制爲之。如未曾任侍從之人，即依權侍郎法。」

詔應販私茶鹽，並不用蔭原赦。

樞密直學士、知遂寧府席貢上遺表，贈光禄大夫，後謚襄榮。

4 丁卯，吏部侍郎李光請復東南諸郡湖田。詔户、工部取會奏聞。初，明、越州鑑湖、白馬、竹溪、廣德等十三湖，自唐長慶中創立，湖水高於田，田又高於海，旱澇則遞相輸放，其利甚博。自宣、政間，樓异守明，王仲薿守越，皆内交權臣，專事應奉，於是悉廢二郡陂湖以爲田，其租米悉屬御前。民失水利，而官失省税不可勝計。王明清揮麈録餘話云：「王仲薿守會稽，頗著績效。如乾湖爲田，導水入海是也。」按二郡湖田，其租悉屬御前，重和元年二月甲子，詔鑑湖田租以備繕修原廟之須，不許他司奏請。他皆類此。上虞一縣，考究自宣和元年至建炎四年湖田，凡得米三萬三千餘斛入御前，而約放省税米十四萬六千餘斛，民間所失不在焉。其本亦如此，明清所云，未免誤矣。光奏請復之。既而上虞縣令趙不摇以爲便，不摇申到在明年三月庚申。遂廢餘姚、上虞二縣湖田，而他未及也。

宣撫處置使張浚言：「已封永康軍普德廟神爲昭惠靈顯王，漢右將軍張飛爲忠顯王。」詔依已行事理。普德神，秦蜀守李冰次子也。宣和間改封真人，至是，浚言：「神比託夢兆，欲掃妖兇，患無兵印。」又言：「閬州有死卒復甦，稱飛與關羽分兵境上，摧拒强敵。」故封之。

5 己巳，秘書少監傅崧卿權尚書吏部侍郎，充淮東宣諭使，且賜諸州守臣銀合茶藥，仍命崧卿體訪民間利病來上。

6 庚午，手詔：「閩賊范汝爲嘯聚日久，反覆變詐，害吾良民。比再遣帥，盡行剪戮。重念軍旅暴露，轉輸勞煩，皆朕不德之所致也。王師到日，其諸徒衆，能執汝爲請命者，當受重賞，自餘咸赦除之。可令宣撫司多出榜示，及箭射蠟彈入賊中，使明知朕意。」

7 辛未，呂頤浩奏：「乞通京東、河北商賈。」先是，劉豫置榷場，通南北之貨。頤浩以爲便，乃奏行之。

責授海州團練副使孟揚、責授黄州團練副使孟揆並放令逐便。先是，揚父責授昭信軍節度副使昌齡既卒於封州，而揚、揆猶在嶺南。朝議以其蠹國害民，累赦不宥。昌齡妻東平郡夫人靳氏，以昭慈近屬訴於朝，乃許自便。昌齡，開封人，宣、政間與二子繼任水衡，昌齡仕至保和殿大學士，揚、揆皆光禄大夫。靖康初，坐奸贓廢。

宣撫處置使張浚承制，以閤門宣贊舍人、知興州、同統領秦鳳等路軍馬李師顔知成州，閤門宣贊舍人、利州路第三將柴斌知興州。金之陷陝西也，師顔爲耀州守，獨率所部來歸，其家屬皆爲金所得。金人服其忠義，遣其弟師文招之，師顔不顧，師文卒爲所害。由是浚擢用之。師顔事，以紹興三十年三月壬辰富元衡所奏增入。

夜，行在紹興府火。

8 壬申，言者論：「今日爲百姓甚害者，無如科配一事。州縣比年以來，於常賦之外，別立一項軍期科配，一歲之間，一户至五七次。臣竊謂與其許科配，不若專責常賦；與其放逋欠，不若嚴禁敷率。今税租免後，和買及關征、榷酤之利，別無失陷，則軍事所需，何容不足？伏望特降睿旨，今後除依法催科，以備軍期外，自餘非泛科配，一切停罷。」詔户部勘當。户部侍郎柳約言：「遇災傷及經兵破，難以不放逋欠外，若實因軍期須索，亦有許收量添酒錢應副。或因軍期所需，多科其數，別作支用，昨降旨以自盜贓論，官竄嶺表，望依累降指揮施行。」從之。時議者又言：「朝廷之上，喜狥祖宗愛民之良法，而諱言今日科斂之大害。如早稻未熟，而借冬苗；春蠶未畢，而催和買。富民鬻田舍，下户質子女，籲天不聞，誠宜嗟憫。伏望明詔大臣，繼自今勿以科斂爲諱，而特如條畫，申敕監司，謹其抛降之名，俾不得加數掊克，因事漁利，則四方之民，凡有征求，莫不樂輸而無怨矣。」疏奏，詔檢會五月己未指揮，申嚴行下。後奏在此月甲戌，今聯書之。明年正月，陳汝錫謫官，恐緣此事。

左朝奉郎葉夏卿直秘閣、知饒州。時江東羣盜方熾，故選用之。既而言者論夏卿通守洪都，以城投拜，命遂寢。

9 甲戌，詔江東安撫大使司統制官郝晸、顔孝恭，以所部四千往建昌軍討賊，權聽守臣朱芾節制。先是，建昌之石陂寨軍賊丁喜、饒青聚衆爲亂，提刑司檄士居宣教郎蔡延世會安撫大使司都統制閻皐擊之，官軍失利。至是，李敦仁復犯虔化縣，閤門祗候、權縣事劉僅與戰，爲所敗。言者慮二寇相合，故命芾討之。晸、孝恭時駐軍鄱陽，就遣之也。

10 乙亥，淮康軍承宣使、神武副軍都統制、福建制置使辛企宗追三官，令統所部赴宣撫司軍前自效。坐擁兵逗遛，爲御史所劾，故有是命。

初，詔内外侍從官舉縣令，中書記名，以次除授。而言者以爲所舉多親舊，或罪累礙於銓選之人。乃命吏部參考，其負罪礙格之人並罷，仍坐所舉官。

詔立賞錢千緡，有妄言火災者，許人告捕，從軍法。時都人訛言太史局奏是月望復有火災，故禁之。

11 丁丑，手詔略曰：「比緣國難，盜起未息者，蓋奸贓之吏，無恤民意。及煩王師，而軍需不免又取於民，因循展轉，日甚一日。欲民不爲盜，不可得也。可將建炎三年以前積欠，除形勢户及公人外，一切蠲除。如州縣不奉詔，及監司迫脅州縣，巧作催科者，並除名。令御史臺糾察，多出黄榜曉諭。」又詔：「三省備坐祖宗朝真決贓吏舊制，鏤板行下。自今有犯，依法行遣，仍籍没家財。」上以軍興民困，吏緣爲奸，故盜賊蜂起，乃下此詔焉。朱勝非秀水閑居録云：「范宗尹爲相踰年，御史沈與求論其過惡二十事①，而贓墨居其四焉。於是罷相宫祠。彈疏既傳，無不駭愕。繼有詔旨，官吏犯贓，依祖宗舊典誅戮，仍籍其家，因宗尹也。」按宗尹罷相，非因與求論列，前已辯之。此詔恐非因宗尹，特勝非惡之之辭，今不取。

親衛大夫、建州觀察使、神武右副軍統制岳飛爲神武副軍都統制，仍以所部屯洪州。時飛遣本軍主管文字、秉義郎高澤民至紹興，而澤民，其甥婿也，乃詐爲飛狀，乞都統制或總管職事，故有是命。飛皇恐自辯，詔諭以出自上意，仍鑄印賜之。

詔浙西安撫大使兼揚楚等州宣撫使劉光世防遏金人，招安盜賊，保護浙西一路，厥功懋焉，可特與恩澤三資，奏補本宗或異姓有服親。

户部侍郎柳約言：「軍興科需百出，望官户名田過制者，與編户均一科敷。」從之。明年正月丁巳不行。

是日，曹成至道州，守臣直秘閣向子忞聞之，悉城中官軍，得百有二十五人，俾之迎敵，又遣使招之。兵行三十里，與成遇，士皆驚逸。成自東門入，子忞從西門跳奔獲免。成遂據道州。

12 戊寅，以彗出會稽，許臣民實封言事。按此手詔甚詳，而日曆不載，蓋失之。

詔行在職事官人添職錢十千。日曆：十二月十五日，沈與求除龍圖閣學士、宫祠，賈安宅工部侍郎，胡松年給事中，黄龜年起居舍人。按此皆紹興二年十二月事，史蓋誤也。又於此日書右諫議大夫徐俯上殿，按俯明年春方除諫官。又書遣駕部員外郎李愿充川陝撫諭，按愿明年四月方以國子監丞被命入蜀迎祁王，史皆誤也。周必大序駕部題名，亦繫於今年十二月，同此一誤。今並不取。

13 庚辰，武翼郎、閤門宣贊舍人、制置山東忠義軍馬范温遣參議李植來獻捷，詔以温爲武功大夫、忠州刺史，仍命聽樞密院節制。

是日，桑仲遣兵攻復州，守臣修武郎祖適棄城走。

14 辛巳，復置廣西茶鹽司。舊淮南鹽息歲收八百萬緡，自軍興，淮南道梗，許通廣鹽於江湖諸路，而二年半入納才七十萬緡。至是，江湖鹽價每斤爲七八百錢，議者以爲利厚，而冒販者多，故復置官提舉。户部侍郎柳約復請增諸路酒錢，上等每石二千，下等一千，其半令提刑司椿管，餘備軍費。從之。去年十一月辛亥增，至此又增。

詔武翼大夫閤門宣贊舍人知海州薛安靖、朝散郎通判州事李彙並赴行在，令揚楚等州宣撫使劉光世遣將統兵戍守。安靖本劉錫屬官，彙嘗爲沙河簿，在滄州結約南歸。會劉豫使守海州，至郡踰年，遂誘率簽軍蓋諫等，殺金人所命沂南淮北都巡檢使王企中及僞齊之戍守者，率軍民以城來歸。尋以安靖爲浙西兵馬副鈐轄，賜彙同進士出身、簽書寧海軍節度判官廳公事。安靖等除官，日曆不見，據明年三月四日安靖等申明東海軍戍兵狀增入。彙以二年二月乙丑賜出身。

武翼郎單德忠充樞密院準備將領，以所部三千人自爲一軍，以其忠節顯著也。

詔户部給銀五萬兩付温州，爲福建等路宣撫司大軍家屬錢糧之用。以添差兩浙轉運使盧知原有請也。

先是，宣撫使孟庾總大軍道由温州，守臣龍圖閣待制洪擬趣使赴援。庾怒，於饋餉外，命擬亟犒師，犒已即行。擬歸未及州治，軍人已塞滿庭下，洶洶且不測。擬即借封樁錢用之，事已自劾。詔書獎其知變。賊平，庾上其勞，加秩一等。擬轉官在明年十一月癸未，蓋因宣撫司保奏也。

僞齊汴京留守劉益遣父老史平、僧録德真、道録王從問奉表請劉豫遷都。是日，豫下僞詔曰：「汴京實四方之上游，名區奧壤，爲天下最。今所宜都，無以易此。而重念遷都重事，未嘗輕議。既而寇盜衰息，强梗還歸，關輔混同，人漸寧謐。宅中而據會要，因舊以建新邦，乃其時矣。朕志已定，朝論僉協。將戒嚴而順動，宜先事以示期。誕布詔音，亶孚羣聽。已定明年春末遷都於汴，凡爾遐邇，宜知朕意。」豫又以僞權尚書左丞張昂權門下侍郎，權尚書右丞張柬爲左丞，中書舍人直學士院范恭兼權右丞。

先是，監察御史婁寅亮即陳宗社大計，尚書右僕射秦檜以寅亮富直柔所薦，惡之，使言者論寅亮宣和中父死於賊，匿不舉喪。壬午，詔大理寺劾治。

15 甲申，右司諫方孟卿言：「祖宗故事，諫官置局於後省，號爲兩省官。蓋兩省朝廷政令所自出，祖宗以諫官居之，不無深意。今行在諫院，許於皇城内建置，未有定處，望令依舊隨省置局。」詔諫院許於行在所都堂相近置局。

16 乙酉，秘書丞劉大中爲尚書吏部員外郎。

尚書吏部郎中孫近充秘閣修撰、提點兩浙東路刑獄公事。

17丙戌，詔大理寺且留紹興府，俟勘斷見禁公事盡絶，赴行在。詔入内内侍省應官司取索文字，依舊例更不回報。後又詔内侍省準此。此以二年二月十七日内侍省狀增入。

18丁亥，言者請贓吏當死者勿貸。上曰：「朕本心欲專尚德化，顧贓吏害民，有不得已者。然亦豈忍遽置搢紳於死地，如前詔杖遣足矣。」

武經郎、閤門宣贊舍人潘永思追一官，坐爲人市恩澤也。先是，大理推治僞告，事連永思。上曰：「永思雖戚里，既有過，安可廢法？」乃命罷職就逮。

右司諫方孟卿言：「比年大兵所過，肆爲擄掠，甚於盜賊。望賜告戒。」詔自今出師毋得秋毫騷擾，樞密院察大將，大將已下遞察，犯者並行軍法。

19戊子，知樞密院事、宣撫處置使張浚奏和尚原剿殺金人。先是，浚徙治閬州，徽猷閣待制、參議軍事劉子羽請獨留河池，調護諸將，以通内外聲援。浚許之。是日，吕頤浩等進呈浚奏札，言浚今居閬中，爲水運以給西軍。上曰：「朕料浚必能立功。」秦檜因奏：「去年臣初至行朝，論浚者紛紛，甚可歎駭。賴陛下保全，得以安跡。萬一有功，實賴陛下知人善任，使不惑浮言之效。」上因備論天下事，有利必有害，但害少而利多，皆所可爲。若聽浮言，則事將俱廢。且如前年航海，一枝之外，便皆爲不測。使惑於浮言，逡巡不決，豈不敗事？頤浩、檜出至省府未食，捷奏至，上大喜。

20己丑，制授起復明州觀察使、陝西諸路都統制兼知秦州吴玠鎮西軍節度使，從張浚請也。仍遣中使任充持旌節、官告賜玠。

尚書右司員外郎江躋爲殿中侍御史。初，上既褒録符、祐黨人，而其子孫陳乞推恩者，吏部猶會刑寺有無過失。議者言：「赦書既稱以忠爲罪，望悉除落過名，以正名實。」從之。

詔襄鄧鎮撫使桑仲、金房鎮撫使王彦釋怨體國，不得自相侵擾。初，仲雖受命，然猶恃兵衆，再圖取金州。是冬，以其衆分三道，一攻住口關，一出馬郎嶺，一擣洵陽縣，使其副都統制、武節大夫、榮州刺史李横統之。前軍去金州三十里。彦曰：「賊兵以我爲寡，故寇三道，以離吾之勢。今吾破其堅，則脆者自走矣。」時賊之大兵在馬郎嶺北，彦遣統制焦文通禦住口關，而自以親兵營馬郎嶺，與之對壘幾月，大戰凡六日，賊大奔潰。彦縱兵追擊，均州平。仲寇金州，據彦行狀在今冬，不得月日。按史，降旨令二人釋怨在此月己丑，故遂聯書之。曹筠撰陳規行狀云：「都督張公入蜀，桑仲遣兵躡其後，爲王彦所敗。即日遣郢州兵欲謀蜀，公遣人諭霍明毋附仲。仲怒，挾數百騎來郢州，爲明所殺。」按，浚以建炎三年冬入蜀，去此已久，仲不應躡其後。若以爲浚入援時，則其還秦州在建炎四年三月，至此亦已踰年，筠所云誤也。仲追郢兵及被殺，皆在明年。已删潤附見，庶不牴牾。仲承制加横榮州團練使。日曆明年四月戊寅，桑仲奏：「李横近緣再立功效，已便宜加榮州團練使。有旨，李横特與轉團練使，依前武節大夫。」按横自此未嘗出兵，故且附於犯金州之後。俟考。

21 庚寅，詔存恤張孝純、鄭億年、李鄴家屬，命所在州根刷期已上親赴行在，候到取旨遷擢，以其用事於僞齊故也。

22 辛卯，尚書考功員外郎潘良貴守左司員外郎。

23 壬辰，詔自今春試選人及京官初出官人銓試，如故事。後不果試。明年正月丙申，依例免試。明年秋，乃克行之。

是月，賜陳東家錢五十萬。

詔以冬寒，命有司賑給行在紹興府居民不能自存者，其後移臨安，亦如此例。

是歲，宗室善淵賜名者二人。

初，命户部降本下江、浙、湖南和糴米，以助軍儲。十八年閏八月可參考。

静海軍節度觀察處置等使、開府儀同三司、檢校太師、守司空、同中書門下平章事、安南都護、上柱國、南平王李乾德薨，子陽煥立。乾德在位四十五年。

校勘記

① 御史沈與求論其過惡二十事　「御史」，原作「南宋」，甚誤。叢書本與之同，今逕以意改此二字。

建炎以來繫年要録卷五十一

1 紹興二年歲次壬子。金太宗晟天會十年，僞齊劉豫阜昌三年。春正月癸巳朔，上在紹興。

是日，從官已下先發，以將還浙西也。

2 甲午，詔自今科場復置賢良方正、能直言極諫科。

令幹辦内東門司李珂、衛茂實提點紹興府留住六宮事務。

徽猷閣待制致仕王昇卒。昇，建德人，事親至孝，建中靖國初以經明行修授官，事上皇爲明堂司常。卒年八十一。

3 乙未，詔諸路死罪囚應讞者，道路已通處依舊法奏按，未通處許酌情減降如舊。以三省言「今道路稍通，若令一例減降，慮生奸弊」故也。五年正月壬子復奏案。

中興聖政：上語及禁戢贓吏，吕頤浩曰：「贓吏侵漁，不可不禁。然州縣官依條格，合得請給，宜按月支與，使之食足，然後可以養廉隅。」上曰：「然。」輔臣因進呈諸路公使庫支給外，縣官供給條格。詔申明行下①。臣留正等曰：「富而後教，聖人之心也。衣食足，知榮辱，衆人之情也。今使仰事俯育且不給，而欲以刑法敺之，於禮義教化之不克成，宜哉。太上皇帝將大治贓吏，則先足其供給，誠得事理之序。比年以來，州郡經費不支，屬吏之奉有至數月不給者。天下賢人少而庸人多，方責其廉，而勢或使之鮮廉，誠不可以不察也。」

浙西安撫大使劉光世言：「諜報金主死，黏罕已立，劉豫率官僚舉哀，見合兵謀取壽春。」詔江東安撫大使葉夢得、和州無爲軍鎮撫使趙霖措置防備。

4 丙申，故奉議郎、贈直秘閣楊邦乂加贈朝奉大夫，爲立祠，名褒忠。以江東安撫大使葉夢得言其忠節也。五年四月再贈。

承事郎劉默除名，特送饒州編管。默知天台縣，訟守臣晁公爲之過。范宗尹、吕頤浩互庇之，公爲才免官，而默坐違法科敷及饋送過客、屬吏，至是獄成，遂有是命。

福建江西荆湖宣撫副使韓世忠圍建州。先是，世忠師行至福州，守臣程邁以賊方鋭，欲世忠少留，以俟元夕。世忠笑曰：「吾以元夕凱旋見公矣。」師次延平，劍潭湍險，賊焚橋以拒王師。世忠單馬先浮以濟，師遂濟。距建寧百里許，范汝爲已伐木埋竹，及布鐵蒺藜，開陷馬坑，以扼諸要路。世忠乃偃兵，自間道急趨鳳凰山。是日，旦至城下，遂圍之。

5 戊戌，秘閣修撰、知紹興府陳汝錫責授汝州團練副使，漳州安置。先是，手詔：「因軍期所須索之物，令州縣以印榜實數科理，毋得多取於民。」事見元年六月。汝錫受詔，不行之屬邑，侍御史沈與求劾之，下臺獄。法寺當汝錫私罪杖，該恩原免。右僕射秦檜惡汝錫，特有是命。

資政殿學士、提舉臨安府洞霄宮張守知紹興府。

宣撫處置使司書寫奏報文字、進士張棹爲右承務郎。棹，浚之從子也。

6 辛丑，昭慈獻烈皇后几筵進發，上詣禁中焚香。

朝散大夫、分司西京劉珏卒於梧州。熊克小曆，珏以提舉太平觀卒。按珏此時未落分司，閏月丙辰方追復元官。訃聞，官其二子，後又追復龍圖閣學士。

是日，韓世忠收建州。初，范汝爲既被圍，固守不下。世忠以天橋、對樓、雲梯、火砲等急擊之，凡六日，賊衆稍怠，夜，官軍梯而上城，遂破賊衆，死者萬餘，生擒其將張雄等五百餘人。汝爲竄回源洞中，自焚死。其將葉諒以所部犯邵武軍，世忠擊斬之，餘衆悉平。初，世忠疑城中人皆附賊，欲盡殺之。資政殿大學士李綱時在福州，見世忠曰：「建州百姓多無辜。」世忠受教。及城破，世忠令軍人悉駐城上，毋得下，植旗於城之三隅，令士民自相別，農者給牛種使耕，商賈者弛征禁，爲賊脅從者汰遣，獨取其附賊者誅之，由是多所全活。及師還，父老請祠之。世忠曰：「活爾曹者，李相公也。」

7 壬寅，上御舟發紹興。神武右軍都統制張俊、中軍統制巨師古以其軍從。留右軍統制官劉寶收後，以吏部侍郎李彌大權知紹興府，節制内外軍馬。時百司先渡江，扈衛者獨執政與給事中直學士院胡交修、中書舍人程俱、侍御史沈與求而已。晚，執政登御舟奏事。上至錢清堰，乘馬而行。

是日，湖東安撫使向子諲自曹成軍中復歸藍山縣②。初，成既入道州，會樞密院遣幹辦官左鼎持詔書諭成，俾散遣江、淮等路民兵，獨與堪出戰人赴行在，聽張俊節制。其徒爲盜久，憚俊嚴明，不聽命。湖廣宣撫使吳敏時在桂州，以兵力微，未能進。新中書舍人胡安國遺書於敏，以謂：「帥臣見執，而方伯不能治，此方伯之耻，不知策將安出？願速遣前軍，進由昭賀，以通春陵。北檄韓京，自衡移永；東檄吳錫，嚴兵宜章。而親總中軍，急渡嶺而北，下臨清湘，據三湖上流之地，然後詰問曹成擅移屯所與執帥臣之罪，就檄子諲赴軍前議事。若其悔罪自新，則與之招安，不然，斷而討之，勝負可決。若復延久，必生内變。矧迫東作之期，民失耕種，不待接刃，已投於溝壑矣。」敏然其言而不能用。先是，宣撫司都統制兼參議馬擴嘗駐軍大名，爲成所服，乃遣小校張布持敏檄諭成，成許受招，始釋子諲。且令準備將魏憲遺擴書，略云：「欲得相公指差一處。」參謀官范直方曰：「成不必招，可促之使赴行在。」擴曰：「彼既不願遠出，萬一促之，是使散而爲亂也。不若藉以爲用。」敏不能決，擴獻書於敏，請提軍親至道州，入成軍中撫定，分撥選强壯以隸五軍，進兵長沙，制服馬友，正二月中可以就緒。不然，失此機會，不惟湖湘重困，師老財殫，無以善後矣。敏弗聽。後數日，擴爲詩獻敏曰：「未敢此時非趙括，已愁他日類田豐。」遂辭職，徑歸融州。敏遣騎追之弗及。成聞擴去，又數日敏祠命亦至，成遂復爲亂。朝廷聞子諲爲成所執，詔子諲提舉江州太平觀，便居；以神武副軍都統制岳飛權湖東安撫使，將所部往潭州，而子諲已出矣。子諲得祠在正月乙卯，飛權帥事，日曆不書，今以三月甲午江西安撫大使司奏狀所云增入。

8 甲辰，上次蕭山縣，顧見帷幙華焕，問輔臣：「得無擾民乎？」輔臣奏：「聞之縣令劉皥民，盡出庫金。」上曰：「斂不及民爲善。」

9 丙午，上至臨安。播芳大全集趙德莊賀車駕回鑾起居表：「皇威烜赫，方望幸於中原；聖孝寅恭，暫歸承於清廟。民有雲霓之慶，師無霜露之勞。恭惟皇帝陛下，開濟艱難③，圖回久大。尚勤寶儉，來天佑於清躬；惡殺好生，養國祚之元氣。昌期將啓，强敵自夷④。時乘六龍，淮海風動；日闢百里，豪傑景從。適毖祝以言還，因薦勳而飲至。格於藝祖，聊收虞守之常；作我上京，終復漢家之舊。臣義均國體，喜若己功。簪橐坐踈，雖媿甘泉之從；衣冠未挂，猶瞻清渭之朝。」曹橘林集代嚴州賀回鑾表：「大巡六師，坐底妖氛之静；外薄四海，欣聆法駕之旋。宗社咸安，君臣相慶。中賀。恭惟皇帝陛下，道侔天地，功顯祖宗。能化本於至誠，神武歸於不殺。强鄰自殞，靡勞彎撻覽之弓；巨寇就屠，必有假李兒之手。乃眷雲屯之旅，方馳月捷之書。往撫爾勞，温挾忘寒之纊；有激其勇，争揮却暮之戈。遂使聞風鶴猶驚晉師，固已取鯨鯢而爲京觀。商政由舊，而戎衣大定；徐方不回，而王曰還歸。禁籞生春，旂常動色。臣職拘守壘，躬阻迎鑾。朝隨葵影之傾，夜喜旄頭之落。功成惟斷，願獻平淮西之碑；復不逾時，請詠刻浯溪之頌。」張孝祥于湖集代方務德賀回鑾表⑤：「靈鋒電掃，殲厥渠魁。興衛天旋，格於藝祖。神人歡喜，華夏奠安。中賀。恭惟皇帝陛下，仁配乾坤，恩兼南北。始結琬圭之好，欲齊民均蹈於泰和；兹親革輅之征，乃强敵自干於皇略。逮訖鯢鯨之戮，亟傳龍駕之歸。萬里提封，將復漢圖之舊；百重陛戟，載新旲會之朝。臣屬奉清閑，獲瞻粹穆。邊庭賤守，莫陪飲至之觴；馳道告行，暫止前驅之蹕。」⑥

10 戊申，武功大夫、榮州團練使蘇易乞以奉化縣界把截所轉一官，於階官上收使。許之。自政和初改官名，以郎、大夫易正、副使，由是武功大夫率徑遷橫行。至是，橫行凡數百千人。中書舍人程俱力論其不可，且謂：「祖宗之制，自閤門副使至内客省使爲横行，不係磨勘遷轉之列。蓋横行職事，親近人主，恩數多類從官。以元豐三年班簿考之，横行共二十二人，如种諤、韓存寶、劉昌祚、姚麟之徒，皆一時名將。故元豐官制，武臣獨依舊，不以寄禄官易之，蓋有深意。今文臣之爲庶官者，率不過中大夫，而武臣乃遷横行，此何理也？望自今非軍功勿遷。」從之。熊克小曆載此事於元年九月，未實。蓋不知其月日，故附俱初除舍人之月也。日曆自有本月日，今從之。

11 己酉，集英殿修撰、知臨安府席益移知衢州，從所請也。

直龍圖閣、江淮發運副使宋輝知臨安府。臨安府題名：正月十八日，宋輝自龍圖閣陞秘閣修撰。蓋誤。輝除秘撰在今年五月乙丑。

尚書左司郎中姚舜明直龍圖閣，充江淮發運副使。

12 庚戌，詔僞造券榜人並行軍法。時諸軍僞造者多，故倉部員外郎成大亨以爲請。

13 壬子，侍御史沈與求遷御史中丞。時禁衛寡弱，兵權不在朝廷。與求言：「陛下移蹕東南，將圖恢復之舉。先務之急，宜莫如兵。漢有南北軍，唐自府兵、彍騎之法既壞，猶内有神策諸衛，外有諸鎮之兵，上下相維，使無偏重之勢，其意遠矣。今圖大舉，而兵權不在朝廷。雖有樞密院及三省兵房、尚書兵部，但奉行文書而已。願詔大臣講求利害而舉行之，使人情不駭，而兵政益修，助成經理中興之志。」熊克小曆於此書與求上屯田集議。按屯田集議乃去年上，已具本月日。

初，建昌軍石陂寨卒丁喜、饒青等爲亂，聚衆數千人，而蘆溪寨土兵楊招與鄉民乘之縱掠。喜尋死，其徒姚達代領其衆。上命徽猷閣待制、新知宣州劉洪道督統制官崔邦弼等往捕。至是，劉洪道請濟師，乃詔統制官韓世清自宣州遣兵二千。時奉議郎、知貴溪縣符建中亦遣舉人劉鋭往説諭土兵，衆皆聽命。詔官其首，餘衆分隸信州諸軍。

14 癸丑，左中大夫、知樞密院事、宣撫處置使張浚加檢校少保、定國軍節度使，賞和尚原之捷也。浚初除左通奉大夫，未拜，故自左中大夫除。

詔招信縣復隸泗州。

朝奉郎杜欽智知舒州。初，李捧既受招，其徒路進以所部數千人渡淮而北，進犯舒州。守臣武節郎李鑄無兵不能守，棄城遁。知池州王進遣兵擊破之。進與其徒遁去，居太湖縣之司空山。事聞，故有是命。欽智尋卒，江西安撫大使李回以準備將領、武經郎武糾代之。進尋爲糾所殺，其黨李通率衆作亂。

15 乙卯，詔臨安諸門權勿稅柴薪、油麵等物。

16 丙辰，右奉直大夫、主管亳州明道宫徐俯試右諫議大夫。俯初見建炎元年三月丁酉。俯之母黃庭堅從妹也，避亂抵昭州。上始因閲庭堅文集，見其名，而胡直孺在經筵，稱其行義文采，汪藻在翰苑又薦之。上賜呂頤浩手詔曰：「朕比觀黃庭堅集，稱道其甥徐俯師川者，聞其人在靖康中立節可嘉，今致仕已久，想不復存，可贈右諫議大夫。或尚在，即以此官召之。」頤浩奏俯避地廣中，乃詔俯文學行義有聞於時，除右諫議大夫，赴行在。俯入朝未數月，遂執政。或曰，内侍鄭諶與俯游於江西，重其詩文，至是力薦於上。御札史不載，王明清云：「嘗於呂氏見之。」鄭諶事，以趙甡之遺史增入。時人多有是言，今年二月甲申、四年五月甲戌所書可參考。

詔見任郎官，自建炎已來未經上殿者，並引對。吏部侍郎李光言：「方艱難之時，朝廷廣收人材，兼收議論。郎官最號高選，其間豈無豪傑之士可備大用，乃不令一覲清光？廉退之士固難於自進。」故有是旨。

17 丁巳，右司諫方孟卿言：「近權户部侍郎柳約請推祖宗限田之制。凡品官名田數過者，科敷一同編户。今郡縣之間，官户田居其半，而占田過數者極少。自軍興以來，科需與編户一同，若以格令免科需，則專取於民，必致重困。臣謂艱難之際，士大夫義當體國，豈可厚享占田之利？又況富商大賈之家，多以金帛竄名軍中，僥倖補官，及假名冒户，規免科需者，比比皆是，望寢前詔勿行。」從之。約建請在去年十二月丁丑。

宰相呂頤浩、秦檜、神武右軍都統制張俊，被旨揀放邵青、單德忠、李捧三盜部曲。青等有衆二萬三千，其疲老不任披帶者，皆釋之，所存七千而已，如上所料。中興聖政：臣留正等曰：「世傳漢高帝豫知吳王濞五十年後必反，謂狀有反相可知也。至於五十年之説，非通於數者不能。蓋不然，且其知三傑，料陳平，期周勃之安劉氏，此豈數之能及哉？大抵帝王之興，其睿智絶人。太上皇料降卒可用之數，妙於蓍龜。其張良所謂沛公殆天授者歟？」

皇城司更造入禁衛、宮、殿、皇城門號四等，歲一易之。敕入禁衛三千道黄綾八角，入殿門二千道黄絹方，入宮門八千道黄絹圓，入皇城門三千道黄絹長。三年十一月壬申，更宮門號以緋紅絹方，皇城門以緋紅絹圓。自後不復易。

是日，宣州火。先是，閤門宣贊舍人韓世清自淮西以所部五千戍宣城。世清招納亡命萬餘，歲費縣官錢十萬緡，米十八萬斛。朝論恐其爲變，會州人有傳世清軍中欲縱火擄掠民財者，逮火作，世清往來彈壓，城中乃定。守臣李彦卿新除刑部郎中，未上，密遣監税趙令吉告於朝，呂頤浩遂有殺世清之議。彦卿尋卒。

18 戊午，三衙奏：「定臨安府左右廂巡爲百有十五鋪，用卒六百七十三人，三衙及本府兵各居其半。」二十二年十月己卯，又增爲百有五十鋪。

資政殿學士、提舉萬壽觀兼侍讀王綯提舉臨安府洞霄宮，從所請也。綯在經筵凡兩歲，力請外祠，而有是命。

詔自今停藏接引私鹽，並與犯人一等科罪。用浙西提舉茶鹽梁汝嘉請也。此以紹興三年三月八日淮東提監郭楫札子修入。

19 己未，詔修臨安城之頹圮者。以修內司所集湖、秀等五州役卒就築之。

詔商販茶鹽，並許經由海道出入。以運河阻淺故也。

20 庚申，詔發運使湯東野往建康收簇江東西路上供歲額米斛。

樞密院將領徐文有衆二千餘，命神武中軍統制巨師古蒞揀之。仍詔文及李捧、邵青、單德忠、趙延壽等所部兵，並專聽樞密院節制。

21 辛酉，遣入內東頭供奉官、睿思殿祇候任源往張浚軍前撫問。源請金字牌，以招收所過羣盜。上許之。言者奏：「自崇寧以來，宦官握兵，馴致禍變，天下之人，言之切齒。今來源所經去處，就使偶有盜賊，止當移文所屬措置，勿致稽留使命足矣，而乃欲以招安自任，然則羣盜肯聽之乎？又況挾招賊之名，開握兵之漸，事有幾微，不可不慮。」乃詔源遇有賊盜，將金字牌旂給付守臣招安。後旨在二月庚午。

左武大夫、棣州刺史馬欽特遷橫行遙郡二官，録招降邵青之勞也。

武功大夫、忠州團練使楊勍以所部四千屯吉州，恣橫不法。建武軍節度使、江西兵馬副總管楊惟忠欲圖之，乃與勍叙同姓之歡，邀勍會飲，伏兵誅之，遂并其兵。尋進惟忠軍職一等。勍自建炎中爲盜，蹂踐福建、湖南諸州，及是乃敗。惟忠以二月辛未除捧日天武四廂都指揮使，其誅勍不知在何時，今從趙甡之遺史，附此月末。勍初見建炎四年五月。

1 二月癸亥朔，詔臨安府近行宫高阜，禁人毋得至其處，犯者徒二年。以其可以下瞰宫中也。

2 甲子，詔平江府守臣市賀鑄家所鬻書，以實三館。

3 丙寅，命浙西安撫大使兼淮東宣撫使劉光世將鋭卒萬人移屯揚州，勸率農桑，經理一路，時至鎮江視師。光世不奉詔。

詔建州權罷鼓鑄二年。以監兵避亂散逸，用知漳州綦崈禮請也。

召泉州草澤陳齧赴行在。

直顯謨閣李承造復爲兩浙轉運副使，專一應副劉光世錢糧。以光世言「累有機會，多緣無樁辦錢糧，幾誤大事」故也。於是轉運副使、直龍圖閣劉寧止遂罷。

4 丁卯，詔選人七階並分左右。時用元祐舊制，寄禄官分左右，而贓吏不預焉。言者謂：「祖宗以來，選人皆以州縣繫銜，故無所分别。今選階品秩雖卑，豈可無以律貪，而獨置之廉耻之外？」乃下吏部如所請。

尚書吏部侍郎李光試禮部尚書，吏部侍郎李彌大試户部尚書，徽猷閣直學士、知漳州綦崈禮試吏部侍郎，太常寺少卿程瑀試給事中。崈禮，吕頤浩所薦。瑀，秦檜所薦也。

給事中兼直學士院胡交修充顯謨閣待制，提舉江州太平觀。交修以引疾得請。此恐是緣周杞事干連乞去，此月庚辰可參考。

殿中侍御史江躋奏徽猷閣直學士江淮發運使湯東野、承議郎知淳安縣鮑慎好奸贓，脅使輸錢五千緡，庇而不發。東野遂罷去。

右宣教郎王彥恢知無爲軍。無爲分鎮地，至是始命守臣也。

楚州參議軍事李用成充本州團練判官。用成久參祝友軍謀，最所親信，劉光世因拔授用成朝請大夫，言於朝，故有是命。其後秘書少監傅崧卿自淮東還，奏其勞，乃正補承事郎。用成補正，在五月乙丑。

5 己巳，詔榷貨務依臨安府樣製造斛斗百隻，降之諸路。倉部員外郎成大亨言：「紹興府斛斗增大，出給之際，例各折閱，具獄滋多。惟臨安斗斛均平，公私兩便。」故有是旨。

詔：「比緣移蹕臨安，令漕臣措置營繕。聞諸頗取材於民，違背初旨，可令監察御史黃龜年取索，仍給銀絹度牒，計市價償之。」

朝奉郎、福建轉運判官張觷爲尚書考功員外郎，直顯謨閣、新除兩浙轉運副使李承造移福建轉運副使，直秘閣、提舉浙西茶鹽公事梁汝嘉爲兩浙轉運判官。承造爲劉光世所辟，未到司改命，當考。

6 庚午，資政殿大學士、提舉臨安府洞霄宮李綱爲觀文殿學士、荆湖廣南路宣撫使兼知潭州。前五日，直秘閣知道州向子忞奏：「曹成犯道、賀二州。」宰相呂頤浩、秦檜因陳：「天下大計，當用二廣財力，葺荆湖兩路，使通京西，接陝右，此天下右臂。如京東諸州爲叛臣所據，正如國初，河東且留以蔽敵。諸路先定，他時併力圖之，似爲未晚。」檜請身至湖外，自當一面，效羊祜襄陽之體。上曰：「卿等當居中運裁，不可授人以柄。」至是命綱，仍令福建等路宣撫副使韓世忠以所部統制官任士安一軍三千人授綱⑦，由汀、道州之任。又命權湖東安撫使岳飛率湖東副總管馬友及諸將李宏、韓京、吴錫等共擊之。新除中書舍人胡安國避地湖東，亦以書遺檜，言：「吴敏兵寡，宜就遺世忠以爲之副，俾殲殄羣寇，收拾遺民。人言向子諲忠節，在今日可以扶持綱常。願憐其無救而陷於賊，復加任用，俾收後效。」

7 辛未，上諭輔臣：「將來御試舉人，止造蓆棚於講殿之前，不必更修别殿。」吕頤浩因讚聖德，以爲：「如此可以示四方士人，使知陛下恭儉如此。」上曰：「朕天性不好華靡，況與承平之主不同。」秦檜曰：「大布之衣，大帛之冠，是古人處患難之事，後世以爲夸美。」上曰：「卿言極是。」

初命發賣蔡京、童貫、王黼、朱勔浙西田，至是六年，而未售者尚五千餘畝，乃詔發運副使姚舜明措置。

8 壬申，詔自今巡尉毋得注吏職出身人。此以紹興五年二月十一日敕令所狀修入。

9 癸酉，起居舍人廖剛權尚書吏部侍郎。

左中奉大夫李友聞復集英殿修撰，提舉江州太平觀。朝論以其子鄴爲僞齊所倚，故録用之，友聞年八十矣。

詔諸路州軍遇天申節，依舊試經，撥放僧道度牒，每三百人放一名。建炎末權住試經，至是禮部員外郎兼權祠部王居正言：「本部歲降諸路空名度牒各不下五六萬，而其間乃無一人緣試經者，揆之人情，恐有未安。」故降是旨。

10 甲戌，福建轉運副使陳⑧、廣東提點刑獄公事徐端本、江西轉運判官趙公竑、浙西江東廣東提舉茶鹽黄昌衡、陳鑄、王鈇、章僅、福建提舉茶事孫恭、兩浙福建提舉市舶鮑存、陳鼎等十人並罷，以御史中丞沈與求論其猥濫也。端本，鑄子。鑄，安西人⑨，宣和述古殿直學士。僅，惇孫，嘗除光禄寺丞。鑄，亨伯弟子。鼎，鎮江人也。

吏部尚書李光爲淮西招撫使，神武前軍統制王𤫩副之。呂頤浩欲討韓世清，乃託言路進等諸盜未平，命𤫩將前軍往捕，而以樞密院準備將徐文所部爲光親兵，仍命世清及江東統制官張俊、崔邦弼、王進、王冠、李貴等軍權聽光勾抽使喚。事干軍政，待報不及者，許便宜行訖以聞。

朝請郎、新通判池州樂亮臣改知滁州，用江東安撫大使葉夢得請也。滁州自向子伋死，不復除守臣。至是，盜賊稍衰，而鄉村尚有食人者，亮臣捕得其首周智，磔於市，由是遂止。亮臣清介自守，惟一僧偕行，郡事之餘，多瞑目獨坐，滁人久猶思之。亮臣事，以趙甡之遺史增入。但甡之所記作岳諒臣，蓋字誤，今從日曆。按亮臣除命在二月甲戌，而甡之於正月乙卯書之，疑葉夢得先遣亮臣而後奏也。

11 乙亥，權尚書户部侍郎柳約落權字，以將使高麗也。

是日雨雹。

12 丁丑，給事中黄叔敖兼侍讀，權尚書吏部侍郎廖剛兼侍講。

詔閤門宣贊舍人崔增、樞密院準備將領趙延壽、單德忠、李振、徐文、武功大夫李捧、樞密院水軍統制邵青所部兵，分爲七將，以御前忠鋭爲名。内增、青仍作水軍，並隸侍衛步軍司，非樞密院得旨，毋得擅發。仍鑄印賜之。文除第七將及賜印，在此月庚辰，隸步軍司在辛巳，今聯書之。

秀州海鹽縣令徐百禄、敕令所删定官莫僝並罷。百禄，秉哲子。僝，儔兄。殿中侍御史江躋以爲言，故罷。

金均房州鎮撫使王彦奏文林郎續觱充本司書寫機宜文字，宣教郎高士瑰、起復承事郎王弗並幹辦公事。士瑰，瓊曾孫。弗，滎陽人也。觱已見元年二月。

始，淮南營田司募民耕荒，頃收十五斛。及是，宣諭使傅崧卿言其太重，故百姓歸業者少。上用崧卿言，詔損歲輸三之二，俟三年乃征之。仍賜崧卿錢五萬緡，俾貸民爲牛種之費。

故朝散郎梅灝贈直龍圖閣，以元符黨人故録之也。

龍圖閣待制致仕洪中孚卒。

13 己卯，浙西安撫大使、兼揚楚等州宣撫使劉光世同執政對於内殿。光世自鎮江入朝，留彌月，上命光世移屯維揚，而光世以爲恐鄰寇有疑或致生事，願仍領浙西以爲根本之地。蓋光世實憚行也。右司諫方孟卿言：「今陛下既已移蹕臨安，豈能免鄰寇之疑？臣又聞光世欲以身任山東、河朔之事，其陳義甚高。今乃不欲渡江，其意安在？臣願清燕之間，召宰相吕頤浩、秦檜與之面議於陛下之前，及早應副錢糧，并措置合宜事件，諭以聖意，使之必行，庶幾不致臨時首鼠敗事。」上召光世入對，諭使將大軍偕行。光世終以爲難，乃命移屯五千，往來節制而已。光世之來也，以繒帛方物爲獻，上命分賜六宮。御史中丞沈與求言：「今艱難之際，不宜有此，乞斥還之。」上納其言，仍降札獎諭。

是日，秦檜因奏事言：「每見陛下屈己從諫，中外士民，無不感悅。」上曰：「如前日百姓揭牌，題以供御綉服。問之，乃十年前京師鋪户用其舊牌，已令毁撤，不知者將謂舊習未除。朕所服者多繒素，豈復有綺綉也？」

從事郎、知高郵縣鍾離濬言：「宣撫司指揮，令營田之民有警旋行勾集出戰。本縣四十村，歸業之民僅千八十家，少有耕種，又慮秋成或爲賊有。欲分爲二十社，社三百人，擇精强可仗者二人爲巡社首領，其餘十人爲甲，甲有隊長。如遇警急，遞相救援。二十社計六千人，約耕田六百頃。若無耕牛，可以人代，每畝收一斗五升，共收穀九千斛。計貸種錢萬六千緡。」詔宣諭使傅崧卿以永豐圩禾稻給之，如其請。濬先爲薛慶幕客，屢勉以忠義。慶信用之，其後崧卿還朝，薦濬學有師承，忠國愛民，一路鮮有其比。上嘉之，命特改京官。濬改官在四月戊辰。

14 庚辰，詔自今監司不得任本貫，其見在任者皆移之。時言者論：「近兩浙轉運使盧知原等皆係本貫之人，利於殖産營私，應副親識，干求請託，一切用情。望別與差遣，庶革逐路狥私之弊，稍復祖宗立法之意。」故有是命。

降授朝請郎周杞除名，惠州羈管。杞在常州，爲政殘酷。會大旱，上御經筵，問所以致旱之由，顯謨閣待制胡交修時爲中書舍人，對曰：「此殆杞佚罰。」遂以杞屬吏。杞怒，上書告其罪，詔大理寺丞胡蒙詣常州按驗，交修無所挂，然羣從亦多抵罪，而杞坐賊殺不辜及贓罪流，故竄。蒙，歷城人也。熊克小曆載杞獄具於去年十二月甲寅。按甲寅乃進呈體究文字，非具獄，克誤也。

詔：「内外諸軍並各供具人馬、衣甲、器械總數，及開坐統制、統領官所轄數以聞。自今每軍月具籍申樞密院。」時吕頤浩以諸大將專兵難制，故舉舊制行之，然終不能得其柄。

夜，雷聲初發。

15 辛巳，直秘閣、知道州向子忞落職放罷，以湖東提點刑獄公事周隨亨劾其不法及棄城故也。新除中書舍人胡安國自全州遺尚書左僕射吕頤浩書曰：「昔韓忠獻公秉政十年，勳蓋一時，權震天下。然議者亦或排之，則孫公沔、李公參、吕公誨、王公陶與司馬公光是也。衆人常情，睚眦必報，而忠獻公於此數人，皆引用之，各盡所長，不以爲怨。而近世諸人，借國威福，行其私意，取快一時。欲救往迷，正在今日。相公中間均逸，亦有異同之議。今公衮言歸，進退賢否，賞罷功罪，固當以至公無我爲先，報復恩讎爲戒，然比於忠獻，猶有未及，不免天下之疑。以貴者言之，如舊相吴觀文起帥長沙，繼除三路宣撫，吴雖辭免，而軍書羽檄輻湊門巷，又以劇盜方集境中，恐失事機，惶恐拜命，鳩兵選將，夙夜究心，亦未爲失。一旦賜罷，自觀文降資政，自通議降太中，傳播諸方，駭動觀聽，所可疑一也。以微者言之，向子忞之守道，鋤治奸猾，雖犯衆怒，識者是之。申乞移按他部，不爲過也。巨寇侵陵，衆寡不敵，移守山寨，而外臺乘此交劾罷之，所可疑二也。相公平心爲相，施於貴者，將存其事體；施於微者，當海度容之。若改正此二事，則不違公議，釋疑於天下矣。夫宰相時來則爲，不可擅爲己有。人才亦各自負，不可蓋以己長。安國見辭新命，冀賜片言，俾從所欲，則受賜大矣。」頤浩不納。隨亨，江山人，時以避賊，寓治江華。子忞檄歸衡陽，隨亨怒懟於朝，子忞坐削官，至是復有此命。子諲降官在今年二月乙丑，今併附。

直龍圖閣、主管湖東安撫司公事向子諲言：「已撫定曹成人馬，在道州河南駐劄。緣臣折衝無術，有失國體，望賜罷黜。」詔子諲免罪，赴行在。

16 壬午，叙文州司馬黄敦彦復通直郎。敦彦，建炎末通判袁州，坐降敵停廢。刑寺當敦彦謀叛還歸，會赦叙散秩。敦彦愬於朝，大理少卿錢稔言與真犯不同，故有是命。敦彦自承議郎建炎四年八月甲申追一官勒停。

17 癸未，上始御講殿。自巡幸以來，經筵久輟，至是復之。

詔張浚選精鋭西兵五千人騎，遣將統押，隨中使任源赴行在。以騎軍不足故也。

詔國學免解進士張雷令入對。

舊制，州縣官正郎以下身亡者，給倉券。兩浙轉運判官梁汝嘉言詭冒者衆，蠹耗邦財。詔並罷。

是日，淮西招撫使李光發行在。

18 甲申，中書舍人程俱落職，提舉江州太平觀。上既召徐俯，俱密言於上曰：「俯雖才俊氣豪，然所歷尚淺，今以前任省郎遽除諫議，自元豐更制以來未之有也。考之古今，非卓然傑出，如陽城种放，則未嘗不循資望而進。臣願陛下須其至，姑以所應得者命之。他日置之左右，何所不可？如元稹在長慶間，命知制誥以至翰林學士，真不忝矣。止緣自荆南判司，命從中出，召爲省郎，使知制誥，遂喧朝聽。時謂荆南監軍崔潭峻引之，近傳其與中官唱和，有『魚須』之句，名曰警策。恐外人不知陛下所以得俯之由，以此爲疑，仰累聖德。」上不聽。右司諫方孟卿因奏俱諂附蔡攸，在秀州棄城而遁。俱遂罷去。

户部尚書李彌大兼權侍讀。

大理寺丞李處度、監都奏院蘇簡並送吏部，限三日出門。此故當考⑩。

武節大夫、榮州團練使、新知光州劉超爲武功大夫、榮州防禦使、知真州。後數月，超乃赴行在。許約知光州，事已見此月末，恐可移入此，或附超初除光州時。超以閏四月壬子到行在。

故奉議郎、守尚書工部員外郎滕茂實以死節，贈龍圖閣直學士，官其家三人。茂實既死雲中，其友朔寧府士曹掾董詵自投歸張浚⑪，浚以爲陝西轉運判官。詵乃録茂實所爲哀詞，使其同歸者羅鈜來獻，浚亦上其事於朝，故有是命。茂實死節，已見建炎元年正月壬寅及二年八月末。後謚忠節。

19 乙酉，上諭輔臣曰：「人主待臣下，當以至誠。若知其不可用，不若罷去。疑而留之，無益也。」又曰：「人主之德，莫大於仁。仁之一字，非堯舜莫能當。」吕頤浩、秦檜曰：「聖學高明，以誠、仁二者治心、修身、正家、齊天下，有餘裕矣。」

賜劉光世淮東宣撫使印。光世初除揚楚等七州宣撫使，與江東西二大帥同命。後光世乞鑄淮東宣撫使印，得旨，以：「揚楚通泰真承州漣水軍宣撫使印」爲文。至是再請，遂改鑄。

陞東海縣爲東海軍。時海州復爲僞齊所得，乃以成忠郎、閤門祇候葛玥爲軍使，將薛安靖部曲五百人往守之。

20 丙戌，初置著作官二員，編次日曆。自渡江以來無史官，及是，御史中丞沈與求始以爲請，然未及行。武功郎、閤門宣贊舍人、知廬州王亨權主管廬州壽春府鎮撫使司公事，兼知廬州。亨守郡踰年，條陳禦寇利害來上，故就用之。

詔六部於東北角開便門，遇有職事赴都堂稟白，聽於便門出入。

21 丁亥，尚書工部員外郎王昂守起居舍人，禮部員外郎王居正試太常少卿。昂，珪弟子也。

22 戊子，龍圖閣待制、知撫州高衛落職與宮觀。衛言：「甘露降於州之祥符觀。」且爲圖上之。王居正論：「今日恐非天降祥瑞之時。」言者劾衛：「以蔡京園田叨冒改官，頃者抗疏，極言討論之非，實自爲地，搢紳號爲流外侍郎。今乃崇飾諂諛，老不知愧，望賜罷黜。」從之。

右修職郎陳淵充樞密院計議官。淵，瓘兄孫，舉進士不第，以積舉得官。秦檜薦其才而有是命。

殿中侍御史江躋言：「臣聞天下一家，中外之財皆人主府庫也。自古言利之臣，初非天降地出，不過推剥細民，移東於西，以欺其上。唐德宗時李兼在江西，有月進，韋皐在西川，有日進。刺史進奉，自裴肅始；幕僚進奉，自嚴綬始。載在史册，爲世所譏，蓋不可不戒也。陛下盛德日新，躬履節儉，不殖貨利。有如成湯，臣子所宜奉承德意。近日乃聞前知明州吴懋輒有所獻，踰五萬緡。州郡有餘，朝廷自當移用，豈待進獻以爲己能？竊恐朝廷受之無名，將何以示天下？儻或小人觀望，争相效尤，殘民以爲己利，其患有不可勝言者。一吴懋固不足道也，欲望陛下斥還懋所獻錢，仍加黜罰，少寬四明民力，且爲後來貪競之戒。」詔：「委自憲臣勘當，如係科斂，即仰給還以聞。吳懋俟勘當到取旨。」懋守明踰年，時四明承喋血之餘，公私掃地，而水軍、步卒戍明者踰萬人，懋以等第貸民錢十萬緡，又得榷酤之贏，軍用無乏，懋用是得職名。懋除職在元年四月丁丑。比代去，又獻錢五萬緡。其後勘當如章，然懋所獻羨錢，朝廷皆已移用，但降懋二秩而已。熊克小曆：「四明承喋血之餘，公私掃地，列將陳思恭統步軍二萬，張公裕水軍一萬，皆留戍郡境，軍費不貲。懋得榷酤之贏以供廩稍，民不知兵，朝廷嘗以直秘閣寵之。至是，貶秩而去。尋察其枉，除湖北轉運判官。」克所云，乃汪藻所撰懋墓誌中語也。日曆紹興二年五月二十四日，浙東提刑司奏：「體訪得吳懋牒諸縣云：都統陳太尉所帶軍馬四千餘人前來駐劄，今相度權於人户等第物力錢，自三十貫以上借錢二十文省，實催到九萬七千九百餘貫。又踏逐崇寧寺屋，分酒務米麴，寄造煮酒，收息錢三萬七千餘貫。又將朝廷降到度牒，分下諸縣出賣，收到錢一萬一千餘貫，并都酒崇壽務趲出二合酒錢二項，共十五萬貫。」據此，則藻所云非其實也。陳思恭步卒四千人，并張公裕本軍，不應有三萬人。今但云踰萬，庶不失實。懋以五月癸未貶秩，今併附見。

右奉議郎、監諸軍計司秦湛添差通判常州，以黨人子，特録之也。湛，觀子，已見。

23 己丑，有司以春分日祀高禖，禮畢，宮嬪有位號者，以次即宮中飲福受胙如儀。

復荆湖東西爲荆湖南北路，以徽猷閣待制、新知宣州劉洪道爲徽猷閣直學士、知鄂州，充荆湖北路安撫使。召湖西安撫使程昌寓還行在，仍命洪道以所部顔孝恭、崔光弼軍之鎮。熊克小曆四月甲申，「時朝廷已除呂祉湖東提刑，祉因言荆湖分東西路，地勢、人情皆不便。乞依舊爲湖南北。從之」。蓋克不考，二月已降旨，乃繫之四月也。

詔申嚴福建路私有私造軍器之法。以提點刑獄徐庚有請也。

24 庚寅，監察御史婁寅亮罷。寅亮既爲秦檜所擠，按治無所得，至是獄成，坐爲族叔郛民田改立官户，刑寺當寅亮私罪杖，罰銅七斤。詔免所居官，送吏部。未幾，寅亮卒。

直龍圖閣知臨安府宋輝、萊州防禦使主管侍衛馬軍司公事邊順皆貶秩一等，坐城中多劫盜也。既而獲盜，復其官。三月癸丑復官。

資政殿學士、知泉州謝克家引疾，提舉臨安府洞霄宮。

宣撫處置使張浚承制，以奉直大夫、知邛州陳右提點潼川府路刑獄公事，而以朝散大夫鮮于繪代之。時有旨，以朝請大夫王俁知邛州，浚乞合改替繪，朝廷不能奪也。

是月，知商州董先叛，附於劉豫。先是，閤門宣贊舍人李興以節制軍馬屯於商州，會先爲陝虢安撫司統制官耿嗣宗所迫，來依興，以兄事之。未幾，河南鎮撫使翟興俾先知商州，先心慊之，密有害興意，因置酒伏甲，執興於坐。以鎮撫司之命，械興赴河南，欲於中塗殺之。行兩程，宿山林庵舍中，興見羣卒熟寐，乃荷械而去。逮曉，至洛南農家，人識之，咨嗟熟視，遂破其械，以糗糧遺興使去。其子女諸妾皆被害。興既脫，復得麾下舊兵千餘人，往來商、虢間。先既與興爲仇，且劉豫勢漸盛，先不能軍，遂以商、虢二州降豫。

初，淮西諸州多爲劇盜所據，朝廷因而授之。閤門宣贊舍人、知濠州寇宏雖受朝命，陰與僞宿州守胡斌通。李成之敗也，褒信縣射士許約收其潰兵入光州城，以收復告，即以約知光州。約與武節大夫、忠州刺史、知壽春府陳卞皆與僞境往來⑫，兼用紹興、阜昌年號。光州土豪張昂獨率民兵據仙居縣之石額山爲寨，事聞，詔授昂忠翊郎、忠義兵民統領。至是，北賈有至建康者，言中原之民苦劉豫虐政，皆望王師之來。江東安撫大使葉夢得聞之，即遣使撫諭，卞、宏二人皆聽命。既而豫遣僞京西南路安撫使王彥先攻壽春，爲卞所敗，而宏遂與斌絶。卞尋復固始縣。會豫衆復犯二州，卞棄城保南岸，夢得令統制官王冠、張俊等援之。豫引衆去。彥先，維州人也。此以葉夢得行述增修，而不得其月日。熊克小曆附之此月。按日曆三月六日，李光奏：「體問得江東安撫大使司已差王冠知宿州，過江前去。」則冠之行，必在二月也。又紹興元年十一月十八日，「寇宏申：順蕃知宿州胡斌令人賫文字誘宏從僞，已行處斬。詔特轉一官。」二年二月十五日，「葉夢得申：王彥先、胡斌犯壽春府、濠州，已差王冠、李貴、小張俊策應。」四月十二日，奏已收復壽春府。此皆與行述同。但克所書，以陳卞爲陳辨，又云：「遂復光州。」皆誤也。日曆今年四月五日，孔彥舟尚申得光州牒，係用僞年號，則知未嘗復光州。許約、張昂事，並不得其年。今以紹興二年正月五日張昂奏狀附見。俟考。

校勘記

① 上語及禁戢贓吏……詔申明行下　以上一節共七十三字，宋史全文卷一八上爲大字正文。

② 湖東安撫使向子諲自曹成軍中復歸藍山縣　「復」，原闕，據叢書本補。

③ 開濟艱難　「難」，原作「雖」，據五百家播芳大全文粹卷二中改。

④ 强敵自夷　「夷」，原作「平」，據叢書本改。

⑤ 張孝祥于湖集代方務德賀回鑾表　「德」，原作「得」，據于湖集卷二〇改。

⑥ 暫止前驅之蹕　此注引趙德莊、曹夢良、張孝祥賀回鑾表，皆非爲高宗自越州回杭州時所作。查趙德莊名彥端，據韓元吉南澗甲乙稿卷二一直寶文閣趙公墓誌銘，趙爲紹興八年登禮部第，時年僅十七。其不可能於紹興二年作表賀高宗返杭明

矣。而曹橘林集作者爲曹夢良，見文淵閣書目卷九，謂之曹教授橘林文集。而王十朋梅溪後集卷七曹夢良贈炭戲成詩自注：「予時爲郎，夢良爲嚴州司户。」詩作於紹興三十二年，則夢良此表亦作於紹興三十二年也。張孝祥于湖居士文集具存，右所載表，亦其紹興三十二年代方滋所作。三表皆爲高宗紹興三十二年自建康返臨安而作，此注引三表或爲永樂大典所附入。

⑦ 仍令福建等路宣撫副使韓世忠以所部統制官任士安一軍三千人授綱　「任士安」，原作「任仕安」，據中興小曆卷一二改。

⑧ 福建轉運副使陳　此下原有四庫館臣注：「原闕。」今删。按：乾隆福建通志卷二一載福建轉運副使，建炎以後有陳郭遂，或即此闕名者。

⑨ 鑄安西人　「安西」，叢書本作「西安」。按：正德姑蘇志卷三四謂徐鑄爲吴人。

⑩ 此故當考　「此故」，叢書本作「此必有故」。

⑪ 其友朔寧府士曹掾董詵自投歸張浚　「掾」，原作「椽」，據叢書本改。

⑫ 約與武節大夫忠州刺史知壽春府陳卞皆與僞境往來　「忠」，原誤作「中」，逕改。

建炎以來繫年要録卷五十二

1 紹興二年三月壬辰朔，詔：「襄隨郢等州鎮撫使兼節制應援京城軍馬桑仲量度事勢①，乘時收復陷没諸郡。仍令河南翟興、荆南解潛、金房王彦、德安陳規、蘄黄孔彦舟、廬壽王亨更相應援，毋失機會。如能成功，當議不次推賞。」仲除節制軍馬，未見本月日，或可附去年乞幸荆南之後。

尚書左司員外郎潘良貴以父老乞補外，乃除直龍圖閣，知嚴州。

責授昭信軍節度副使徐秉哲送惠州，昭化軍節度副使吴幵南雄州，寧江軍節度副使莫儔韶州，並居住。先是，秉哲等既以赦得還，而儔遣人詣鼓院自陳：「上皇出郊之日，己方在敵營，不預其事，乞改正。」户部侍郎柳約奏：「今二聖遠在沙漠，而秉哲等復居善地。言之至此，陛下寧不動心？縱未忍加誅，亦宜永竄遐荒，以爲萬世臣子之戒。」故有是命。

虔化縣兇賊李敦仁補正修武郎、閤門祗候，其徒三十八人皆授官，分隸張俊等軍中②。敦仁起書生，爲盜三歲，蹂四州十縣，最後爲江東統制官顔子恭所破，至是始平。

淮西招撫使李光執江東安撫大使司都統制韓世清於宣州。初，光與副使王瓔將忠鋭、神武軍合萬餘，以辛卯晦抵城下，時日已暮，隔溪而營。世清將迎謁，其壕寨將曰：「不可。李尚書往淮西，而下寨甚嚴，非過軍也，必有謀耳。」世清曰：「我何罪？」遂將親兵千餘人來謁。是夜，光與瓊共議。翌日世清率諸將來賀月旦，守臣具食，瓊先以甲士守其從者。光謂世清曰：「得旨，揀軍往淮西，可批報諸軍，令素隊出城。」世清欲上馬，馬已持去。光命持黄榜入城，統領官楊明、吉榮聞之，諭其徒擐甲毋出。世清不得已，批報諸軍，衆乃聽命。擇其壯者五千餘人隸神武前軍③，餘許自便。光又得世清所用舟九百艘，帛七千匹，遂執世清以歸。其中軍統領官趙琦先以精鋭二千討賊於建昌，亦命琦赴行在。熊克小曆云：「世清在江東，彈壓有勞，民間惟恐其去，至畫像祠之。時吕頤浩方招安張琪，而世清襲擊琪破之，頤浩以世清壞其事，故不樂。後徽人羅汝楫在言路④，嘗欲爲世清辯白而未果。今敷文閣直學士程大昌亦徽人，知其事，嘗爲克言之。」按日曆，頤浩未相時，上屢以諭范宗尹，則當時言世清可疑者，不特頤浩也。然世清彈壓有功，亦未可知。如李光、王瓊所奏揀散事，亦不言其拒命，可見世清初無反意，但迹可疑耳。今併附此。

是日，水賊翟進犯漢陽軍，殺武功大夫、權軍事趙令戣及吏民百餘人，掠舟船而去，遂以其衆歸於蘄黄鎮撫使孔彦舟。此以今年五月七日德安鎮撫司所奏修入。

2 癸巳，詔温州太廟百步内遺火者，徒二年。

尚書司封員外郎林待聘爲禮部員外郎，左朝奉郎張燾爲司封員外郎。

詔以朱勔平江南園地賜孟忠厚。

責授果州别駕顔博文乞以赦叙，權刑部侍郎王衣擬叙奉議郎與差遣，而吏部侍郎綦崈禮言博文嘗撰僞楚赦書，今使之通籍朝端，公議未允。乃詔博文永不收叙。日曆，刑、吏部並無名。按此時吏部尚書李光出使，而崈禮爲左選，侍郎必宻禮也。

3 甲午，詔兩浙市舶就秀州華亭縣置司。

承直郎施逵除名，婺州編管。坐爲范汝爲游説辛企宗也。初，宣撫使孟庾械逵及招撫官謝嚮、陸棠赴行在，且言：「嚮等三人，與汝爲同情反叛，殺戮生靈，不可數計。聞尚有人爲之多方營救，不知何意。」嚮、棠未至都道死，上益疑有爲之地者。下逵臺獄，命中丞沈與求窮治。二月丙子降旨。逵至獄，因得以歸罪二人，刑寺當逵依隨企宗，不多方措畫攻討，追二官，罰銅十斤。案上，特有是命。熊克小曆云：「逵送遠郡羈管，中途逸去。」按逵十月己丑再竄瓊州，其逸去當在彼時，今移附十月。

4 乙未，江西安撫大使李回言：「湖東名賊曹成在道州，馬友潭州，李宏岳州，劉忠處潭、岳之間，雖時相攻擊，其實聞二宣撫之來，陰相交結，分布一路，爲互援之計。馬友據潭州踰半年，漕臣錢糧不得移用。今朝廷以岳飛知潭州，友安得不疑？飛亦安能引兵直赴潭州，與友共處？若使飛先往道州捕曹成，友必懷疑，阻害糧饋，則飛有腹背受敵之患。不若且置成不問，先引兵往袁州，約友、宏，云討劉忠，以俟二宣撫之來，庶使成不便過嶺，最爲長策。」飛之將行也，回既諭以此意，復言於朝。吕頤浩、秦檜進呈，因言湖廣大寇曹成爲首，馬友、劉忠次之，此數人相與交結，爲輔車相依之勢。上曰：「宣撫司兵到，必能平湖南諸寇，續次令轉往湖北襄、漢間，以通川、陝。譬如漢高祖先遣韓信破趙，復破齊，然後擒項籍。」乃詔飛斟量賊勢，如未可進，且駐袁州，以俟世忠會兵。時成已進犯嶺南，飛亦移兵茶陵，而朝廷未知也。

詔：臨安府城内彊盜，及縱火焚有人居止之室，依開封府法治罪。竊盜指揮，在四年四月癸卯。

5 戊戌，罷江淮發運司，以其錢帛赴行在。始祖宗時，發運司歲漕江湖粟六百萬斛，即真、揚、楚、泗州置轉般倉納受，泝流摺運，以贍中都，且因諸路之凶豐而平其糴。及是，江湖盜寇多，綱米不繼，發運司歲費錢十六七萬緡，第職糴買而已，故省之。八年四月復置。

資政殿學士、江東安撫大使葉夢得提舉臨安府洞霄宫。吏部尚書李光充端明殿學士、江東安撫大使、知建康府，兼壽春府滁濠廬州無爲軍宣撫使，仍命光以親兵千人之任。光奏直秘閣宗穎、參議官迪功郎胡珵主管機宜文字，從之。日曆：「葉夢得累乞宫觀，可依所乞。」則是朝廷檢會行遣，非固乞祠也。熊克小曆亦不云所以。按夢得之去，恐是處置韓世清事與朝廷異論。夢得以世清爲大使司都統制，不見於他書。今年三月四日樞密院勘會江東安撫大使司軍馬數多，本路賦入有限，兼都統制韓世清一軍人數稍衆，已令淮西招撫使司因便前去揀汰。據此，則世清爲夢得所用，而朝廷廢之，其罷帥事而代以李光，或由此也。今且附此，更須參考。

直秘閣、知台州秦梓移知秀州。

是日，右武大夫、明州觀察使、襄陽府鄧隋郢州鎮撫使兼知襄陽府桑仲爲知郢州霍明所殺。初，仲屢爲王彦所敗，欲再攻金州。鎮撫司副統制兼知鄧州李横曰：「不率三軍入西川，即殺敵以圖報國，勿坐困於此。」仲檄明曰：「金州草寇當道，當盡剿除。」明不從，每報之曰：「不知金州草寇主名爲誰？」安復鎮撫使陳規聞之，亦遣人謂明曰：「朝廷以郡授汝矣，汝謹勿附仲。」仲怒，陰有殺明意。明措置郢州，漸成井邑，亦有戀郢之心。仲以二十騎疾馳入郢州，明聞，謂其黨曰：「大太尉來，定見害。」明度仲以駿馬日馳三百里，髻必解散，預備有力者爲之束髮。坐定，明卑詞謝曰：「擇日即起兵，豈敢違令？事未須遽，莫要理髪否？」仲欣諾，有力者既得其髻，即擒而殺之，因其從者，而以反聞。後鎮撫司參謀官趙去疾歸朝，得召見，上問仲何如人，去疾曰：「忠義人也。」上問其説，去疾曰：「仲嘗爲臣言，必欲取京師以獻朝廷。第乞二文資以禄其子。」上惻然感動，授仲二子昕、維將仕郎。昕、維以紹興三年二月戊子補承信郎，既而去疾言，維年七歲，已能誦論、孟，不類武人。是月壬子，並改補將仕郎。今併附此。

6 己亥，布衣王大智授右迪功郎，添差樞密院計議官。呂頤浩言：「大智知兵法。」上召見便殿而命之。

制授故南越王李乾德子陽煥静海軍節度使、特進、檢校太尉，兼御史大夫、上柱國，封交阯郡王，仍賜推誠順化功臣。自元豐後，大臣功號悉除之，獨安南如故。

懷遠軍節度使占城國王楊卜麻疊、懷遠軍節度使闍婆國王悉里地茶蘭固野、大同軍節度使真臘國王金裒賓深皆加恩，以明堂故也。

右承事郎潘疇通判通州。疇，葆真宮道士也。建炎中以從張浚勤王改京秩，故以命之。既而言者論其忝竊冒濫，爲搢紳羞，命遂寢。寢命在今年四月庚辰。

7 庚子，户部尚書李彌大乞命近臣講求祖宗委任三司之意。詔給舍看詳申省。

詔：自今行軍專委本路漕臣一員，通融應副。議者以爲：「隨軍漕運，出於一時，故以州縣則不從其號令，以運使則不恤其有無，甚至搜求獻羨，以爲己功，其弊有不可勝言者。」故有是命。

言者奏：「山東艱食，而帛踴貴，商人多市江、浙米帛，轉海而東，一縑有至三十千者。」詔：「許告，捕獲人補承信郎，賞錢三千緡。犯者依軍法。巡捕官失察者抵罪。」

是日，陝西都統司同統制軍馬楊政及金人戰於方山原，敗之。時隴州移治方山原，守將范綜以散卒數千駐原上。金人所命陝西經略使撒離喝與叛將張中彦、慕容洧合兵來攻，陝西都統制吴玠命政及吴璘、雷仲救之，大戰三日，焚其水寨。翌日，敵引去。政，臨涇人，初爲弓箭手，驍勇過人，玠用爲統制。宣撫處置使張浚録其功，擢政知鳳州。

8 辛丑，鑄紹興經筵印。

淮東提點刑獄公事兼營田副使王實言：「根括到揚州未種水田一萬七千頃、陸田一萬三千頃，已分給六軍，趁時耕種。」從之。

直秘閣王㬇提點江淮等路坑冶鑄錢。

9 丙午，復置中書門下省檢正官一員。熊克小曆在二月丁丑，今從日曆。以尚書右司員外郎仇悆爲中書門下省檢正諸房公事。

直龍圖閣、江淮發運副使姚舜明爲左司郎中，監察御史胡世將守右司員外郎。

資政殿學士、知紹興府張守請朝昭慈獻烈皇后攢宮，許之。自是以爲例。

詔雲安軍羈管人謝亮許自便。以嘗使夏國也。

10 戊申，降授武顯大夫、威州防禦使、江東安撫大使司統制軍馬張俊叙所降一官。俊起諸盜，所部凡七千餘人。至是，汰其老弱，僅三千。朝廷嘉之，乃有是命。

詔淮南諸州通判到罷並進秩一等。以廬州有請也。

11 己酉，左武大夫、榮州團練使⑤、權神武中軍統制巨師古復爲神武後軍統制，中侍大夫、密州觀察使⑥、神武右軍中部統制楊沂中爲神武中軍統制、兼提舉宿衛親兵。時衛兵不滿三千，沂中病其寡弱，於是招丁壯，營牧圉，未半歲，軍容果張，由是上益眷之。

詔：「孟庾、韓世忠至荆湖日，應措置事務，合從本司施行。候將來班師，令李綱措置。」庾初受命，宣撫福建、江西、荆湖三路，而朝議恐曹成度嶺，故命綱自閩、廣之長沙。庾言措置相妨，乃有是命。始吴敏之未罷也，上奏言：「曹成雖已受招，陰縱擄掠。臣見在桂州措置，緣止係廣西軍馬，事力至薄，望促庾、世忠，或别遣大將前來。」於是庾已發福州，而敏未知也。

濠州守將寇宏獲僞知虹縣李子誠赴行在，詔給以資糧，遣還僞境。

臨安府布衣孫清上疏論時事，詔賜束帛。

賜鄭億年家錢千緡，以其妻韓氏卒於台州故也。

追奪謝嚮、陸棠出身以來告敕。

廢潮州揭陽縣，縣海陽地也。宣和中以劉花三作亂析置，至是省之。

12 辛亥，承節郎、閤門袛候張莘幹辦御輦院。莘，婕妤弟也。

13 壬子，左朝奉大夫趙霈行太常博士。霈，抃孫也。

初，泉州花鄭貴等謀作亂，爲賈人湯易所告，捕斬之。至是，以易爲承信郎。

14 癸丑，詔寬兩淮租税。

户部尚書李彌大言：「道路無阻，諸路上供錢糧並依限起發赴行在。」許之。

童子朱虎臣，七歲能誦七書，排陣步射，與其兄端友偕來。上召對於内殿，端友以誦經、子書賜束帛，而虎臣爲承信郎。虎臣，浮梁人也。

樞密院水軍統制官張崇，李允文部曲也，有衆僅五千。詔揀其精鋭三千五百人隸李光，即建康屯駐。

龍圖閣待制知漳州黎確、左朝奉郎知台州徐偉達並罷，以言者論其在圍城中受僞命也。確仍奪職。

江西提點刑獄公事董濬罷，殿中侍御史江躋論：「濬當蔡京用事時，嘗撰蔡命三篇，以事進取。在會稽，又嘗畫中興圖以獻。」故斥之。

閤門宣贊舍人、知澤州盧師迪自建炎初結連山寨豪傑，至是五年。上在會稽，師迪與其徒赴行在，請兵收復河東州縣。上命往張俊軍中⑦，俟路通之任。師迪以非本計，辭不行，固請留紹興以俟命。上許之。師迪初見建炎四年八月戊子。

是日，武功大夫、忠州團練使、閤門宣贊舍人、河南府孟汝唐州鎮撫使、知河南府兼節制應援河東北兵馬使翟興爲其將官楊偉所殺。初，僞齊劉豫之將移都汴京也，以興屯伊陽山寨，憚之。豫每遣人往陝西，則假道於金人，由懷、衛太行取蒲津濟河以達。豫深苦之，嘗遣迪功郎蔣頤持詔書遺興，誘以王爵，興戮頤而焚其書。豫計不克行，乃陰遣人啗偉以厚利，偉遂殺興，携其首奔豫。興死時年六十。其子兵馬鈐轄琮收合餘兵，退保故寨，自是不復能軍。事聞，詔贈興爲保信軍節度使。興之死，諸書不同。張匯節要：「劉豫以翟興大軍屯伊陽，去東京不遠，及扼斷陝西道，豫深患之，故請於黏罕，期必破興。會興將楊偉降，具陳破興之計，於是發女真萬户茶曷馬戍河朔⑧，多張聲勢，揚言將攻興，興遂出兵應之。偉潛引賊兵，由間道以襲興營，興以大兵既出，衆寡不敵，力戰而死。」趙甡之遺史：「劉豫遣蔣頤持書遺興，興戮頤於市，豫計不行。復誘興裨將楊偉，陰約内應，以謀害興。是日，賊兵徑犯中軍寨，興親迎賊與戰，遂陷重圍中。賊奮擊之，興力戰不勝，墜馬遇害。」熊克小曆全據張滙所云。按日曆，紹興二年七月十一日權河南鎮撫使翟琮奏：「父獨當一方，前後百戰，不敢辭難。不幸於今年三月二十一日，有本部將官楊偉陰懷奸狠，遽然謀害先父，身首異處，提携首領，叛投僞齊。」據所奏，則興爲偉所殺，非戰死也。甡之以爲結偉内應，此猶近之。滙謂偉先降賊而後引兵襲興，益非實矣。克不詳考，而遂因之。今不取。

15 甲寅，上策試諸路類試奏名進士於講殿。上謂輔臣曰：「朕此舉，將以作成人才，爲異日之用。若其言鯁亮切直，他日必端方不回之士。自崇寧以來，惡人敢言，士氣不作，流弊至今，不可不革。」因手詔諭考官，直言者置之高等，尤諂佞者居下列。鹽官進士張九成對策曰：

禍難之作，天所以開聖人也⑨，願陛下以剛大爲心，無遽以驚憂自阻⑩。彼劉豫者，素無勳德，殊乏聲稱，天下徒見其背叛於君親，而委身於寇敵耳。黠雛經營，有同兒戲。今日之計，當先用越王之法以驕之，使侈心肆意，無所忌憚。天其滅之，將見權臣爭强篡奪之禍起矣。臣觀濱江郡縣，爲守令者，類無遠圖。陽羨、惠山之民，何其被酷之深也！率斂之名，種類闊大。秋苗之外，又有苗頭；苗頭未已，又行八折；八折未已，又曰大姓；大姓竭矣，又曰經實；經實均矣，又曰均敷；均敷之外，名字未易數也。流離奔竄，益以無聊。臣竊謂前世中興之主，大抵以剛德爲尚，去讒節慾，遠佞防奸，皆中興之本也。中興綱目：「陛下之心，臣得而知之。方當春陽晝敷，行宮別殿，花氣紛紛，竊想陛下念兩宮之在北邊，塵沙漠漠，不得共融和也，其何安乎？盛夏之際，風窗水院，凉氣凄清，竊想陛下念兩宮之在北邊，鑾氈擁蔽，不得共此疏暢也，亦何安乎？澄江瀉練，夜桂飄香，陛下享此樂時，必曰：西風凄動，兩宮得無憂乎？狐裘温暖，獸炭春紅，陛下享此樂時，必曰：朔雪袤丈，兩宮得無寒乎？至於陳水陸，飽珍奇，必投筯而起曰⑪：雁粉腥羊，兩宮所不便也，食其能下咽乎？居廣廈，具深宮，必撫几而歎曰：窮廬區脱，兩宮必難處也，居其能安席乎？」今閭巷之人，甿隸之伍，皆知有父兄妻子之樂，室家聚處之歡。陛下雖貴爲天子，富有四海，徒以金人之故，使陛下冬不得其温，夏不得其清，昏無所於定，晨無所於省，問寢之私，何時可遂乎？在原之急，何時可救乎？日往月來，何時可歸乎？望遠傷懷，何時可釋乎？每感時遇物，想惟聖心雷厲，天淚雨流，思欲掃清鑾帳，以迎二聖之車。若夫小民則不然，是以搜攬小蟲，馳驅駿馬，道路之言，有若上誣聖德者，深察其源，蓋亦有自。彼閹人私求禽馬，動以陛下爲名，且閹寺聞名，國之不祥也。今此曹名字稍稍有聞，此臣之所憂也。賢士大夫，宴見有時，宦官女子，實居前後。有時者易疎，前後者難間，聖情荏苒，不知其非。不若使之安掃除之役，復門户之司，凡交結往來者有禁，干與政事者必疎。陛下日御便殿，親近儒者，講詩書之指趣，論古今之成敗，將聞閹寺之言，如狐狸夜號，而鵂梟晝舞也。九成家傳云：「公對策言劉豫，比之狐狸、鵂梟。豫怒，手劍屬客欲刺之。」乃與策語不同。家傳小誤也。

上感其言，擢九成第一，餘杭凌景夏次之。尚書左僕射吕頤浩言：「景夏之詞，實勝九成。」欲以景夏爲第一。此以紹興五年六月戊午上諭大臣語修入。上曰：「九成對策，雖不甚工，然上自朕躬，下逮百執事之人，無所回避。擢寘首選，誰謂不然？」中興綱目：「初，上謂輔臣曰：『朕此舉將以作成人材，爲異日之用。若其言鯁亮切直，他日必端方不回之士。自崇寧以來，惡人敢言，士氣不作，流弊至今，不可不革。』手詔諭考官，直言者置之高第，諂諛者居於下列。」⑫遂賜九成已下二百五十九人及第、出身、同出身，而川陝類省試合格進士楊希仲等一百二十人，皆即家賜第。時舉人策有犯廟諱及文理紕繆者，上命黜降。又有犯御名者，命收寘本等。希仲視廷試第五人恩例，餘皆同出身至助教，凡七等。特奏名石公轍以下一百五十八人，賜出身、同出身、同學究出身⑬，入五等，依揚州例，許調官。龍圖閣直學士致仕楊時遺九成書曰：「廷對自更科以來未之有，非剛大之氣不爲，得喪回屈不能爲。」九成，故樞密直學士鑑曾孫；希仲，新津人；公轍，山陰人也。時舉人陳之茂等十一人，二人以犯諱降等，九人以文理紕繆與諸州助教。鎖廳人右從事郎范寅賓、樞密院計議官楊愿等六人各進秩一等，愿辭不受。尋詔助教人調官，依特奏名例。輔臣再請，乃并文學人並附正甲。之茂，無錫人；寅賓，致虚從子也。愿已見建炎元年四月甲子，鎖廳遷官在五月甲子，今併附書之。唱第在四月丙寅，今但書策試之日，以便叙事。日曆：「紹興二年四月戊寅，後殿進呈新第正奏名、助教，乞依特奏名例推恩。上曰：『初降旨，令考官以鯁正爲上，諛佞居下，此以示朕好惡。凡士人常須自初進別其忠佞，庶可冀其有立。然而學子遠來，朕悉務優容。』命助教九人者，悉依特奏名例推恩。如所請⑭。」「五年七月庚寅，殿中侍御史謝祖信奏：『紹興二年陳之茂等十九名爲文理紕繆及犯名諱，各補下州文學。後來並附第五甲末。前此與議，以爲紕繆之文，乃緣觸犯忌諱之故。其後大臣知之，於是奏附正甲。』」祖信所奏，與日曆元降指揮全不同。以進士同年小録考之，是年第五甲後，別有文學一十一人，係陳之茂至陳宗周，下注同進士出身。則是果附正甲也。但日曆遺之耳。然日曆稱助教九人，依特奏名例，而文學乃有十一人，數又不同。按日曆四月丙寅，殿試進士，有犯廟諱者，上曰：「犯宗廟諱，當依格降等。」然則九人之外，又有犯諱降等者二人，故祖信所奏，合紕繆又犯名諱之人通言之也。日曆載祖信奏狀作一十九人，疑傳寫字誤，當求別本參考。中興聖政：臣留正等曰：「自鄉舉里選之法壞，而設科取士之制行，鄉舉里選務觀其行，設科取士獨考其言。其事若不相同，而皆可以得賢，亦各一時之宜也。故嘗謂觀其行，則必其行之至純；考其言，則必其言之不詭。若使諛佞之言得以進，則是汙穢之行亦可容。爲法以取士，顧宜如是乎？然而以董仲舒之賢，猶有不切之譏；若劉蕡之直，則有不第之恨。道之艱於自信，與夫難於必行也，尚矣。非上之人有以優容之，何以作成士氣而收其顯效？太上皇帝之策士，以鯁正爲上，諛佞爲下，言之切直，無所回避者，必寘之首選。至犯御名者，又曰免降黜，其優容也如是，何患於不得其人乎？」

秘書少監兼權吏部侍郎傅崧卿宣諭淮東還，入見。

神武前軍統制王瓔自宣州還行在，賜銀帛五百匹兩，其將士皆賜銀有差。先是，瓔一軍凡萬二千三百餘人，而使臣輜重在焉。乃詔以萬四千九百人爲額。正兵萬人，使臣四百人，輜重、火頭二千五百人，馬軍二千人，共成此數。

是日，金人復自水洛城來攻，統制官楊政等又大敗之。

16 丙辰，詔韶州自今所鑄新錢，毋得滅裂，務令民間不能倣傚。近歲韶州所鑄新錢，不甚磨錯，湖東人號爲韶錢，又倣之私鑄，夾以沙土，謂之沙錢，每千財直二三百。及馬友逐曹成，收其軍中沙錢甚衆，行於潭州，諸縣民甚以爲苦。提點刑獄公事吕祉請拘收二種錢入官，重行改鑄。不行。

顯謨閣直學士、右光禄大夫、提舉臨安府洞霄宮陳彥修卒於德慶府。吏部奏贈開府儀同三司，自是以爲例。此據紹興九年十月十三日本部狀修入。

17 丁巳，詔修真、揚澳聞。

18 戊午，詔景靈宮酌獻歲用三百五十羊，自今損三之一。

尚書司勳員外郎吴表臣守左司員外郎。

詔五品以下官及執事官，非監察御史以上，應給告者，其錦標權以纈代之。

進士曾昷夫特補將仕郎。昷夫，旼子也。旼，漳浦人，故太常少卿。獻其家所藏書二千卷，故有是命。

詔應有坑冶去處，令逐路漕司契勘，所得不償所費者，並罷。

19 己未，左從政郎魏良臣充樞密院編修官。良臣，江寧人，秦檜引之也。

福建荆湖宣撫使司奏以朝奉郎胡紡充本司參議官，從之。

20 庚申，曹成引衆犯賀州清水寨，守臣直秘閣劉全、安撫司所遣統領官趙履棄城去。先是，成遣小校毛全來告，以二月丁亥發道州。詔補全承信郎，而成已叛矣。毛全補官，在此月戊午。

桑仲之未死也，遣鎮撫司書寫機宜文字、左承事郎譚憲來告⑮，以願宣力取京師，乞朝廷出兵淮南，以爲聲援。呂頤浩信之，始大議出師，以仲兼神武左副軍統制。

是春，金人以完顏宗弼爲元帥府左都監⑯。

左副元帥宗維諭樞密院，磨勘文武官出身遷秩冒濫，命西京留守高慶裔參主之，奪官爵者甚衆。

校勘記

①襄隨郢等州鎮撫使兼節制應援京城軍馬桑仲量度事勢　「隨」，原作「隋」，據叢書本改。

②分隸張俊等軍中　「俊」，原作「浚」，據叢書本改。

③擇其壯者五千餘人隸神武前軍　「餘人」後原有「後」字，據叢書本删。

④後徽人羅汝楫在言路　「羅汝楫」，原作「翟汝揭」，叢書本同。按：熊克皇朝中興紀事本末卷一七作「羅汝楫」（今本中興小紀卷一〇同），據改。

⑤滎州觀察使　「滎」，原作「滎」，據叢書本改。

⑥密州觀察使　「使」原闕，據文意逕補。

⑦上命往張俊軍中　「俊」，原作「浚」，叢書本同。據三朝北盟會編卷二一九「師迪，俊之將也」，故改。

⑧於是發女真萬户茶曷馬戍河朔　「茶曷馬」，原作「察罕瑪勒」，據金人地名考證改。

⑨天所以開聖人也　「人也」原闕，據宋史卷三七四張九成傳補。

⑩無遽以驚憂自阻　此句之後，宋史全文卷一八上有「臣觀金人有必亡之勢，而中國有必興之理，特在陛下何如耳。夫好戰必亡，失其故俗必亡，人心不服必亡，而金虜皆與有焉」諸語，皆爲本書各本所删。宋史卷三七四張九成傳所引亦皆在，可以爲證。

⑪必投笏而起曰　「笏」，原作「筋」，據宋名臣言行録别集下卷九改。

⑫以上注文與前正文重複，不知何故所致，姑保留以存底本原貌。

⑬石公轍以下一百五十八人賜出身同出身同學究出身　以上二十二字原闕，據宋會要輯稿選舉八之三補入「特奏名」之後。

⑭如所請　「請」，原作「謂」，據叢書本改。

⑮遣鎮撫司書寫機宜文字左承事郎譚憲來告　「譚憲」，原作「潭志」，據宋史全文卷十八上改。

⑯金人以完顔宗弼爲元帥府左都監　「左」，原作「右」。按：時金右都監耶律餘睹尚在位，後即以兀朮驟遷左都監，位在其上而生怨望，遂謀反。事見本書卷五八紹興二年九月。故據改。下同。

建炎以來繫年要録卷五十三

1 紹興二年夏四月壬戌朔，借補敦武郎、閤門祇候、權壽春府兵馬鈐轄陳寳爲閤門宣贊舍人、知順昌府。先是，江東安撫大使葉夢得遣寳與守將陳卞同取順昌，以收復告，遂命之。卞等不能御軍，下多擄掠，中原人大失望。夢得又遣統制王冠率知濠州寇宏共取宿州，爲僞齊王彦先所逐，遂陷壽春。卞棄城保南岸，主管廬壽鎮撫司公事王亨與卞有隙，且利其甲馬，乃以犒軍爲名，襲取之，盡滅其家。王亨殺陳卞，此據明年十二月二日郭偉所申附入。偉又言：亨受僞命武功大夫、興州刺史。

2 癸亥，詔神武前軍左部統領申世景以千人屯福州，御前忠鋭第六將單德忠以八百人隸之，仍並聽帥司節制。時宣撫副使韓世忠移兵西去，留統領官陳照、馬準所部千五百戍南劍州，帥臣程邁以兵少爲言，故有是命。

左朝奉大夫宋高知蘄州，用鎮撫使孔彦舟奏也。

3 甲子，直秘閣、通判嚴州黄策罷。先是，桐廬、淳安二縣令以贓爲漕臣所劾，而策庇之，械繫其告者。漕臣徐康國等言於朝，命按其事，既而策亦以贓廢。

是日，曹成入賀州。

4 乙丑，廣東經略司言：「虔州盜陳顒率衆三千人圍循州，焚龍川縣。」詔江西大帥司遣將捕之。顒初見元年七月壬寅。

5 戊辰，詔知州兼統兵去處，非出師臨陣，毋得用重刑。以秘書少監傅崧卿有請也。

6 己巳，宣撫處置使張浚言：「直秘閣、都大同主管川陜茶馬公事兼隨軍轉運使趙開措置川路隔槽酒務，自建炎四年春至紹興元年秋，增收息錢一百四十萬緡，已陞直龍圖閣。」詔中書省給告。

7 庚午，翰林學士承旨兼侍讀翟汝文參知政事。

浙西安撫大使劉光世言軍中糧乏。詔光世具見屯鎮江官軍單甲姓名，責取統領官保明申尚書省。

故監察御史沈畸贈直龍圖閣，以議章綖盜鑄獄，忤蔡京謫死故。畸，德清人，事見大觀元年九月丙申。

8 辛未，復置諸州學官四十三員。此即建炎三年所省者。時言者論：「文武之道，不可偏廢。東晉之初，首開學校。頃緣議者務減吏員，諸州教授例從鐫減。今所在州郡添差筦庫、捕盜官無慮十數，何獨於此而吝之？欲望稍修學官，使士子有所矜式，且廉退之士不至棄遺。」事下給舍看詳，而有是命。

9 壬申，以平范汝爲，德音：「釋福建諸州雜犯死罪已下囚，其脅從歸業之人，自今毋得告。蠲上四州今年夏秋税及夏料役錢。下四州民嘗遭焚劫者，蠲今年夏税。訪聞舊來未行茶引，歲收息錢至九萬緡，自置茶事一司，所收十餘萬緡，除官吏支費外，較其所入與搭息不甚相遠，仰本路帥臣、監司同共講求利害以聞。」

初，命江東統制官、拱衛大夫、宣州觀察使閻皋以所部五千屯邵武軍。皋以檄授賊首熊志寧武功郎，充前軍統領。福建等路宣撫副使韓世忠言於朝，降臯兩官銜替，遂併其兵。

中奉大夫、廣東提點刑獄公事宋孝先爲福建等路宣撫司參議官。

是日，建武軍節度使、江西兵馬副總管楊惟忠討軍賊趙進，降之。進寇江州之瑞昌，帥臣李回遣惟忠討捕。時賊衆萬二千，官軍八千人而已。平旦，惟忠渡江，先鋒將武德郎、閤門宣贊舍人傅選悉五軍旗幟行，以壯軍聲。賊諜知之，曰：「先鋒尚如此，若全軍而來，何可當也？」遂遣使迎降。詔以進爲從義郎，其徒十三人皆授官，仍留江州屯駐。留屯江州在六月壬寅，進補官在八月乙未。

10 癸酉，廬壽等州宣撫司奏僞齊兵犯壽春。詔本路宣撫司不須輕舉。

11 甲戌，徽猷閣待制、知平江府胡松年罷。初，上幸浙西，而漕臣營宮室，聞諸邑有取材於民者，遣御史黄龜年視其籍，而以銀帛與度牒償之。松年恐得罪，諭屬縣詐言已償民間三分之一，而具文以示龜年。事聞，故有是命。

12 乙亥，昭慈獻烈皇后小祥。上不視事，羣臣進名奉慰。

初命館職校御府書籍。

尚書户部侍郎柳約提舉江州太平觀。以御史江躋言約頃守嚴州，略無措置也。

詔進士第五甲人特免銓試一次。

13 丁丑，奉直大夫、淮東提舉刑獄公事兼營田副使王實罷，以宣諭使傅崧卿言：「實闇懦不才，自到官之後，止在揚州。」乞別選能吏故也。

14 戊寅，户部尚書李彌大兼侍讀，彌大乞講筵官不許留身奏事。從之。

15 乙卯，執政奏事。上諭二相曰：「頤浩專治軍旅，檜專理庶務。當如范蠡、大夫種分職。」先是，呂頤浩聞桑仲進兵，乃大議出師，而身自督軍北向。且言：「近聞金僞合兵以窺川陝，若於來春舉兵，必可牽制陝西之急。萬一王師逐豫，則彼必震恐。因令韓世忠自西京入關，此亦一奇也。」及是，上諭輔臣，二人唯唯奉詔。日曆無此，今以沈與求劾彌大章疏附入。朱勝非秀水閑居録：「紹興二年，呂頤浩、秦檜同秉政，檜引傾險浮躁之士，列於要近，以爲黨助，謀出呂而專政。其黨建言，周宣王内修政事，外攘夷狄，故能中興。今二相宜分任内外之事。於是降制，除頤浩江淮荆浙都督諸軍事，總兵江上。置修政局，議更張法度，而檜領之。」按趙甡之遺史，頤浩始開督府，乃因桑仲出師之故。未幾，聞仲死，頤浩遂提行。以事考之，此説爲合，恐非檜黨所擠也。又是時，檜所引如胡安國、程瑀、江躋、張燾之徒，皆賢士，不得以傾險浮躁名之。勝非所云，恐非其實。今不盡取。

詔：「三省樞密院人本宗有服親，不許任軍中差遣。如違，重行黜責。」時辛永宗既得罪，事見元年十一月辛亥。而神武前軍統制王𤫉又奏省吏單知彰之兄爲本軍準備使喚。論者恐其刺探省中事，故條約之。

中書言：「諸路州縣民户，因兵火逃亡者，田業二年外許人請射[1]；在十年内者，雖已請射，聽理認歸業；已施功力者，償其費。客户權佃者，聽免一料科催。田主歸業者倍之，仍免二年非泛科配。」

16 庚辰，夔州路安撫使韓迪奏祁王見在本州[2]，詔國子監丞李愿宣召赴行在。初，迪功郎李霞者監富順監鹽井，其子勃不肖，蓄妓，家貧無以爲資，遇保義郎杜遠於萬州，欲從之假丐，即僞稱祁王。遠以舟送至夔，具以告迪，迪聞於朝。會内侍楊公謹在夔，與勃相見，公謹頗能言徐王起居狀，勃遂更稱徐王。迪不疑其詐，即以白宣撫司。宣撫使張浚令内侍武翼郎趙彦民驗視，彦民心疑其非，而依違以對。浚以爲然，乃給觀察使俸，命愿偕勅赴行在。十月庚寅行遣。

武功郎、樞密院兵房副承旨劉希房等十九人各進秩一等，以本院言：「昨范汝爲破滅，係本房首尾應辦措置，行遣調發，别無他誤故也。」既而言者論：「吏行文書，蓋其職也。今各進官，恐將有捐軀冒死之人聞之解體，而主帥論功第賞轉益冒濫。」乃命收後旨勿行，第令犒設而已。後旨在是月丙戌。

朝奉郎江漢者，初以本樂府撰詞曲得官，宣和末爲明堂司令。至是，除通判郴州。言者以爲不可，罷之。

太學生許熹上書論事，上召對，命爲迪功郎。

17 壬午，手詔曰：「比自宗廟播越，國步艱難以來，中原士夫，隔絶滋久。間有流寓東南者，往往乏謀寡援，致姓名不能上達，良可惜也。可詔内外侍從、監司、郡守，各搜訪薦舉三兩人，以備器使。」

起居郎陳與義試中書舍人。

是日，臨安火。

18 癸未，詔曰：「朕寤寐中興，累年於兹。任人共政，治效缺然。載加考績，登庸二相，蓋欲其謀斷，協濟事功。倚毗眷遇，體貌惟均。凡一時啓擬薦聞之士，顧朕拔擢任使之間，隨其才器，試可乃已，豈有二哉？尚慮進用之人，才或勝德，心則媢奥，潛效偏私，浸成離間，將見分朋植黨，互相傾摇，由辨之不早辨也，可不戒哉？繼自今小大之臣，其各同心體國，敦尚中和，交修不逮。如或朋比阿附，以害吾政治者，其令臺諫論列聞奏。朕當嚴置典刑，以誅其意。」時吕頤浩、秦檜同秉政，檜知頤浩不爲時論所與，乃多引知名之士爲助，欲傾頤浩而專朝權。上頗覺之，故下是詔。中興聖政：臣留正等曰：「孔子曰：『大哉堯之爲君也，惟天爲大，惟堯則之。』帝王之道，其大如天，寧有私哉？然而夏暑雨，小民惟曰怨咨，冬祁寒，小民亦惟曰怨咨。以小民之意而窺天，不知其爲大，宜其不免於怨咨也。太上皇帝謂登庸二相，體貌惟均。一時啓擬薦聞之士，隨材任使，曾無有二。此其大如天者也。進用之人，或潛效偏私，寖成離間，使分朋植黨，互相傾摇之患不免，上貽聖慮，此猶以小民之意而窺天者也。大抵天下之事，不患於不可制，而患於不能知。知之於微而革之於早，豈有不可制之事哉？此太上皇帝所以於其幾微而明辨之，不憚於播告之修，而以絶朋比之漸也。」

秘書丞李藹爲孫傅請謚，遂謚忠定。

直秘閣、知郴州趙不羣陞直顯謨閣，知鼎州，充湖北路兵馬副鈐轄，代程昌寓也。時湖南多寇盗，二人卒不果行。

詔臨安府令馬、步軍司分左右廂巡警照管。時初命平海軍承宣使藺整權主管侍衛馬軍司公事，而權主管步軍司邊順援東京舊例爲言，故有是命。

19 甲申，宣撫處置使張浚言：「已運米五萬斛至荆南，欲理川口，與行在相接。」上曰：「一二日前，猶有言者謂當遣人副浚治軍，朕念委之不專，難以責成。」秦檜、翟汝文皆曰：「誠如聖訓。」時中書舍人胡安國上制國論，大略謂：「陛下登極六年，謀議紛紜，未有一定。昨嘗降詔，定都建康，而六飛蹔駐杭、越，乃以湖北爲分鎮，恐非設險守邦之意。且朝廷近棄湖北，遠留川陝者，謂蜀貨可以富國，秦兵可以强國也。萬一有桀黠得之，守峽江之嶮，則蜀貨不得東；塞武關之阻，則秦甲不得南。猶一身束其腰膂，而首尾不相衛矣。臣謂宜必都建康，且不以湖北爲分鎮，則全據上流，出秦甲，下蜀貨，而氣血周流矣。又近者分鎮京畿、淮甸，多使暴客錯雜居之，獨安陸命文臣陳規，荆渚命武帥解潛，若降指揮，以湖北與諸鎮不同，宜有更張，考二人之績，規宜因任，潛宜改移，無不可者。仍復漕憲二司，以理財治盜，若襄陽雖已分鎮，然時方用兵，乘便分割，亦豈無機會？然後上流之勢全矣。」安國又言：「今日之勢，宜以襄陽隸湖北，岳陽隸湖南，而鄂渚隸江西。蓋祖宗都汴，其勢當自内而制外，今都江左，當自南而制北，與祖宗事雖殊而意則同，此復中原之勢也。」左宣教郎、荆湖北路提點刑獄公事吕祉亦言：「荆楚乃行朝上游，宜於沿江措置，使與吴會相接，庶幾可以一統東南」時已命劉洪道鎮武昌，而洪道未至也。

詔今次補授文學人，不俟赦降，令陞朝官三員保任，聽參選。

20 乙酉，吕頤浩言：「近至天竺祈晴，今雨少霽，可以上寬聖慮。」上曰：「朕宫中亦自育蠶，此不惟可候歲事，亦欲知女工艱難，事事質儉。」中興聖政：「上謂吕頤浩曰：『比來苦雨，前日祈晴，雨即止。朕遣人於郊外取麥穗視之，已結秀。若晴霽十數日，二麥必大熟，兹誠上瑞，何必甘露慶雲邪？』頤浩奏曰：『太宗皇帝嘗命親近人取禾穗入禁中③，又駕幸近郊觀稼，皆聖主務農重穀之意。』臣留正等曰：『昔周公於詩作七月，歷序稼穡之艱難，於書作無逸，必曰知稼穡之艱難。稼穡賤事爾，何與於一人之貴哉？蓋惟至貴不忘乎至賤，然後能有其貴。況農事食之所出，而食者民之所以生歟？周公之意可見矣。太上皇帝憂雨之久而喜晴，取麥於郊而喜麥之秀，以爲過於甘露慶雲之瑞。大哉王言，真中興之本歟！』」

宣撫處置使張浚言：「已加封梓潼縣英顯王武烈二字。」王，晉人張惡子也。居縣之七曲山，舊與姚萇交，逮萇據關中，因不復出。後人即其地祠之。浚言：「比形靈應，大破羣凶。」詔令中書省出告。

是日，李綱始受湖廣宣撫使之命，置司。上遣内侍于蓋撫問，令視上道乃還。賓客多往賀綱，有臨川陳沖用者獨不賀，人問其故，沖用曰：「丞相在靖康末，以天下安危自任，人望所歸。今雖閒居，其望猶重。若因此成功，尚蓋前失。萬一又無所成，平日之名掃地矣，何賀之有？」

是夜，太平州軍士陸德等縱火作亂，因守臣左朝奉大夫張錞，殺當塗縣令鍾大猷，閉城自守。先是，錞與兵馬鈐轄、武經郎趙子綱不協，劾罷之。子綱因激怒諸軍，既執錞，遂領州事。江東安撫大使李光聞變，遣統制官耿進、右奉議郎通判建康府錢需率兵水陸捕之。子綱罷在四月己巳。

21 丁亥，右武大夫、忠州防禦使、知秦州張榮進秩一等。榮爲盜久，朝廷聞榮與其部曲殺平民而取其資，命劉光世圖之。尋召榮入朝，復進官，遣還郡。命劉光世措置在去年十一月庚戌，降旨召榮在今年四月乙卯。

22 戊子，尚書左僕射、同中書門下平章事兼知樞密院事吕頤浩都督江淮荆浙諸軍事。制曰：「盡長江表裏之雄，悉歸經略；舉宿將王侯之貴，咸聽指呼。」時頤浩將謀出師，而秦檜之黨亦建言：「昔周宣王内修政事，外攘夷狄，故能中興。今二相宜分任内外之事。」上乃命頤浩總師，開府鎮江。頤浩請辟參謀官已下文武七十七員，鑄都督府印，賜激賞銀帛二萬匹兩、上供經制錢三十萬緡、米六萬斛、度牒八百道，月給公帑錢二千緡。仍許召諸州守臣時暫至軍前議事。皆從之。頤浩都督之除，日曆、會要、玉堂中興制草皆在此日，而熊克小曆繫之四月十八日已前，蓋以是日上有專治軍旅之諭，不知是時雖有定議，未降制也。但日曆載頤浩晝一陳請狀在四月三日，所不可曉，當是閏四月三日所奏，而日曆誤繫之四月初間。今併附此，俟考。

故追復觀文殿大學士、相國公韓忠彦追封魏國公，以元祐宰輔入黨籍者八人，獨忠彦未加贈故也。

南康布衣李彧，元祐户部尚書常之從孫也。靖康末，嘗率里人捍賊，江西帥臣版授迪功郎。至是，安撫大使李回言其學行於朝，詔補正。

23 己丑，給事中黄叔敖守尚書户部侍郎，兼侍讀。

降授左武大夫、萊州防禦使閻皐赴都督府軍前準備使喚。皐故爲吕頤浩部曲，故頤浩請之。

武德郎、江東安撫大使司同統制趙琦爲樞密院準備將領，尋命琦以所部二千充御前忠鋭第八將。琦已見三月壬辰，改忠鋭將在五月辛酉。

詔建州豐國監復鑄錢。監舊有役兵五百，提點司歲給黄銅五十萬斤、白錫五十萬斤，鑄錢二十五萬緡。及是，纔餘役卒數十，乃減鑄額之半。

端明殿學士、知潼川府宇文粹中求去，張浚承制，以其弟直秘閣、成都府路轉運副使時中代之。又以右中大夫陳古爲成都府路轉運副使。粹中奉祠，以七月庚午得旨，蓋用浚奏也。續成都記：時中以四月二十八日改差。故附此日。

24 庚寅，僞齊劉豫移都汴京，士民震駭。豫乃下詔以撫之，因與民約曰：「自今更不肆赦，不用宦官，不度僧道，文武雜用，不限資格。」豫僞尊其祖忠曰毅文皇帝，廟號徽祖，父曰睿仁皇帝，廟號衍祖。僞左丞相麟簽所籍鄉兵十餘萬，爲皇子府十三軍，以尚書户部郎中兼權侍郎馮長寧參謀軍事。徙汴京留守益爲京兆留守。豫在開封，凡軍國事以至賞刑鬬訟，毋巨細，申元帥府取決。沿河沿淮及陝西、山東等路皆駐北軍，由是賦斂甚重，刑法太峻，民不聊生。僞太常博士、直史館祝簡獻遷都及國馬賦，略曰：「蠢爾蠻荆，弗賓弗降。固將突騎長驅，不資一葦之航。豈惟觀長淮、飲大江而已哉？」豫批云：「文賦非治天下所尚，然自前朝之季，上恬下嬉，殆忘監牧。國家創業，力爲生靈除禍亂，致康泰，以馬爲急務，而猶恐官吏軍民多狃於舊俗，未知蕃牧圉芻秣之道。此賦極陳馬之爲用，使讀之者知此爲至重而不可忽，實有補於軍政。與減磨勘，以示無言不酬。」時西京奉先卒李英賣汪椀與敵人，豫疑其非人間物，驗治得實，遂以其臣劉從善爲河南沙淘官，谷浚爲汴京沙淘官，於是兩京民間窖藏及冢墓破伐殆遍矣。趙甡之遺史於此書張孝純罷相、劉麟秉政，恐誤。麟去年已爲左相矣。

是月，直秘閣、主管廣西經略司公事許中令諸郡上丁輸召募勇敢錢，户八千。自治平間，於廣東潮、梅、循、惠等州專置槍手，熙寧間又於諸州闕兵處增置保丁，每農隙輪赴州縣教閲防守，若廣西邕州之洞丁，本以防遏交趾，而欽、廉、宜、融、平、觀諸郡，亦各有土丁。欽、廉之沿海，宜、融之防遏，率以三等户五丁取一，至四等以下，則户以一丁充團結而已；平、觀椤邊之地，則團結父子全丁。凡爲土丁者，並蠲其身丁税錢，皆不離本處。及中爲廣西帥，始調羈縻州洞丁赴静江防拓，往來剽掠，所過騷然。經涉冬寒，死者殆半。每遇戰守，則統兵官先驅土丁赴敵，潰喪愈多。至是，中以聖旨盡發一路土丁。既而言恐妨農事，上欲召募勇敢，可丁輸錢五千，并折米錢三千，並易輕齎赴帥司。一方大擾。三年二月壬午，明橐奏許中五罪，論科土丁錢事在此月，今附見。

右中大夫、右文殿修撰、知漳州趙億乞守本職致仕。許之。億年纔五十三也。日曆無此，今以紹興五年十二月十五日吕祉等薦章修入。汪藻作億墓誌，但云：「以疾請老，從之。」亦不言其故。日曆此月九日壬寅，有都省奏廣東運司建炎四年糴米陳腐，弛慢失職，下提刑司覈實指揮，然止是詰責當職糴買官。億前任轉運使，恐非其實故也。姑附於此，國史須詳考④。

顯謨閣直學士李偃卒於饒州。偃傳在此月，未得其年。

1 閏四月辛卯朔，户部尚書兼侍讀李彌大、秘書監傅崧卿充徽猷閣待制，並爲都督府參謀官。直顯謨閣、福建轉運副使李承造陞直龍圖閣，爲參議官。尚書右司郎中姚舜明充秘閣修撰，爲隨軍轉運使。起復左武大夫、榮州團練使、神武後軍統制巨師古復榮州防禦使，兼都督府統制軍馬。翌日，頤浩言：「臣今以僕射職事出，凡所措置，乞一切作聖旨行下，續具奏知。」許之。後數日，彌大於講筵留身，言東晉王導、謝安爲都督，未嘗離朝廷。今邊圉幸無他，頤浩不宜輕動。又言：「已爲天子從官，非宰相可辟。乞於諸軍悉置軍政，如漢朝故事，以察官、郎官爲之。欲殺其專，自都督府始。陛下必欲遣臣與崧卿，當别爲一司，伺察頤浩過失，密以啓聞。」上以爲離間君臣，彌大遂改命。尋詔謀議官叙位視兩省官，奉使機宜官視職司，幹辦官視雜監司，選人在諸州通判之下。時已罷隨軍轉運使，而崧卿、舜明所除職，論者以爲太優。殿中侍御史江躋請降旨，以督府權任至重，特許置隨軍漕臣一員。又請自今非見任宰相暫出撫師，其所辟僚屬除官進職，不得輒援此例。詔令三省遵守。頤浩不悦。許置隨軍漕，在此月丙申。參謀官已下叙位指揮，在五月戊辰。江躋論僚屬職名，在六月戊戌。

遣内侍衛茂實往紹興府，津送所留宫人赴行在。

詔左朝奉大夫、知太平州張錞先次衝替，令安撫大使司追攝取勘。時本州言錞自到任不法等事，「已行拘收，聽候指揮，乞早降曲赦，庶幾軍民一向安業」。中書乃言：「訪聞錞贓汙不法，郡民厭苦。」遂罷之。仍詔陸德等並特與放罪。既而聞德不服，乃命知池州王進合兵進討。又詔江東安撫大使李光親往視師。未行而城破。遣王進在乙未，詔光躬親前去節制在丁未，今併書之。

2 壬辰，詔戍兵於屯駐所在有違法，許守臣、監司按舉，其兵校於知通並依階級法。用樞密院請也。

3 癸巳，高麗國王楷遣其尚書禮部員外郎崔惟清、閤門祇候沈起入貢，詔秘書省校書郎王洋押伴。楷獻金百兩、銀千兩、帛二百匹、紙二十匹、人參五百斤。詔賜惟清、起金帶，又賜酒食於同文館，辭亦如之。初，議遣從官出使，既而不果行。洋，資深子也。

直秘閣、主管洪州玉隆觀、衍聖公孔端友既卒，詔以其子玠爲右承奉郎，封衍聖公。

4 甲午，上諭呂頤浩曰：「卿耆艾有勞，今總督之任，以大軍委卿，不當復親細務。」頤浩惶恐奉詔。

5 乙未，呂頤浩請以右朝請大夫令時主管行在大宗正司，上令易環衛官。頤浩言令時讀書能文，元祐間蘇軾嘗力薦，恐不須易環衛。上曰：「令時昔嘗事宦官譚稹，清議不容，不當復齒士大夫之列。」乃以爲右監門衛大將軍、榮州防禦使。令時，燕懿王元孫也。

宣撫處置使張浚奏以通直郎王擇仁知涪州。擇仁初除河東制置使，會都統制韋忠佺不能守，以山寨降敵，統制官宋用臣、馮賽以餘衆赴宣撫司，擇仁因改命。

詔諸路類試進士赴殿試不及人，正奏名與進士同出身，特奏名與諸州助教，調官如文學例。以道梗，特優之也。

6 丙申，户部尚書兼侍讀李彌大罷爲顯謨閣直學士、知平江府。仍詔以彌大係侍從官，特不避本貫。御史中丞沈與求言：「彌大謀間君臣，妄自尊大。自陛下駐蹕錢塘，四方顒顒，日望朝廷爲向進之圖。今陛下命頤浩提相印，總師律，都督諸道之兵而節制之。聖慮精微，罔不曲盡，中外翕然，爲甚盛之舉。彌大設有他見，自合委曲開陳，裨贊廟畫，乃緣懷私，妄有奏請，掩陛下推誠待遇大臣之盛德，沮陛下抗志經理四方之遠圖，望賜降黜。」疏再上，後六日，詔彌大落職奉祠。

是日，神武副軍都統制岳飛引兵擊曹成於賀州境上，大破之。初，成既得賀州，聞飛至，以兵守莫邪關。飛遣前軍統制張憲攻關，軍士郭進與旗頭二人先登，進揮槍而出，殺其旗頭，賊兵亂，官軍齊進，遂入關。日曆飛申以閏月十二日奪關口，今併附此。飛喜，補進秉義郎，解金束帶以賜。官軍既入關，賊兵散亂，第五將韓順夫解鞍脱甲，以所擄婦人佐酒，賊黨楊再興率衆直犯順夫之營，官軍退却，順夫爲再興斫臂而死。飛怒，盡誅親隨兵，責其副將王某擒再興以贖罪。會張憲與後軍統制王經皆至，再興屢戰，又殺飛之弟翻。官軍追擊不已，成屢敗，賊衆死者萬數，成率餘兵屯桂嶺縣。楊再興初見建炎三年六月⑤，不知即是此人否。

7 丁酉，詔奉迎温州開元寺真宗神御赴行在。初，章獻明肅皇后以黄金鑄章聖神御，上恐其誨盜，故還焉。因愀然謂宰輔曰：「朕播遷至此，不能以時薦享宗廟，奉衣冠出游，令祖宗神御越在海隅，念之坐不安席。」

左朝奉郎、提舉江州太平觀孫覿除名，象州羈管。先是，李光爲吏部侍郎，上疏論覿知臨安府，盜用助軍錢四萬餘緡。呂頤浩、秦檜削光名，下其章付大理，落覿龍圖閣待制。至是獄成，覿以衆證，坐以經文紙札之屬饋過客，計直千八百緡。有司言覿自盜，當死。詔貸死免決刺，所過發卒護送。連坐流徙者，又三十餘人。久之，二相免，覿上書訴枉，乃放還。下光章在二月庚午，降旨以衆證爲定在三月庚戌。

罷後苑作，留老工數人作弓鎧，以爲武備。

8 戊戌，賜紹興府行宮復作府治。上謂時方艱難，宜惜財用。若別建府第，益煩費矣。

直龍圖閣劉寧止充秘閣修撰、江淮荆浙都督府參議官。

9 己亥，呂頤浩進呈樞密院編修官王大智所造戰車。上言：「大智知兵法可用。」因語頤浩：「人材隨能器使，皆可就事。卿爲宰相，當識拔人物。如大智，宜攜以自隨，令造水戰之具，不當棄能也。」

詔移紹興府榷貨務都茶場於臨安。

10 辛丑，詔武德大夫、忠州刺史、閤門宣贊舍人、池州兵馬鈐轄韓世清特處斬。世清既至行在，隸神武右軍都統制張俊軍中。呂頤浩欲除之，會浙西兵馬副鈐轄趙令晙訟世清在蘄州嘗以黃衣衣己，語言狂悖。下大理，世清具服：「因醉，怒以緋脚黃旂被令晙，向之山呼。」故抵死，仍詔以世清一身專謀不軌，其部曲並無干涉。令樞密院榜諭諸軍。世清狂悖，事在建炎三年十一月乙巳，熊克小曆：「三月，江東招撫使副李光、王瓊總兵至宣州，光擒韓世清誅之。仍揀其衆，瓊部之赴行在。」實甚誤矣。光至宣州在二月辛卯，揀軍在三月壬辰，世清伏誅在閏四月辛丑，相去凡四十日。大理寺劄子節文：「寺司收管韓世清枷項根勘，據招，建炎三年十月内，不記日，因喫了數盞酒，後去州衙理會官兵闕干錢糧，見知州甄采共趙令晙坐間，有遞到舒州劉文舜牒一道，令世清聽他使喚。世清道：『劉文舜舊曾與世清厮殺，怎教聽得使喚？』趙令晙道：『我新從舒州來，劉家人無事。』世清道：『趙令晙，你莫與他劉文舜厮説着，待來算世清。你是皇親趙官家人，世清手下人，不曾起動民間，你是淮西兵馬鈐轄，可自交割取我人馬。』遂叫使臣軍兵取將黃旗一面來，意待交趙令畯披着。不移時，有使臣軍兵一百來人，將到緋衣黃脚旗一面，世清下階，指定趙令畯：『你又不肯交割世清人馬，你胡做時須肯交割。』世清令使臣于閏將旗去，待與趙令畯披着。世清不合指定趙令畯呼萬歲，其時趙令畯走起，面西北，搶起頭巾，口稱：『太祖官家，令畯不曾胡做。』世清即時便覺有酒，不合與趙令畯呼萬歲等，不虛。有旨，韓世清特處斬，仍令大理少卿前去監斷。」

11 癸丑，詔統兵官行移用劄子者，徒二年。

左朝奉郎辛次膺監諸司審計司。次膺，掖縣人也。

宣撫處置使張浚以朝請郎楊仲先爲夔州路轉運判官。

12 甲辰，張浚奏：「桑仲侵犯均、房州，已令鎮撫使王彥掩殺。乞嚴行戒約，令兼聽臣節制。」詔京西係屬宣撫處置地分，自合節制。先是，范宗尹當國，以荆湖道遠，乞勿隸宣撫司，故浚以爲請。前三日，仲以南陽破賊功進一官，而仲久已死矣。

責授中大夫余深卒。

13 乙巳，宰相奏以大理卿章誼知平江府。上曰：「誼儒者，賴其奏讞平恕，使民不冤，勿令補外。」

14 丙午，呂頤浩言：「淮東宣撫使劉光世屯鎮江，兵冗不練，必敗事。乞移光世一軍歸闕。」上不允。翌日再請，上曰：「比聞光世軍糧不足，若驟移必潰。卿至鎮江，可先犒設，使恩信既洽，然後料簡。光世惟卿所用，不必移也。朕之愚見如此。」頤浩歎服。時光世招納蕃漢及淮北人民來歸者不絕，江東安撫大使葉夢得之未去也，亦招宿州人陸清等率衆來歸。樞密院言事體非便，詔今後不許招納。其後光世言：「結約到北界七十餘寨，請降詔書撫之。」上不許。

是日，神武副軍都統制岳飛敗曹成於桂嶺縣，成拔寨遁去。賊將楊再興爲追騎所及，跳入深澗中，軍士欲就殺之。再興曰：「勿殺，當與我見岳飛。」遂受縛。飛見之，解其縛曰：「汝壯士，吾不殺汝，當以忠義報國家。」再興謝之，飛留以爲將。時成既爲飛所破，遂走連州。飛命前軍統制張憲追之，成窮蹙，又走郴州。守臣趙不羣乘城固守，成轉入邵州。會福建江西荆湖宣撫使韓世忠既平閩盜，乃旋師永嘉，若將就休息者。而道處、信，徑至豫章江濱，連營數十里。羣賊不虞其至，大驚以爲神。世忠聞成屢北，遣神武左軍提舉事務官、拱衛大夫、貴州刺史董旼往招之，成以其衆就招。有郝晸獨不從，率衆走沅州，戴白巾，稱爲成報仇。晸後歸於張憲。曹成受韓世忠招安，諸書不見日月。按世忠以六月五日奏到，則必在五月半已前，去此蓋閲月。今併附此，當考。

15 丁未，集英殿修撰、知衢州席益移知平江府。

賜福建等路宣撫司錢十萬緡，以賞戰士。

宣撫處置使張浚承制，復徽猷閣直學士程唐爲寶文閣學士，充參謀官，專一措置財用。浚言：「唐累該赦宥，合復舊職。已札下，先次繫階，乞下有司，於寶文閣學士上降敕。」又言：「四川監司知通闕人去處，本司已差官到任，而朝廷所差官後至者，乞別與本等差遣。」皆從之。

御史臺檢法官晏敦復言：「逮事曾祖母張氏，乞納左承議郎一官，爲張氏追封。」許之。敦復，殊曾孫也。

16 己酉，更鑄樞密院印。

初，武功大夫、榮州刺史、樞密院將領韓京以所部屯茶陵縣，而湖南安撫司統制軍馬吴錫在郴州，二人皆起於羣盜，所將多湖東士人。京本王以寧部曲，兵皆精鋭，聞以寧之廢，心常不平。會有前河東經略司幹辦公事王久中者遺錫書，論京專權擅命，錫聞於朝。事下韓世忠，未達。神武副軍都統制岳飛并京、錫軍自將之，至是以聞。

17 庚戌，武德大夫、知池州王進言：「已復太平州。」先是，江東安撫大使司統制官張俊、耿進等攻城未能下，進以所部赴之。叛兵陸德等許受招，進挺身而入，其次周青者言不順，進乃召使臣張錞，叱令置對。乘賊不意，執青斬其首。俄而耿進自西門、張俊自南門入，諸軍既不相一，遂殺人縱掠，城中亂，兵馬鈐轄、權州事趙子絅乘間遁去。俊執德以獻，伏誅。其後二人交訟其功，詔李光究實。光上進等及軍士五千八百餘人功狀於朝，上命以功贖過，而子絅與錞皆勒停。初，進在池州，嘗以事械司理參軍衛允迪而釘其手，言者交奏其狀，未及究。至是，吕頤浩遂命進以所部二千屯饒州。進罷池州，不見月日。按日曆九月戊寅，樞密院勘會都督府，已差本府統制官王進，將帶官兵前去饒州駐劄，候到饒州，權聽守臣李彌遜節制。今附見也。德之始叛也，懼官軍將至，謀盡黥城中少壯而屠其老弱，然後擁衆渡江。慈湖寨兵馬俊適隸周青左右，得其謀，陰結其徒十人殺賊，然後諭衆開門，其徒許之。俊歸語其妻孫氏，與之訣，至南門，伺青出上馬，斫其頰，九人懼不敢前，俊與妻子皆遇害。青被傷，卧旬日，賊黨益落，官軍四合，遂就誅。後贈俊修武郎，爲立祠，號登勇。按史，王進以閏月四日奏捷，且奏張俊冒争功賞。壬子，詔李光體究。甲寅，俊申進恣行殺戮。五月丁酉，光奏子絅罪勒停。九月庚辰，詔以功贖過，更不推恩。始終凡百餘日事，今聯書之。錞勒停在十二月，馬俊贈官在三年十月丙申，立祠在四年正月己巳。

18 辛亥，百官以天申節開啓道場於天竺寺，有軍將乘馬，與權吏部侍郎廖剛争道，蹄傷剛左股。宰相奏軍將争道，當降黜。上曰：「第言軍將犯朝儀可也。」

19 壬子，吕頤浩言：「今歲防秋，當用兵江、淮之間，若車駕時巡，則諸將孰敢不盡力？但恐道路玉食不備。」上曰：「朕自艱難以來，奉身至約。昔爲元帥，與士卒同甘苦。一日在道絶糧，朕亦終日不食。今居禁中，雖太官上食，間食彘肉一味，若在道路，雖無肉食，庸何傷乎？」

初，陝西都統制吴玠戍河池縣，同都統制王彦戍金州，二鎮皆饑，而利夔路制置使兼知興元府王庶過爲守備，閉石門、仙人關，塞褒斜路，商販不通，玠、彦病之，因訴於宣撫處置使張浚。浚初欲調護庶，令與玠、彦結好，玠、彦言庶遇己無善狀。始，庶治榷酤與關市之征，得其贏以市軍儲，有三年之積。又爲亭堠數百，達於秦川。至歲終，有三萬人仗。於是有言庶難制馭者，浚惑之，檄召諸帥會於益昌，庶亦覺有間己者，以素隊數百人馳會。浚問以進取之策，庶曰：「富平之敗屬耳，軍未可用也。」浚不樂曰：「君欲棄三秦耶？」乃以便宜，命庶與知成都府王似兩易。是日，似發成都。

20 癸丑，端明殿學士許翰提舉萬壽觀，趣赴行在。時翰避地嶺南，辭不至。

21 甲寅，詔責授中大夫、分司南京、江州居住朱勝非許自便。

尚書右司員外郎胡世將守起居郎⑥，中大夫洪炎爲秘書少監，秘閣修撰劉棐爲右司郎中，監察御史黄龜年守左司員外郎。炎，芻弟，宣和中嘗爲是職，坐元祐曲學罷去，至是復用之。

樞密院計議官張致遠添差兩浙轉運判官。

河南布衣林向進砭石論，詔赴都堂審察。

22 乙卯，詔寺監丞以下，並令吏部擬除。時呂頤浩、秦檜言：「祖宗舊制，内外差遣，並付審官。士大夫自有調官之路，故請謁奔競之風息。近世堂除闕多，侵占注擬，士人失職，廉耻道喪。欲外自監司、郡守及舊格堂除通判，内自察官、省郎以上，及館職、書局編修官外，並令吏部依格注擬。」從之。

詔：「諸鎮撫使襄陽桑仲、河南翟興、荆南解潛、金州王彦、德安陳規、蘄黄孔彦舟、廬州王亨訓習兵馬，廣行布種，儲蓄糧食。非奉朝旨，毋得擅出兵。」

23 丁巳，右通直郎、新簽書鎮江軍節度判官廳公事蔡延世改通判太平州，以才選也。

24 戊午，寧武寧國軍節度使、開府儀同三司、淮東宣撫使劉光世特起復。光世始聞父延慶之喪，詔遣中使起復故官，治軍事。光世乞持喪，不許，賜金帛甚厚。欽宗實録：「靖康元年閏十一月丙辰，金人登城，劉延慶聲言護駕，帶班直、長入祗候、西兵萬餘人，奪開遠門以出，至龜兒寺，爲追騎所殺。」靖康朝野僉言等諸書所載尤詳，而光世自言：「弟光烈自陝西前來，面説有保捷兵士王進自金寨中走歸，稱父於建炎二年内結約本朝人要走歸，金知覺捉回，遂被害身亡。」疑光世所云走卒之言未足據。趙甡之遺史：「延慶死於亂兵。光世不知其存亡，多以金寶遣人詣僞境尋訪。紹興二年五月⑦，有客人自僞地來，得其父之骸骨，言死狀皆不可參考，乃云：「以骨雜甘草把中，故僞境官司不能稽察。」或勸光世割皮滴血以驗之，光世不從，以禮安葬，發哀成服。」甡之所云，必有所據。今附見此。

將仕郎賀廩獻書五千卷，詔吏部添差廩監平江府糧料院，仍官其家一人。廩，鑄子也。

25 己未，降授左朝散郎劉岑爲尚書金部員外郎。去年十一月乙酉劉超知光州注，或與此相關，俟考。

宣撫處置使張浚以起復朝請大夫張澄爲利州路轉運副使，宣教郎夏珙權陝府西路都轉運司判官公事，秘閣修撰程千秋知巴州。澄，滎陽人，始以娶宗室女補右職，後王黼薦易文資，建炎初，黄潛善以爲樞密院編修官，與浚同命，故浚引用之。

封漢南昌尉梅福爲吏隱真人。

初，襄鄧鎮撫使桑仲既爲都統制兼知郢州霍明所殺，其將吏馳報副都統制李横於鄧州。熊克小曆云，仲母奔告李横。當考。同副統制兼知隨州李道聞之，與横共率其兵，縞素圍郢。明有口辨，登城謂横曰：「仲心難保，先殺明，次及兄矣。何如吾二人分其衆與地，請命於朝？」不聽，攻之彌月。横刈其麥以贍軍。城中糧乏，至是，攻圍益急，惟西城石壁下臨漢江，敵不能近。明知事急，乃夜半縋石城而下，與其徒數百泛舟順流而去。翌日，横始覺之，追之不及。明奔德安府，鎮撫使陳規謂之曰：「仲，鎮撫也，汝爲其屬而殺之，如法何？當速訴於朝，以辨曲直。」明乃去。規謂人曰：「仲，明，皆黠寇也，今兩亡矣。」横遂併將郢軍，留其黨李簡知郢州，惟後軍統制王嵩奔劉豫。

校勘記

① 田業二年外許人請射　「外」，叢書本作「内」。宋史卷一七三食貨志上一亦同底本。

②夔州路安撫使韓迪奏祁王見在本州　「在」，原作「任」，叢書本同。按：皇朝中興紀事本末卷二三載：「先是，有富順民李勃者，因與娼阿王濫，詐稱徐王到夔州。守臣韓迪申宣撫司，遂津送赴行在。」知「任」字非是，逕改。

③太宗皇帝嘗命親近人取禾穗入禁中　「禾」，原作「末」，據叢書本及宋史全文卷一八上改。

④國史須詳考　此句疑有脱誤。

⑤楊再興初見建炎三年六月　「三」，原作「二」，據卷二四建炎三年六月乙亥記事改。

⑥尚書右司員外郎胡世將守起居郎　上「郎」字原脱，據文意補。

⑦紹興二年五月　「月」，原作「日」，據叢書本改。

建炎以來繫年要録卷五十四

1 紹興二年五月庚申朔，日北至，祀皇地祇於天慶觀之望祭殿，始用牲玉。自政和行方澤之祭，改設皇地祇位於壇南方，北鄉。至是，將命大臣侍祀，禮官請如舊制，爲位於北方，南鄉。從之。禮官奏請在閏月庚戌。

2 辛酉，兵部尚書兼侍讀權邦彦充端明殿學士、簽書樞密院事。邦彦獻十議以圖中興。其一謂：「宜以天下爲度，進圖洪業，恢復土宇，勿苟安於東南。」其二謂：「駕御諸將，宜威之以法，而限之以爵。」其三謂：「宜命講讀之臣，於所論説之外，取累朝訓典及三代、漢、唐中興故事，日陳於前，以裨聖學。」其四謂：「宜監觀傷善妨賢之讒，偷合苟容之佞，市恩立威之奸，懷諼罔上之欺，聽其言，察其事，則忠邪判矣。」其五謂：「愛民先愛其力，寬民先節其用。」又謂：「朘己俸以佐國用，當自宰執始。」又謂：「分閫而屬大事，類非偏裨之所能爲，必得賢大將，然後可。」又謂：「制置一官，宜可省也。合令沿江州縣各備其境内，而總之以漕帥，上自荆、鄂、江、池，下至采石、京口，講之有方，委之有人，防秋上策也。」又謂：「宗室中豈無傑然有人望，可以濟艱難，贊密勿、留宿衛者？顧求其人，置諸左右。」又謂：「人事盡則天悔禍，否則恐天未欲平治也。不可獨歸之數。」呂頤浩與邦彦善，乃薦用之。給事中程瑀言邦彦不可用，不聽。邦彦在樞筦，又言：「宜乘機者三：祖宗德澤在人，人心不忘，王師一興，諸路響應，一也。内則淮海之賊騎，悉往西北，以虚其南，外則林牙等侵入，患在腹心，以牽其北，二也。近覘者報敵兵疲於浚河之役，而守淮之兵皆持梃之農夫，三也。譬諸奕，爭先而已，安可隨應隨解，不制人而制於人者哉？然疆理淮堧，以連下邳；藩屏荆漢，以通上流；指顧隴蜀，以成建瓴東下之勢，亦策之次也。」

翊衛大夫、泉州觀察使、神武右軍前部副統制魯珏特貸死，命追毀出身以來文字，除名勒停，免真決，不刺面，配瓊州本城收管。珏前在京東，掠取良家子，且賊殺不辜，爲人所告，下臺獄當斬。上以珏累立戰功，特貸之。其三子並留右軍，仍令臨安府遣官兵，自四明市客舟由海道護送。

樞密院言：「據探報，敵人分屯淮陽軍、海州，竊慮以輕舟南來，震驚江、浙，緣蘇洋之南①，海道通快，可以徑趨浙江。」詔兩浙路帥司速遣官相度控扼，次第圖本聞奏。

詔迪功郎、荆湖北路提舉茶鹽司幹辦公事高佑贈承務郎，與一資下州文學。以爲鍾相所殺，特録之也。

詔神武諸軍御前準備差使、使喚使臣，不能馬步射者，並放罷，發歸刑部。

户部侍郎黄叔敖請：「江東西路今年上供米並赴建康府、饒州寄廒，以候行在取撥。非奉朝旨，雖安撫大使及諸統兵官毋得擅支。如違，取旨竄責，漕臣不舉者，與同罪。」從之。

檢校少保、捧日天武四廂都指揮使、建武軍節度使、江西兵馬副都總管楊惟忠薨。惟忠之討趙進也，即軍中得疾，還洪州一日而死。安撫大使李回收其軍隸本司，以統制官傅選、胡友所部四千人爲前、後軍，又命親衛大夫、鼎州團練使祁超將餘兵五千充本司統制。此據今年七月六日李回所奏增入。惟忠起行間，兼長戰守。宣、政間在陝西，頗有威名。及從上至東南，官崇志滿，不肯盡力，聲譽日衰。薨年六十六，後謚恭勇。

僞齊劉豫聞桒仲死，遣通直郎張珗持敕書至隨州招李道，使臣彭義至鄧州招李橫。時橫留別將蔡立知鄧州，二人皆不受，且執其使以聞。詔嘉獎。據李道申，僞檄以五月二日到，李橫申，以五月三日到。辛酉初二日也，故附於此。其後陳規言於朝，六月壬子降詔獎諭，八月甲辰三人各進一官。

3 壬戌，降授中大夫朱勝非復左宣奉大夫、提舉萬壽觀兼侍讀，吕頤浩薦之也。勝非以前宰相侍經筵，不帶職名，亦非故事。

4 癸亥，吕頤浩出師，以神武後軍及御前忠鋭將崔增、趙延壽二軍從行，百官班送。趙甡之遺史頤浩出師在壬戌，今從日曆。甡之又云：「頤浩以新刱置忠鋭十將偕行。」按日曆，閏月三日有旨，吕頤浩進發。其神武忠鋭統制將佐不許出城辭送。則忠鋭決非偕行也。又忠鋭，初止七將，此月二日，乃命第八將趙琦，而第六將單德忠先已從申世景在閩中。此云十將，亦誤矣。第四將邵青，五月壬午揀併，元只在臨安。蓋第一將崔增，第二將趙延壽實從頤浩行，餘人不與。甡之不深考耳。

5 甲子，武節大夫、果州刺史兼閤門宣贊舍人、襄鄧鎮撫使司都統制、知郢州霍明權襄陽府鄧隨郢州鎮撫使司公事、權知襄陽府，聽吕頤浩節制。其郢州，令軍中統制官同舉可以服衆者權知，具名聞奏。朝廷始聞桒仲死，故就命之。翌日，遷明武功大夫、遥郡團練使，仍賜詔書獎諭，不知明已敗矣。

詔觀察使以上許薦可爲將帥者二人，樞密院置籍，以備選用。言者論：「今正右武之時，雖一二三大將嘗立奇功而取富貴矣，竊恐隱約之中，尚多奇士。願詔管軍臣僚及都統制官，與夫内外侍從、監司、郡守，各舉所知，有謀略精深、武藝超卓者，具名來上。陛下親屈帝尊，問以恢復之計。果得其人，則不次用之，庶幾豪傑並出。」故有是旨。

6 乙丑，進士及第張九成爲左宣教郎、簽書鎮東軍節度判官廳公事。九成，兩浙路類試爲第一，用陞甲恩特遷之。

直龍圖閣、知臨安府宋煇陞秘閣修撰，仍賜三品服。

直徽猷閣、兩浙東路提點刑獄公事徐天民罷。先是，上聞常州科斂害民，遣度支員外郎胡蒙往究其實。未奏，天民自知常州改命。御史中丞沈與求奏：「朝廷號令之出，要當使民信之而已。方體究其罪，乃加除擢，賞刑錯亂，民其信乎？朝廷示人好惡如此，儻使胡蒙稍懷觀望，豈肯以實達於陛下之前？四方聞之，謂朝廷陽爲寬恤之言，陰縱掊克之吏，欲使其知禁勸，蓋亦難矣。況天民掊克蠹民，爲浙西諸郡之最，嘗致無錫縣之民，不勝誅求之苦，致有自斷其腕，聲冤訟庭者，亦有自溺於井者，天民庇而不發。今又付之廉按之權，責之澄清之任，未見其可。」乃罷天民，令提刑司治罪。

忠訓郎韓遹爲閤門祇候、知孝感縣。初，孝感闕令久，鎮撫使陳規聞遹在復州之湖中，召使爲尉，以兼邑事。遹去縣十餘里，臨河築壘以捍賊。未幾，有告遹謀叛者，規謂之曰：「亂離以來，州郡不爲賊破者，獨德安耳。孝感，德安之喉襟，使吾無以制汝，則不汝付也，汝胡爲反？」遹叩頭請死。規曰：「吾保汝，人言若是。」復遣還邑。纔兩日，遹斬謀亂者數人以獻，規上其功於朝，故有是命。

7 丁卯，罷兩浙轉運司回易庫，以言者論其苛細也。

8 戊辰，言者奏：「盜賊竊發，州縣所不能免，要在居官任職之人，或先事以折其奸，或乘微以戢其暴。如火始燃，隨即撲滅。昨范汝爲嘯聚回源，初不過四十人，不時討殺，遂致賊得爲計，日以滋蔓，至煩朝廷遣將出師，僅能得其死命。而遺黎之不遭賊者，十無一二，蓋不勝酷。昨者宣撫司所上功狀，動以千萬計。朝廷既捐賞以予之，顧一時養寇遺患，有如前所云者，豈可以置而不問？望陛下以臣章付外，議當時帥臣、監司、郡守、縣令之罪，特出威斷施行，庶爲盜發所臨，謬懦不及事者之戒。」詔本路轉運司體究申尚書省。時建州守臣、朝奉大夫韓珉已罷去，於是又降二官。珉降官在九月庚午。

9 己巳，詔侍從官知州，於本路安撫大使用申狀，前宰執即書檢。

10 庚午，岳飛奏破曹成於賀州。詔飛不以遠近襲逐，如成肯自新，一面從長措置。

直徽猷閣劉民瞻提點夔州路刑獄公事。自建炎以來，川陝帥臣、部使者皆張浚版授，至是，稍以敕除。浚尋徙民瞻成都府路轉運副使。成都漕司題名，民瞻以今年九月三十日到任。

賜江東安撫大使司折帛錢十萬緡，爲修行宫之費。時李光言：「建康自一都會，望朝廷略示經略之意。」故有是命。

11 辛未，詔左文林郎趙子偁令赴都堂審察。子偁初見建炎元年十月。時集英殿修撰、知南外宗正事令廣奉詔選宗子伯琮、伯浩入禁中。伯浩豐而澤，伯琮清而癯。上初愛伯浩，忽曰：「更子細觀。」乃令二人並立，有猫過，伯浩以足蹴之，伯琮拱立如故。上曰：「此兒輕易乃爾！安能任重耶？」乃賜伯浩白金三百兩罷之。後四日，以子偁爲左宣教郎。此以日曆及王明清揮麈録舊諱參修。熊克小曆云：「上以子偁之子生有聖質，育於禁中。」又云：「賜名伯琮。」臣謹按，阜陵藩邸舊諱，從王從宗，至紹興三年二月壬寅，除防禦使，然後改賜名，去伯字。克誤也。明清云：「伯浩後終於温州兵馬都監。」

東海軍使葛玥以舟師至淮岸，爲海州漕船所邀。吕頤浩言：「賊船雖不能多載騎兵，然乘秋初北風，南來錢塘江上，震驚行朝。」乃詔温、台州募海船土豪，杭、越、蘇、秀州措置斥堠。

12 壬申，以霖雨不止，命刑部郎官及諸路憲臣窮督獄訟。

蘄黄鎮撫使孔彦舟言：「劉僞已遷汴京，金人留戍甚寡，人苦科役，日望王師。土豪人户，尚有團結保險，堅守不降者。誠能拜相臣爲大元帥，宿重兵於淮南要害之地，以爲根本，指揮諸鎮，分道進兵，將見天戈所指，州縣望風降順。因民所欲，籍以爲兵，不必乞師於神武；取民所餘，資以爲糧，不必仰給於縣官。河南之地，指日可定，而京城孤立矣。一旦會合，輻輳城下，而劉豫唾手可擒也。伏念臣昨任東平府鈐轄，統領巡社鄉兵，屢戰獲捷，京東軍民，粗知姓名。見今所部將士，又多東北人，皆曾隨臣出入行陣，習知山川，不煩鄉導。伏望聖慈，假借名目，稍重事權，使臣獨當一路，自光之蔡，迤邐進兵。」詔賜敕書嘉奬，仍令就都督府計議。

太學博士詹公薦自東京遁歸行在，詔吏部與見闕差遣。

13 甲戌，給事中程瑀爲尚書兵部侍郎。瑀以親年高求去，後三日，除龍圖閣待制出守。已而復留之。瑀復爲給事中，在此月辛巳。

14 乙亥，福建江西荆湖南北路宣撫副使韓世忠言：「自來全無纖毫生事，欲以錢三萬八千緡市新淦縣所籍賊徒田宅，慮有違礙。」詔以賜世忠。

15 丙子，權尚書吏部侍郎廖剛試給事中，大理卿章誼權吏部侍郎。剛尋以憂去。

右朝散大夫趙元裕行太常丞。元裕，黨人彦若子也。彦若，青州人，元祐侍讀學士。通習典故，坐父故，閑廢四十年。至是，添差簽書昭慶軍節度判官，禄薄不能贍，請於朝，召赴行在，遂命之。時元裕年幾七十矣。

初，朝廷以福建江西荆湖宣撫使孟庾自温州趨湖南，故命湖廣宣撫使李綱由汀、道州之鎮。至是，綱言：「祖宗朝，宣撫使以執政爲之。近張浚、孟庾爲宣撫，皆見執政。如臣起廢典藩，亦冒使名，兼庾已領湖南北，韓世忠副之，今又除臣湖南，借使諸處盜賊，一司欲令招納，一司欲令討捕，不知何所適從。諸州錢糧，一司欲令支用，一司欲令樁留，不知如何遵禀。以至節制諸將、辟差官吏、行移措置，皆有所妨。望詳酌事宜，明降處分，使有遵守。」綱又言：「自建昌、虔、吉至衡、潭，約一月程，自汀、道州三倍。今曹成在連、賀，非重兵不可行。又福建等路宣撫司經由江西及荆湖路分，逐路州縣，錢米先次刬刷拘收，理當通融應副。所有朝廷支降，并他路所輸錢糧、銀帛、官告、度牒餘剩之數，乞並樁留，撥付本司。」詔綱先往廣東置司捍寇，竢庾、世忠撫定盜賊畢，赴潭州。仍令庾等班師日，度量合用錢糧數外，並留與綱。綱請取撥所至州縣錢四十萬緡、米二千斛，爲一歲之用。又請移行所部帥臣、監司、州縣，並用劄子。皆從之。於是曹成已爲岳飛所破，遂就韓世忠招安，而朝廷未知也。

蘭州文學王隲坐饋馬進錢糧，昭州編管。事見建炎四年十月己卯。

16 丁丑，責授中大夫余深復特進，朝廷聞深已死，故用赦復之。給事中程瑀言：「深奸謀陰賊，實蔡京之腹心。今一赦盡復元官，則京黨未死，官亦可復也。夫曠蕩之澤，雖曲示於寬恩，然眚災之赦，難施於巨蠹。」乃詔寢前命。寢命在此月丁亥。

初，尚書左僕射、都督江淮荆浙諸軍事呂頤浩總師次常州，而其前軍將武節大夫、榮州團練使趙延壽所部忠鋭軍叛於呂城鎮。是日，叛兵過金壇縣，奉議郎、知縣事胡思忠率射士迎敵，爲所敗。賊以槍刺之，思忠曰：「寧殺令，毋掠藏庫、殺平民。」賊怒，逐之至市河，思忠溺死。浙西安撫大使劉光世遣前軍統制王德追叛兵至建平縣，及之，盡殲其衆。後贈思忠三官，録其家一人。於是頤浩稱疾不進。熊克小曆附此事於七月。又云：「頤浩行未至丹陽縣，後軍叛去。」皆誤也。日曆五月二十五日，都督府申：「趙延壽下潰兵在廣德軍作過。」二十六日，右司諫方孟卿言：「臣昨晚聞呂頤浩所帶前軍自常州以來逃竄。」六月七日，鎮江府申：「有都督府前軍人馬在呂城鎮作過。」據此，則非後軍也。叛去之日不可得而知。按，張鎮申明胡思忠死事狀云：「五月十八日，有過軍在市殺人。」即指此事，故附見於此。思忠六月丙申贈官。

17 己卯，武功大夫、康州刺史、閤門宣贊舍人、樞密院統制山東忠義軍馬范温陞忠州團練使。僞齊劉豫自去冬起登、萊、密三郡之兵犯福島寨，失利而去，遂廣造戰艦，又送旗榜僞赦，欲間衆心。温收繫其使，至是以聞，且乞賜糧舟，自募商人販米。許之。

初，御前除戎器，而浙東諸州所遣民匠困於工程，多以暍死。上知之，詔給齎糧，遣還故郡，俟秋深乃集。

18 庚辰，詔江東西路各糴米十萬石於建康府、饒州椿管，應副行在及防秋使用。自巡幸以來，軍儲歲計多仰浙西，而平江、湖、秀之産倍於他郡。至是久雨，三州中下之田率皆淹没，而上田所損，十亦二三。議者恐所入必虧，故於江南增糴。

是日，臨安府火，彌六七里，延燒萬餘家。火之始熾也，神武右軍都統制張俊仗劍登屋，督所部救之，不能止。最後修内司搭材兵至，火乃熄。於是臨安府守臣、兵官及三衙管軍，皆坐貶秩。時浙部淫雨害稼，御史中丞沈與求因推言災異，謂：「徽、嚴水泉暴湧，漂及城郭廬舍，臨安火延居民至萬餘家，天變異常，同時而見，可畏也。陛下當於行事之際，思其所未至者，加之以誠。夫畏天不以誠，則巫祝雖具，近於致瀆。愛民不以誠，則詔令雖繁，終於失信。用人不以誠，則讒間日進，將以疑似而遠正人。聽言不以誠，則阿諛日聞，將以忌諱而惡直士。追祖宗之法而不以誠，則不無背戾。惇骨肉之親而不以誠，則不無猜嫌。薄宦寺之權而不以誠，則雖名爲裁抑，而桀黠之輩不除。正宫闈之化而不以誠，則雖外示樸素，而奢靡之習猶在。願陛下加意而行，則天地感格，陰陽和平，災異之生，顧爲福耳。」上嘉納焉。徽、嚴水災，於史不見，特與求章疏中及之，故附於此。

19 壬午，武功郎、閤門宣贊舍人、御前忠鋭第四將邵青充紹興府兵馬鈐轄，揀其所部精鋭千三百人隸神武中軍。

保静軍承宣使高世則提舉萬壽觀，温州供職。

故追復龍圖閣直學士曾肇贈龍圖閣學士，謚文昭，以黨籍故也。肇，南豐人，故相布弟②。元符末，翰林學士待制以上第二十五人，汀州安置。

詔泛海往山東者行軍法。諜報劉豫於登、密、淮陽造舟，論者恐賈舟爲僞地所拘，則棹工柁師悉爲賊用，故有是旨。

20 癸未，御史中丞沈與求言：「金若入犯③，當由武昌、建康兩路而來。其造海舟，慮爲虛聲以懼我。議者多欲於明州向頭設備，使敵舟得至向頭，則已入吾腹心之地矣。臣聞海舟自京東入浙，必由泰州石港、通州料角、陳貼、通明鎮等處，次至平江南北洋，次至秀州金山，次至向頭；又聞料角水勢湍險，一失水道，則舟必淪溺，必得沙上水手，方能轉棹④。況敵人捨馬不能有所爲，若用舟行，一舟所容幾馬？彼不爲此，不過分遣京東簽軍乘舟以懼我耳。儻於石港、料角等處拘收水手，優給庸直而存養之，以待緩急之用，彼亦安能衝突？望分撥耿進、李彥進水軍，擇人統之，似爲利便。」詔以付都督府，仍令江東、浙西大帥司海舟並聽督府使喚。既而呂頤浩言：「料角等處去金陵遼遠，緩急恐失事機。彥進見隸劉光世軍中，乞就委光世措置。」從之。委光世在六月丁酉。

三省請於行在別置作院一所，令諸軍匠各造器甲，並申朝廷支撥。後以御前軍器所爲名，仍隸工部。日曆不載，此據會要增修。會要云隸工部在五年三月，而此年六月六日，工部侍郎韓肖胄已申明看驗等事，則是元隸本部也。三十年七月，黃中又有申明，不知何時不隸本部。

尚書左僕射呂頤浩言：「前左承議郎范同儒學知兵，望起復故官，主管都督府機宜文字。」從之。同初見元年二月。

21 甲申，上臨軒疏決繫囚。自是遂爲故事。

户部請：「諸路上供絲帛並半折錢三千，如兩浙例。」兩浙折帛，已見建炎三年三月壬辰。許之。是時，江、浙、湖北、夔路歲額紬三十九萬疋，浙東路上供八萬，淮、福衣八千。浙西上供九萬二千，淮衣六千⑤。江東上供九萬八千，淮、福衣二萬七千。江西上供五萬二千，淮、福衣萬五千。湖北上供三百。夔路上供三百。已上皆有奇。江南、川、廣、湖南、兩浙絹二百七十三萬匹，浙東上供絹四十三萬六千，淮、福衣五萬三千，天申大禮八千。浙西上供三十八萬一千，淮、福衣十三萬八千，天申大禮八千。江東上供四十萬六千，淮、福衣十三萬九千，天申大禮八千。江西上供三十萬五千，淮、福衣六萬七千，天申大禮八千。以上四路皆有奇。淮東天申大禮四千九百五十，淮西大禮三千七百，湖南天申大禮四百，廣東天申大禮四千六百，廣西天申大禮六千五百，西川天申大禮萬三千，東川上供萬一千，天申大禮萬六百，夔路上供二萬二千，天申大禮七千，利路天申大禮八千三百，四川宣撫司截三路綱三十萬匹，又科激賞絹三十三萬匹，皆不隸户部。東川、兩浙、湖南綾羅絁七萬匹，東川綾二萬六千三百，浙西八千七百，西川七千八百，浙東四千六百，皆有奇。婺州羅一萬，湖南絁三千。成都府錦綺千八百餘匹段，皆有奇。江、淮、閩、廣、荆湖折帛錢，蓋自此始。川絹川布已見建炎四年乙未，東南絹三年十月庚寅，廣布五年末，可參考。

詔行在權官並罷，惟户部、刑寺許長貳指差見任人兼權。時言者論州縣權官之弊，以爲：「屢降約束，而監司、帥臣未必奉行者，蓋由朝廷不自信其説，有以啓之。」於是自省郎已下，權攝者並罷。

是日，始聞都督府前軍叛，詔浙西大帥司遣兵趣捕之。

22 乙酉，承議郎葉棐除名，鄰州編管。坐受范汝爲僞命知建州也⑥。

23 丙戌，詔置修政局。時尚書左僕射吕頤浩既督軍於外，右僕射秦檜乃奏設此局，命檜提舉，而參知政事翟汝文同領之。又以尚書户部侍郎黄叔敖爲參詳官，起居郎胡世將、太常少卿王居正爲參議官，尚書右司員外郎吴表臣、屯田員外郎曾統、兵部員外郎樓炤、考功員外郎張覱並爲檢討官。置局如講議司故事。差提舉官已下在六月辛卯，今因置局遂書之。熊克小曆云，參詳、參議官皆以侍臣爲之。按差參議官時，世將未爲舍人，居正未爲左史，克蓋誤也。

仍詔侍從、臺省寺監官、監司守令，各書所見，言省費裕國、强兵息民之策。監察御史劉一止言：「宣王内修政事者，亦修其車馬器械之政而已。如緩其所急，先後倒置，何修爲哉？今不過薄言獄訟與官吏遷除、土木營造之務，未見所當急也。」

工部侍郎韓肖胄應詔言：「天下財賦窠名，舊悉隸三司，今户部惟有上供之目而已。問諸路所總窠名於户部，户部不能悉；問諸郡所總窠名於漕司，漕司不能悉。失一窠名，則所入亡矣。積以歲月，所亡至多。願詔諸路漕司括州縣所入所出，可罷罷之，可併併之，立爲定籍，簡明可考。漕司總諸州，户部總諸路，以視出納，則無陷失矣。且經費之大，莫過於養兵。今諸兵軍人亡而冒請者甚多，財如江河，難實漏巵。願立諸軍覈實之法，重將帥冒請之罪，優給告賞，斷在必行。則兵數得實，餉給不虚，省費裕國，此其大者。艱難以來，正兵散於四方，流爲盜賊，故軍籍日削。願倣康定、治平弓手、義勇之制，申以選練教習之法，即有緩急，俾佐行陣，或令保守。蓋人有顧藉，則進必死敵，退不潰散矣。生民之不得休息，爲日久矣。常賦之外，迫以軍期，吏緣爲奸，斂取百端，復爲寇所逼逐，田桑失時。寇去歸業，未容息肩，催科之吏已呼於門，使何所措手足乎？願詔郡邑，招集流散，官貸之種，俟三年收，始責其賦，置籍書之，以課殿最。强兵息民，此其先者。」

世將應詔言：「兵衛寡弱，乞以神武五軍並建都、副統制，以分其勢；益增三衙精卒，爲萬乘扈衛，以備非常。」

居正應詔言省費尤切，大略謂：「今有司以數路之所出，欲盡爲向者一百七十三年之事，不忍暫廢，非所謂知時變。夫不知隨時以省事，而乃隨事以省費，故今日例有減半之説。究其實，未始不重，而徒示人以弱。如國初歲舉進士，不過數十。今至四五百人，此其費亦大矣。然御試之日，臣備員考官，有司給燭半挺，曰此省費也。嗚呼，其亦拙矣。他皆類此。臣願詔大臣論定，若非禦寇備敵與恤民之事，一切姑置，則費省而國裕矣。」

司勳員外郎張燾請：「復置御營司，分諸將爲六軍，命大臣大將爲使副，各典一軍，以收兵權。舉淮南之地，分置重鎮，使自戰自守。又乞躬行實德，以率百官。」曾統言於檜曰：「丞相事無不統，何以局爲？」檜不聽。

右文殿修撰季陵應詔言：

國家承平日久，純以文治，其弊極矣。自軍興以來，朝廷所降，類多誥牒，非强以與民則莫售；師旅所須，最先糧草，非强取於民則莫給。民之倍費，已莫能堪。又況重役暴斂，有不可勝言者。故民之流亡，終莫能救，甚可痛也。今之爲監司、守令者，亦太巧矣。監司移文於郡守，則曰不得騷擾科率。郡守移文於縣令，則亦曰不得騷擾科率。舊例和買，無本可支者久矣。新行和糴，能償其直者幾何？一遇軍興，事事責辦，有不足者，預借來年之賦，又不足者，預借後年之賦。雖名曰和，乃强取之；雖名曰借，其實奪之。上下相籠，專以智詐，此文弊之極也。今之爲兵將者，亦少恣矣。衣食不取其飽煖而取其豐美，器械不取其堅利而取其華好，務末勝本，初無鬭心。賊至則僞言退保，賊去則盛言收復。遇敗則千爲一，遇勝則一爲千，此亦文弊之極也。臣願陛下用夏之忠，以革誕謾；兼商之質，以去華侈。守此爲修政之本，庶幾其有瘳乎？今乘輿服御之費十去七八，百官有司之費十去五六，至此而無益於國者，軍政不修而軍太冗也。

張浚一軍以川陝贍之，劉光世一軍以淮、浙贍之，李綱一軍以湖、廣贍之，上供之物，得至司農、太府者無幾矣。計行朝每月官吏之費寡，而軍兵之費多，是竭天下之財，祇足以養兵。兵籍日衆，財用日窘，國日削，民日貧。厥咎安在？議者非不知此，意謂兵爲大事，艱難之際，恃以恢復，當盡節浮費，唯兵是圖。其意誠美，殊不知欲强兵者，正不在冗食也。爲今之計，儻能一舉而空敵軍，暫費暫勞，皆不足恤。若猶未也，當爲長久之慮，無狥目前，至於大壞而後已。

今相臣將臣同司兵柄，嘗汰羸卒矣，嘗置營田矣，苟利於國，知無不爲。節制之師，固無可議，然偏裨遠去，紀律漸踈。臣所目擊者，試言其略：凡稱統領，兵數不多，家口隨行，般挈勞重。一聞賊至，擇其精鋭，護送老小。其用以自隨者，祇辦走計耳，此當議者一也。家糧口券，贍給無餘。擄掠婦女，軍中多有。養既不足，寧免作過？此當議者二也。所至州軍，邀求犒設，稍忤其意，公肆劫持。守令憚於生事，竭取於民而奉之，此當議者三也。詭名虚券，隨在批請；死亡逃竄，開破不明。枉費官物，誰敢檢察？此可議者四也。悠悠之徒，或假關節，或行賄賂，寄名軍籍，覬冒功賞。用命之人，安得不怨？此可議者五也。事類此者，未可悉數。願詔有司，專意講求，革其因循，以作士氣。如此則軍政立矣。

詔江東西諸州上供絲帛並於建康府、吉州樁管，非朝旨而擅用者依軍法。用三省請也。

24 丁亥，左朝奉大夫、中書門下省檢正諸房公事仇悆充集英殿修撰、沿海制置使。尋命悆兼領福建、兩浙、淮東諸路，序位視發運使，舉官如兩浙漕臣，諸路非沿海州軍，皆許按察。悆請置司平江之許浦鎮，又辟右承奉郎王安道充本司參議官。皆從之。悆兼領諸路及許按察，在六月戊申。申明舉官及奏辟王安道，在六月癸丑。申明叙位，在七月庚申。

吏部言：「近旨寺監丞已下，令本部依格注擬。其間有應堂除及專法奏辟者，未有該載。」詔榷貨務、都茶場仍舊堂除；御史臺檢法官、主簿令本臺自辟；其寺監丞以下及檢鼓等六院官並還吏部。自呂頤浩再相，用堂後官張純爲榷貨務場，使更鹽法，故獨重其職焉。熊克小曆：「呂頤浩之長天官也，嘗請寺監、書局以上依舊堂除，餘悉歸吏部。」按日曆今年閏四月二十四日，呂頤浩等劄子云云，蓋其爲相時所陳，非吏部建請也。劄子又云：「寺監丞、法寺官，乞令吏部按格法注擬。」其後吏部申明，乃留太常、國子丞博以上。克所書寺監、書局以上依舊堂除，亦誤，今不取。

初，宣撫處置使張浚以淮鹽未通，乃通大寧鹽於京西、湖北。至是，秦檜聞其事，下堂帖禁之。其後浚復通蜀鹽於荆南，詔不許。詔止在三年四月己丑，今併書。

25 戊子，手詔用建隆故事，行在百官日輪一人專對，令極言得失。先是，詔省臺官限半月各述利害，條具以聞。而御史中丞沈與求言：「臺諫係言事官，遇有職事，非時入對，不在輪對及條列之限。」乃命釐務官通直郎以上如初詔。後詔在此月己丑、六月辛亥。

左宣奉大夫、新除提舉醴泉觀兼侍讀朱勝非復觀文殿學士，知紹興府。資政殿學士、知紹興府張守提舉醴泉觀，兼侍讀。初，右中奉大夫、兩浙轉運副使徐康國自温州奏發宣和間所製間金銷金屏障等物，上命止之，而康國已津送至行在。御史中丞沈與求奏曰：「陛下勤儉，德侔大禹，漢文帝已下不足道也。康國不識事君之禮，尚習故態，欲以微物累盛德。乞用廣陵故事，斥而焚之，仍顯黜康國，明示好惡，且爲小人希旨之戒。」詔屏障令臨安府毁棄，康國特降二官。日曆戊子日事俱不詳，今以與求附傳及奏議增入。

宣撫處置使張浚承制，以拱衛大夫、貴州防禦使、熙河蘭廓路馬步軍副總管、統制熙秦兩路軍馬關師古爲榮州防禦使。

校勘記

① 緣蘇洋之南　「洋」，原作「揚」，據叢書本改。

② 故相布弟　「布」，原誤作「希」，據宋史卷三一九曾肇傳改。

③ 金若入犯　「入犯」，原作「來侵」，據叢書本改。

④ 方能轉棹　「棹」，原作「掉」，據叢書本改。

⑤ 淮衣六千　此句叢書本作「淮福衣六千」，文獻通考卷二一〇作「淮衣萬六千」。

⑥ 坐受范汝爲僞命知建州也　「受」，原作「授」，據卷四八紹興元年十月壬午記事改。

建炎以來繫年要録卷五十五

1 紹興二年六月庚寅朔，武功大夫、貴州團練使、新知復州李宏引兵入潭州，執湖東招撫使馬友殺之。時韓世忠將至長沙，宏遂有殺友之謀。是日，因其詣天慶觀還，襲殺之於市。其將王進、王俊以所部數千人遁去，宏屯潭州。宏殺馬友，趙甡之遺史在六月朔日，今從之。日曆六月二十六日：福建江西荆湖宣撫使司奏：「潭州申：統制李團練於今月一日統兵入城，已將馬友處置去訖。」不云是何月。潭州去臨安遥遠，又此時道路不甚通，不應二十餘日奏到，或者宣撫司軍期奏報行速，亦未可知。且依遺史附此，更求他書詳考。

2 辛卯，内殿進呈王大智所造軍器。上曰：「車戰可用否？古法既廢，不復聞用車取勝。莫若且令多造强弩。」

起復朝奉大夫、提舉江州太平觀向子諲知廣州。朝廷恐賊度嶺，故就用子諲守之。

右承議郎吕抗、右宣義郎吕摭直秘閣，主管萬壽觀，仍賜五品服；右迪功郎、江淮荆浙都督府書寫機宜文字吕挺爲右承務郎。中興後，大臣子以恩澤除職名，自此始。挺初見建炎三年三月。朱勝非閑居録云：「祖宗舊制，宰執子弟，例不當除，只於銓部注擬，罷政不以罪，則推恩遷擢。蓋二府號表則之地，不阿其親，當以身率也。至蔡京作相，不數年，子六人、孫四人爲執政、侍從。鄭居中、劉正夫、余深、王黼、白時中、蔡卞、鄧洵文、洵武之子，並以曲恩倖例，列於從班。至建炎二年，中丞王賓論列，始鐫職。建炎以後，子弟得職名者，汪伯彦子召嗣直徽猷閣，吕頤浩二子抗、摭，秦檜兄梓並爲直秘閣，張浚兄滉亦直徽猷閣，李綱弟維亦直秘閣。倖門復啓，蓋諸公不爲國家計也。」

詔進士陳邊事可采，及自河北、京東赴行在之人，並充樞密院效士，月俸錢十千、米一斛。其後都督行府亦如之。

3 壬辰，温州軍事推官呂諒卿贈右宣教郎，後官其家一人。元符末，坐上書入籍，故録之。諒卿，黨籍餘官第七十八人，亳州編管。六年二月辛亥，官異姓親一人。

4 癸巳，頒黄庭堅所書太宗御製戒石銘於郡縣，命長吏刻之庭石，置之座右，以爲晨夕之戒。中興聖政：臣留正等曰：「古者盤盂有銘，几杖有誡。其意蓋謂夫不忘乎目，則不忘乎心；不忘乎心，則不忘乎設施措置之間。此内外交相養之道，而亦其理之必然者也。是銘也，以虐民欺天爲戒，其説明甚，使人人服而行之，敢不悉心於愛民乎？惟其蔽而莫之知，故棄而莫之恤。今斯銘日在其目，則必能隱惕於其心，而見諸行事矣。此太宗皇帝製銘之意，而太上皇帝復俾刻諸庭石，置之座右之深旨也。爲守爲令者，可不念哉？」

初，命廣西經略司即韶州撥内帑錢三十萬緡市戰馬。至是，經略司言：「比歲不逞之徒多以金銀市馬，鬻於羣盜，故馬直踴貴。望於大觀格遞增二分。」許之。舊格八等馬高四尺七寸者，直四十五千；最下高四尺一寸者，直十有三千；其餘以是爲差。於是神武諸軍皆缺馬，乃命經略司以三百騎賜岳飛，二百騎賜張俊，又選千騎赴行在。賜岳飛馬在是日，賜張俊馬在癸丑，買千匹赴行在在七月癸亥，今併書之。熊克小曆云：「取馬嶺表以資軍用，自古未有，今乃得之。」按邕州買馬格，乃大觀中所定，建炎亦屢置官，克謂始於紹興，非也。然蠻馬尤駔駿者，在其地或博黄金二十兩，日行四百里，但官價有定數，故不能致此等焉。此據范成大桂海虞衡志。

5 甲午，上諭輔臣曰：「士有從軍該賞者，可第補右選，庶清流品。三年自有科舉取士，豈可開此一路？」

上又曰：「今曆官不精推步，七曜細行皆不能算，故曆差一日。近得紀元曆，已令參考，自明年當改正。」

權尚書吏部侍郎章誼兼修政局參詳官。

左承事郎陳槖、秘書省校書郎林叔豹並爲監察御史。槖，餘姚人；叔豹，永嘉人也。

右從事郎、知海鹽縣歐陽興世，廬陵人，修曾孫也。劉光世言：「其考第、舉主並已應格①，乞就任改官。」許之。

6 丙申，直徽猷閣、權主管浙西安撫大使司公事范正興言：「京西路提舉軍馬彭玘、牛皋，河東路總領軍馬劉全，皆願聽劉光世節制。」詔並進官，仍賜敕書奬諭。皋已見建炎四年正月。其實皋等未嘗來歸，蓋諜者吴珣詐爲之以要賞也。八月二日吴珣泉州編管。

宣撫處置使張浚至興元，檄召吴玠、王彦議事。二將皆願得參贊軍事劉子羽守興元，浚乃承制拜子羽利州路經略使，兼知興元府，徙徽猷閣直學士、新知成都府王庶知嘉州，而徽猷閣直學士、新知興元府王似復知成都府。是日，似至成都。先是，浚奏似守蜀有勞，請加職。後二日，詔以似爲顯謨閣直學士，再任。庶既被黜，乃請奉祠。浚以庶不遵行府命令，盡奪其職而奏劾之。子羽至興元，通商輸粟，二鎮遂安。趙甡之遺史云：「浚至興元，閲視庶平日之所營爲，毛舉而髮數之，簿書之間，不謹奉行宣司指揮若干件，遂改庶知嘉州。」蓋庶因與二將有違言而去，非忤浚也。今不取。

7 丁酉，朝議大夫折彦質復龍圖閣直學士，赴行在。彦質，可適子。靖康初爲河東制置使，坐喪師遠謫。

及是，復用。

武顯大夫、吉州刺史、湖北安撫司統制山東軍馬崔邦弼貶秩二等。邦弼自宣之鄂，道過績溪，其部曲有因擄掠食物而殺人者，郡守檄邦弼治其罪，邦弼報以不知主名，令被害之家赴軍中辨認。事聞，乃有是命。仍令邦弼執犯人送徽州處斷，即不獲者，重黜之。

8 戊戌，詔神武副軍都統制岳飛以韓京、吳錫、吳全之衆戍江州。朝廷聞曹成爲飛所破，乃命孟庾班師，李綱徑如潭州，而飛以所部之江州屯駐。時綱甫自邵武引兵三千之江西也。熊克小曆六月甲午書：曹成自賀州至郴州。李綱遣使臣賫榜招之，成與其徒赴司參。於是綱奏成已招，乃詔成自榮州團練加防禦使。日曆：綱五月十七日所奏云：「本司已定六月五日進發，往邵武、建昌軍等處，就近措置。」甲午即初六日，綱在福州，安得有此事也？詳克所書，曹成已至郴州，及遣使臣賫榜説諭，乃是江西福建荆湖宣撫使司奏狀中語，其實孟庾、韓世忠所奏，以甲午至行在，而克誤以爲綱奏耳。是時曹成亦未赴宣司，成三年五月丁丑始進榮防，克誤也。

武功大夫、成州團練使陸漸既從金左都監宗弼北行②，事見建炎四年二月丁亥③。宗弼以付劉豫，命以官。漸脱身南歸，至鎮江，爲人所告。言者論漸嘗勸金人焚臨安而去，停官下大理。是日，漸坐誅。此爲五年張孝純上書張本。日曆漸欵狀云：「受僞齊劉豫差使，歸家般載。」而孝純書中所云不同，恐當以孝純所云爲正。

詔堂除選人任大理司直、評事，供職滿二年，通理五考，有舉主三員，並改合入官。用吏部請也。

9 己亥，江東安撫大使李光乞行宫比臨安增剏後殿④，仍修蓋三省、樞密院、百司及營房等。許之。其後上手詔光，第令具體而微，毋困民力。輔臣進呈，上曰：「但令如州治足矣。若止一殿，雖用數萬緡，亦未爲過。必事事相稱，則土木之侈，傷財害民，何所不至？」上語在乙巳。

10 庚子，起復寧武軍節度使、開府儀同三司、浙西安撫大使兼知鎮江府兼淮東宣撫使劉光世起復寧武寧國軍節度使，録收淮楚之功也。檢校少師、武成感德軍節度使、神武左軍都統制、福建江西荆湖宣撫副使韓世忠以平閩湘羣盜功，遷太尉，移屯建康府，恩數視執政。仍詔世忠以親兵赴行在。親衛大夫、建州觀察使、神武副軍都統制岳飛以破曹成功，遷中衛大夫、武安軍承宣使。

11 辛丑，武節大夫、榮州團練使、知郢州李横爲襄陽府郢州鎮撫使，兼知襄陽府。武德郎、閤門宣贊舍人、知隨州李道爲鄧隨州鎮撫使，兼知鄧州。先是，鎮撫使司主管機宜文字譚憲爲桑仲訟冤於朝，詔以黄榜撫諭諸軍，令德安陳規究實，且即軍中求可代仲者。會聞新除鎮撫使霍明爲横、道所破，走漢陽，乃令江西李回勾收使喚，而以四郡分授二人。時横已命别將桑立守鄧州，道不敢拜。降黄榜在五月壬申，令李回勾收霍明在此月庚子，今聯書之。李道明年正月乙亥改命。初，横聞明奔德安府，聚衆數千人，以是日圍德安。趙甡之遺史載横以六月圍德安，而無其日。按日曆，江西安撫大使司申：「八月十九日，德安圍解。」十九日己巳也。又紹興二年十一月一日，德安鎮撫使陳規狀：「李横等領兵衆前來攻城，計六十五日。」以日推之，其初至合在六月辛丑，故附此日。規登城，以好語諭之，且申和好，仍送米百斛。横受之，規請退兵。横曰：「襄陽之兵至矣，無可議者。」遂造天橋爲攻具，規竭力捍之。規行狀云：「李横衆十萬寇城下，請議事，願得米二百斛而去。公與之。翌日，横復來寇。」按横之出，本爲桑仲執讎，非求粟也。日曆，規乞救兵狀：「横率兵民數千人圍德安。」此云十萬人，亦非其實。行狀又云：「規出城見横。」恐規未必出城。今從趙甡之遺史。

12 壬寅，御筆：「翟汝文罷參知政事。」時四方上奏未決，吏緣爲奸。汝文語尚書右僕射秦檜，宜責都司，考其稽違者，峻懲之。汝文嘗受詞牒，書字用印，直送省部，檜不能平。他日因對，汝文乞治堂吏受賄者。檜面劾汝文擅專。汝文言：「臣位執政，按吏而爲宰臣所劾，無顔居位。」力求去，上意不直汝文。右司諫方孟卿因奏：「汝文不顧大體，不循故事，批狀直送省部，不關其長。每聚議，則目視霄漢，未嘗交談，豈能共濟？今日之事，蓋防秋在近，規爲脱去之計。」上以詔諭留汝文，汝文終不釋。孟卿章再上，遂命出守。朱勝非閑居録云：「秦檜作相，力引翟汝文參預。纔數月，失歡，對案相詬。秦斥翟曰狂生，翟詈秦曰濁氣。左右堂吏，至今能言之。唐相鄭畋、盧携議備禦王仙芝、黄巢，争論不叶，擲硯相擊。識者謂唐室衰亂之兆。今方圖中興，豈當爾耶？」

左朝散大夫周隨亨提點湖南刑獄公事還，言：「近者，諸路安撫使朝廷皆假以便宜，蓋以軍興，恐失機會。然間有招權怙勢，侵官越職，假便宜之名，擅易屬郡守貳，移用諸司錢物，自作威福，無可誰何。望行戒約，儻有侵紊，必罰無赦，庶使爲帥臣者，各循分守職，毋敢跋扈。」從之。

詔川、陜官員陳乞磨勘，令宣撫處置司一面照條施行，月終類奏，换給付身。以尚書右司郎中張公濟言道遠留滞也。

右宣教郎陸知微追三官，聽參選，俟轉至承議郎止⑤。知微，吴縣人，政和末以言水利得官，法當討論，故有是命。

是日，利州觀察使、蘄黄鎮撫使孔彦舟叛降僞齊。先是，劉豫訪得彦舟母、妻及子，厚給以禄，使其舅盧某持書招之，彦舟乃有叛意，未發。會報權邦彦入樞府，彦舟與之有隙，心不自安。時韓世清既伏誅，而韓世忠連破湖、湘羣盜，順流東歸。彥舟疑其圖己，遂決策叛去。幕客長洲王玠諫曰：「總管被命鎮撫二州，任優禄厚，豈可負朝廷恩，自陷不義？」彥舟不聽。玠再見，遂面罵之。彥舟怒，殺玠，引所部降劉豫。其統制官陳彥明不肯北去，與統領官、武翼郎郭諒率衆千餘詣知江州劉紹先降。詔進彥明二官，與諒並爲都督府準備將，仍賜敕書奬諭。趙甡之遺史：「彥舟將行，出左右婦人皆嫁之，送官員入山寺，恐爲行軍所擾。彥舟臨行，對官屬言無負朝廷之意。所以反者，蓋疑權邦彥也。至光州，略棄甲仗器械不勝計，乃歸劉豫。」日曆今年四月五日丙寅：「蘄黄鎮撫使孔彥舟狀：『得光州並定成縣牒，用僞年號，稱彥舟母王氏有狀稱相州人，有宅子、田園、親戚，兼稱母王氏要取彥舟事。伏念彥舟蒙朝廷非常之恩，萬死莫報。雖愚賤武夫，粗知忠孝不能兩立。今來劉豫意在招誘，所有光州並定成縣牒，已具繳奏，乞照會。』有旨，降詔奬諭。」按彥舟狀乃與甡之所云使其舅持書招之者不同，今併附此。江西安撫大使李回聞彥舟遁，乃以本司右軍統領李玠以所部知黄州。九月己卯正差。

13 癸卯，左宣教郎明槖守監察御史。槖，長沙人也。

朝奉郎、知華陽縣古洵直遷一官，以元符上書押出故也。於是集英殿押出黄定等十七人皆進官一等，内選人改京官。

14 甲辰，左中大夫翟汝文依舊致仕，免謝辭。上既詔汝文出守，而言者復奏：「汝文方春而來，遽竊公輔之寵。及秋而去，不顧國家之急，望誅其避事之意，復令致仕。」故有是命。

江東安撫大使李光言：「近緣朝廷除吕頤浩都督八路諸軍，僞地震恐，遂聲言八月金人分道入寇⑥，此固不可不慮，望專任大臣，密加措畫。凡諸處探報，乞送頤浩與臣覈實聞奏。今王彥先盜據壽春，滋長不便。

臣使頤浩至建康首議過淮，若頤浩病勢未減，臣當遴選五六千人，召募敢死之士，身自請行。若止遣兵將，萬一失利，遂使敵人得以窺伺，愈無忌憚。」詔光申督府措置，不須躬親前去。

初，樞密院計議官王大智請造戰車，詔工部侍郎韓肖胄董視。是日，大智以所造霆擊車各一乘進呈，上觀於內殿，既而車不可用，罷之。

15 乙巳，詔簽書樞密院事權邦彥兼權參知政事。

16 丙午，遣殿中侍御史江躋、尚書度支員外郎胡蒙點檢劉光世軍中將士告帖，具每月合請錢糧實數以聞。時都督呂頤浩至鎮江，而軍中告乏。頤浩言：「光世軍月費錢二十二萬緡，除取撥鎮江一郡財賦外，朝廷已應副其半。望令臺部堂各一員考究，如有闕數，乞盡行支降。如無闕數，亦乞行下光世照會。」故有是旨。熊克小曆載此事殊失本旨。蓋頤浩疑光世軍中詭名冒請者多，錢糧初不乏，非謂少錢而乞朝廷應副也。今依元奏刪潤附入。

直龍圖閣、知鼎州程昌寓降充直秘閣，坐嘗劾樞密院編修官王鈇在邵州棄城不實也⑦。

17 戊申，輔臣進呈大理少卿李曦論太祖皇帝明謹獄事。上曰：「此太祖皇帝德澤也，朕敢不遵承？每於庶獄奏讞，未嘗不致慎，亦未嘗送下公事，恐獄吏觀望，鍛鍊人罪。」權邦彥曰：「法者，天子所與天下公共。」上然之。

中書舍人兼侍讀胡安國試給事中，起居郎修政局參詳官胡世將、起居舍人王昂並試中書舍人。右司諫方孟卿權尚書兵部侍郎，太常少卿王居正試起居郎，尚書司勳員外郎張燾守起居舍人，左司員外郎黃龜年爲中書門下省檢正諸房公事，禮部員外郎林待聘、兵部員外郎樓炤爲左右司員外郎。時安國在道未至也。昂以疾不拜，後二日改徽猷閣待制、知台州。

尚書屯田員外郎兼修政局檢討官曾純充樞密院檢詳諸房文字，左宣教郎江端友守尚書禮部員外郎，御史臺檢法房晏敦復守祠部員外郎。敦復初以大臣薦召試館職，辭不就，故特命之。時祠部郎官向宗厚奉神御於永嘉，論者以給降度牒增多，權官不能譏察，由是二員並置。

起復翊衛大夫、福州觀察使劉光烈帶御器械。光烈，光世弟也。

18 庚戌，御史中丞沈與求言：「祖宗故事，許令館職兼在京釐務官，所以蓄養人材。自今劇曹郎官并繁冗，局務有闕。乞於館職編修、計議、删定官、太常丞、博士、國子監丞内，隨才選差，亦可試其能否。」從之。自是職事官復權郎矣。

19 壬子，參知政事、福建江西荆湖宣撫使孟庾以平寇功，進二官，爲左通議大夫。

尚書右司員外郎兼修政局檢討官吴表臣爲左司諫。

左朝奉郎、沿海制置司參謀官林師説權尚書兵部員外郎，往福建起發海船。

20 癸丑，左朝請郎李健提舉江西茶鹽公事，初復提舉官也。

21 甲寅，詔尚書左僕射、都督江淮荆浙諸軍事呂頤浩令赴行在奏事。初，頤浩甫出師，而其前軍叛去，又聞桑仲死，頤浩不能進，遣參謀官傅崧卿以所部之建康，因引疾求罷。上手詔封還所上章，頤浩復乞祠，乃命還朝。以崧卿權主管都督府職事。

保義郎、統領光州石額寨忠義人兵張昂以保境有勞，進一官，陞閤門祇候。

22 乙卯，上謂秦檜曰：「周宣内修政事，外復疆土。近設修政局，令百官各條具利害，甚善。所謂修車馬備器械，以及外禦之事，卿更宜講求。」檜曰：「臣敢不奉詔！」

詔以辛企宗所部神武副軍隸湖廣宣撫使李綱，仍趣令之鎮。

是日，福建江湖宣撫司前軍統領官解元、後軍統制官程振以所部入潭州，屯於子城之内。新知福州李宏稱疾不出，夜，宏中軍由恩波門以遁。元遣將李義追擊之，翌旦，元盡拘宏舟檝之在江臯者，引兵至寨中，見宏計事，因悉其兵械以歸。世忠即以宏爲宣撫司統制。時朝廷始聞馬友死，以敕書勞宏，而宏已執矣。

23 丙辰，詔江東大使司水軍統制張崇、耿進所部兵七千人、舟千五百權隸韓世忠。

24 丁巳，尚書考功員外郎兼修政局檢討官張觷升左司員外郎，左宣教郎、主管江州太平觀朱震爲司勳員外郎，左奉議郎、知嘉興縣施鉅爲御史臺主簿。鉅，歸安人，沈與求所辟也。

直秘閣、知秀州秦梓主管臨安府洞霄宮。

神武右軍都統制張俊請本軍自造軍器，赴朝廷呈訖，置庫樁管，下户部支物料價錢。許之。凡全裝甲一副，費錢三萬八千二百；馬甲一副，費錢四十千一百；弓一，費錢二千八百；弓矢百，費錢七千四百；弩矢百，費錢六千五百；提刀一，費錢三千三百；應鼓一，費錢六千五百，皆有奇。凡鍪甲一副，率重四十有九斤，此其大略也。

25 戊午，詔江、浙、湖、廣、福建諸路，各委漕臣一員，措置出賣官田。

是月，僞齊大雨。劉豫以爲德政所感，使其子尚書左丞相、梁國公麟代謝於相國寺、上清太一宮。有孫肇者，濟南人，嘗爲麟府屬，累遷尚書吏部侍郎，出知棣州。會大旱，僞庭以蕃法祈雨，執肇坐於烈日中，汲水數桶，更互沃其體，遂得疾死。此事據夷堅志，不得其年，因謝雨附見⑧。

僞宣奉大夫、守尚書右丞相張孝純告老，遷觀文殿學士、銀青光禄大夫，參知機務。户部尚書兼權門下侍郎張昂權右丞相兼門下侍郎，尚書吏部侍郎鄭億年爲開封尹，成忠郎許青臣主管殿前司公事。

是夏，金左副元帥宗維之白水泊避暑，試舉人，以詞賦得胡礪以下。先是，試之日，宗維立馬塲中，呼舉人之年老者。諸生不諭其意，争跪於馬前。宗維據鞍以鞭指麾，俾譯者諭之曰：「汝無力老奴婢，胡爲應試？使汝能文章，則少年登科矣。今苟得官，自知日暮塗遠，必受賕爲子孫計，否則圖財假手，何補於國？我欲殺汝，又念汝罪未著，姑聽終塲。儻有所犯，必殺毋赦。」諸生伏地叩頭，愧恐而去。是舉也，宗維諭主司，勿取中原人。礪，磁州人，與知制誥韓昉善，用燕山貫得之。

校勘記

① 劉光世言其考第舉主並已應格　「主」原闕，據文義逕補。

② 武功大夫成州團練使陸漸既從金左都監宗弼北行　「左」，原作「右」，據卷五二校勘記⑮改。「宗弼」原闕，據叢書本補。

③ 事見建炎四年二月丁亥　「二」，原作「七」，據卷三一建炎四年二月丙戌記事改。此作「丁亥」，實差一日。

④ 江東安撫大使李光乞行宮比臨安增刱後殿　「比」，原作「北」，叢書本同。據宋史全文卷一八上改。

⑤ 俟轉至承議郎止　「俟」，原作「挨」，叢書本同原本。本書卷六六亦有句云：「追三官，許參選，俟轉至承議郎止。」因據改。

⑥ 遂聲言八月金人分道入寇　「寇」，原作「境」，據叢書本改。

⑦ 坐嘗劾樞密院編修官王鈇在邵州棄城不實也　「邵」，原誤作「紹」。本書卷四四載王鈇通判邵州，據改。

⑧ 因謝雨附見　「雨」，原作「兩」，據叢書本改。

建炎以來繫年要録卷五十六

1 紹興二年秋七月己未朔，蕪湖縣進士韋許爲迪功郎，以其獻書籍也。

2 庚申，直寶文閣、知桂州許中令再任。曹成之犯廣西也，中嘗率兵與岳飛會，詔録其功，進職二等，至是又任之。中進職在六月丁巳。

3 辛酉，御筆：「福建州縣盜賊焚劫之家，悉捐其田税。」先是，德音蠲免，而有司以爲著令不得過三分，上欲實惠及民，繇是申命。

4 壬戌，復置湖北提舉茶鹽司。

5 癸亥，敕令廣西經略司以鹽博馬，其後歲撥欽州鹽二百萬斤與之。

左承事郎、沿海制置司參議王安道充樞密院計議官，往淮東措置海道。秦檜引之也。

初，江東安撫大使李光奏小使臣翟慶、賀仲堪爲宣州兵馬監押，如有已差人，亦乞從今來所辟施行。詔並特添差。

6 甲子，殿中侍御史江躋言：「臣嘗怪近日帥守監司辟官，往往不知尊朝廷，必欲直衝吏部已差之人。雖以李光之賢，亦且爲此。朝廷既不能奪吏部已行之命，又不能違藩鎮辟置之意，則不惜以添差與之，臣未知其可也。今州縣添差之官，以祖宗舊額較之，殆三四倍，生民安得不重困？朝廷姑息藩鎮，可謂得已而不已者。願罷慶、仲堪，仍下吏部措置，每州縣添差不得過若干員，以寬民力。」從之。令修政置局措置。罷福建提舉市舶司，依舊法令憲臣兼領，以每歲海船不至，虚費官吏廪禄故也。

7 乙丑，給事中胡安國入對，上曰：「聞卿大名，何爲累召不至？」安國再拜辭謝，進曰：「臣聞保國必先定計，定計必先定都，建都擇地，必先設險，設險分土，必先遵制，制國以守，必先恤民。夫國之有斯民，猶人之有元氣，不可不恤也。除亂賊，選縣令，輕賦斂，更弊法，省官吏，皆恤民之事也。而行此有道，必先立政，立政有經，必先核實。核實者，是非毁譽各不亂真，此致理之大要也。是非核實而後賞罰當，賞罰當而後號令行，人心順從，惟上所命。以守則固，以戰則勝，以攻則服，天下定矣。然欲致此，顧人主志尚如何耳！尚志所以立本也，正心所以決事也，養氣所以制敵也，宏度所以用人也，寬隱所以明德也，具此五者，帝王之能事備矣。乞以覈實而上十有五篇，付宰相參酌施行。」先是，安國爲時政論二十篇以獻，其論定計略曰：「陛下履極六年，以建都則未有必守不移之居，以討賊則未有必操不變之術①，以立政則未有必行不反之令，以任官則未有必信不疑之臣。舍今不圖，後悔何及？」論建都謂：「建康有可都者五，不宜數動，與敵人逐水草無異。」論設險謂：「欲固上流，必保漢沔；欲固下流，必守淮泗；欲固中流，必以重兵鎮安陸，此不可易者。」論正心謂：「在先致其知而誠其意，故人主不可不學，願更選正臣多聞識、有智慮、敢直言者，置諸左右。」論養氣謂：「用兵之勝負，軍旅之强弱，將帥之勇怯，係人主所養之氣曲直何如。願强於爲善，益新厥德，使無曲失可得指議。」論宏度謂：「人主以天下爲度，不可以私勞行賞，私怨用刑。」論寬隱謂：「創業興衰之君，柔遜謙屈，必施於林壑退藏之士，以礪其節，獨以威刑外施暴横之戎②，内拂貪殘之賊，與悍驕不可使之將、讒説殄行之臣，則天下歸心而治道成。」其大旨如此，至是又申言之。安國又有制國論，已附紹興六年四月甲申張浚言運米至荆南之後；覈實論，已附李綱復官時。時上欲講春秋，遂以左氏傳付安國點句。安國言：「今方思濟艱難，豈宜耽玩文采？莫若潛心聖人之經。」上稱善。安國因薦司勳員外郎朱震。

8 丙寅，詔靖康勤王京城守禦，應緣方臘及直達綱賞，靖康以前御筆指揮，明受可行事件，并淮南州縣官建炎已前元不離任，靖康以前鹽課增剩等賞，自今並不許陳乞。以言者論其爲濫也。此所謂明受可行事件，申取朝廷指揮，不知以何月日降旨，日曆未見，可附建炎三年四月辛亥。

9 丁卯，資政殿學士、新除提舉萬壽觀兼侍讀張守知福州，從所請也。上曰：「福建盜賊之後，要在拊循凋瘵，用守爲宜。」初，僞閩以八州之産，分三等之制，膏腴者給僧寺、道觀，中下者給土著、流寓。自劉夔守福，始貿易以取貲。守與士大夫謀爲實封之説，存留上等四十餘刹，以待高僧，餘悉爲實封，金多者得之，歲入不下七八萬緡，以助軍衣，餘寬百姓雜科。時實便之。此以紹興二十九年閏月甲子朱倬所奏修入。

起居郎王居正充右文殿修撰，知婺州。居正素與秦檜善，檜爲執政，嘗與居正論天下事，甚鋭，及拜相，所言皆不讎。居正見上曰：「秦檜嘗語臣，中國之人，惟當著衣噉飯，共圖中興。臣時心服其言。又自謂，使檜爲相數月，必聳動天下。今爲相，施設止是，願陛下以臣所言，問檜所行。」於是檜始恨之。

通侍大夫、温州觀察使、神武右軍統領官張翼卒，以嘗有斬馬柔吉功，特賜其家銀帛百匹兩。

10 戊辰，右朝奉大夫王昞提轄行在榷貨務都茶場。昞，晚弟也。

11 己巳，上謂輔臣曰：「比來臺諫論駁，多涉細事，意其沽敢言之名。朕謂宣和間，言事者少，千百中無一。今朕盡令人言，不問疏遠，所以人人敢言。」秦檜曰：「陛下聽言，臣下所以敢言。臣亦嘗謂胡安國，凡有論駁，當務大體。若或細事，第可申朝廷改正。」

江西安撫大使司奏孔彥舟北遁。詔趣岳飛移屯江州。

左司諫吳表臣言：「風聞僞齊於京東路每户科麻七斤，或者恐其以繩維舟，謀濟江之計。今沿江津渡皆當爲備，就中采石，江稍狹而水緩，鑒之往事，備禦尤當嚴密。」樞密院勘會：「已令韓世忠屯建康府，岳飛屯江州，防托江道。」詔送沿江諸帥。

武翼大夫、寧州刺史翟琮起復河南孟汝唐州鎮撫使，兼知河南府。琮告父喪於朝，故有是命。日曆琮此日奏狀已繫遙刺銜，而明年五月丙辰捷奏乃止稱武翼郎、閤門宣贊舍人，仍帶權字，朝廷除觀察使告命亦止繫副使銜。八月乙未，李橫奏琮到襄陽，始稱遙刺。或是因起復轉官，而道梗未嘗受命，至襄陽乃得告也。今附注此，當求他書參考。

12 庚午，詔湖廣宣撫使李綱速往潭州置司。時綱引兵至吉州，須犒軍物，而榷貨務官不時與，綱械繫之。先是，韓世忠軍士留其家於廬陵，江西轉運副使韓球聞命，即輟所樁世忠錢糧以勞軍，既而軍儲不繼，世忠之軍婦皆憤，伺球出，狙擊之，裂其衣巾，球走得免。綱之乞錢糧也，得旨，孟庾、韓世忠班師日所餘錢糧並留與綱，綱札下吉州，增依奏二字。球以他郡所受不同，審其故。綱怒劾球，事下安撫大使李回覈實，其後回言，錢糧官高公惕不時給散，致世忠軍士邀球自言，公惕坐免官，事遂已。綱乞錢糧事，已見今年五月丙子，著此爲劉棐劾綱增益制書張本。公惕今年十月庚戌免官。

13 辛未，左宣教郎、湖南提點刑獄公事吕祉加直秘閣，直顯謨閣、知郴州趙不羣進職一等。先是，湖南盜胡元奭作亂，祉檄統制官韓京、吴錫破之。及曹成爲岳飛所破，進犯郴州，不羣堅守不下。秦檜言：「湖南寇盜以來，州郡多至失守，請褒賞二人，而劾賀州守禦官之罪。」時知賀州、直秘閣劉全已罷去，全六月甲午以許仲劾罷。言者謂：「賀州當湖、廣要衝，乃賊所必攻之地，而憲臣未嘗臨按守禦，豈不失職？況偏遠小州，以數百殘弊之卒，當豺虎百倍之師，岳飛鋭旅，猶墮其計，而簽判已下，皆責以不能守禦，豈不過乎？望下漕司究實，然後施行，庶幾賞罰當而軍政修。」於是提點刑獄宋孝先已從辟爲孟庾參謀官，事竟寢。

14 癸酉，上諭秦檜曰：「内諸司可省者，令修政局條上。」檜曰：「此盛德事也。大觀、宣、政間屢省冗費，終不能行。今斷自淵衷，誰敢不聽？」時有議廢修政局以摇檜者，檢討官、尚書右司員外郎林待聘聞之，上疏言：「陛下即位六年，更用八相，而績用弗著者，此無他，人無常責而各有心，則治何以立？今廷論猶前日也，積弊宜更，則樂於循故；冗濫當裁，則惡於損己。臣知修政之局廢，則亦翫歲愒日而已。」監察御史劉一止亦言：「陛下閔宿蠹未除，念頹綱不振，政煩民困，用廣財殫，置司講究，德至渥也。曾未聞有所施行[3]，恐有以疑似之説欺陛下，曰如此將失人心。夫所謂失人心者，刑政之虐，賦役之多，則失百姓之心；好惡不公，賞罰不明，則失士君子之心。若無，則所失者小人之心耳。失小人之心，而得百姓、士君子之心，何病焉？願審其利害，當罷行者，斷自聖衷，勿貳勿疑，則事之委靡不振者，舉矣。」二人上疏，不得其日，因上語附見。一止以此月甲戌遷左史，恐緣上此疏也。今附於未遷之前，俟考。

15 甲戌，給事中胡安國進兼侍讀④，給事中程瑀、中書舍人陳與義並兼侍講。上令安國兼讀春秋，仍諭以：「隨事解釋，不必作義，朕將咨詢。」中興聖政：臣留正等曰：「易之文言曰：『君子學以聚之，問以辨之，寬以居之，仁以行之。』而下文繼之曰：『君德也。』蓋人君之德，莫大於學問。寬也者，所以居是學問者也。仁也者，所以行是學問者也。學則必有思，思則必有疑，疑而問，問而辨，辨而明，明而廣大昭徹，與天地等。得失是非不能爲之亂，賢否忠佞不能爲之惑。欲帝而帝，欲王而王，惟所擇而用之，無不如意。夫是之謂君德，堯舜禹湯文武之所以汲汲也。仰惟太上皇帝，以天縱之聖，當艱難之初，萬幾之繁，日不暇給，而留神六籍，退託不明。申命講臣，無爲義訓，隨事解釋，用將咨詢焉。嗚呼，兹德之盛，所以與堯舜禹湯文武相望於千百載之上也。」

監察御史劉一止試起居郎。一止在臺中嘗言：「人材進用太遽，而仕者或不由銓選，朝士入而不出，在外雖有異能，不見召用，執親喪，非軍事至起復爲州縣官，皆僥倖不塞之故。又請選近臣曉財利者，倣劉晏法，於瀕江置司，自辟官吏，以制國用，鄉村皆置義倉，以備水旱，及增重監司，轉運副使、提點刑獄，皆以嘗任侍從官爲之。」所言雖不即行，後多採用。

中書門下省檢正諸房公事黃龜年、右司員外郎劉棐並充修政局檢討官。

省淮東提刑司，以其事歸提舉司。

樞密院計議官薛徽言論明州湖田利害，詔：「上田税每畝增租爲四斗，以其所增與下田對豁；中等田如舊。内低下處復廢爲湖。」徽言，永嘉人也。

16 丙子，詔自今未經審量人，不得舉辟及權攝職任，犯者官司及被差舉人並以違制論。言者以爲：「近來惟到部人方預審量。其冒濫贓污之人，避免到部，皆在諸處干辟。既無進身之望，何所不至？」故有是命。

韓世忠進師討劉忠，是日，至岳州之長樂渡，與賊對壘。賊開塹設伏，以拒官軍。

17 丁丑，詔兩浙漕臣梁汝嘉措置鎮江府縣酒税務，以其錢助劉光世軍費。

右宣教郎、知無爲軍王彥恢言：「建康古都，乃用武之地。欲保建康，必内以大江爲之控扼，外以淮甸爲之藩籬，又必措置兵食，以贍國費。然大江以南，千里浩渺，決欲控扼，非戰艦不可。大江以北，萬里坦途，欲遏長驅，非戰車不可。舒、廬、滁、和，良疇百萬，欲措置軍食，非營田不可。舟車之法，以輕捷爲上。彥恢所制飛虎戰艦，傍設四輪，每輪八檝，四人旋斡，日行千里。又有神武戰車，下安四輪，略同飛虎，頂張布帷，以避矢石，傍斜衝擊，其用如神。又有拒馬車，一人之力，可以轉用，比之蒙衝、偏箱、鹿角，此尤至要。淮西良疇，不可以數計，不須朝廷給本，祇以有無相濟，併力營田，計其户口，什一養兵，則淮西可以守矣。如許令彥恢招兵教習，只乞那融淮西數州財賦，可足舟車之用，及以數州秋成所得那融營田，可足兵食之費。萬一今秋金人長驅深入，及盜賊猖獗，彥恢當以此舟車摧鋒陷陣，以此士卒斬將搴旗，以此種蒔飛芻輓粟，保守淮疆，決無疎失。」詔彥恢就本軍措置。

18 戊寅，提點江浙京湖福建廣南路坑冶鑄錢王唤言：「鼓鑄乏本錢，乞借支浙鹽五千袋，令本司販賣，及借留上供錢十五萬緡⑤，爲回易本錢。」都省言：「借鹽有妨商販，乞借上供錢。」從之。舊制，鑄本以二廣五分鹽息錢，自鈔發行，所得甚薄，故喚以爲請。三年二月丙午罷借。

武義大夫、閤門宣贊舍人、主管廬壽鎮撫司公事王亨進秩一等，以收復安豐、壽春縣、花靨鎮故也。初，壽春既爲僞齊王彥先所據，江東大帥李光欲出師，而朝廷不從。吕頤浩言：「壽春本治淮南，國初方移治下蔡，今賊不能守，得之亦不能城，不若遣兵二千，逐安豐、霍丘、壽春之寇，使之過淮，且於壽春寄治府事。如此，則在我可省轉輸，又足以示敵人不過淮之信。」詔督府措置。此月己未。會僞齊兵退，亨遣敦武郎羅興往戍其地，因是得遷。光又言，和州鎮撫使趙霖、知濠州寇宏、知六安軍謝通皆有守禦之勞，並進秩一等。既而傅崧卿又薦霖宣力於朝，乃復霖直徽猷閣。三人遷官在八月癸巳，霖復職在戊戌。

19 己卯，吕頤浩自鎮江入見。

庚辰，頤浩言：「金人頃趨建康，初自北岸掠小舟數十而濟，既至南岸，恣行掠船，濟渡軍馬。其取和州渡江亦然。欲令江北諸渡，自九月朔日，惟於緊要渡口量留舟一二，以備轉送斥堠文字，餘舟皆泊南岸。至十月朔日以後，大江更不得通行。應公私舟船，悉令於南岸深港内隱藏，如違，篙稍並行軍法。俟過防秋如舊。」從之。

是日，韓世忠先遣中後左右四軍渡江，逼劉忠寨而屯。先是，世忠既移屯，乃奕碁飲酒，按兵不動者累日，衆莫窺其際。一夕，獨與親信蘇格便服聯小騎直穿賊營，警夜者呵問，世忠曰：「我也。」蓋已諜知賊中約以「我」字爲號，故所鄉不疑，遂周覽賊營而出，喜曰：「天賜我也。」即下令，明日破賊。會食，遂命諸軍拔柵前行，而潛令鋭卒二千銜枚夜進，伏於山上。翌旦，辛巳日旦。世忠親率選鋒及前軍俱進，暨戰，所遣卒疾馳入其中軍望樓，植麾張蓋，賊回顧驚潰，大敗遁去。忠據白面山跨三年，及是乃敗，其輜重皆爲世忠所得。始，世忠之出也，宣撫使孟庾以師久勞止之，世忠請期半月，當馳捷以獻。至是，卒如所料。熊克小曆載此事於今年二月，蓋不知世忠行軍月日也。克又云：「忠欲投劉豫，徒中斬其首以降。」益誤矣。蓋趙雄撰世忠碑所書如此。其實忠以七月走淮西，九月在蘄陽爲解元所敗，乃走僞齊，明年四月始被殺也。克不深考，今各附本月日。

20 辛巳，詔吕頤浩日下赴都堂治事。觀文殿學士、知紹興府朱勝非同都督江淮荆浙諸軍事，頤浩薦勝非，蓋傾秦檜也。

棣州進士李宷挈家來歸，詔賜錢百千。

故右承議郎鄧考甫贈直龍圖閣。考甫，臨川人，元符末應詔上書，言新法必亂天下，坐削官羈管，年八十餘而卒。後三年，復官其曾孫一人。考甫上書邪上尤甚第一人，筠州羈管，黨籍餘官第六十七人。

徽猷閣待制、都督府參謀官、權主管本府事傅崧卿請逐路應統兵官大小將帥，及本府元留下人馬，並聽節制；行移兵將官及屬部，仍用劄子；除江東一路事務與李光會議外，餘路並令諸大帥依元得便宜指揮施行。從之。崧卿之至建康也，右承奉郎、通判府事吴若以衫帽見之，崧卿訴於朝，若坐貶秩。

自葉濃之亂，而福建監司皆聚於福州，言者以爲：「建、劍、汀、邵四州，習俗强悍，盜賊屢作。漳、泉、興、福號下四州，其民怯弱，少有爲盜者。每聞寇作，監司首爲逃避之計，按部漳、泉，去賊愈遠，羣兇益無所憚。」乃詔漕臣還治建州。

詔淮、浙煎鹽亭户全免色役。用户部侍郎、提領榷貨務黄叔敖請也。

左朝請郎陳堯臣主管亳州明道宫。初，浙西安撫大使劉光世奏統制官喬仲福、靳賽等十三人防江有勞，詔進一官，許回授。至是，光世辭兩鎮之節，復爲之請，上命特與轉行。給事中程瑀言：「將帥取必，其流將不可收；命令數改，其弊將不可振。望令尚書省籍記姓名，後若立功，優加賞典，於體爲便。」詔以章示光世。其後瑀罷去，仲福等卒遷官。仲福等遷横行，在九月癸酉。

21 甲申，吕頤浩言：「朝廷近置沿海制置司，最爲得策。然敵舟從大海北來，抛洋直至定海縣，此浙東路也。自通州入料角，放洋至青龍港，又沿流至金山村、海鹽縣，直泊臨安府江岸，此浙西路也。萬一有警，制置一司，必不能照應。望令仇悆專管淮東、浙西路，別除制置使一員，專管浙東、福建路。」從之。

時江北士大夫多避地嶺南者，上聞之，詔帥臣、監司優加存恤。

勒停人林杞以擅殺張政事訟於御史臺，御史中丞沈與求等言：「杞之情節，終有可矜，乞行改正。」詔杞敘奉議郎。

22 乙酉，詔武臣試換文資，權令住罷。以右正言吴表臣言「天下危，注意將。近聞武臣欲趁秋試者甚衆，蓋有舊係舉人寄名軍中者，又有規免試弓馬及出戰短使者。以武換文，非今日事。乞俟邊事寧息日施行」故也。

詔自今臨安府遺火，止令馬步軍司及府兵救撲，仍預給色號；他軍非奉御前處分者，毋得擅出營。

23 丙戌，御史中丞沈與求試吏部尚書兼權翰林學士。

尚書户部侍郎兼侍讀、提領榷貨務兼修政局詳定官黄叔敖試户部尚書。

試吏部侍郎兼直學士院綦崈禮與權兵部侍郎方孟卿兩易。

秘閣修撰、都督府隨軍轉運使姚舜明權户部侍郎。

殿中侍御史江躋守侍御史。躋之除，日曆不載，題名在七月，必以沈與求出臺故也。今附此。

初，宗正寺所掌四書曰玉牒，曰仙源積慶圖，曰宗藩慶系録，曰宗枝屬籍。玉牒如帝紀而特詳，於國書中最爲嚴重。建炎南渡，舉四書而逸於江滸。

24 丁亥，太常少卿兼宗正少卿李易請編次玉牒，從之。五年六月丁巳進呈。

是月，詔潛邸祇應人，自今並不作隨龍。時吏士攀援推恩者衆，言者引司馬光之論，以謂人主獨私宮中之人，則所與親者至狹，況親曾遭遇之人，推恩已久，不應遷延至今，故有是命。此以今年十月四日臣僚上言增入。

湖廣宣撫使李綱以左朝奉郎、通判全州趙志之權湖南轉運判官。此以明年六月乙未薛徽言所奏修入。

校勘記

① 以討賊則未有必操不變之術　「討賊」，原作「禦敵」，據叢書本改。

②獨以威刑外施暴横之戎 「戎」，原作「敵」，據叢書本改。

③曾未聞有所施行 「曾」，原作「會」，據叢書本改。

④給事中胡安國進兼侍讀 「中」，原闕，叢書本同，據上文乙丑條補。按：給事中原可省稱給事，衹是緊接下文即爲「給事中程瑀」，爲使行文保持一致故補。元豐改制後，給事中四人，見宋會要輯稿職官二之三。故又有程瑀與之并列。

⑤及借留上供錢十五萬緡 「供」，原作「借」，據叢書本改。

建炎以來繫年要録卷五十七

1 紹興二年八月，按是月戊子朔。庚寅，上諭輔臣曰：「今巨盜悉平，年穀豐稔，天意可知。假如寇或南來，避與不避，策將安出？」呂頤浩曰：「若盡遣諸將向前，廣爲備禦，寇豈能便渡江？但當先爲定計以待之。」上曰：「未聞千里而畏人者也。」起居舍人張燾言：「自古未有不知敵人之情而能勝者，願詔大臣諸將，厚爵賞以募可用之人，遣往伺賊。撫養家屬，以繫其心，資之財本，或使爲商，或爲技藝，以混其迹，庶得其誠心，盡其死力。凡敵人動静，皆審知之，則戰守進退，在我有備，彼尚安得出吾不意，以輕犯吾行闕如前日？」詔以付都督府及沿江諸帥。

右宣義郎、通判興化軍劉子翬主管建州武夷山沖佑觀。子翬，韐少子，有學行，以毁瘠不堪吏責，棄官去，讀書武夷山中。

左從政郎魏良臣爲敕令所删定官。良臣初除密編，避諱改删定。

2 壬辰，參知政事、福建等路宣撫使孟庾兼權同都督江淮荆浙諸軍事。觀文殿學士朱勝非復知紹興府。先是，呂頤浩自江上還，欲傾秦檜而未得其要。過平江，守臣席益謂之曰：「目爲黨可也。然黨魁在瑣闥，當先去之。」頤浩大喜，乃引勝非爲助，故以勝非同都督諸軍事。給事中胡安國言：「勝非與黄潛善、汪伯彦同在政府，緘默附會，馴致渡江，至今人心追恨未泯。南狩倉皇，國勢岌岌，凡下詔令，當本至公，以收潰散之情，冀安天步。乃尊用張邦昌，結好金國，許其子孫，皆得叙録。淪滅三綱，天下憤鬱。若謂事由潛善，己不與知，此大事也，亦可從乎？及正位冢司，苗、劉肆逆，貪生苟容，辱逮君父。以此三者觀之，勝非忠邪賢否，斷可見矣。方今敵僞交窺，不忘東向。沿江都督，極天下之選。用人得失，係國家之安危。深恐勝非上誤大計。」上親札諭以用勝非之意，且謂：「昨逆傅作亂①，而勝非卒調護於内，使勤王之師得以致力。矧今諸將，皆同功一體之人，必能爲朕克濟事功。」丁寧雖至，而論者未已。侍御史江躋亦奏勝非不知兵。是日，安國入對，因論京都圍城中人，乞再行遣，仍薦李綱可用。上問安國所以知綱，安國曰：「綱爲小官，宣、政間敢言水災事。」上曰：「綱固以此得時望，然嘗用爲宰相矣。如綱昔擁重兵解太原圍，與官屬只在懷州，相去千餘里。綱多掠世俗虚美，協比成朋。朕今畀以方面，於綱任亦不輕。」翌日，上以語輔臣，頤浩曰：「朋比之風，自蔡京始。靖康伏闕薦綱，亦本其黨鼓倡，乃至殺戮近侍，莫可止遏。此風不可再也。」

3 癸巳，提點鑄錢司言：「江、池殘破，遠涉大江，乞權就虔、饒二州併工鼓鑄。」許之。舊制，江、池、饒、建四郡歲鑄錢百三十萬緡，以贍中都。江州二十四萬，池州三十四萬餘，饒州四十六萬餘，建州二十五萬餘，共役兵三千八百餘人。其後皆不登此數。至是，併廣寧監於虔州、永豐監於饒州。是歲，鑄錢纔八萬緡。

順昌盜余勝等作亂，左承議郎、通判南劍州王元鼎督兵捕殺之，詔遷一官。

4 甲午，詔：「韓世忠蕩平諸寇，連奏大捷，已加優擢。其告内外諸軍統制官，各務立功報國，共濟中興，以光史册。」時言者以爲：「今日理財、治兵最爲急務，如鎮江、建康、江、湖皆以大帥總重兵，又命宰執都督諸路，措置規模，已漸可觀。望陛下乘此機會，更遣侍從官提振江上，與大將周旋於金鼓矢石之間，同力捍禦。」詔侍從官願行者聽。於是給事中胡安國言：「提振者，提領振舉之稱，必有事權乃可。今長江表裏，悉命宰臣都督，執政權領，次則有宣撫劉光世在鎮江，韓世忠在建康。侍從官往詣軍前，若只遵約束，即爲虚行；若別授事權，又非特命宰執專制閫外之意。況人主近臣，入則陪侍，出則扈從。今遠去觀闕，誠非所宜。以臣所見，其説不可用也。」

給事中程瑀論事不合，以親老求去，罷爲龍圖閣待制、知信州。給事中胡安國言：「今國勢未安，朝廷微弱，所賴以振頽綱、消隱慝者，衆君子耳。如瑀，志節特持，議論剛正，有補於時。蓋知臣莫若君，不待臣言而後諭也。陛下方將與多士圖維萬務，共濟艱難，憐瑀之私，處以便郡，使養其親，爲瑀計則厚矣，其爲陛下計無乃失乎？況瑀兄弟數人，家居侍奉，鄉邦非遠，安問易通，移孝爲忠，於義無闕。」詔瑀今日下依舊供職。

詔江東西、福建路帥憲臣，同共措置石陂軍賊，限一月須管剿盡。先是，石陂卒饒青、姚達等作亂，湖北安撫司後軍統制官顔孝恭掩殺達，統領官徐慶射殺青。其徒李寶等走梅州境上，既又聚衆千餘，復作亂，椎埋建昌、汀、邵間，守臣朱芾以聞。時神武前軍統領官申世景屯邵武，孝恭屯建昌，猶不能制。左司諫吴表臣奏：「兩路憲臣互相推避，不肯專一措置。」故命帥憲六人督捕。樞密院又請降旗榜招安。

近歲官吏坐贓抵死之人，率皆貸配，故犯法者滋多。至是，錢塘縣吏欒振受賄當死，詔論如律。其徒始駭懼。大理寺丞姚焯因請以振刑名頒下諸州，從之。

詔通進司令檢正官檢察。用黄龜年請也。

5 乙未，皇伯寧州觀察使、安定郡王令話薨，贈開府儀同三司，輟一日朝。

言者論：「比年編伍之民，累經兵戰，習其伎能，往往保社相聯，乘間邀擊，賊不敢犯。今數路分屯，沿海設備，縱有百萬精鋭之師，亦不能徧給。儻能激勸土豪，使之訓習，數年之後，民兵之勢既成，即黥刺之法可以漸變。」詔諸州守臣隨鄉土之宜措置。

6 丙申，左司諫吴表臣言：「時方艱危，州郡獲全者無幾，正賴賢守以循撫之。望用藝祖、漢宣帝、唐太宗、明皇故事，應郡守初自行在除授及代歸赴闕者，並令引對。一則明示朝廷謹重郡守之意，使之盡心；二則可以揣知其人之賢否，與其才之所堪，從而褒黜；三則自外來者，可詢其所以爲政，與民情風俗之所安，而下情上通，不至壅蔽。」輔臣進呈，上曰：「郡守，民之師帥，若不得人，千里受弊。宜從之。」

詔鼇務官並免轉對，竢來年三月取旨。

宣撫處置使張浚奏：「知興元府王庶與陝西都統制吴玠、金均房州鎮撫使王彦，皆以職事不相協和，深恐有誤國事。臣以便宜，將庶與知成都府王似兩易其任，庶幾將帥一心，相爲犄角，併力合謀，以定興復。」從之。時庶已得罪，而似既還成都，朝廷蓋未知也。

7 戊戌，觀文殿學士、知紹興府朱勝非提舉醴泉觀，兼侍讀。是日，吕頤浩進呈勝非還任，上曰：「勝非入相三日，值苗、劉作亂，當時調護有力，朕豈不知？近因罷同都督，士人疏論勝非功甚多，惟一二臺諫不與，可除在京宫觀，留侍經筵。」蓋頤浩必欲引勝非，故有此命。頤浩恐胡安國持録黄不下，特命中書門下省檢正諸房公事黄龜年書行。安國言：「由臣愚陋，致朝廷過舉，侵紊官制，隳壞紀綱。孟子曰：『有官守者，不得其職則去。』臣待罪五旬，毫髮無補，既失其職，當去甚明。況勝非係臣論列之人，今朝廷乃稱其處苗、劉時能調護聖躬，即與向來詔旨責詞是非乖異。昔公羊氏以祭仲廢君爲行權，先儒力排其說。蓋權宜廢置，非所施於君父，春秋大法，尤謹於此。自建炎改元，凡失節者，非特釋而不問，又加進擢。習俗既成，大非君父之便。臣蒙睿獎，方俾以春秋入侍，而與勝非爲列，有違經訓。儻貪禄位，不顧曠官，縱臣無耻，公論謂何？」不報，遂卧家不出。

詔選人充樞密院計議編修官，到任一年，進士通理四考，餘人五考，並與改京官。

初，命沿海州軍籍定民間海舟，每縣分爲三番，各當一年，周而復始。其當番年分，而輒往他路者抵罪，拘其船入官。論者以海道頻年籍客舟把隘，失業者多，故有是旨。

顯謨閣待制、提舉江州太平觀董正封卒。正封，耘叔父也。

8 己亥，吕頤浩奏：「諜報敵中造舟簽軍，若果侵犯[2]，其山東、江北人，豈有戰心？如使劉光世、張榮設伏兵於承、楚要害地邀擊，可以大破賊衆[3]。」上曰：「可招可擊。」秦檜曰：「不戰何以休兵？」上曰：「朕觀自古中興之主，何嘗坐致成功？」

給事中兼侍讀胡安國言：「自古聖王，雖用文德，必有親兵，專掌宿衛。成王即政，周公指虎賁與常伯同戒於王，欲其知恤。虎賁者，猶今侍衛親軍也。康王初立，太保俾齊侯呂伋以虎賁百人逆於南門。呂伋者，太公望子，自諸侯入典親兵，猶今殿前馬步軍都帥也。勳德世臣，總司禁旅，虎賁鋭士，宿衛王宮，其爲國家慮深遠矣。本朝鑒觀前代，命三衙分掌親軍，雖崇寧間，舊規猶在，及至高俅得用，軍政廢弛，遂以陵替。陛下嗣承寶位，謀國者不思復古，親兵寡弱，宿衛單少，豈尊君彊本、消患預防之計也？伏望考祖宗選擇禁旅之法，修明軍政，威服四方，上嚴宸極。」詔三衙措置。

孔彦舟之叛也，尚書考功員外郎、宣撫處置使司主管機宜文字傅雱坐久在彦舟軍中，責監興化軍商税。至是停其官，英州羈管。

詔大理正、斷刑、治獄丞七員並堂除。以吏部員外郎劉岑言「逐闕資望甚高，異時郎曹理卿之選。元豐年雖係部闕，見今久無應格之人」故也。

9 庚子，給事中程瑀言：「孟庾同都督之命，物論良以爲允。然已迫防秋，乞不俟其奏事，趣令開府，庶合事宜。」詔庾同韓世忠總大兵至建康訖，赴行在奏事。尋詔庾更辟官屬，事從便宜，自世忠以下，並聽節制。

入内東頭供奉官鄭諶還所寄資爲武功大夫、英州刺史、帶御器械。諶頗能書，上命書盤庚、無逸、詩之車攻篇、孝經孝治章列於左右，嘗以諭輔臣。

10 辛丑，左司諫吴表臣言：「大江之南，上自荆、鄂，下至常、潤，不過十郡之間，其要緊處不過七渡。上流最急者三，荆南之公安、石首，岳之北津。中流最緊者二，鄂之武昌，太平之采石。下流最緊者二，建康之宣化，鎮江之瓜洲是也。惟此七渡，當擇官兵修器械，其餘數十處，或道路迂曲，或水陸不便，非大軍往來徑捷之處，略爲之防足矣。又十郡之間，地不過三千餘里，有一州占江面五百里者，有占百餘里者，遠近多寡，勞逸大不均。如七處渡口外，宜每縣分定百里，專令巡尉守之，則力均而易守。」詔以付沿江守帥。

初，命尚書倉部員外郎成大亨等四人催督江、浙諸路夏税物帛，而使者以趣辦爲功，至有五月初已到行在。論者以爲擾民，於是前所降州縣催督官吏及受納管押等官推賞指揮並罷。先旨在二月二十三日乙酉，日曆不書。

中書言：「東南州縣鄉兵，多因私置紙甲，而嘯聚作過。熙寧編敕令有若私造紙甲五領者絞，乞著爲令。」從之。

11 癸卯，上出所書孝經以示輔臣。

初置宰執已下待漏院於行宮南門之外。

淮東宣撫使劉光世言：「通問使、朝奉郎王倫還自金國。」始朝廷遣人使金，自宇文虛中之後，率募小臣或布衣，借官以行，如倫及朱弁、魏行可、崔縱、洪皓、張邵、孫悟輩，皆爲所拘。既而金左副元帥宗維在雲中，遣都點檢烏陵思謀至館中，言息兵議和之意，俾倫南歸，須使人往議。宗維貽上書略云：「既欲不絶祭祀，豈肯過於悋愛，使不成國？」書語以王繪甲寅講和録增入。於是皓、弁皆得以家問附倫而歸。倫至東京，與劉豫相見。豫遣僞閤門宣贊舍人馬某伴押至境上。光世以聞，詔倫赴行在。

12 甲辰，詔：「武臣遥郡已上，非統兵戰守者，並依靖康指揮，減本俸之半。靖康元年二月癸亥減三分之一，七月辛未又減四分之一。内管軍及宗室節度使月廩權依六曹尚書，承宣使依侍郎，觀察使依給舍，防團依郎官例支破。」户部申明：「諸路總管、鈐轄已下，雖號兵官，坐請俸給，即不應全支。」從之。

初，命浙西大帥劉光世屯鋭兵五千於維揚，光世以乏糧爲詞，不奉詔。言者屢奏趣之，給事中程瑀亦言：「三國、東晉雖各保長江，實宿重兵於淮南。今光世未移兵渡江，誠恐真、揚、楚、泗見屯不多，敵衆或渡淮，則淮南爲所蹂踐，江、浙必震。」時光世方遣人按行宜興湖洑之間，以備退保。議者恐摇人心，請令光世扼險抗賊，詔以章示光世，光世卒不爲之遣也。論不當退保在此月丙午，今聯書之。

13 乙巳，德安圍解。李横自夏來圍德安，未嘗攻城會戰，惟於城之西北隅造天橋成，填濠皆畢，乃鼓衆臨城。鎮撫使陳規率軍民乘城禦之，規坐城樓，爲砲折其足指，容色不變。圍益急，糧餉不繼，諸將請殺牛以代軍食，規曰：「殺牛代食，事窮矣。」因出家財以勞軍，士氣益振。孝感令韓遹來告曰：「縣有粟百斛，路梗不能通。」會大風雨，規命乘勢呵殿而來，賊軍疑其有神，卒不敢擊。規以書求援於朝，未報。横遣人來，願得府之妓女而罷軍，規不可。諸將曰：「圍城七十日矣，以一婦人活一城之衆，不亦可乎？」規曰：「使横即退，是我以婦人求和，況得之而未必退乎？」卒不予。時横填壕不實，而天橋陷，規以六十人持火槍自西門出，焚其天橋，城上以火牛助之，倏忽皆盡。横拔寨遁去。先一日，詔以横及隨州李道、鄧州桑立不受僞檄，各進二官。後六日，朝廷得規奏，命江西大帥李回遣兵援之，而圍已解矣。規奏以此月庚戌至行在。日曆：李回申德安府八月十九日解圍。而趙甡之遺史在乙巳，實差一日。蓋横夜引兵還，丙午乃覺之也。今從遺史。

14 丙午，秘書丞李靄試監察御史。

15 戊申，給事中兼侍讀胡安國罷。安國以論朱勝非不從，力求去。勝非皇恐，亦上會稽印，走傍郡，乞奉祠。詔曰：「禮義不愆，於人言而奚恤？君臣無間，於大體以何傷？」章十數上，卒不許。呂頤浩言於上，是日，詔：「安國屢召，偃蹇不至，今始造朝，又數有請。初言勝非不可任以同都督，改命經筵，又以爲非。豈不以時方艱難，不肯致身盡瘁，乃欲求微罪而出，其自爲謀則善矣。百官象之，又如國計何？可落職，提舉建昌軍仙都觀。」右僕射秦檜三上章乞留安國，不報，遂家居不出。

16 己酉，以中書門下省檢正諸房公事黄龜年爲殿中侍御史，尚書右司員外郎劉棐行右司諫。頤浩用二人，將以逐檜也。

17 庚戌，侍御史江躋入對，極言：「勝非不可用，安國不當責。」上不聽。左司諫吴表臣上疏言：「安國扶疾見君，亦欲行其所學。今無故罪去，非所以示天下也。」奏皆寢。

是日，給事中兼侍講程瑀亦罷爲龍圖閣待制知信州。自是，臺省相繼出矣。瑀之罷，日曆不書。按此月辛亥，方闓權給事中，必以瑀補外故也。今附此。

詔萬壽觀併歸景靈宮，提舉官、保静軍承宣使高世則令任便居住。此似爲秦檜，當考。

汀州童子萬頃年十歲，能誦經、子書。上召見於内殿，頃記誦如流。自言能詩，上指金唾壺爲題，筆閣不下。上猶嘉其敏，命爲文林郎，仍賜名嚴。中興聖政：庚戌，大理少卿張宗臣奏：「風塵未静，寇盜間作，州郡兵器，朘削殆盡。作院旬呈之法，僅成虛文，漕計闕乏，不復給物料之直，工匠散充他役。今兵器闕少，將使數百疲卒束手臨敵，此必不可。宜行下諸路，嚴責州郡，凡軍器物料，速給其直，工匠不許他役。監司察其滅裂者。帥司或大軍取索，先足本州合用之數，方許給其餘。」詔從之。臣留正等曰：「軍政之不修，莫甚於今日之郡國也。郡國之有兵，所以爲民人社稷之衛，今乃與皂隸雜處，轉移執事之不暇，未始一迹於閱武之場。吏亦習熟見聞，以戎器爲長物，宜其所儲有名無實，而僅存者蠹折斷爛，尤可傳笑。噫，以甲仗名庫者，苟欲備儀注而已耶，則誠不必問；儻曰民人社稷之衛在焉，不可以無一旦不虞之備，則安得置而弗憂？宜太上皇帝以是而力責州郡也。邇者聖上克遵成訓，益勵戎威，申命諸道主兵官專任閱習。凡器械之刓蠹不備者，皆有程督，將繕治而一新之，豈止於吴人之犀渠、魯人之貝胄而已哉？在易萃之大象曰：『除戎器，戒不虞。』蓋國家閒暇之時，而能不忘舉此，然後見聖人之政云。」

18 辛亥，右承奉郎、簽書桂陽監判官廳公事范寅秩以招降諸盜李冬至二等，李冬至二初見元年二月戊辰。詔進二官，通判全州。冬至二者，起於宜章，連犯湖、廣數郡，踰年乃平。寅秩，致虚子也。

南雄盜鄧慶、鄧慶初見元年六月甲午。吴忠，忠初見元年六月庚寅。聚衆千餘，州兵不能制。守臣奏江西統制官傅樞在南安軍，去本州纔九十里，願得其兵擊賊。詔：「樞總兵累年，縻費錢糧，未嘗立功。當躬率所部兵討賊，如敢逗遛，重寘典憲。」既而樞捕忠之黨劉軍一，其餘皆平之。傅樞擒劉軍一，以紹興四年五月二十五日田如鼇乞推賞狀修入。

樞密院統制范温以所部至東海軍。温在萊州福島五年，至是食盡，遂與其徒二千六百餘人泛海來歸。朝論嘉其忠，詔温以舟師屯青龍鎮。屯青龍鎮在九月戊寅降旨。

是日，侍御史江躋、左司諫吴表臣並罷。中書舍人陳與義兼權起居郎，尚書都官郎中方闓兼權檢正諸房公事兼權給事中。

19 壬子，龍圖閣待制新知信州程瑀、中書舍人胡世將、起居郎劉一止、起居舍人張燾、尚書左司員外郎林待聘、右司員外郎樓炤並落職與宮觀，皆坐秦檜黨，爲呂頤浩所斥也。自是臺省一空矣。此以胡寅撰其父安國行狀參修。但寅云：「頤浩出瑀等二十餘人，以應天變除舊布新之意。」恐誤。蓋彗出在甲寅夜，此時彗未出也。朱勝非家傳云：「言路論公不知兵，胡安國亦以爲非所宜。上怒，與封駁者俱逐，凡十三人。」以日曆考之，胡安國、程瑀、胡世將、劉一止、張燾、林待聘、樓炤、張彛、潘特竦、鄭朴、陳淵與秦檜，凡十二人，此外更有楊愿、王鈇、王㬇、王昞、王守道五人，而愿、守道爲計議官，或通指此二人爲十三，而檜又不在其數也。當考。

武功大夫柴春知楚州，用劉光世奏也。

20 癸丑，詔職事官輪對已周，復令轉對。

右通直郎、新江南東路提舉常平茶鹽公事王鈇罷，坐秦檜親黨也。

直秘閣、知鼎州程昌寓復直龍圖閣，賜銀合茶藥，詔以昌寓守鼎累年，屢以孤軍禦寇，忠力顯著，可復舊職，仍遣内侍撫問。昌寓爲秦檜所黜，故呂頤浩薦之。

諜報金人欲犯川、陝，輔臣言：「關外已有大兵，惟歸峽係川路後門，宜屯重兵爲備。」詔張浚措置。

21 甲寅，尚書右僕射、同中書門下平章事兼知樞密院事秦檜罷爲觀文殿學士、提舉江州太平觀。檜與左僕射呂頤浩不諧，頤浩既引朱勝非還朝，復自内批令日赴都堂議事，位知樞密院事上，欲以逼檜。會邊報王倫來歸，殿中侍御史黄龜年因劾檜：「專主和議，沮止國家恢復遠圖，且植黨專權，漸不可長。」檜即上章辭位，上未許。前一日，頤浩與參知政事權邦彦留身上前，復言檜之短。上乃召兵部侍郎兼直學士院綦崈禮入對，出檜所獻二策，大略欲以河北人還金，中原人還劉豫，如斯而已。上謂崈禮曰：「檜言南人歸南，北人歸北。朕北人，將安歸？又檜言：『臣爲相數月，可使聳動天下。』今無聞。」崈禮請御筆付院，上即索紙書付崈禮。崈禮退未至院，而麻制已成。翌日，制責檜曰：「自詭得權而舉事，當聳動於四方；逮兹居位以陳謀，首建明於二策。罔燭厥理，殊乖素期。念方委聽之專，更責寅恭之效。而乃憑恃其黨，排擯所憎。豈實汝心，殆爲衆誤。顧竊弄於威柄，慮或長於奸朋。」檜既免，上乃諭朝廷終不復用，仍榜朝堂。檜入相凡一年。秦檜罷相事迹，史極不詳。其罷相制，今洪遵所編中興玉堂制草亦無之。王明清以爲皆檜擅政時焚滅，當有此理也。熊克小曆但云「上召學士，示以檜疏」，而不云有御札及榜朝堂。今從趙甡之遺史。按史，學士所受御札，後復取索，則甡之所云不誣矣。檜自辨奏云：「吕頤浩都督在外，臣又奏遣北人招討都監門客通書求好，未幾，邊報王倫來歸，頤浩欲攘以歸己，援朱勝非來朝。」此所云，又與黄龜年劾疏全不同，不知何故。檜自辨全章，見二十三年七月戊戌。中興聖政：龜鑑曰：「秦檜何人哉？既出宗尹而奪之位，又出頤浩而專其權。昌言二策，可聳四方。及上二策，專爲金計。南自南，北自北，此何語也？而斷然與天子言之。王居正有言，檜自請爲相，必驚動天下。今設施乃止於是。置修政局，所修何政？實欲奪同列之權，宜乎曾統有何以局爲之譏也。既而頤浩視師還朝以傾檜，御史黄龜年之論奏一行，檜於是下章辭位矣。考紹興三四年間，國勢乍張而復沮，敵勢既懾而復肆者，秦檜禍國之胎，已萌於此也。」

詔珍禽花木毋入臨安諸門。

降徽猷閣待制、新知台州王昂爲秘閣修撰、主管江州太平觀，亦以秦檜所引故也。

主管大内公事、知尚書内省、提舉十閣分、嘉國夫人朱氏薨。朱氏，開封人，治平間自襁褓入宮，建炎末從衛往江西，數遭寇盜。及是，年六十餘而薨。

夜四更，彗出於胃，上憂之，命大官進素膳。中興聖政：「宰執言：『所次分野甚遠。』上曰：『今不論齊、魯、燕、趙之分，天象示譴，朕敢不畏天之威也？』臣留正等曰：『天心之仁愛人君，至出災異以譴告驚懼之者，乃所以扶持而全安之也。人君之得失蓋在此，而臣下乃採占步之術，或推之於鄰國，或驗之於將來，是以姑息愛其君者爾。星文變異，太上皇帝不問齊、魯、燕、趙之分，惟知側身以修省，而邇臣乃以所次甚遠爲言，其得失果何啻天淵也！』」

22 乙卯，詔防秋届期，建康修大内可罷。

23 丙辰，上以星變，諭輔臣修闕政。

徽猷閣待制賈安宅落致仕，試給事中，徽猷閣待制、新知宣州胡松年試中書舍人，直秘閣、主管江州太平觀趙思誠守起居郎，尚書吏部員外郎王洋守起居舍人。思誠，明誠兄也。

樞密院計議官楊愿罷。先已召愿試館職，及是斥之。既而右司諫劉棐論愿初係右職出身，乃令换武。言者又論廖剛嘗匿母喪，從林待聘求爲給事中。詔剛落職，待聘自左奉議郎、主管江州太平觀責監郴州商税。久之，愿自陳本上舍登第，監察御史明橐亦論剛未嘗匿服求還，乃復令改正。剛以五年正月癸亥得旨改正，同日待聘依赦與本等差遣。愿以五年七月壬申得旨改正。

校勘記

① 昨逆傅作亂　「傅」，原作「傳」，據叢書本改。按：「傅」指苗傅。

② 若果侵犯　「侵犯」，原作「來侵」，據叢書本改。

③ 可以大破賊衆　「賊」，原作「敵」，據叢書本改。

建炎以來繫年要録卷五十八

1 紹興二年九月戊午朔，觀文殿學士、提舉江州太平觀秦檜落職。時言者論：「陛下憤中國之未振，付檜以内修之事，而檜不知治體，信任非人。不以寬大之政輔陛下仁厚之德，乃以苛刻爲務，事圖減削，過爲裁抑，人心大摇，怨讟在路。又引用程瑀等布列要路，黨與既植，同門者互相借譽，異己者力肆排擯。檜爲宰相，兼此二罪，尚何俟而不譴之乎？」故有是命。王明清揮麈後録云：「秦檜之褫職告詞云：『聳動四方之聽，朕志爲移；建明二策之謀，爾材可見。』謝任伯之文也①。秦大憾之。」按此時謝克家以前執政領京祠，不知制詞何人所作，明清蓋誤也。

尚書左司員外郎兼修政局檢討官張爟、金部員外郎潘特竦、兵部員外郎鄭朴、樞密院計議官陳淵並罷，以右司諫劉棐言爟嘗游蔡氏之門，輕脱干進故也。朴，西安人，與特竦皆秦檜所引，故棐並斥之。仍降淵三資，與爟皆黜，監遠郡市征。

大理少卿張宗臣爲尚書右司員外郎。

右承奉郎、監諸軍審計司張汝舟屬吏，以汝舟妻李氏訟其妄增舉數入官也。其後，有司當汝舟私罪徒，詔除名，柳州編管。十月己酉行遣。李氏，格非女，能爲歌詞，自號易安居士。

2 己未，罷修政局。以議者言修政所講多刻薄之事，失人心，致天變故也。

龍圖閣待制、知温州洪擬試吏部尚書。徽猷閣待制、提舉臨安府洞霄宫鄭滋試尚書兵部侍郎。

詔雩祀上帝復以太宗配。用太常少卿王居正請也。舊以神宗配，居正建議，而禮部侍郎趙子晝奏行之。

新除右司諫劉棐言：「監察御史李靄係親姑之子，同處言地，豈得無嫌？」詔勿避。

初，保静軍承宣使、提舉江州太平觀邢焕自忠州來朝，復以爲樞密副都承旨。焕在遠方，盡得其山川險易。比入對，首陳川、陝形勢利害，請幸荆南訓兵，以圖興復。上甚嘉之。焕引疾不拜，改提舉臨安府洞霄宫。焕初除日不見，今因得祠，遂書之。

3 庚申，直秘閣提點江淮等路鑄錢王晚、右朝奉大夫提舉榷貨務都茶場王昞、樞密院計議官王守道並罷。坐秦檜親黨，爲御史黄龜年所劾也。

4 辛酉，以彗星出，赦天下。應盜官物入己罪抵死者不赦；内外臣庶許直言時政闕失；行在和糴軍糧，自今並用一色見錢、銀絹充糴本；免民間牛税一年；應盜賊嘯聚去處，限十日出首，免罪補官；川、陝豪户輦運軍儲數多者，與補承信郎至進義副尉；陝西諸叛將許令自新，前罪一切不問。

朝奉郎、充河東大金軍前通問使王倫至行在，上嘉其勞。詔倫去國五年，奉使有稱，特遷右朝奉大夫，充右文殿修撰、主管萬壽觀。倫言：「宇文虚中奉使日久，守節不屈。」時虚中子右朝奉郎師瑗奉其母居閩中，乃添差師瑗福建路轉運判官。於是，尚書左僕射吕頤浩議當再遣使人，以驕敵意。

5 壬戌，以左迪功郎潘致堯爲左承議郎，假吏部侍郎，爲大金奉表使兼軍前通問，秉義郎高公繪爲武經郎，假武功大夫、忠州刺史副之。命倫作書與其近臣耶律紹文，紹文九年七月爲翰林待制，不知此時居何官，故但云近臣。且附香藥果茗縑帛金銀。進兩宮二后、上皇金三百兩、銀三千兩，淵聖減三之一，寧德、宣和二后又減半。又遺左副元帥宗維金二百兩、銀千兩，遺右監軍希尹及賜宇文虛中半之，遺耶律紹文銀三百兩、縑幣百匹。而通問副使朱弁已下，亦皆賜金。三省勘問路由東京，乃令頤浩作書，以果茗幣帛遺劉麟。熊克小曆云，令宰執作書與劉豫，蓋從日曆所書也。按此時豫已僭號，不應作書。日曆紹興三年九月乙丑：「潘致堯狀：『元降信物内，有退回物色劉大總管天淨紗等。』有旨，並赴左藏庫寄收。」劉大總管，即麟也。致堯、公繪各官其家二人，賜金帛甚厚。

集英殿修撰、知平江府席益試尚書吏部侍郎，尋兼侍講。益兼侍講在丙寅。

6 癸亥，執政進呈胡安國請益衛兵，上曰：「一衛士所給，可贍三四兵。朕命楊沂中治神武中軍，此皆宿衛兵也。卿等可修鞍馬，備器械，乃爲先務。」熊克小曆於此下書：「遂命楊沂中兼提舉宿衛親兵。」按史，沂中今年三月己酉除中軍統制，已兼帶矣，非在安國建請之後，克蓋誤也。

資政殿大學士、提舉臨安府洞霄宮王綯知紹興府。

初置六部監門一員，以右朝散郎、新通判平江府董將爲之，秩比寺監丞，郎官有缺得兼。

7 甲子，直徽猷閣郭偉爲淮西招撫使。初，江東大帥李光聞僞齊王彦先於壽春鳩兵聚糧，奏言：「廬州王亨、濠州寇宏、六安謝通兵力單寡，恐透漏過淮，則大江之外，盡入賊境。乞兵五六千人，并近上文臣一員，往廬州屯駐。」未及行，光又言：「本司參議官宗穎乃宗澤之子，以其父故，爲諸將所愛，又其人亦慨然有忠憤之氣，望假以制置或招撫使副之名。」詔光別選文臣一員充招撫使。光之未奏也，都督府以知江州劉紹先爲沿淮防遏使，未行，尋罷紹先，復以爲都督府統制。光初奏以六月庚辰，再乞除宗穎以八月甲午。紹先罷防遏在此月癸酉，不知以何日除，今併附見。

詔太史局令丁師仁等造渾天儀。後不果成②。

宣撫處置使張浚遣其兄右承務郎滉與工部員外郎本司主管機宜文字張宗元、迪功郎孫道夫等四人來奏事，因與僞徐王偕來。是日至行在，上令王府故吏驗視，具言非真。詔大理劾治。宗元，方城人，爲浚辟客。道夫，丹稜人③，宣和末入太學爲上舍生，浚使川、陝，命以官。上皆召對，尋詔宗元進秩，滉除直徽猷閣，道夫改左承奉郎，遣還。

詔自今應賜帛者，自禁中及二府、中丞、北使，并軍功、捕盜、收茶鹽錢及數外，每匹令户部折支錢三千。

8 乙丑，觀文殿學士、左宣奉大夫、提舉醴泉觀兼侍讀朱勝非守尚書右僕射、同中書門下平章事。勝非再相，不進官，當制學士綦崈禮失之。

初命沿江岸置烽火臺，以爲斥堠。自當塗之褐山、東采石、慈湖、繁昌、三山至建康之馬家渡、大城堙，池州之鵲頭山，凡八所，旦舉煙，暮舉火，各一以爲信，有警即望之。用李光請也。

9 丙寅，呂頤浩言：「得張浚申，今歲措置川、蜀有備，諸將之兵分道守險，敵來難犯。聞夏國屢遣人來吳玠、關師古軍中，金人與夏國頗睽，可令浚常通問夏國。」上曰：「此與今來欲講和事相妨否？」上又曰：「浚孜孜爲國，人多稱譽。但聞蜀中士民流怨，人情不喜，蓋軍興累年，賦調征役，不無騷動，緩急恐浚失助。宜遣人副其事。」頤浩曰：「當如聖訓。」

吏部尚書兼權翰林學士沈與求兼侍讀。

馬友之死也，其潰卒過均州境上，守臣林積仁聞之，棄城去。詔罷積仁。

軍賊李通受都督府招安。通初見正月癸丑。傅崧卿以通爲修武郎、本府親兵前軍統領，戊辰以聞。

10 己巳，國子監丞李愿爲尚書駕部員外郎，酬使蜀之勞也。

集英殿修撰李擢復徽猷閣待制。

11 辛未，監察御史林叔豹爲湖南轉運判官，陳橐爲江西轉運判官。二人之出，史不云所以，恐是呂頤浩在外時秦檜所除，故補外。明年十二月，叔豹劾章言，爲御史以朋比逐，即指此也。

降授右宣教郎、監台州酒務王以寧既貶，其母陳氏干張浚，乞自便。浚以聞，會朱勝非爲呂頤浩言：「以寧向在荆湖，妄用便宜，專殺掊斂，害及兩路。」頤浩白其言，上曰：「以寧罪大責輕，今又干宣司，從之則兩朝廷也。」乃責永州別駕，潮州安置。

時廣東轉運副使汪召嗣奏其父觀文殿學士、提舉臨安府洞霄宮伯彦在官所，頤浩因奏左朝奉大夫、新知廣州向子諲輕肆妄作，請罷去。伯彦長於治郡，欲以代之。上曰：「恐外議以朕藩邸之舊云云，未協。」勝非曰：「漢用蕭、曹故人，唐用房、杜舊僚，今使伯彦任一方面，未爲過舉。」上乃許之，翌日，批旨行下。按日曆，向子譔罷帥，乃頤浩口奏，不云有言章。而壬申日行遣，乃有臣僚上言，纔八十許字，不知何也。

武功大夫、貴州團練使、新知横州陳晟除名，雷州編管。晟客居婺州，詐稱戰功，冒請真俸，爲守臣所劾，故有是命。

宣撫處置使司言：「見依倣朝廷體制，造綾紙度牒，爲贍軍、修城壘、除戎器之用，或不如則。乞給降度牒萬道付張浚以歸，俟至即罷。」詔以五千道賜之。

詔自今應批降處分，係親筆付出身者，並依舊作御筆行下。用三省請也。宣和二年正月九日，立御筆日限。靖康元年正月十八日，照依祖宗法，並作聖旨行下。

是日，御筆：「醫官樊端彦湯藥有勞，特除遥郡刺史，免執奏。」言者以謂：「陛下臨御以來，深戒僥倖之弊，事有不由朝廷者，皆許覆奏，所以絶羣小之求。今奉御筆，恐斜封墨敕復自此始。願下三省評議。」乃寢前命。然用御筆行下如故，蓋呂頤浩意也。日曆：九月十五日奉御筆，樊端彦已降指揮更不施行。此月丙子，呂頤浩云云可考。

12 壬申，詔諸州武臣非教閱軍陣、出師討賊者，見長吏如文臣禮。論者以天下艱危，不可失武臣之心，故有是命。

御史臺主簿唐煇守監察御史。煇，吳縣人也。

御筆：「從官因事得出者，並替見任人成資闕。」故事，大中大夫已上補郡者，見任人即銜罷。言者論前此州郡廣而從臣之員少，今也州郡狹而從臣之員多，士人失職，公帑匱乏，皆由此之故，乃有是旨。

13 癸酉，右朝請大夫吕源爲浙東福建沿海制置使，置司定海縣，以和州防禦使、帶御器械張公裕爲本司都統制。尋命御前忠鋭第八將趙琦以所部從行。

賜江東安撫大使司統制官、武功大夫、威州防禦使張俊名守忠，仍命以所部一軍赴行在，遂以爲御前忠鋭第二將。守忠赴行在，以此月丁丑降旨，其除忠鋭將在十月乙巳，蓋代趙延壽也。今並附見。

14 甲戌，端明殿學士顔岐、李邴並復資政殿學士，責授左中奉大夫薛昂復左太中大夫，責授寧遠軍節度副使王安中、責授寧國軍節度副使蔡楙並復左中大夫，責授秘書少監滕康落分司，提舉亳州明道宫，皆以赦叙也。右諫議大夫徐俯言：「昂諂京、卞，以壞學術；安中附王黼，以開邊釁；楙厚誣宣仁，結怨建禍，罪不可貸。乞追寢近恩。」從之。俯奏在十月甲辰，日曆不書。安中及楙叙官，今以俯章疏增入。

是夜，彗星没。

15 乙亥，御筆：「尚書兵部侍郎兼直學士院綦崈禮爲翰林學士。」自靖康後，從官以御筆除拜，自此始。

襄鄧鎮撫使司統領官侯進言：「見以所部在漢陽軍。」詔聽湖北帥臣節制。進，桑仲部曲也，用爲郢州都巡檢使。仲爲霍明所殺，進與其徒亡去，後受江西安撫大使李回招安。回十一月乙卯奏至。

尚書禮部員外郎江端友主管台州崇道觀，從所請也。

16 丙子，詔：「近降御筆處分事，多係寬恤及軍期等事，與前此指揮事體不同，並經三省、樞密院，如或不當，自合奏禀，仍許給舍繳駁，臺諫論列，有司申審。若奉行違慢，止依違聖旨科罪。」是日進呈，上謂輔臣曰：「今日批降處分，雖出朕意，必經由三省、密院，與已前不同。」朱勝非曰：「不經鳳閣鸞臺，蓋不謂之詔令。」呂頤浩曰：「所以别於聖旨者，欲上下曉然，知陛下德意所嚮也。」遂批旨行下。

降授同州觀察使、主管殿前司公事郭仲荀復武泰軍節度使。

17 戊寅，罷鎮江府織御服羅。上諭輔臣：「方軍興，有司匱乏，豈可以朕服御之物爲先？且省七萬緡，助劉光世軍費也。」熊克小曆：「初，鎮江府有歲貢御服花羅數千匹，兵興罷貢。至是内藏庫舉行，守臣胡世將奏：『民力凋弊，無所從出。』有司劾世將違旨④，府僚皆懼。世將曰：『某以身任，諸公無憂。』戊寅，詔罷。」日曆紹興二年九月五日：「鎮江府狀：『本府未經兵火以前，歲貢花平羅六千三百餘匹，建炎三年，前知府葉焕申明朝廷省罷。近於今年六月八日承省札，據内藏庫申，獲聖旨，織造起發。本府殘破之後，賦入不多，約用本錢七萬餘貫，乞展限來年起發。户部勘當，所乞難行，札本府速行計置。今來委是無錢起發。得旨，令依限起發。』二十一日進呈，上謂輔臣曰：『鎮江府織造御服花羅可罷，當軍興之際，有司匱乏，豈可以朕服御之物爲先？且省七萬緡以助劉光世軍也。』」按此時光世以浙西安撫大使兼知鎮江府，明年四月光世移淮南宣撫，始以世將代守鎮江。其實紹興三年再舉行，而世將有請，坐是削官。事見四年三月己未，克實誤也。

御筆：「靖康、建炎以來上書授官之人，並令免吏部審量。」時方下詔求言，論者以爲近歲因上書直言而得官者，乃與宣和以前投賦獻頌之人例皆審量，故忠正之士咸以爲耻，未敢盡言。故有是命。

18 己卯，降授孟州觀察使權主管侍衛馬軍司公事藺整、降授海州團練使權主管步軍司公事邊順並復舊官。

19 庚辰，端明殿學士許翰、馮澥、宇文粹中並復資政殿學士，以赦叙也。起居舍人王洋草粹中詞，極其稱美，洋坐免官，而粹中之命亦格。事在十月辛丑。

詔：「福建市舶司職事，令提舉茶鹽官兼領，仍移司泉州。移司在十月辛卯。務要招徠蕃商，課額增羡。」

臨江軍編管人范仲熊許自便。仲熊坐照附苗、劉譎嶺外，至是始釋之。

是日，呂頤浩奏論防秋事宜，欲以韓世忠爲宣撫使，總大兵屯建康諸路，帥臣兼帶宣撫使名者並罷。上因論湖南事，頤浩言：「李綱縱暴，恐治潭無善狀。」上曰：「朕選任賢才，惟恐有遺。如綱，朕固任用，不知有何功可紀。若謂在宣和間論水災事，以此得時望可也。」權邦彦曰：「綱元無章疏，第掠虚美。」頤浩曰：「綱之朋黨與蔡京一體。靖康伏闕薦綱者，皆其黨陳公輔、張燾、余應求、程瑀，鼓唱太學生殺戮内侍，幾作大變。」上曰：「伏闕事儻再有，朕當令五軍收捕，盡誅之。」

20 辛巳，太尉、神武左軍都統制、福建江西荊湖等路宣撫副使韓世忠爲江南東西路宣撫使，置司建康府。沿江三大帥劉光世、李回、李光並去所領揚、楚等州宣撫使名，其節制淮南諸州如故。惟荊湖、廣東宣撫使李綱止充湖南安撫使，湖北、廣東並還所部。自方鎮以來，前執政爲帥者，例充安撫大使。至是，右司諫劉棐屢言綱跋扈，呂頤浩將罷綱，故帥銜比江東西減「大」字。日曆載出奏稟及指揮，殊不了了。蓋頤浩之意，專爲李綱設，是以沿江三大帥雖去使名，而依舊統隸元管州軍⑤，獨李綱止領一路耳⑥。今詳載，庶見本旨。世忠言，提舉官董旼招馬友、曹成之衆，得八萬人。詔户部侍郎姚舜明往衡、邵、辰、沅等州揀其軍，仍應副沿路糧食。世忠還建康，乃置背嵬親隨軍，皆鷙勇絶倫者。

21 壬午，遣使宣諭江、浙、湖、廣、福建諸路。川、陝向有宣撫司，兩淮、京西分鎮地，故不遣。時盜賊稍息，尚書左僕射呂頤浩慮守令弗虔，請分命御史循行郡國。前一日，手詔選强明廉謹不欺之人，觀風問俗，平反獄訟，宣布德意。三省以監察御史明槖、尚書左司員外郎曾統、度支員外郎胡蒙、御史臺主簿施鉅、樞密院計議官薛徽言五人爲請，上皆召見，賜以宣諭吏民詔書、御寶手曆、招收盜賊旗榜而遣之。其居他官者仍攝御史。

權尚書禮部侍郎趙子晝充徽猷閣待制、樞密都承旨。自改官制後，都承旨除文臣，自子晝始。

召責授海州團練副使、合州安置劉錫赴行在。承事郎、權陝西轉運判官董詵直秘閣。詵已見今年二月甲申⑦。先是，張浚録詵功，進三官，除職名，故申命之。已而言者以爲太過，遂罷遷秩之命。詵罷遷秩在十月己丑。

殿中侍御史黄龜年言：「近旨令臨安諸門差官率兵搜檢往來舟船，以察私鹽之盜。乞速賜寢罷，以安人心。」詔三省戒飭，毋得接便騷擾。

22 癸未，新作行宮南門成。

詔大理寺置監門使臣一員，用本寺請也。仍用舊制，令內侍一員在門檢察。

宣撫處置使張浚承制，以中大夫、夔州路轉運副使劉鎡知遂寧府。

詔御前忠鋭第七副將宋穩所部並付沿海制置使仇悆。

23 甲申，直秘閣范寅敷知岳州。自袁植爲李允文所執，岳州遂無守將。寅敷有田在岳之平江，參知政事孟庾出使，付一郡事。至是，奏而命之。

詔：「淮、浙鹽每袋令商人貼納通貨錢三千，已算請而未售者，亦如之。十日不自陳，論如私鹽律。應販私茶鹽，雖遇非次赦恩，特不原免。」時吕頤浩用提轄榷貨務張純議，峻更鹽法，至是畫一行下。鹽鈔畫一，日曆全不載，會要亦無之。十月十八日乙巳，右諫議大夫徐俯劄子：「比降鹽鈔指揮，內一項貼納錢三貫文者云云。」十一月十五日壬申有旨，廣南鹽鈔並依今年九月二十七日淮、浙鹽鈔已降畫一指揮施行。三年正月十五日刑部狀：「檢會九月二十六日聖旨，應販私茶鹽，雖遇非次赦恩，特不原免。」今參附書入，以補史闕。但呂頤浩鹽鈔畫一與張浚措畫指揮乃同日而下，亦可怪也。徐俯劄子、廣鹽指揮，詳具本月日，可以參考。

是日，直龍圖閣、宣撫處置司隨軍轉運使、專一總領四川財賦趙開初變鹽法，盡榷之，倣大觀法，置合同場，收引稅錢，與茶法大抵相類，而嚴密過之。初，成都、潼川、利州路十七州鹽井户，自元豐間歲輸課利錢銀絹，總爲直八十萬緡，比軍興，所輸已增數倍。至是，開始令每斤輸引錢二十有五，土産稅及增添約九錢四分，所過稅錢七分，住稅一錢有半。應折錢引者，每引別輸提勘錢六十。其後又增貼納等錢。蜀中鹽課最盛者，莫如簡州，舊爲課利錢纔千三百緡，絹千九百匹，銀百兩，引法初行，歲課至四十八萬餘緡。他州倣此，自是歲益增加，合三路所輸至四百餘萬緡，而夔路十三州及隆、榮、邛、岷諸州官煎者不與焉。

24 乙酉，都督府請增辟參謀官已下文臣十七員，以孟庾至府故也。

右僕射朱勝非嘗因辭同都督之命，上章極論利害，至數千言。勝非以爲：「宰相權任已重，若更典兵，文武二柄盡在其手，豈人臣所堪？後世不幸奸人居此位，建功立業，託名濟世，將何以處之？」他日因進呈，復奏此官當罷。呂頤浩、權邦彦皆言方防秋未可。勝非又言：「庾姑存之，頤浩所領可罷。」庾奏以右文殿修撰、提舉江州太平觀盧知原爲參謀官。從之。十月戊子。

25 丙戌，顯謨閣直學士、知興元府王似爲端明殿學士、川陝等路宣撫處置副使，與張浚相見，同治事。始，浚出使，第以宣撫處置爲名，至是始帶川、陝及等路字。浚在關陝，凡事雖以便宜行之，然於鄉黨親舊之間，少所假借。於是士大夫有求於宣司而不得者，始起謗議於東南，大略謂浚殺曲端、趙哲爲無辜，而任劉子羽、趙開爲非是。朝廷疑之，將召歸，先爲置副。時似已復還成都，而行在未知也。朱熹撰浚行狀云：「謗者謂浚任劉子羽、吴玠、趙開爲非是。」按浚用玠時，人皆以爲宜，所以謗子羽及開者，指子羽驕倨，開聚斂耳，於玠無所與。今删潤修入。

端明殿學士、江南東路安撫大使兼知建康府李光落職，提舉台州崇道觀。以言者論光頃爲御史，不言蔡京之罪。及秦檜罷相，而光含憤興訕故也。先是，光嘗遺吕頤浩書，稱「李綱凜凜有大節，中外畏服」。頤浩以白上，上曰：「如此等人，非司馬光、富弼，誰能當之？」頤浩因言：「光與其儕類結成黨與，牢不可破。」上以爲然。頤浩白上語在辛巳。

都督府參謀官傅崧卿兼權知建康府。

集英殿修撰程邁充徽猷閣待制，知温州。以孟庾言邁在福唐，保護下四州有勞也。

集英殿修撰提舉亳州明道宫趙子湜、鄭望之、右文殿修撰提舉臨安府洞霄宫季陵並復徽猷閣待制，以赦叙也。子湜，令鑠子，宣和末嘗以雜學士爲陝西都轉運使，坐累免。至是，始復之。令鑠，淄王世雄子⑧，故寶文閣待制。

右朝請大夫、浙東福建沿海制置使吕源復右朝議大夫、直龍圖閣。

婺州編管人施逵移瓊州編管，以孟庾言：「范汝爲殘破閩中，逵實禍根罪首，乞竄海外，以謝福建荼毒之民。」故有是命。逵中道逸去，後改名宜生，奔僞齊。

26 丁亥，保靜軍承宣使邢煥爲慶遠軍節度使，充醴泉觀使。皇伯右監門衛大將軍、榮州防禦使、權知行在大宗正司事令時爲洪州觀察使、安定郡王。

是月，録故直龍圖閣尹洙四世孫錫爲將仕郎。此據明年三月錫乞祠狀。

初，劉忠既爲韓世忠所破，復聚衆走淮西，駐於蘄陽口。世忠前軍統制解元以舟師奄至，襲忠，大破之。忠與其徒數十人遁走北去，遂附於劉豫。豫以忠爲登萊沂密等州都巡檢使。忠之將文廣率所部詣江西安撫大使李回降，回即以廣爲武翼郎、閤門宣贊舍人，充本司統領軍馬。

資政殿大學士宇文虛中在雲中，聞金將寇蜀⑨，遣使臣相偁間行以告宣撫處置使張浚，且賫上所賜御封親筆押字爲信。兩傍細字作道家符籙隱語云：「善持正教，有進無退。魔力已衰，堅忍可對。虛受忠言，寧殞無悔。」虛受忠言者，蓋隱虛中名也。又遺其家人書言：「中遭迫脅，幸全素守。惟期一節，不負社稷。一行百人，今存者十二三人。有人使行，可附數千緡物來，以救艱厄。昨有人自東北來，太上亦須茗藥之屬，無以應命，甚恨甚負。」於是其夫人黎氏奏以縑帛茗藥附通問使潘致堯，而致堯已行矣。虛中遣相偁事，以紹興四年十二月宇文粹中所奏修入。黎氏以十一月甲戌奏至，今併附此。

僞齊長星見。僞太后翟氏死，謚慈獻。

是秋，金國主晟如燕山府，左副元帥宗維、右副元帥宗輔、右監軍希尹、左都監宗弼皆會。留右都監耶律餘覩守大同府，左監軍昌守祁州。餘覩久不遷，頗怨望，遂與燕山統軍槁里謀爲變⑩，盡約燕、雲之郡守契丹漢兒，令悉誅女真之在官在軍者。天德知軍僞許之，遣其妻來告。時希尹微聞其事而未信，偶獵居庸關上，遇馳書者，覺而獲之。宗維族槁里，命希尹誅餘覩於大同。餘覩微覺，父子以遊獵爲名，遁入夏國。夏人問有兵幾何，云親兵二三百，遂不納，乃奔韃靼⑪。韃靼先受希尹之命，其首領詐出迎，具食帳中，潛以兵圍之。韃靼善射，無衣甲，餘覩出敵不勝，父子皆死。西京副留守李處能坐累誅。南京留守郭藥師、河東南路步軍都總管蕭慶皆下獄，既而獲免。處能，燕人，遼宰相儼之子。宣和末自平州來歸，拜延康殿學士，賜姓名趙敏修。金人交燕，復取以去。宗維以藥師家富於財，謂其可以動衆，悉奪而囚之。宗維次室蕭氏，本天祚之元妃，希尹殺之，謂宗維曰：「彼與兄實爲仇讎，然忍死事兄者，蓋有待也。今事既不成，他日帷間，寸刃不測，可以害兄矣。」希尹以愛兄，故擅殺之。」宗維泣謝。於是宗維令諸路盡殺契丹。金主晟聞餘覩叛，未至燕而歸，大赦。彰德軍節度副使高景山告知相州杜充陰通江南，先是，充之孫自南方逃歸，充不告官而擅納之，遂下元帥府掠治。宗維問之曰：「汝欲歸江南邪？」充曰：「元帥敢歸江南，監軍敢歸江南，惟充不敢歸也。」諸帥相顧而笑，踰年乃釋。西京即雲中大同府，南京即平州。

内樞密使楊朴卒。

校勘記

① 謝任伯之文也　「任伯」，原作「克家」，據叢書本改。按：王明清揮麈後録卷七原即作任伯。費袞梁谿漫志卷二：「建炎

元年，謝任伯參政克家除翰林學士，以知制誥犯祖名爲言，有旨權不繫知制誥三字。」知任伯即謝克家之字。

②後不果成　「後」原闕，據叢書本補。

③丹稜人　「稜」，原作「陵」，宋史卷三八二孫道夫傳：「孫道夫字太沖，眉州丹稜人。」據改。

④有司劾世將違旨　「司」，原作「旨」，據四庫本中興小紀卷一三改。

⑤而依舊統隸元管州軍　「軍」，原誤作「運」，據文義逕改。

⑥獨李綱止領一路耳　「止」，原作「正」，據叢書本改。

⑦詵已見今年二月甲申　「見」，原作「是」，據叢書本改。「今」，原作「去」，據卷五一紹興二年二月甲申記事改。

⑧淄王世雄子　「淄」，原作「錙」，據宋史卷二四四宗室傳改。

⑨聞金將寇蜀　「寇」，原作「攻」，據叢書本改。

⑩遂與燕山統軍槁里謀爲變　「槁里」，原作「浩里」，據金人地名考證改。下同。

⑪乃奔韃靼　「韃靼」，原作「塔坦」，據金人地名考證改。下同。

建炎以來繫年要録卷五十九

1 紹興二年冬十月戊子朔，置孳生馬監於饒州，命守臣提領，括神武諸軍及郡縣官牧馬隸之，仍選使臣五人專主其事。時言者以爲：「軍旅之事，馬政爲急。多事以來，國馬爲戎狄所侵①，盜賊所有，其在諸軍者無幾。乞講求孳生之利，於江東西擇水草善地，置監以牧之。」故有是命。

集英殿修撰何志同、宋伯友並復徽猷閣待制，右文殿修撰李璆、左朝議大夫趙子崧並復集英殿修撰，朝請大夫衛仲達復秘閣修撰。璆，開封人，宣和末自中書舍人坐朋附蔡絛斥去。衛仲達，華亭人，靖康初禮部尚書，兵至而遁，坐除名，均州居住。至是，並以赦復之，而子崧已卒於潯州矣。

2 庚寅，斬富順監男子李勃於都市。勃僞稱徐王，下大理。至是，獄成，詔殿中侍御史黄龜年、徽猷閣待制樞密都承旨趙子晝、皇兄右監門衛大將軍忠州防禦使安時審問。法寺言：「勃受俸券饋遺金銀，共計贓絹四千餘匹，當杖脊流二千里，居役一年。」詔勃依軍法，命神武前軍統制王瓔、大理少卿元衮莅其刑。保義郎杜遠坐資給勃勒停，内侍武翼郎趙彦民坐驗視故不以實②，湖北安撫司將官、敦武郎秦濤坐護送勃擅留禁兵，並除名。彦民英州，濤永州編管。初，勃之出蜀也，道過衢州，吏白守臣左朝奉大夫汪思温避正堂以待，思温曰：「即乘輿至，何以待之？」治具如大賓客之儀。既就館，思温入謁，出謂人曰：「帝王之胄，自與常人殊，而舉措不類，何也？」勃之未決也，左從事郎田如鼇言：「恐奸雄假尺布斗粟之謠，以爲嘯聚之釁，乞以其獄布天下。」奏可。遂以如鼇爲樞密院編修官。如鼇已見元年六月，其建請在九月辛未，除官在十月己亥，今聯書之。思溫，鄞縣人也。臣謹按，靖康陷敵皇族數云：「徐王見在，祁王没於五國城。」時顯仁后南歸之後，去此已久，足明其詐也。

詔陝西都統制吴玠、金房鎮撫使王彦、統制熙秦路軍馬關師古並賜金帶，仍降詔獎諭。

言者請：「諸州守臣移罷者並先次離任，令漕臣擇本路廉幹官主管，帥臣則令監司暫權。」從之。

詔諸路常平司歲舉京官員數，令憲、漕二司分舉。憲司一分，漕司二分。嘉祐舊制，郡倅舉京官，如守臣之半。熙寧初，取歸常平司。至是省提舉官，故有此命。

徽猷閣直學士湯東野爲江南東路安撫使，兼知建康府，言者奏其貪刻，罷之。

3 辛卯，正侍大夫、華州觀察使、夔州路兵馬鈐轄田祐恭知珍州，倣務川城例，以省經費，用張浚請也。政和中，初置珍、思、承、溱、播五郡，宣和末已廢其四。至是，浚欲省珍州，故以祐恭主其地。後不果廢。

朝議以坑冶所得不償所費，悉罷監官，以縣令領其事。至是，江東轉運副使馬承家奏存饒、信二州銅場，許之。二場皆產膽水，浸鐵成銅。元祐中始置饒州興利場，歲額五萬餘斤。紹聖三年又置信州鉛山場，歲額三十八萬斤。其法以片鐵排膽水槽中，數日而出，三煉成銅，率用鐵二斤四兩，而得銅一斤云。

4 癸巳，詔湖北安撫司後軍統制官顔孝恭以所部還鄂州。孝恭初奉詔討石陂軍賊余照，照爲官軍所殺，其次李寶等百餘人皆就招。尋以寶爲樞密院準備將。

左宣義郎、直龍圖閣胡寅應詔上書，論修政事、備邊陲、治軍旅、用人才、除盜賊、信賞罰、理財用、核名實、屏佞諛、去奸慝十事。大略謂：

今政事之大，莫甚於四裔强盛③，而兵甲不振；以爵禄與人，而人莫肯用命。抑又有甚焉者，今年以來，大政幾變矣。内則立修政之司，外則開都督之府。今日講議，而明日併廢；今日出師，而明日召還。廟謨成算，其果安在？今國步雖日蹙，譬人之身，瘠則甚矣，而血氣未動。江左雖微，尚跨有江、淮之地，自古未有欲守長江而不保淮甸者。淮甸者，國之脣；江南者，國之齒。脣亡齒寒，其理明甚。金人遁三年矣，邊備宜日有可恃，乃反不如前日。淮甸數十州，地方二千里，孫權以來，所恃以爲障塞者，今不過置一二鎮撫使以處盜賊。一旦有急，安知不并力助敵，爲彼先驅，藩籬何賴焉？

軍旅之事，大要有三，一曰選將，二曰蒐練，三曰教閲。今王室危甚，繫諸將是賴，宜得慷慨知兵之士，付之重權，庶幾能翼戴天子，而加之以恭。今也至有不知兵法、不習戰鬭，内不能與士卒同甘苦，而得羣下之死志，外不能讋服賊盜，而書尺寸之功，平居趦趄以邀其上，一旦有急，首唱奔潰，豈不痛哉？今國内空虚，養衆非得已也。而偷惰冗食，十常三四。爲將帥者，以動摇軍情爲畏，專務姑息，故常敗事。爲今之計，宜無恤紛紛之論，而惟實效是圖。兵不可用者，悉蒐去之。猝有搶攘之變，驅以赴敵，何患不致死？今養兵雖衆，獨不聞暇時以教閲爲事者，而貴遊近戚，大臣權要，拘占役使，動以百數。軍政一壞，緩急之際，何可復理？戰而不捷，彼之肉其足食乎？臣願修此十事，以承天意，惟陛下留神，天下幸甚。

5 甲午，御筆：「起居舍人汪洋面奏不急之務，可降一官。」初，詔羣臣條闕失，而洋面奏請官五代九國子孫。上諭輔臣曰：「朕虛己求言，務濟時病。如敵國外患及朝廷闕失，可言者非一，洋姑應詔旨，豈朕所望？諸國在五季時割據，類皆盜賊，洋欲封其後，是奬賊也。洋言無取，與降一官。若後來獻言之人，有補治道，朕當旌賞。」

進士周拯、夏康佐、陳康國各上書論時事，詔拯召見，餘賜帛罷之。既而康佐等辭賜帛，上曰：「唐太宗固嘗如此，本朝久亦不廢，兹乃待士禮意也。其以此諭之。」上詔在己巳。

6 乙未，詔起復徽猷閣直學士王庶語言輕率，用意傾險，落職提舉江州太平觀，本州居住。始用張浚奏也。右文殿修撰劉觀復徽猷閣待制，責授中大夫、秘書少監黄潛厚落分司，提舉江州太平觀，便居，左朝散郎提舉建昌軍仙都觀胡安國、左朝奉大夫提舉建州武夷山沖祐觀胡世將並更俟一赦取旨，皆以刑部檢舉也。既而右司諫劉棐奏潛厚聚斂、苛細、賣官、鬻爵等四事，命遂格。棐奏在十月丙午。

7 丙申，初置江浙荆湖廣福建路都轉運使，以大理卿張公濟充集英殿修撰爲之。自罷發運司，頗失上供錢物，故吕頤浩以爲請。

詔統領軍馬官經由及屯駐所在，以請受之類爲名，陵犯知、通、縣令者，流三千里，將校依階級法。時統兵官在外，肆爲兇暴。韓世忠後軍統制官巨振過安仁縣，笞邑尉數十，幾死。論者以爲言，故立法。日曆載所立條不甚明了，今以慶元隨敕申明修入。

河南府助教杜諤嘗集春秋傳，右司諫劉棐請付之學官，從之。諤，眉山人，以春秋教授諸王，元祐中舉進士不第而卒。

8 戊戌，呂頤浩言：「建康米斗不及三百，欲於鎮江上下積粟三十萬斛，以助軍用。」上曰：「若精選兵十五萬，分爲三軍，何事不成？祖宗取天下，兵數不過如此。」

省兩浙添差漕臣員。

9 己亥，左朝散大夫、直徽猷閣、知夔州韓迪降三官，落職，責監資州在城税務。坐奏僞徐王不實也。

10 庚子，御筆：「右諫議大夫徐俯志氣剛方，早聞於世，其於文學，直其餘事。可賜進士出身。」故事，任子不爲臺諫官，故有是命。

都省言：「江西吉、筠州、臨江軍上供糧斛，累年不至。今歲豐稔，乞命倉部員外郎孫逸同轉運副使韓球催理三十萬斛赴鎮江府交納。」從之。

詔自今非監司及沿邊守臣，毋得再任，違者令御史察之。時言者以爲：「士大夫貪冒苟得，巧圖因任，非國朝舊制。」故有此命。

宣撫處置司主管機宜文字張宗元、張滉入辭，並賜五品服。

是日，朝議大夫、直徽猷閣凌唐佐爲僞齊所殺。初，唐佐既降，事見建炎三年九月壬子。劉豫因以唐佐知歸德府。有尚書郎李亘者，乾封人，建炎末避地不及，豫使守大名。時通問副使宋汝爲亦以豫命同知曹州。事見建炎四年冬末。三人素相厚。汝爲知豫無改悔意，與唐佐等密疏其虛實，遣人持蠟書告於朝。唐佐、亘募得卒劉全、宋萬、僧惠欽，汝爲募民王現、邵邦光，皆十餘往反。尚書左僕射吕頤浩之過常州也，得唐佐從孫憲，授保義郎、閤門祗候，俾持帛書遺之。憲至睢陽，唐佐妻田氏使與館客張約同食，憲疑不出。田氏曰：「無傷也。」既而爲約所告，豫遣人捕唐佐并其家至京師，憲走得免。唐佐見豫，責以大義。豫怒，斬唐佐於境上。下令曰：「唐佐結連江南謀反。」斬首號令。其家屬當從坐，貸死送潁昌府拘管。時全、萬、惠欽爲邏者所得，事泄，亘亦坐誅④。先是，武顯大夫孫安道爲應天府兵馬鈐轄，城陷不得歸，後謀挺身還朝，爲人所告而死。事聞，贈安道忠州刺史，爲亘立祠名愍忠。約，江南人也。此以唐佐附傳、趙甡之遺史、宋汝爲忠嘉集、葉夢得避暑録話、龔頤正忠義亙録及紹興三年三月十六日唐佐妻田氏自訴狀參修。但諸書各有所差互，今並以史爲正。宋氏所録云：「凌、李遣兵卒劉全、宋萬、僧惠欽皆十餘往返，後僧與卒爲邏兵所得，事泄，凌、李俱族滅。」此與甡之遺史、夢得録話俱不同。田氏自訴狀云：「去年六月，蒙僕射相公差到侄孫凌憲，將到蠟彈，即時跪領。後來已將回文去訖，不期於八月中有一南中秀才詣劉豫陳首蠟彈文字，於九月十五日追取夫凌徽猷前去，勘問其本末，遂高聲毀罵劉豫。至十月十三日於界首斬了凌徽猷。」其狀詞皆與甡之所書合，所謂南中秀才即張約也。按此則李亘之死，當是僧與卒被獲，而唐佐又自有告者。特宋氏傳聞不詳耳。甡之又云：「唐佐家屬，各決脊杖二十。由是田氏暨婢妾五人，各遭重決。唐佐二子，長子已卒，次子方九歲，兩杖而斃。」按田氏狀云：「隨母男王端、人力陳德，各決脊杖編管外，田氏并男定國、安國、新婦周氏、女子六娘、小兒祖德、所使人五人等，並各枷項送潁昌府拘管。」則甡之所云非也。遺史又載劉豫所出犯由云：「直敷文閣凌唐佐。」按此時未有敷文閣，甡之亦小誤。夢得録話云：「李亘，兖州人，爲劉豫守南京，遷大名留守。後謀歸本朝，爲豫族誅。」據會要載亘立廟事亦云僞齊知府，事與葉書同。然應天自陷敵後，即以唐佐守之，或者亘先守大名，而後代唐佐守應天，已而被殺，亦未可知。今不得其詳，且牽聯附見。頤正書唐佐死狀差互，已辨之，見建炎三年九月。唐佐紹興三年三月贈官，詳具本日。亘十年三月立廟，今附見。安道紹興五年贈官，不得其被殺年月，以其爲應天鈐轄，故因唐佐事，遂爲書之。當考。

11 辛丑，秘書少監方閶爲起居舍人，左朝奉大夫張綱爲尚書左司員外郎。綱，金壇人，尋命綱權監察御史。綱權察官，日曆不見，此據左右司題名。

起居舍人汪洋坐草詞溢美，罷爲直徽猷閣，主管台州崇道觀。事祖在九月辛巳。

12 壬寅，江南西路兵馬副鈐轄張中彦以所部充都督府統制官，仍遣右通直郎、都督府幹辦公事楊揆往吉州濟其軍食。初，中彦以討捕駐軍廣州，脅制州縣，供億以萬計，一路爲之震擾。朝廷撥隸楊惟忠、李回、岳飛、孟庾、韓世忠、李綱，皆不稟命。綱察中彦意樂爲郡，檄令權知岳州。中彦果至，即械送獄，遂并其軍。揆，仁和人也。中彦初見建炎三年十二月末，其令聽李綱節制，在今年十月壬辰，被誅在十二月庚子。而熊克小曆於九月乙酉李綱止帶湖南安撫使已前書之，實甚誤也。今移附本日。綱行狀作張忠彦，亦誤。

左中大夫洪炎爲秘書少監。建炎初除是官，久不至，及是又申命之。

詔待闕官權攝州縣職任者，令長吏批書印紙，違者無得調官。用右宣教郎、知無爲軍王彦恢請也。

13 甲辰，詔宣諭官所至，有使相及前執政官知判州府者，許出謁。

是日，金國通問使潘致堯至楚州，通判州事劉晏與諸將謀夜劫致堯於舟中，奪其禮幣而去。巡檢馬貴知其謀，以告守臣武功大夫柴春，率衆拒戰，晏敗走。俄而晏兵自子城出，春鬭死，録事參軍劉晟亦爲所害，晏遂携所掠國信奔僞齊。致堯還承州，復治行而後出境。此月辛亥，劉光世奏至，詔留承州聽旨。癸丑，詔光世遣赴行在。十二月庚辰，贈劉晟宣教郎，與一資恩澤。

14 乙巳，武功大夫、忠州刺史、閤門宣贊舍人、都督府統制軍馬劉紹先充福州兵馬鈐轄。朱勝非之謫九江也，紹先爲守臣，不之禮，勝非憾焉。紹先有部曲九千餘人，至是，揀其壯者隸神武中軍，而有此命。

右諫議大夫徐俯言：「比降鹽鈔指揮，應商販淮、浙鹽之未售者，每袋貼納錢三千，十日不自陳，論如私鹽律。臣謂立法太峻，於人情有未順，恐天下之人謂陛下爲利而不恤。乞轉由海道之鹽，俟到州縣日爲始；寄頓邸肆之鹽，俟鹽主到日爲始。自是之後，錢有未足者，許質鹽於稅務，而寬其期。」詔各展十日，如錢有未足，聽商人於官司質當，取息三分。

武翼大夫、江東安撫大使司水軍統制耿進以所部屯建康，當受宣撫使韓世忠節制。進聞世忠來，謂其徒曰：「若分揀此軍，當相從下海還鄉耳。」準備使唤李明詣世忠，告進結謀順蕃，世忠命水軍統制張崇代將其軍，執進屬吏。事聞，是日，有詔械進赴行在。已而權主管都督府公事傅崧卿奏進自言無反謀，乃下大理，更以其衆隸都督府統制官姚端。以進軍隸姚端，在三年正月辛酉，今併書之。進三年二月甲午行遣。

15 丙午，徽猷閣待制、都督府參謀官、權主管都督府事、權知建康府傅崧卿降二官，落職，提舉洪州玉隆觀。左奉議郎、御史臺主簿、充湖南宣諭施鉅降一官，放罷。初，朝廷以軍興糧乏，出官告度牒以糴於民，而有司定直太高，無願受者。會崧卿出使，奏崇德、嘉興二縣能損度牒之直，與私價略相當。提點浙西刑獄公事施坰保明如所奏。既而兩浙轉運副使徐康國言：「二縣有未糴者。」上以詰崧卿，崧卿言：「前所奏事，蓋以二縣暗增米直，使與度牒官價略相當，故民不以爲病，非謂其及額也。」上又遣監察御史李靏按問，靏還言：「二縣未嘗損直。」上以崧卿爲欺，乃有是命。鉅先知嘉興縣，坐不自言，故黜。而坰以觀望，亦降兩官，責監遠州市征。崧卿初奏在今年正月癸丑，札問崧卿在七月辛巳，命靏體究在十月庚辰，今併書之。中興聖政臣留正等曰：「銜命而使，膺皇華之選，分外臺之寄。吏之否臧，事之罷行，皆得以專達乎上，實天子耳目之司也。是宜激濁揚清，彰善癉惡，如鑑之明，如衡之平而無私焉。而乃奏報不實，公肆誕慢，失職之誅，庸可逭乎？太上皇帝獨運剛斷，鐫貶職秩，則居是職者，誰不知所戒焉？」

尚書吏部員外郎劉大中權監察御史，充湖南宣諭，代施鉅也。

罷三省吏行遣文書犒設。明年四月塑昭慈神御，禮房吏以下百二十有二人增給食錢萬餘緡，五次犒設銀絹二千四百餘匹兩。議者復以爲言，乃止。

16 丁未，以孟冬薦饗太廟於温州。是月也，先祫祭，祠部員外郎、神主神御提點向宗厚言：「祭不欲數，乞用故事權罷時享。」禮官援政和五禮新儀，不從。於是祫祭、孟饗、薦新、朔祭兼行於一月之間，非故事也。

是日，盜張成入醴陵縣。右從事郎、知縣事程愿率士兵射士擊之，巡尉曹修、郭建皆爲所殺。愿中刃不死，賊亦去。後贈修、建各兩官，録其子。久之，愿自愬其事，於是亦進二資。

17 戊申，端明殿學士、新知平江府趙鼎爲江東安撫大使，兼知建康府，許過闕。

詔減落糴本關子價直之人，賞錢五百千，許人告。慶元隨敕申明。

18 己酉，詔帥臣、統兵官以公使酒酤賣者，取旨論罪。先是，李綱爲湖廣宣撫使，請於所在州軍造酒，許之。及是，呂頤浩因進呈，言茶鹽榷酤，今日所仰養兵，若三代井田、李唐府兵可復，則此皆可罷。不然，財用捨此何出？朱勝非曰：「榷酤自漢孝武時因兵興而有。」上曰：「行之千餘年，不能改革，可見久長之利。」故有是旨。

詔湖北安撫使劉洪道、知鼎州程昌寓併力招捕湖寇楊太。時太據洞庭，有衆數萬。太主誅殺，其黨黄誠主謀畫，誠之下又有周倫、楊欽、夏誠、劉衡之徒，大造車船及海鰍船，多至數百。車船者，置人於前後，踏車進退，每舟載兵千餘人。又設拍竿，長十餘丈，上置巨石，下作轆轤，遇官軍船近，即倒拍竿擊碎之。官軍以此輒敗。大率車船如陸戰之陣兵，海鰍如陸戰之輕兵。又倫、欽雖各有寨，而專倚舟以爲强；誠、衡雖各有舟，而專倚寨以爲固。此其所恃也。韓世忠之在湖南也，遣使臣朱實往招之，太不聽命。至是，昌寓以奏，乃命趣捕之。

19 庚戌，武節大夫、果州刺史霍明爲江西兵馬副都監。

20 辛亥，徽猷閣待制、安復鎮撫使陳規陞徽猷閣直學士，仍詔規俟來春赴行在。

左迪功郎孔端朝，宣聖之後也，上召見，特改左承事郎，尋以端朝爲秘書省正字。端朝除正字，在十二月。

21 壬子，都督府統制官王冠盡追所有官，爲承信郎，赴神武右軍自效。時諸將之起於羣盜者，朝廷盡揀其軍。冠兵皆老弱，又虚張軍數，冒請糧食累年，故有是命。

尚書吏部郎中晏敦復嘗以事忤呂頤浩，言者論「敦復治吏而不白其長，又不信朝廷批狀，而自審於都堂」，詔送吏部。

22 丙辰，權尚書刑部侍郎王衣罷爲集英殿修撰、提舉江州太平觀，以右司諫劉棐論其於刑名屢有出入，又嘗舉張汝舟，每懷憤恨也。

尚書金部員外郎呂廷問請令文思院造斗秤升尺出賣，以助經費，私造抵罪。從之。

是月，尚書右僕射朱勝非上書，言經營淮北五事：一謂國家屯軍二十萬，月費二百萬緡，儻無變通，必致坐困。逆豫方行什一税法，聚以資敵，若王師不出，豫計得行。今當渡江，取彼所積，以實邊圉。淮南既實，民力自寬。二謂逆豫招到淮北山寨及知名賊二十六項，所以然者，彼謂官軍不敢出，逆賊能驟來耳。宜分爲三軍，聲言取徐、邳而實取淮陽，聲言趣京師而實取陳、蔡，聲言入濱、海而實取青、密。使逆豫聞之，必分兵拒守，然後大軍出廬、壽，直擣宋、亳，豫必成擒矣。三，慮賊併力南寇，今敵使既行，未有要約，不若先破豫兵，去其一助。四，大軍一出，所得金帛，當明諭將帥，悉以賞軍。五，淮北有土豪助順者，就以爲守將，俾自爲備，則兵勢益張。如此，則不三二年，中原可定。上納之。

僞齊劉豫以知東平府李鄴爲尚書兵部侍郎，兼權尚書右丞。豫傳云：「是月以鄴權右丞，范恭守左丞。」按僞齊録有什一税法進札云：「阜昌四年五月，權左丞范恭。」阜昌四年癸丑，乃紹興三年，則恭此年未落權字，傳蓋誤也。陽穀令李俅言什一税法利害可采，遷監察御史。俅，儔弟也。

校勘記

①國馬爲戎狄所侵 「戎狄」，原作「彊敵」，據叢書本改。

②内侍武翼郎趙彦民坐驗視故不以實 「彦民」，原作「民彦」，據本書卷五三、本卷下文及叢書本改。按：趙民彦實另有其人，嘗任潭州通判，見宋史卷二五高宗紀二、本書卷二八。

③莫甚於四裔强盛 「四裔」，原作「敵國」，據叢書本改。

④亘亦坐誅 「坐」，原作「當」，據叢書本改。

建炎以來繫年要録卷六十

1 紹興二年十有一月戊午朔，右諫議大夫徐俯入對，言：「大臣不可立威，宜與諸將論事。」又言：「杜充一向威嚴，諸將不敢議事，其敗以此。」上曰：「朕命大臣與諸將會食共議，卿特未知。」吕頤浩曰：「將相和則國安，豈可人情不通？」自頤浩、張浚執政，始與諸大將共食於朝堂，論者謂諸將便衣密坐，視大臣如僚友，階級之法廢矣。朱勝非閒居録云：「朝廷承堂陛之勢，宰相號表則之官，動遵典禮，不容妄作。故事，每見客，無迎送之禮，無燕聚之私。建炎以來，車駕巡行，典禮雖不備，然大體尚存。三年，渡江至臨安，有苗、劉二賊之變，副樞吕頤浩、禮部侍郎張浚同爲勤王之舉，聚兵吳門，日與諸將議事，或犒勞偏裨，置酒高會，必至夜分，欵狎無所不至。如是四十日，事定造朝，吕拜相，張拜樞，與諸將會集不已，酒酣箕倨，以至嘲謔，喧閧紛挐，無復禮儀。至呼諸將第行，以兄事之，云幾哥。故事悉廢，識者深惡之。」

2 己未，尚書工部侍郎韓肖冑移吏部侍郎，仍兼工部；權吏部侍郎章誼移刑部侍郎，仍兼兵部。肖冑兼工部在丁卯，誼兼兵部在庚午。

御筆：「新除尚書比部員外郎蔣璨直秘閣、知台州。」璨，之奇從子也。時台州守臣屢以不才罷，會燦召對獻議，請帥府、望郡皆增置通判一員，而易其名爲長史、少尹，論者以爲不可行。詔以璨在臨川有聲，故有是命。既而右諫議大夫徐俯再疏論：「璨交結梁師成，師成所蓄古今書畫最爲富有，常置璨於門下，爲辨其真僞。」命遂格。臣僚駁璨所議在十一月辛亥，俯初論璨奪職在此月庚午，罷郡在辛未，今聯書之。

3 庚申，執政進呈朝堂所受訟牒，州郡有未決者，乞付大理。上曰：「宰相進賢退不肖，用治天下，豈可以細事爲務？」顧呂頤浩曰：「卿可諭臨安守臣宋煇，令盡心獄訟，毋致煩紊朝廷。」

4 辛酉，詔自今住講日，令經筵官輪進春秋口義一篇，至開講日如舊。

右承事郎陳正由試尚書屯田員外郎，以其父瓘任諫官，言京、卞誤國，特録之也。

詔湖、廣縣令闕官處，令提刑司限半月具名申吏部差注，限日之任。自喪亂以來，湖、廣縣令皆罪廢，或右職攝之，論者以爲言，故有是旨。

直徽猷閣、和州無爲軍鎮撫使趙霖以營田有緒，遷一官，爲左中奉大夫。

是日，盜陳顒破武平縣。

5 壬戌，尚書駕部員外郎李愿請望祭程嬰、公孫杵臼於臨安。從之。

6 乙丑，詔江、湖、閩、浙、廣南路州縣官吏曰：「朕以中原否隔，狄難歲滋①，巡省治兵，久淹江表。惟是六師供億調度之繁，加以盜賊干戈誅求之苦，擾吾郡邑，害及生靈。終夜以思，當食而歎，雖詔書寬恤，赦令蠲除，以時而下，尚慮奉行之吏便文自營，徒掛牆壁，使吾惻怛哀矜之意不能下究，而元元之民靡獲沾其實惠，朕甚愍之。肆簡忠信之使，分路循行，逮諸郡縣，檢察詔令，平反刑獄，觀風問俗，宣布德意，付之以親札之曆，使舉案必書，以稽其殿最，丁寧告戒，躬臨遣之。惟爾在官小大之臣，斯亦知朕志矣。其相率勵，各公乃心，勤乃職，毋荒失朕命，務安吾民。凡使者之所上聞，朕將即其功罪，示以勸懲；隨其惰修，加以誅賞。爾乃狃於習俗，行或不良，時冒吾禁，其洗心易慮，務自悔革，勿蹈大刑。朕言必行，惟明聽之，勿忽。」

左承奉郎虞澐爲秘書省校書郎。先是，澐與沈長卿、石公揆同召試。上諭輔臣，以長卿策尚懷朋附。呂頤浩曰：「惟澐答所問，長卿乃於題外別叙四事，皆是自外準備。公揆文詞荒略，不可與選。」乃詔長卿已爲李綱所辟，令赴任。公揆別與差遣。澐，奕子。奕，錢塘人，工部侍郎。公揆，會稽人也。長卿已見。

中書舍人兼侍講陳與義言：「臣竊見陛下憂勤庶政，日昃不食。臣嘗深思致治之要，不過擇人。欲無遺才，不若素察。陛下垂意黎庶，不爲不切，而近郡之守，或一歲之間乃至數易，選擇在廷之臣，按察諸路，猶或失之，至於改命，皆以見在人材寡少故也。若稍修臺省寺監之缺，悉召天下之才，聚之朝廷，詳試以考其能，還觀以究其藴，緩急任使，豈憂乏人？或謂大農之費不可增，則今州縣添差之官，豈不食於民力，而於此顧惜之乎？自古急於人材之代，必有搜訪之術。今之士大夫，雖更數年夷狄盜賊之禍②，而流落湮晦，散在諸路，尚多有之。其不願從仕者少，而困於無津，不能自達者多。若使諸郡每一季或半年，以里居不仕及流寓之人並列姓名爵里以聞，則披籍一覽，可以盡知矣。」詔諸路州軍如所陳，具申尚書省。

度支員外郎胡蒙言：「方今時尚艱危，兵未可戢，則理財之政，必以經常所入爲先。若諸路年額上供、常平應干租課，與夫摘山煮海之利，三者畢集，費用自足。儻用其一而緩其二，至於闕乏，不得已乃横斂暴取，以蠹民必矣。朝廷比來措置榷貨鹽鈔，公私雖已盡利，然官兵贍給、糴買、犒賞、賜予之類，悉取於此，其諸路歲入財賦至行在者，實數甚微。臣愚願詔諸監司官，凡管下租賦利入，拘催趁辦未足額，不許截撥上供。其一路一州一縣物料錢帛應輸行在之數有違者，限滿委都省劄刷以聞，嚴行懲戒。」詔以付諸路漕臣。

初，明州象山、定海、鄞縣旁海有鹵田三十七頃，民史超等四百六十餘家刮土淋鹵煎鹽，官未嘗收其課。至是，浙東提舉茶鹽公事王然始拘充亭户，盡榷其鹽，歲爲二百九萬餘斤，收鈔錢十萬餘緡。事既行，乃言於上。於是守臣、直秘閣陸長民言：「此乃失業細民，旋採薪煉土，往來無常。明州自兵火之後，民未復業，今又集舟調夫，水陸防拒，勞苦已甚，豈宜更置鹽場，重其騷擾？」都省勘會：「提舉官建明，有利無害，令憲司具的確利害申尚書省，毋得少有觀望。」既而提點刑獄公事孫近言：「象山一縣可以置場如然請。」然之未榷也，知定海縣蓋文淵嘗以爲言，張守時爲安撫使，言小人不曉朝廷之意，務在苛刻，恐非今日所宜。事遂寢。至是，卒推行之。用孫近言置象山場在三年四月九日，文淵建言在今年閏月二十五日。此據會要，日曆無之。

是日，僞齊劉豫召武功郎、河南鎮撫司都統制董先至汴京，以爲大總管府先鋒將。此以紹興四年五月七日閻大鈞待罪狀修入。先是，金房鎮撫使王彦在金州，威聲頗著，宣撫處置使張浚以彦節制商、虢、陝、華州，彦遣屬官高士瑰率諸將以圖商、虢，至紫嶺，與先遇，官軍敗，統制官劉琦戰死。然先以困迫，遂棄商州，彦以統制官邵隆知州事。彦明年二月朔以剿殺董先、復商州除軍職，未知的在何時。不知彦因董先爲僞齊召去，遂乘虚以取商州，或先爲彦所困而棄城依豫，是皆未可知。林泉野記稱彦忌其統制劉琦，然先亦困迫乃降，恐誤。先歸正在明年正月，彦已失商州久矣。

7 丙寅，顯謨閣待制江常爲給事中。詔以常宣和間爲侍御史，言事無所畏避，故用之。後五日，諫官徐俯論其「賣京附黼，貪墨著聞，不可污論駁之任」，命遂寢。

和安大夫、榮州防禦使王繼先主管翰林醫官局，填新刱闕。繼先辭不受。

8 丁卯，左中大夫致仕胡谷瑞卒。谷瑞，壽昌人，嘗爲尚書吏部郎中，建炎間請老，卒年五十三。谷瑞爲郎時，初得任子恩，先官其弟，朝廷許之。因著令，初遇大禮有子者聽蔭補期親。

9 戊辰，中大夫、中書門下省都檢點魏孝純除名，郴州編管。先是，殿中侍御史黄龜年劾孝純凶險悖逆，御筆送大理治罪。孝純具服冒請俸賜，法寺當追一官勒停，吕頤浩進呈，特有是命。

10 己巳，詔太尉韓世忠應得恩數如兩府例。上謂輔臣曰：「世忠有功，宜厚賜予。朕昨遣中使賜帶笏狨坐以寵之矣。」

尚書左僕射吕頤浩屢請因夏月舉兵北向，以復中原。且謂：「人事天時，今皆可爲。何者？昨自維揚之變，兵械十亡八九。未幾，敵分三路入寇③，江、浙兵皆散而爲盜。自陛下專意軍政，揀汰其冗，修飭器甲，今張俊軍三萬④，有全裝甲萬副，刀槍弓箭皆備。韓世忠軍四萬，岳飛軍二萬三千，王𤫊軍一萬三千，雖不如俊之軍，亦皆精鋭。劉光世軍四萬，老弱頗衆，然選之亦可得其半。又神武中軍楊沂中、後軍巨師古，皆不下萬人，而御前忠鋭如崔增、姚端、張守忠等軍，亦二萬。臣上考太祖之取天下，正兵不過十萬，況今有兵十六七萬，何憚不爲？且向者邵清擾通、泰，張琪劫徽、饒，李成破江、筠，范汝爲據建、劍，孔彦舟、馬友、曹成等爲亂於江、湖，朝廷枝梧不暇，今悉已定。又自敵之南牧，莫敢嬰其鋒者。近歲張俊獲捷於四明，韓世忠扼於鎮江，陳思恭擊於長橋，而張榮又大捷於淮甸。良由敵貪殘太甚，天意殆將悔禍。又敵以中原付之劉豫，而豫煩碎不知國體，三尺童子，知其不能立國，事固可料。觀宇文虛中密奏，雖未可盡信，然敵騎連年不至淮甸，必有牽制，則天意蓋可見矣。今韓世忠已到行在，臣願睿斷早定，命世忠、張俊與臣等共議，決策北向。令世忠由宿、泗，劉光世由徐、曹以入⑤，又於明州留海船三百隻，令范温、閻皐乘四月南風北去，徑取東萊，此數路皆有糧可因，不必調民饋運。大兵既集，豫必北走，所得諸郡，就擇土豪爲守。敵舉兵來争其地，則彼出我入，彼入我出，擾之數年，中原可復。況今之戰兵，其精鋭者皆中原之人，恐久而銷磨，異時勢必難舉，此可爲深惜者也。」頤浩此疏在今年，而不得其月。熊克小曆繫之二月末間，恐誤。疏稱韓世忠已到行在，當是此時。若二月，則世忠尚在湖南，不應云爾也。疏又稱後軍陳思恭，疑傳寫之誤。思恭去年九月已死矣。今改作巨師古，庶不抵牾。

11 庚午，詔自今御筆並作聖旨行下。時右諫議大夫徐俯言：「祖宗朝，應批降御筆，並作聖旨行下。自宣和以來，所以分御筆、聖旨者，以違慢住滯科罪輕重不同也。今明詔許繳駁論列，當依祖宗法，作聖旨行下。方其批付三省，合稱御筆，三省奉而行之，則合稱聖旨，然後名正言順。人但見宣和御筆，謂不當然，不知祖宗御筆不少，王廣淵在仁宗朝，嘗編類成書，以爲後法。乞依故事施行。」上從之。

右宣教郎韓亮特進秩三等，以參知政事孟庾言亮從其父剿除賊寇，備見勤勞故也。

禮部尚書洪擬言：「近時吏强官弱，官不足以制吏。官有以財用不給而罷者⑥，吏未嘗過而問也。官有以刑名失當而罷者，吏未嘗過而問也。官有罪，吏告之，有司治之惟恐後。吏有罪，官按之，則相疑曰：豈寬縱致然耶？故任職者，官以不按吏爲得計，宜其所在奸吏專權擅勢，大作威福。臣竊憤之。願詔有司立法，應官除名者，吏勒停；官衝替者，吏放罷；官能自按吏，則許免失覺察之坐。如此，則吏强官弱之風寖衰矣。」上謂宰執曰：「朕思此一事，要在官得其人，吏不敢舞文爲奸。」吕頤浩曰：「緣官不知法，致吏得以欺。」上然之。其後刑部言，吏犯贓私罪，已有正法，擬所請難行。事遂止。刑部議下在明年正月辛亥。

户部尚書黄叔敖請倣在京法，應見緡出臨安諸門者，五千已上收其税，匿不自言，半没官，半給告者。後二日，詔見緡出門，毋得過十千，其收税勿行。

12 辛未，廣東經略使汪伯彦始受命。時虔寇謝寶以衆數千攻博羅縣，伯彦遣官兵、募土豪與戰，各有勝負。寶乞就招，士民言遠人不諳戰守，願從賊請，以安人情。伯彦以便宜授寶承信郎，賊遂散。熊克小曆云：「詔伯彦知廣州，未拜，會盜數萬侵廣東，圍城邑，郡人相率請伯彦討賊，伯彦乃出領帥事。既而賊亦遁去。」此蓋汪藻撰伯彦墓碑之詞，非其實也。今以伯彦自奏招安事修入。狀在日曆明年四月二十八日。中興聖政：「上曰：『朕嘗思創業、中興事殊，祖宗創業固難，中興亦不易。中興又須顧祖宗已行法度如何，壞者欲振，墜者欲舉，然大不容易。此實艱難，朕不敢不勉也。』臣留正等曰：『創業、中興殊未可以難易分也。蓋削平僭叛，混一區宇，與夫救溢扶衰，重光基緒，自非明聖之主，負大有爲之志，安能辦是功業哉？太上皇帝因論創業之難，而深念中興之不易，且欲勉强而力行，故能撥亂反正，中興炎祚，三紀之間，方内晏然。蓋大有爲之志，已先定於圖復之初矣。』」

13 壬申，上諭輔臣曰：「自昔中興，豈有端坐不動於四方者？將來朕撫師江上。朕觀周宣王修車馬、備器械，其車攻復古一篇可見。若漢世祖起南陽，初與尋、邑之戰，以少擊衆，大破昆陽。其下如唐肅宗雖不足道，能用郭子儀、李光弼，以復王室。朕謂中興之治，無有不用兵者。卿等與韓世忠曲折議此否？如朝廷細事，姑付有司，卿等當熟講利害。朕前日與世忠論至晚膳過時，夜思至四更不寢。朕與卿等固有定議，昨日批出，可更召侍從日輪至都堂，給札條對來上，朕將參酌，以決萬全。」呂頤浩等曰：「謹奉聖訓。」

吏部侍郎韓肖胄言：「今日之勢，終當用兵。如晁錯之論七國，以爲削亦反，不削亦反，金人猶是也。」繼因賜對，面奏：「賊豫盜據中原，人心不附。宜出不意，遣兵將鼓行進討，聲言翠華再幸金陵，督使過江。願賜睿斷，克成大勳。」時頤浩亦召世忠至都堂，諭以焚毀劉豫糧料事。世忠曰：「此乃清野之法，不可不行。」禮部尚書洪擬獨言：「國勢强則戰，將士勇則戰，財用足則戰，我爲主，彼爲客則戰。陛下前年幸會稽，今年幸臨安，興王之居未定，如唐肅宗之在關中，光武之在河内也。又邇者諸將雖有邀擊小勝，未見雷合電發，以取大捷。又江、浙農耕未盡復，淮甸鹽筴未盡通，平日廩給尚艱，緩急將何以濟？又千里餽糧，士有饑色。今使千里出戰，則彼逸我勞，凡此皆可以言守，未可以言戰也。」擬歸語家人曰：「吾知迎合可取高位，然豈以一身之故，誤國事耶？」中興聖政：臣留正等曰：「兵凶器也，有時而致吉；戰危事也，有時而致安；争逆德也，有時而致順。少康非兵不能以中興於夏，宣王非兵不能以中興於周，光武非兵不能以中興於漢，肅宗非兵不能以中興於唐。國家艱難之初，敵騎猖獗，直欲長驅東南。非太上皇帝親總六師，指授諸將，挫其鋭鋒，而奪敵師之氣，敵肯爲前日之和哉？暨金亮渝盟，擁百萬之師，壓我淮上，非諸將角數戰之勝，太上決親征之策，致彼兇徒自相殘戮，聖上纘承，繼興師討，敵肯爲今日之和哉？太上皇帝謂中興之治無有不用兵者，斯誠不易之論。」

秘閣修撰、知臨安府宋煇言：「本府酒税課利，乞依揚州例，權免分撥諸司，應副本府支使，竢移蹕日如舊。」從之。

詔吉州榷貨務見賣廣南鹽鈔，並增貼納錢，如淮、浙例。

14 癸酉，尚書右司員外郎曾統爲殿中侍御史，監察御史唐煇守左司諫。

尚書户部郎中王衍充樞密院檢詳諸房文字。

15 甲戌，殿中侍御史黄龜年守太常少卿。

右司諫劉棐充集英殿修撰，知台州。

江浙荆湖廣南福建都轉運使張公濟言：「諸路州軍財賦出入，並許取索點檢，如上供錢不足，乞以轉運司移用錢依條限補解，如漕司别作名目支用者，許行按劾。」從之。

詔淮、浙鹽場所出鹽，以十分爲率，四分支今降指揮以後文鈔，二分支今年九月甲申以後文鈔，四分支建炎渡江以後文鈔。用户部尚書黄叔敖請也。先是，吕頤浩以對帶法不可用，乃令商人輸貼納錢。至是，復以分數均定如對帶矣。

命潭、鼎、荆、鄂帥守李綱等四人約日會兵，收捕湖寇。初，綱以湖廣宣撫使赴湖南，聞曹成將自邵入衡，以趨江西，而韓世忠所留提舉官董旼親兵才數百人，勢不足以彈壓，即駐師衡陽，遣使諭成，使散其衆。成至衡，綱召與語，俾率其餘衆四萬詣建康。時馬友之將步諒有兵二萬，掠衡山，泊吴集市。綱留統制官韓京屯茶陵以扼賊，而親帥大軍自白沙濳涉江，諒不虞其至，遂出降。至是以聞，詔綱精加揀汰，得七千餘人，隸諸軍。此并據綱行狀，不得其日。按史，綱以十一月癸酉奏步諒解甲公參，故且附此。綱尋入潭州，械右朝奉郎、知醴陵縣張覿屬吏，權攝官以漸易置，贓吏稍戢。綱延見長老，問民疾苦，皆以盜賊、科須爲言，乃檄州縣，非使司命而擅科率者，以軍法從事，應日前科須之物，並以正賦準折。又遣統制官郝晸降潰將王進於湘鄉，吴錫擒王俊於邵陽。自是，湖南境内潰兵爲盜者悉平，惟湖寇楊太據洞庭，文榜指斥，言詞不遜。綱命統領官李建、馬準、吴錫分屯湘陰、益陽、橋口以備之。湖南無水軍，綱乃拘集沿江魚網户得三千人屯潭州，言於朝，乞合兵討蕩。詔湖北安撫使劉洪道、知鼎州程昌寓、荆南鎮撫使解潛遣兵會之，仍權聽綱節制。

16 乙亥，賜新除殿中侍御史曾統進士出身。時統以故事任子不除臺職，又與諫官徐俯連姻爲言。詔統元祐石刻名臣之子，特賜進士出身。統乃受命。

詔江東西宣撫使韓世忠措置建康營田，募民如陝西弓箭手法。

故正議大夫唐恪贈觀文殿學士，以其子瑑言恪在圍城中，不獲伸迎奉二聖之謀，乃飲藥而死故也。中書舍人胡松年奏：「恪輔政無狀，陛下謂其累經赦宥，特與復職，臣不敢輕議。若曰嘉其死節，願詔有司詳考實狀。」命遂寢。王明清揮麈録誤以松年所奏爲張澂，已辨之，見建炎元年二月癸未注。

17 丙子，尚書考功員外郎朱異兼權監察御史，充浙西宣諭，代曾統行。異，桐廬人也。

右承務郎任申先守尚書考功員外郎。

18 戊寅，閩盜范忠掠龍泉縣。忠，范汝爲餘黨也，與其徒千餘爲盜，犯建州之松溪。尉吴某及寶文閣待制、知泉州陳戬之妻皆爲所殺。至是，去而之處州。

19 己卯，起居舍人方閶充右文殿修撰、知衢州，從所請也。於是修注官全闕，乃命太常少卿黄龜年、秘書少監洪炎兼權。諫議大夫徐俯奏「監察御史李靄素無行檢」，詔靄主管台州崇道觀。

右通直郎、新通判温州陳桷直秘閣。桷，機弟也，爲韓世忠官屬，用世忠請而命之。中書舍人胡松年言：「中秘圖書之府，祖宗以來，非儒學名流不在此選。桷雖久在軍中宣力，恐於職名非所當得，乞於等第推賞外，更與量行轉官。」從之。

是日，宣諭五使劉大中、胡蒙、朱異、明槖、薛徽言同班入見，上諭曰：「比所下詔令，州縣徒掛牆壁，皆爲虚文。今遣卿等，務令民被實惠。守令，民之師帥，縣令尤親於民。奸贓之吏，必須按發。公正奉法之人，必須薦舉。如山林不仕賢者，亦當具名以聞。平反獄訟，觀風問俗等事，並書於曆，朕一一行之。此非尋常遣使比也。」乃詔異改浙東、福建，蒙浙西，大中江東、西，徽言湖南，而槖使廣東、西如故。其分鎮地分，令鎮撫使選清廉彊明官，徧歷所部。徽言請州縣已蠲租賦文簿，建炎改元已前者，並行焚毁。又乞：「所至州縣，吏無大過，而職事不辦者，如漢薛宣守馮翊故事，聽臣兩易其任，不理遺闕。」翌日，上諭大臣曰：「近臨遣五使，面諭丁寧，非往時遣使之比。朕欲實惠及民，可依所奏焚毁，示民不疑。如有合對移官，具事因申省取旨。」初，五使將行，上命各賜内帑帛二百，大中等辭。上謂大臣曰：「朕欲出使無擾，一切不受饋遺。若不賜予，何以養廉耶？」

20 辛巳，上謂輔臣曰：「昨日大理少卿元衮面對，朕戒諭以持法明恕，如宣和間開封尹盛章、王革可謂慘刻。」呂頤浩曰：「惟明克允，用刑所先也。」

21 壬午，龍圖閣直學士、知湖州汪藻言：「自太上皇帝、淵聖皇帝及陛下建炎改元至今三十餘年，並無日曆。本朝宰相，皆兼史館。故書榻前議論之辭，則有時政記；柱下見聞之實，則有起居注。類而次之，謂之日曆；條而成之，謂之實録。所以備記言，垂一代之典也。苟曠三十年之久，無一字之傳，何以示來世？望許臣編集元符庚辰至建炎己酉三十年間詔旨，繕寫進呈，以備修日曆官采擇。」許之。自軍興，史官記録靡有存者。藻嘗於經筵面奏，乞命史官纂述三朝日曆。會朝廷多事，未克行。比出守湖，而湖州不被寇，元符後所受御筆、手詔，賞功罰罪等事皆全，藻因以爲張本，又訪諸故家士大夫以足之，凡六年乃成。熊克小曆：「紹興元年九月，初，翰林學士汪藻言：『自元符以來，並無日曆，此國家大事，願留聖心。』上納之，既而宰執請所付，上曰：『無以易藻矣。』至是，除藻知湖州，詔領日曆如故。」按克所書，止據藻墓誌，與日曆不同。兼藻奏疏亦稱「昨於經筵面奏，未見施行」，則知藻在翰林，未嘗得旨也。今不取。

詔江、浙、福建諸州造甲五千副，每度牒一爲錢百二十千，以償三副之直。

是日，皇兄左監門衛大將軍、忠州防禦使安時因朝參失其長女，詔立賞告捕。

22 癸未，資政殿學士、知福州張守言：「被旨令本州刱修城池。按圖記，福州城築於晉太康三年，僞閩增廣至六千七百餘步。國初削平，今爲民田已久。閩土砂礫，用石砌甃，約費錢七十萬緡、米六萬斛。今公私困敝，請俟他年。」先是，右司員外郎張宗臣乞令泉、福州築城以備寇。守以爲難事，遂止。宗臣建此議，時爲大理少卿。

23 甲申，資政殿學士、提舉臨安府洞霄宫吴敏薨。輟視朝二日，贈觀文殿學士。敏弟儒林郎叙，宣和末棄官爲僧，至是，敏祖母韓氏言於朝，乃復令出仕。叙出仕在明年六月己亥，今併書之。

時流民有至行在者，知臨安府宋煇請常平米賑給。從之。

是月，虔賊陳顒等犯梅州，圍其城。守臣右承務郎劉安雅命取鈎吻草，研取其汁，投之酒醋，散於民居。賊遣人賫牒索金銀鞍馬，安雅遽磔之。盜入民居縱飲，死者以百數，餘多昏迷不省。賊疑懼遁去，圍遂解。安雅四年六月丙戌減三年磨勘。

校勘記

① 狄難歲滋　「狄」，原作「敵」，據叢書本改。

② 雖更數年夷狄盜賊之禍　「夷狄」，原作「兵荒」，據叢書本改。

③ 敵分三路入寇　「入寇」，原作「進兵」，據叢書本改。

④ 今張俊軍三萬　「俊」，原作「浚」，據文意，領兵帶甲者乃張俊，故逕改。下同。

⑤ 劉光世由徐曹以入　「曹」，原作「漕」。景定建康志卷四八有「劉光世由徐曹諸州路以入」語，據改。

⑥ 官有以財用不給而罷者　「而」，原闕，據叢書本補。下同。

建炎以來繫年要録卷六十一

1 紹興二年十有二月丁亥朔，詔：「閩盜范忠竊發，令神武前軍左部統領申世景、御前忠鋭第六將單德忠以所部二千速捕之，毋致滋長。如不即撲滅，其帥守監司及應干捕盜官並重寘典憲。」既而處州復告急，乃命忠鋭第一將張守忠以精兵二千會之，權聽守臣宋伯友節制。賊遂平。世景以勞自武功大夫加榮州刺史。忠初見十一月戊寅①，世景除遥刺在明年正月甲戌。

初，婦人易氏爲亂兵所掠，後在劉超軍中，久之，從商人張德。易嘗見同掠内人，頗能言宫禁事，遂自稱榮德帝姬。宗室成忠郎士倫送之至荆南，時朝請郎苟敦夫通判府事，鎮撫使解潛以敦夫女嘗在宫掖，俾驗視之，苟氏以爲然。潛遂遣官部送至行在。過衢州，其從者怙貴執辱官吏，一郡騷然。守臣汪思温曰：「是亦一徐王也。」上命崇國夫人王氏等驗認，果詐，遂與赴大理，易呼曰：「我與主上親同氣，何無手足情耶？」至是，大理奏獄成，詔易杖死，德黥隸瓊州，士倫、敦夫並除名，敦夫漳州、苟氏千里外編管。臣謹按，榮德帝姬，道君皇帝長女，在東都降曹晟。靖康陷金皇族數云：「晟死於燕京。公主嫁習古國王②，已死，見在大金皇后後位居住。」是明易之妄也，今併附此。

黄州布衣吴伸上書曰：

臣竊觀陛下有孝弟之大德，而二帝之問不通，敵國之陵不已，土地之封日削，國用之富不饒，盜賊之鋒未戢。此五者，其故何哉？臣竊謂今兩國之難未解，鼎峙之形已分，使者雖數十輩，金帛雖數十萬，能免僞齊之盜乎？此遣使之無益明矣。陛下忍小耻太過，示小敵太怯，視疆埸太輕，任藩屏太易。寄託非人，而土地之産多曠；姑息太厚，而殺戮之威不張。此五者，雖國之急務，然猶未足爲陛下之輕重。臣復見國勢如累卵之危，生靈有塗炭之厄，臣曉夕爲之寒心。不識陛下欲復祖宗之故業乎，止欲爲東晉之南據乎？臣竊謂復祖宗之故業，則陛下有萬世垂統之基。若止如東晉之南據，則不過有百年之世祚，然尚恐土地日削，社稷日危，亦未必安於百年也。說者必曰：朝廷賴僞齊以爲藩籬以捍金人。臣竊爲不然。外敵之患，患在手足。中國之患，患在腹心。不識僞齊今不爲盜，能保其子不爲盜乎？能保其孫不爲盜乎？不識僞齊俟金人既定之後，去僭僞之大號，還土地之故疆乎？爲復割據中原，久假而不歸乎？若曰臣無伐君，則武王何爲而并天下？若曰國可並立，則隋高何爲而滅叔寶？縱使劉豫止欲割據，豈不爲奸雄開基？又況自古南北雌雄之勢，但見以北并南，未聞以南并北者也。

臣竊聞立國之所以重者三，太學本籠絡天下之英雄，今悉罷去，而劉豫乃爲學校以延多士。今諸軍士卒皆河北、山東人，邇來如劉光世軍中，一月之糧或闕其半，各懷去心。而豫大張形勢，廣示富饒，省刑薄斂。彼思鄉之人聞此，豈不動心？南北往來，商賈如織，厚增其利，售我物貨，關市無征，阜通無禁，朝廷事無巨細，往往皆前期而知，此無他，從商賈之便者然也。誘陛下之英賢，則謀謨可得而策；誘陛下之士卒，則戰鬭可得而用；誘陛下之行旅，則國之虚實可得而知矣。凡此三者，悉有離心，則陛下國勢日以孤危。

臣又聞金人重兵悉趨陝西，志在吞蜀。萬一不幸，蜀有變動，彼將順流而下，水陸並進，則陛下豈可復有乘桴之行乎？僞齊有實無聲，若即伐之，如摧枯拉朽爾。不亟平之，非特爲子孫患，臣恐爲陛下憂也。臣觀東南之地，本非帝王之都，歷考古今，未有卜世之久者。況吴越之地，形勢尤薄。萬一未復神京，而建康古都，亦可暫駐鑾輿，無久居於海隅也。臣觀自古帝王之興，兵權未嘗重假於人。今陛下親御之衆，不如藩鎮之多，臣竊憂之。願陛下簡治甲兵，躬行天罰。若猶豫不斷，金人得蜀，必復立僭僞，割據成國。陛下土地，止有東南，因循苟安，恐成大禍。願陛下以歸命侯、長城公之言爲戒也。臣又見近日沿邊州軍，多用武臣爲守，或起於卒伍，或招於賊徒，毒心不改，逆謀猶存。近置安撫大使，正如唐之節鎮，文臣爲之則不知兵者有焉，武臣爲之則貪污寡謀者有焉。設有寇至，皆是提重兵以自衛。臣竊觀周以同姓之親而昌，唐任異姓之權而亡。爲陛下計，莫若以沿邊之郡、十州之地，建一諸侯，以同姓之親者主之，且耕且戰，足爲屏翰。金枝玉葉，布在四方，足以伐敵國之謀，絶亂臣之望。臣前言願陛下伐齊者，策之上也。不得已而建諸侯者，策之次也。捨此二者，復有秘策，當俟對天顔而後面陳，非紙筆得以盡也。臣竊見酈食其與唐儉爲死間事，與今日頗相契合。陛下以臣言可採，臣願爲食其、唐儉出使僞齊，謀説將定，陛下興師，從而伐之。臣雖遭鼎鑊之烹，猶生之年也。臣竊自料，臣死有三：陛下怒臣狂愚之言，而殺之通衢，臣亦死；陛下用臣狂愚之言，而遣之死間，臣亦死；陛下不聽臣言，他日或如王蠋自經於木枝，臣亦死。有此三者必死之道，臣願爲聖宋之鬼，不忍爲異國羈旅之民也③。伸書凡六千餘言，其大指如此。疏入，詔赴都堂審察，遂以伸爲將仕郎。伸補官在十二月乙卯。

2 戊子，直龍圖閣、主管江州太平觀辛炳爲侍御史，趣赴闕。

3 己丑，百姓張本杖脊送千里外州軍編管，坐念詩譏諷，及談説本朝國事爲戲也。

4 庚寅，廣東經略司言：「海賊柳聰已受招。」詔補承信郎，充經略司海上捉捕盜賊。聰爲盜久，有舟數十，徒黨數百人，往來廣、福、雷、瓊、欽、高、南恩諸州境上，至是愈熾。帥臣汪伯彦言，已遣官説諭歸業，故有是命。尋又官其徒七人。然聰居海中，出没如故，久之乃定。明年四月己酉，其徒七人並補官。四年二月戊戌，廣東經略使季陵申，自汪觀文招諭柳聰了當，目今無餘黨。今併附見。

5 辛卯，尚書祠部員外郎鄭作肅爲監察御史。

直徽猷閣、淮西巡撫使郭偉權知廬壽春鎮撫司公事。偉將至廬州，上奏言權鎮撫使王亨嘗受僞命，欲閉門拒之。上命神武後軍統制巨師古將兵與偉會④。而御前忠鋭第一將崔增以忠鋭二千潛舟由巢湖以入，遂執亨。奏至，乃有是命。

左從事郎王之道特改左宣義郎，以和州鎮撫使趙霖言其保全濡須之功也。之道初見建炎三年十一月⑤。

左朝散郎、新知江陰軍趙詳之言：「陛下甄別廉污，以示天下。然州縣之吏猶聞抵冒，以干典憲。今犯贓之人，搢紳所不齒，赦令所不宥，計贓綢絹不滿十五匹絞，其法禁非不重，告戒非不明也。然未聞立按察官之法。臣乞爲法制著於令甲，諸監司按察官，計部内州縣之數，視舉官法，於部内有犯入己贓不因按發，因事罥罣，每一人降一官，或展磨勘，三人加等。至於貪贓狼籍，所犯數多，取旨竄黜。將見持節按察之官仰承風旨，加意督責，必不容貪污之吏叨在部屬，而廉慎之風馴可致矣。」事下刑部詳之。又奏乞令經筵官兼講諸史，上諭大臣曰：「朕觀六經皆論王道，史書多雜霸，又載一時捭闔辯士曲説。」遂不行。

6 癸巳，禮部尚書洪擬請依元祐法，兼用詞賦經義取士。已而御史曾統以爲未須兼經，可止用詞賦。上曰：「古今治亂，多在史書。以經義登科者，類不通史。」呂頤浩言：「均以言取人，第看所得人材如何耳。臣嘗見太祖皇帝與趙普論事書數百通，其一有云：『朕與卿定禍亂以取天下，所刱法度，子孫若能謹守，雖百世可也。』」上曰：「唐末五季藩鎮之亂，普能消於談笑間，如國初十節度，非普謀，亦孰能制？輔佐太祖，可謂社稷功臣矣。」

7 甲午，御筆申嚴銷金之禁。上因覽韓琦家傳，論戚里多衣銷金事，且聞都人以爲服飾者甚衆，故禁之。觀文殿學士、知潭州、充湖南安撫使李綱罷。初，綱爲宣撫使，請擇人攝所部守貳，理爲資考。朝廷從之。又乞所差權官到任，其吏部先差下人雖到，更不放上。内有材能之人，別行辟置。劉棐爲右司諫，言：「此乃藩鎮跋扈之漸，若久任之，將使軍民獨知有綱，不知有陛下。知有宣使，不知有朝廷，非國之利，非綱之福。」疏入不報。棐又言：「綱靖康中力主邢倞結餘覩之議，又令姚平仲夜劫敵栅，遷迫之禍，皆自綱發之。」不報。棐又言：「綱與吴敏誣上皇，欺淵聖，謂宣和傳授出於己意。寄居福州，招納賄賂，移文江西，增益制書。事見七月庚午。方命矯制，不恤國事。」章四上。右諫議大夫徐俯亦奏劾綱。至是，檢會棐奏，以綱提舉西京崇福宮⑥。命吏部尚書沈與求爲龍圖閣學士、湖南安撫使，兼知潭州。仍詔綱俟與求至，乃罷。綱嘗言：「荆湖之地，自昔號爲用武之國。今朝廷保有東南，制御西北，當於鼎、澧、荆、鄂皆宿重兵，使與四川、襄、漢相接，乃有恢復中原之漸。」未及行，而綱廢。棐疏稱：「翟汝文任執政日，面奏李綱與臣同寓福州，招納賄賂，受統制官辛企宗米三百石。陛下嘗諭汝文畏綱黨，終不肯遵奉聖訓。」當考。

言者論：「通州歲支鹽二十萬袋，近浙西安撫大使司統制官喬仲福、王德市私鹽，倣官袋而用舊引貨於池州，人不敢問。今歲緣此支鹽僅三萬袋，有害鈔法。」尚書省言：「茶鹽之法，朝廷利柄。自祖宗以來，他司不敢侵紊。今養兵大費，多仰鹽課。若將佐容縱侵紊，非獨妨客販，即養兵大費必闕。」乃詔：「光世詰仲福與德之罪。後有犯者，捕送臺獄，重行貶竄。」

夜，行在臨安府火，燔吏工刑部、御史臺及公私室廬甚衆。乙未旦，乃滅。賜神武中右軍忠鋭第五將馬步軍、修内司救火卒三千人錢各一千；令户部出米二千斛，賜民之不能自存者。

8 丙申，吕頤浩等上疏待罪。上曰：「朕一夜宫中恐懼，不寒而慄。應令寬恤賑濟等事，卿等可速條具施行。」乃降親札曰：「惟天降災，彰朕失德。當與卿等共思所以謝天譴，其勿有請。」時吏部案牘悉爲火所焚，乃詔應陳乞遷官、任子者，但有官私印押文字一件可以照驗，即許召保陳乞。用侍郎權尚書席益請也。益建請在此月辛丑。

太常博士趙霈言：「國家以宋建號，用火紀德，今駐蹕以來，未舉大火之祭，望詔有司舉行。」從之。

詔省浙東沿海制置司。時言者以爲：「浙西沿海制置使仇悆置司許浦鎮，別無措置，但責巡尉分地而守，州縣官皆可任此事。然控扼山東海道，尚爲不可廢者。呂源在浙東，尤爲端閑。」乃詔源俟來春結罷，其海舟令明州守臣兼領。尋命悆移司定海縣，併浙東領之。此月丁未降旨。

9 丁酉，右諫議大夫徐俯入對，上面諭俯，有合奏禀事，不拘早晚及假，並許入。俯嘗勸上熟讀漢光武紀，上書以賜之，曰：「卿近進言，使朕熟看世祖紀，以益中興之治。因思讀十過，未若書一遍之爲愈也。先以一卷賜卿，雖字惡，甚無足觀者，但欲知朕不廢卿之言耳。」

10 戊戌，詔：「臨安民居皆改造蓆屋，毋得以茅覆蓋。行宮皇城周回，各徑直留空三丈，毋得居。」

左宣教郎洪興祖爲秘書省正字。興祖，擬兄子也。嘗爲太常博士，以内艱去。及是，與左承事郎孔端朝、左文林郎張炳、左從事郎周林四人俱召試。上覽策，謂大臣曰：「興祖所論讜直，切中時病，當爲第一。」遂與端朝並除正字，而炳、林令吏部與諸州學官。

秘閣修撰、提舉亳州明道宮衛仲達卒。

是日，端明殿學士、江東安撫大使趙鼎始至建康視事。時參知政事權同都督江淮荆浙諸軍事孟庾、太尉江南東西路宣撫使韓世忠皆駐軍府中，軍中多招安强寇。鼎爲二府，素有剛正之風，庾、世忠皆加禮，兩軍肅然知懼。民既安堵，商賈通行焉。

11 己亥，淮西巡撫使郭偉罷。集英殿修撰、知江州胡舜陟復徽猷閣待制、廬州壽春府鎮撫使兼知廬州。朝論以偉擅執王亨，懼其生事，故命舜陟守之。仍令御前忠鋭第一將崔增暫權廬州。舜陟明年三月到官。

右朝請郎、知徽州孫佑直秘閣、知江州，兼沿海安撫使。佑，北海人也。

龍圖閣學士、新知潭州沈與求力辭湖南之命，且言不習軍旅，必致敗事。乃以與求知常州。時龍圖閣直學士折彦質在廣西，即以彦質爲湖南安撫使兼知潭州，仍令李綱俟彦質至乃罷。與求猶稱疾不已，遂以本職提舉江州太平觀，免謝辭。熊克小曆：「十一月己巳，沈與求除知潭州，與求乞祠，改提舉太平觀。」按此時李綱未罷，克蓋誤也。

尚書右司員外郎李與權言：「今兵勢稍振，然所試亦不過鋤平寇盜羣饑烏合之衆而已。若不簡練，恐未能以臨大敵。望用古今上中下駟之法，立爲三等，壯勇武藝精熟者爲上，壯勇可教藝者爲中，僅能披戴者爲下。賜賚請給，各視其等。如此則上兵得逞，不混於不能者之間；中兵欣羡，亦復勤於訓習；下兵執役，不增招其額。非獨省費，亦激勸之道。」詔神武諸軍相度，後不果行。

詔八路轉運司除攝官及應辟人外⑦，其闕並權歸吏部，候邊事寧息取旨。以本部言員多闕少故也。

12 庚子，秘閣修撰、知臨安府宋煇罷，以殿中侍御史曾統再疏，論其救火無術，罪戾至多，又受入内東頭供奉官苻輔之請求，縱釋私酤故也。仍以輔之送大理寺。先是，宗子不同寓居餘杭縣，煇遣兵掩捕，得私醞，旋又釋之。及究治，煇自言與輔之不相識，蓋右修職郎、新鹽官縣令刁廱與不同親厚，以書囑簽書寧海軍節度判官廳公事李勤責出之。於是追輔之二官，降勤二官，廱一官，並衝替，仍札煇照會。輔之三年正月乙亥行遣，今併書之。燀四年三月己未落秘撰，廱四月壬辰改正。

詔蘄江西兵馬副鈐轄張中彥於潭州。用帥臣李綱奏也。中彥事已見十月壬寅。

13 辛丑，給事中賈安宅試尚書工部侍郎，中書舍人胡松年試給事中，太常少卿黃龜年爲起居舍人。

故右武大夫、寧州觀察使、知陝州李彥仙贈彰武軍節度使，故起復靜難軍承宣使、知慶陽府楊可昇贈感德軍節度使。張浚言：「可昇詐降以誤敵，事竟，卒爲所害。」故録之。晁公遡撰彥仙傳，乃稱彥仙仕至拱衛大夫、寧州觀察使，與宣撫司奏狀不同。今從奏狀。

詔：「諸路制勘公事徒罪已下，並令宣諭官酌情斷遣以聞。四川分鎮路分，令宣撫、鎮撫司遣官結絶。」以權刑部侍郎章誼言：「諸路制獄二百餘，遠者數年不決，干繫日久。」故有是命。

明州奏：「高麗國遣知樞密院事洪彝叙等六十五人來貢。」詔起居舍人黃龜年接伴，而吏部侍郎席益館之。高麗人卒不至⑧。熊克小曆於十二月甲辰書高麗遣人入貢，蓋誤，高麗人實未至也。

14 壬寅，左承議郎張致遠主管台州崇道觀，從所請也。

宣撫處置使張浚即成州置院，類試陝西發解進士，得周漢等十三人。浚承制賜漢進士出身，餘同出身。癸卯以聞，詔令尚書省給黃牒。趙甡之遺史：「姚岳，京兆人，避地入蜀。張浚欲收陝右士夫心，紹興初解試，令陝右流寓進士盡作合格，類省試亦如此，惟雜犯黜落一二人而已。岳爲榜首。由是陝右流寓進士三十餘人，皆過省。」按宣撫司所奏，岳乃第十一人，非榜首，甡之恐誤。然所云流寓進士盡作合格，理容有之。今附見此，更求他書參考。

右朝散郎李元瀹充御史臺檢法官，用殿中侍御史曾統奏也。時臺中全闕長貳，上特命統辟之。

15 甲辰，詔張浚罷宣撫處置使，依舊知樞密院事。徽猷閣直學士、知夔州盧法原爲龍圖閣學士、川陝宣撫處置副使，與王似同治事。先二日，命駕部員外郎李愿往川、陝撫諭，因使持詔召浚還朝，且令浚與參贊公事劉子羽、主管機宜文字馮康國俱還，仍以親兵千人護送。時法原奉祠居蜀，浚承制以法原代韓迪，言於朝，閱四日，遂有是命。尋詔浚於國有功⑨，久勞於外，令學士院降詔，召赴樞庭。仍命學士撰蠟書十通，付宣撫副使王似書填，賜諸叛將。書略曰：「昨宣司參議劉子羽弄權用事，不通人情。今已召張浚還朝，更命王似，無復嫌隙，其早自歸。」浚聞乞祠，不許。賜叛將詔語，楊氏編年有之，他書蓋無也。降詔召似在丁未，令學士撰蠟書在戊申，今併書之。

詔李綱未罷宣撫使已前，刷下二廣錢物，令湖南安撫司取撥，應副支用。先是，綱遣官剗刷廣西常平一司帑藏，得錢七十八萬餘緡、米十七萬餘斛、金銀八千餘兩。朝廷以湖南殘破之後，慮乏軍儲，故令取撥焉。日曆有此指揮，今以明年三月四日都省勘會指揮增入。其所刷錢數，以明年十二月廣西提刑董弅具到數附見。

尚書省言：「諸路寺觀常住田多荒閒。」詔僧道能措置種蒔及税租無拖欠者，並差撥住持。

是日，上謂大臣曰：「近引對元祐臣僚子弟，多不逮前人，亦一時遷謫，道路失教。元祐人才，皆自仁宗朝涵養，燕及子孫。自行經義取士，往往登科後再須修學，所以人才大壞，不適時用。」

16 乙巳，呂頤浩言：「近遣郎官孫逸督上供米於江西，聞已起三綱，則三十萬之數可集矣。」上曰：「所補不細。江西漕臣必待遣官趣之，則失職爲可責。朕面諭都轉運使張公濟，俾先理常賦，若常賦不入，反務横斂，非朕恤民之意也。」

觀文殿學士、知廣州汪伯彥罷。右諫議大夫徐俯言：「伯彥公議不與，衆惡所歸，軍民不悅。付之方面，必致誤事。」故伯彥遂罷。

右金吾衛上將軍、提舉西京崇福宫朱孝孫卒。訃聞，贈開府儀同三司。孝孫，淵聖后兄也，靖康中自節鉞换授。

17 己酉，尚書吏部郎中周隨亨充川陜撫諭官，與李愿偕行，各進一官，賜白金五百兩。仍命隨亨宣押王似、盧法原赴撫司治事。

18 庚戌，孟庾自建康來朝。

樞密院計議官李誼與遠小監當，坐漏泄朝廷機事故也。先是，誼奉詔往青龍鎮未還，有旨詔從官至都堂集議。會常州進士李觀國上書及其事，輔臣召問，謂從誼得之，故有是命。此以紹興五年三月一日臣僚上言修入，奏稱誼以十月二十五日差往青龍鎮幹事，十一月十一日侍從集議，十八日誼方回。誼回時，觀國已上書矣。集議事，日曆全不載，不知所議云何，當求他書參考。

詔福建轉運司移福州，提刑司移建州。以言者論「漕計在以鹽課應副諸郡，福州瀕海之地，置司爲宜」故也。時轉運判官徐宇以建州殘破，不欲居，乃以私書遺呂頤浩，言其事。頤浩進呈，遂兩易憲漕之地焉。元降指揮已見七月辛巳。按日曆，此日行遣，止作臣僚上言。今以明年十月癸卯言章增入。

徽猷閣待制、提舉臨安府洞霄宫季陵知廣州。先是，惠州有狂男子聚衆數千，僭名號作亂。朝廷責帥司收捕，陵入境，密誘叛人曾衮，令以功贖罪，不旬月擒之。屬吏請奏功，陵曰：「討賊帥職也。」惟補衮承信郎，充歸善巡檢而已。

19 辛亥，司封員外郎鄭士彦言：「國以兵故强，兵以教故精。國家承平時，禁軍教法甚嚴，況今艱難，而諸州往往冗占，以將迎爲急務，教習爲虚文。望詔有司，申嚴故事。每州選兵官專主，歲終較其精粗而賞罰之。」詔以付諸路帥司。

右文殿修撰、江淮荆浙都督府參謀官盧知原充徽猷閣待制、知臨安府。

泗州得僞齊宿州牒，有犯廟諱御名者，邊吏審於朝。三省奏，若行退回，恐往復稽滯，乃命以黄紙覆之。

襄陽鎮撫使李横敗僞齊於揚石店，遂復汝州。先是，僞河南尹孟邦雄發永安陵，（此據熊克小曆。）鎮撫使翟琮憤不能平，思出奇以擒之。知虢州董震亦與僞將先密謀以所部應琮。時襄陽糧乏，横不能軍，乃引兵而北。敵自入中國，少能抗之，不意其猝至，悉潰而去。横至汝州城下，守將武德大夫彭玘以城降。（熊克小曆載李横復汝州在明年三月，蓋不知其進兵月日也。日曆載横捷奏云：「十二月二十五日，敗僞齊於揚石店。」故繫此日。熊曆又云：「横軍中乏食，朝廷所給，皆州縣虚椿之數。」按此當是明年還軍後事，此時襄陽乃分鎮地分，朝廷未嘗有所給也。今不取。）

是日，金人犯商州⑩。初，左副元帥宗維在雲中，使陝西經略使撒離喝裒五路叛兵，與僞齊四川招撫使劉夔入寇⑪。（辛炳劾張浚疏稱王萬年叛去，此時在軍中。蓋誤。萬年即王喜也，此時爲拱衛大夫、威州刺史、宣撫使統領軍馬。）其時秦鳳路副總管吴璘以兵駐和尚原，敵懼不得進，欲以奇取蜀，乃令叛將李彦琪駐秦州，窺仙人關，以要吴玠。别將以游騎出熙河，綴關師古，而大軍由商州入寇⑫。師古與别將遇，敗之。撒離喝至商州，斥堠將望風退走，守將邵隆度不能守，即退屯上津。日曆三年三月十九日，宣撫使奏金人以十二月二十五日自長安引兵趨金、商。辛亥二十五日也，關師古以是月十三日己亥敗金於熙、秦，今附見此，更不别出。

20 壬子，尚書左司員外郎張綱請命郡邑月具禁囚存亡之數，結罪申提刑司，歲終較其多寡，量行賞罰。從之。

21 癸丑，左朝奉大夫張錞追二官勒停，永不得與知州差遣。錞守太平州，坐軍變，故有是命。

22 甲寅，參知政事孟庾同都督江淮荆浙諸軍事，落權字。言者論淮南多閑田，而耕者尚少，今安撫鎮撫使陳規措置屯營田，深得古者寓兵於農之意，望倣其制下之諸路。詔湖北、江東西、浙西屯田，令帥臣劉宏道、韓世忠、李回、劉光世措置，都督府總治。

詔都轉運使移司。

常州進士汪大圭、張致平伏闕上書，論時事。三省言：「靖康初曾因奸臣鼓唱，太學諸生伏闕，致京城紛擾，理當懲戒。」乙卯，詔近年未嘗因言責人，惟伏闕事不可不戒，可令臨安府挾歸本貫。大圭，徽州人；致平，成都人也。

徽猷閣待制、提舉江州太平觀耿延禧復龍圖閣直學士。延禧上疏自訟爲蔡京徒黨王寀、鄧肅所攻，故有是命。

23 丙辰，慶遠軍節度使、醴泉觀使邢焕薨於行在。上將臨其喪，言者以爲：「駐蹕吴、越以來，持重戒謹，有所不出。至於肺腑恩澤之侯，豈足以勤乘輿？況方春不宜臨弔。」乃止。加賜銀帛二千匹兩，以其弟閤門宣贊舍人蓋臣添差浙西兵馬鈐轄，令湖州量給葬事。後謚恭簡。焕三年十一月追封。

是日，知鼎州程昌寓令兵馬副總管杜湛率將士冒雪入沅江縣境，盡焚賊寨，奪舟取糧。熊克小曆：「鼎寇楊么衆至數萬，是月，詔鼎澧鎮撫使程昌寓遣兵討之。」按此時鼎州已罷分鎮，克所云誤也。

是冬，虔賊謝達犯惠州，圍其城。守臣左朝奉郎范漴聞賊且至，募鄉豪入保子城，城外居民悉委以啗賊。達縱其徒焚掠，獨葺蘇軾白鶴故居，奠之而去。漴遂盡取賊所殺居民首以效級，州人怨之。此以洪邁夷堅志及明槖劾范漴章修入，但邁以爲達陷州城，與槖所奏不同，恐誤。蘇軾白鶴故居亦在城外，邁不細考耳。

初，僞齊進士薛筇嘗詣金國上書言事，金人執之，以歸僞齊。筇至汴京，復以醜言訐豫，欲令繫頸以組，與大臣同詣闕下，臣子之義，雖死猶生，或得以全其宗族。若夫緩一時之誅，忘終身之患，他日受擒，與妻子磔身東市，悔無所及。豫大怒，欲斬之。僞齊張孝純救解得免。此據僞齊録張孝純上本朝書增入，不得其年。孝純書在五年之秋，而又云：「召筇至門下者二年。」故參酌附此年末。

是歲，宗室賜名命官者十有八人。

大理寺言斷大辟三百二十四。

户部奏兩浙路主户一百八十萬三千六百二十四，口三百三萬四千七百六十九；客户三十一萬八千四百四十八，口五十三萬三千六。成都府路主户八十萬八千八百六十一，口二百三十四萬七千四百一十七；客户三十二萬一千六百二十八，口九十二萬一千六百一十九。

校勘記

①忠初見十一月戊寅　「十一」，原作「十二」，據叢書本改。
②公主嫁習古國王　「習古」，原作「錫庫」，據金人地名考證改。
③不忍爲異國羈旅之民也　「異國羈旅」，三朝北盟會編卷一五四作「夷狄竊國」，此當爲四庫館臣所竄改。
④上命神武後軍統制巨師古將兵與偉會　「軍」字原脱，据叢書本補。
⑤之道初見建炎三年十一月　「一」字原闕，據卷二九建炎三年十一月已酉記事補。
⑥以綱提舉西京崇福宫　「西京」，原作「京西」，據叢書本乙正。
⑦詔八路轉運司除攝官及應辟人外　「司」，原作「使」，據叢書本改。
⑧高麗人卒不至　「卒」原闕，據叢書本補。
⑨尋詔浚於國有功　「尋」，原作「時」，據叢書本改。
⑩金人犯商州　「犯」，原作「攻」，據叢書本改。
⑪與僞齊四川招撫使劉夔入寇　「入寇」，原作「並進」，據叢書本改。
⑫而大軍由商州入寇　「入寇」，原作「馳入」，據叢書本改。

建炎以來繫年要録卷六十二

1 紹興三年歲次癸丑。金太宗晟天會十一年，僞齊劉豫阜昌四年。一一三三春正月丁巳朔，上在臨安。

江西安撫大使司將官李宗諒誘奉新戍兵以叛，進犯筠州，統領官趙進擊却之，宗諒奔潭州。

是日，權河南鎮撫使翟琮及權知虢州董震以山寨餘衆入潼關。後二日，琮入西京，僞齊留守孟邦雄方醉卧，遂俘其族以歸。熊克小曆稱琮以丁巳朔入西京。據琮奏，乃在初三日，今從之。

2 己未，命諸路憲臣兼提舉常平司公事，用户部尚書黄叔敖請也。時論者以爲：「自罷提舉官以來，諸色田宅所收租課錢物，詭冒失陷，虧損國計，不知其幾。乞委提刑司根括。」事下叔敖，叔敖請諸路提刑各給敕，兼提舉常平等事，許辟差幹辦官一員，諸州令主管官管幹，故有是命。

詔婺州年額上供羅並權折價錢。時宣諭官朱異至婺州，而州人言每歲輸羅兩數太重①，異請損其半，户部因令折錢。自建炎中詔減婺羅爲三萬匹，至是計臣乞復崇寧之舊。守臣王居正三上章，且遣其屬詣都堂白宰執，仍手疏五不可以聞。乃詔依已減定之數。王居正事，熊克小曆附去年末，而日曆無之，因朱異奏請附見。然户部所申乃云年額羅二萬匹，又減於建炎已減之數，不知何也。

3 庚申，浙西安撫大使司統制官、武功大夫、忠州防禦使孫琦特追三官，坐不察官兵冒請錢糧，爲安撫大使劉光世所劾也。孫琦恐即是竇應衛兵去爲盜者，當考。

大理評事山陰石邦哲言：「近僞徐王李勃、僞帝姬阿易之來，遣使迓之，絡繹於道，有以見陛下之親睦。既察其詐，遂正典刑，又有以見陛下之明斷。臣聞漢光武之誅王郎，雖或者疑其爲成帝之遺體而猶誅之，蓋惡人之惑衆，而僞者莫辨也。唐代宗之訪母后，嘗曰：『寧受百欺，冀得一真。』蓋懼人之避罪，而真者莫至也。今李勃、阿易之事，既已鏤板播告四方，尚恐皇族有自金國脱身南歸，宜令州縣驗實，許以推賞，不得隱匿，庶茂本支。」詔禮部偏牒諸州，如其請。

是日，襄陽鎮撫使李横破潁順軍，降僞齊知軍事、拱衛大夫、明州觀察使蘭和，後二日，敗僞齊兵於長葛縣。

4 辛酉，開封府免舉進士張松壽特補池州文學，以江東西宣撫司選鋒右軍統制董旼言其嘗至辰州招降曹成有勞也。

5 壬戌，右諫議大夫徐俯兼侍讀。

詔宰執、侍從官，自二月朔日依令繫金帶。宣和後，寇難作，掊聚金幣以遺敵約和，有旨宰執、侍從許以花犀帶入朝，二府正透，從官倒透爲别，蓋權宜之制也。至是，以高麗貢使將至，乃詔許服帶如舊，仍以左藏庫所有假之。

6 癸亥，左承直郎、大理評事趙公爟爲左奉議郎。公爟轉對，請令諸處鹽場具見遞年祖額增虧，申嚴賞罰，故有是命。

虔盜陳顒圍潮州，不能下。是夜，拔柵遁去，復還江西。尋命神武前軍左部統領申世景以所部二千自閩中往擊之。

7 甲子，命尚書户部侍郎姚舜明往建康總領大軍錢糧，用同都督江淮荆浙諸軍事孟庾請也。時諸軍屯建康者，歲用錢糧五十餘萬，皆户部財計，故命舜明領之。總領名官，自此始。庾又言：「應統兵大小將帥，並聽節制。自今軍期及錢糧事，並先申督府②，毋得妄有申明，庶幾號令齊一。」庾又言：「降受右武大夫、和州防禦使馬擴通曉軍務，請以爲參議官。」從之。翊日，庾發行在。

右承務郎孟思誠特進一官。思誠，庾子也，爲督府書寫機宜文字。上召對，庾力辭而有是命。

詔御前忠鋭第七將徐文以所部屯定海縣，聽沿海制置司節制。

尚書右司員外郎張宗臣試大理卿。

左朝奉大夫、知封州熊大啓爲廣南東路轉運判官。大啓應詔上書言利害，故就用之。既而右諫議大夫徐俯言其「不材老繆」，命遂寢。

是日，李横復潁昌府。先一日，横引兵至城下，僞齊京西北路安撫使趙弼固守，横率將士急攻之。至日城陷，弼巷戰不勝，遂遁去。劉豫聞横兵至，急遣先鋒將董先使拒敵，先出京城，殺掠數百人，奪騎數百，走翟琮軍。琮以先爲鎮撫司都統制。董先事以五月戊午翟琮所奏修入。

8 乙丑，手詔曰：「廷尉天下之平也。曹劌謂小大之獄，雖不能察，必以情爲忠之屬也，可以一戰。不其然乎？可布告中外，應爲吾士師者，各務仁平，濟以哀矜。天高聽卑，福善禍淫。莫遂爾情，罰及爾身。置此座右，永以爲訓。臺屬憲臣，常加檢察。月具所平反刑獄以聞，三省歲終鈎考，當議殿最。」中興聖政：臣留正等曰：「人主有好生惡殺之心，而治獄之吏以慘酷害之。斯民固有以小罪而陷深文者，猶吾納人於機穽也。太上皇帝中興之功，出於仁恕。盜賊雖流毒於天下，而不能使民心解携而去，蓋不忍人之政，素有以結之也。時方艱難，既以救吾民於水火，而兵革休息，又恐其隕性命於酷吏之手。聖心亦已勞矣。爲吏者，安忍高下三尺而傷中和之政乎？紹興初，宰相欲以大理卿高誼知蘇州，太上皇帝曰：『大理人命所繫。獄官多慘刻少恩，誼儒者，奏讞平恕，勿令補外。』劉大中宣諭江西，而歸擢爲諫官，已而曰：『大中江西興獄頗多，若置之諫官，恐州郡觀望。』遂改除秘書少監。聖慮深遠顧如此。」

集英殿修撰歐陽懋充江淮荆浙都督府參議官。

兩浙轉運副使梁汝嘉言：「得劉光世牒，鎮江府所撥贍軍苗米，近已兩次應副奉使一行，及韓世忠軍兵往還食用，令别行科撥。」三省勘會：「鎮江府一郡財賦，雖有旨聽取撥助軍，緣止謂酒税之類，況日收不下數百千，兼本月錢糧既有定數，即未審此錢何用，有無赤曆，已札下提刑司取會。其苗米係上供之數，不合占留。方今行在贍養内外官兵，常恐糧儲不足。若不體認急闕，但巧以名色占破，如此雖竭一路糧斛，亦無由應副足備。」乃詔：「世忠往還所給糧，令漕司償其數，餘不行。如奉行有違，合干官吏並當重行竄責。」

左宣教郎趙子偁添差通判湖州。

徽猷閣待制何志同卒。

是日，金人陷金州。先是，宣撫處置使張浚召本司都統制節制興文龍州吴玠、金均房州鎮撫使兼本司同都統制王彦、利州路經略使兼知興元府劉子羽，會於興元，約金人若以大兵取蜀，即三帥相爲應援。子羽聞敵至，諭彥俾以强弩據險邀之。彥習用短兵，屢平小盜，不以子羽言介意。金州之西有姜子關，乃承平時商旅由子午谷入金、洋之路。金聲言取姜子關路入漢陰縣，故彥頗分兵守之。既而撒離喝自上津疾馳，不一日至洵陽境上。召漢陰統制官郭進，以三千人乘流夜發，遇於沙限。敵捨騎來攻，戰數十合，敵見官軍少，晡時步騎並進，塵埃蔽日。進力戰敗死。彥曰：「敵所以疾馳者，欲因吾糧食以入蜀耳。」即盡焚儲積，退保石泉縣。金人入金州，彥退趨西鄉。會浚遣幹辦官甄援持手書督彥清野來會，彥遂踰西鄉。

劉豫以其臣周光爲京西安撫使。

初，神武副軍都統制岳飛在江州，軍中糧乏。江西安撫大使李回分其軍之半萬二千屯於江、筠州、臨江、興國軍，而命飛以餘軍即吉州屯駐，言於朝。丁卯，詔飛即以兵赴行在。

9 己巳，尚書吏部侍郎兼侍講席益試工部尚書兼權吏部尚書，中書舍人兼侍講陳與義試吏部侍郎。

10 庚午，詔大宗正司自廣州還行在，以嗣濮王仲湜兼判大宗正事，奉濮安懿王神主及諸宗室俱行。

言者請：「宣諭五使所至，毋得受理匿名文書。」從之。

11 辛未，入内東頭供奉官、幹辦皇城司馮益還所寄資，爲武功大夫、康州防禦使、帶御器械。

進士李康仲特補將仕郎。康仲之母，黃庭堅女也。始，上召庭堅子相赴行在，至荆渚而死。黃氏請以其夫已命未調之官禄康仲，上特許之。仍詔餘人毋得援例。朱勝非閑居録：「黃庭堅，豫章人，善詩律、書法，蘇軾薦入館，仍兼史院。又薦修起居注，而蘇轍方秉政，以爲庭堅無行不可。建中靖國中，除吏部郎官，亦不及赴。紹興初，今上偶喜其字畫，吕相頤浩因薦渠族弟叔敖，徑登瑣闥，終於版書。其甥洪炎，以瞶疾久廢，亦降召命，至不能對，除中書舍人，行詞乖繆，改授待制。有徐俯者，亦黄出也，嘗任省郎，附内臣鄭諶，入拜大諫，又拜内相，又拜簽書樞密院事。黄氏親族以至外姻，或遷官，或白身命官，殆無遺餘，皆云以庭堅之故也。」

賜劉光世兩鎮節度使印，及别賜寧國軍旌節，自是以爲例。

尚書工部員外郎袁正功獻渾儀木式。是月壬戌進呈。太史局令丁師仁等請折半製造，許之。初，京東渾儀凡四座③，至道儀在刻漏所，皇祐儀在翰林天文院，熙寧儀在太史局，元祐儀在合臺，每座約重二萬斤。此據太史局所申云爾。沈括筆談：「司天監銅渾儀，景德中曆官韓顯符所造，依倣劉曜時孔挺、晁崇、斛蘭之法，失於簡略。天文院渾儀，皇祐中冬官正舒易簡所造，乃用唐梁令瓚、僧一行之法，頗爲詳備，而失於難用。熙寧中，予更造渾儀，并刱爲玉壺、浮漏、銅表，皆置天文院，别設官領之。天文院渾儀，送朝服法物庫④，以備講求。」括所記，與此差不同，今附見。城破，皆爲金所索。揚州之陷也，吕頤浩收得渾儀法物二事，獻諸朝。金索渾儀，據欽宗實録云爾，而頤浩又奏收到渾儀法物二事，豈金但取其一乎？當考。至是折半，計用銅八千斤有奇，既而卒不就。三年十一月甲戌可參考。

詔私販茶鹽再遇大禮赦，亦不合原免。先是，浙西提舉官夏之文言「茶鹽係一司專法，慮不應引用海行條」。大理卿張宗臣、權刑部侍郎章誼皆言委得允當，於是行下。

修武郎、都督府親兵前軍統領李通既受招，事見去年九月戊辰。數月不解甲。至是，督府命通以所部屯和州，行至廬江之王家市，通爲徒中王全所併，其下劉德率衆圍舒州。都督府申通以正月十五日被殺，故附於此。

是日，雨雹而雷。

12 壬申，詔左文林郎方慤許參選。慤，桐廬人，深明禮學，政和中嘗獻所著禮記解義，遂賜上舍出身。至是，法當討論。權吏部尚書席益等言：「慤所進解義，今行於世，與進賦頌直赴殿試者不同。」故有是命。

13 癸酉，初復大火之祭，配以閼伯，歲以辰戌月祀之，用酒酺。此即趙霈所請，或可移附去年。

三省奏：「淮東久闕帥臣，乞以徽猷閣直學士、提舉江州太平觀湯東野知揚州，充淮東安撫使，右承務郎鍾離濬嘗任高郵縣丞，熟知本路利害，特遷一官，通判揚州。仍命神武右軍授湯東野兵千人以行，賜米六千斛、黄金二百兩、白金三千兩，爲養兵之用。」

武功大夫、明州觀察使、知揚州史康民改充浙西路馬步軍副總管，以所部屯鎮江。先是，劉光世不肯渡江，朝廷以寇賊既平，而民未歸業，田疇不耕者衆，故復用文臣。

14 乙亥，武功大夫、袁州防禦使、襄陽府郢州鎮撫使李横爲襄陽府鄧隨郢州鎮撫使，兼知襄陽府。武義大夫、閤門宣贊舍人、新除鄧隨州鎮撫使李道依舊知隨州。先是，朝廷遣成忠郎丘坦持告賜二人，而道畏横之强，終不拜。左承議郎、通判襄陽府趙去疾等因言四州人馬不可分擘，且勢分力弱，恐誤事機。故有是命。熊克小暦於去年冬末書霍明殺桑仲及李横授襄陽等州鎮撫使，皆無本月日，且差略殊甚，今不取。

15 丁丑，中書後省言：「百官定謚，乞惟特恩賜謚者命詞給告，餘如故事出敕。」從之。

吏部員外郎王庭秀面對言：「吏部四選，自渡江以來，案牘散失，品官到部無所考驗，止憑保官審實，不容無弊。竊見朝廷遣使宣諭諸道，欲乞令立式，下所屬州縣，取責管下見任及宫觀、寄居、待闕、丁憂、停替、責降、安置、編管官，除曾任侍從外，每員具夾細脚色家狀，五人爲保結除名之罪，知通考驗詣實，籍爲三本，一留州，一留轉運司，一候使人回日送部。其在軍下，令主將保明注籍，一留軍中，一納樞密院，一送部。三省百司有官及入品吏人，令御史臺取責編類，一留所屬，一留本臺，一納部。仍令吏部榜諭，品官將來到部，聲説於某年某處注籍訖，本部據籍點磨無差誤，即與判成。堂除舉辟，亦從本部參照，曾實係籍，方許放行差遣。庶幾銓曹按文覈實，吏胥不能爲奸，而僞冒之徒無所容跡。」詔本部勘當，後不行。

武功大夫、康州團練使、京東山寨統領范温自青龍鎮以所部赴行在。上召對，賜金帶衣甲，遂以温爲御前忠鋭第四將。温除忠鋭將在此月乙酉。

16 戊寅，神武中軍統制楊沂中請以所選水軍五百人剏置第六將，許之。時中軍纔五千人也。

17 己卯，詔太史局依舊頒降諸路轉運司曆日，其賣到浄利錢，赴榷貨務。

尚書工部侍郎賈安宅充徽猷閣待制，提舉臨安府洞霄宫。先是，右司諫唐煇奏：「安宅在靖康末，嘗欲從莫儔，儔敗，乃乞休致仕。明受之際，葉夢得率湖州寄居官偕往勤王，安宅持不可。事見建炎三年三月⑤。安宅家居，與富人張子琛交結，爲之占田。」詔安宅勒住朝參，令分析。安宅自辯甚悉，而理終屈。吕頤浩庇之，令御史臺定奪，且命「毋得挾情觀望，誣人功罪」。御史曾統等言：「安宅不曾與夢得偕行，且交結子琛有實。」故有是命。煇言不已，乃降安宅爲集英殿修撰，奉祠。

詔翰林醫官十二科，通以四十三員爲額。

18 庚辰，用禮官議，歲以春秋二仲，遣宗室環衛官於法惠寺行望祭諸陵之禮。時庶事草創，位牌但以白木黄紙爲之，紹興末乃改作。此據三十年十一月居廣所奏。

19 辛巳，翰林學士綦崈禮言：「祖宗時，凡節鉞臣寮得謝，不以文武並納節，别除一官致仕。熙寧間，富弼以元勳舊相，始令特帶節鉞致仕，弼猶力辭，不敢當者久之。其後相繼者，則曾公亮、文彦博也，他人豈可援以爲例邪？近楊惟忠、邢焕致仕，不復納節换官，恐違舊制。」詔三省、樞密院討論以聞，遂命自今如祖宗故典。後不果行。降旨依典故在三月。

謚陳過庭曰忠肅。

20 壬午，起居郎趙思誠試中書舍人，秘書少監洪炎守中書舍人。

直徽猷閣、知桂州許中奉詔市戰馬，得千四百匹⑥，而弱不堪用。上命降中二官。樞密院因請即邕州置買馬司，馬必四尺二寸以上，每百匹爲一綱，令帥臣提舉收買，選見任官管押，毋得差峒丁土丁。其沿路諸軍，毋得截留。自是，歲得千匹，雖道斃者半，然於治軍，亦非小補。今年二月辛卯李預事可參考。

詔禁衛神武三衙諸軍、御前忠鋭、宰執親兵並支雪寒錢。

21 甲申，命進奏院月以賞功罰罪事鏤板付天下，復舊典也。其後不果行。

詔復郎官番宿之制。

22 乙酉，謚聶昌曰榮愍。

減民間蠶鹽錢。初，祖宗時，賣民間蠶鹽。政和三年，詔民間不願請鹽者，輸鹽錢十之六。渡江後不復予鹽，而差損其直。至是，又申明之。建炎三年十一月丁未所書可參考⑦。

左朝奉郎、提舉台州崇道觀李光貶秩二等。初，光在建康，以軍衣不足，借用上供絹。至是，下本府責償，且令具當職官姓名來上。江東安撫大使趙鼎謂：「光爲大帥，直移文有司，取而用之，誰復敢議？安可併及他官？」遂止以光聞。因奏：「漕司不時應副，且迫於軍衣，不得不爾。擇禍莫若輕，非其罪也。光之罪，行及臣矣。」時呂頤浩方怒光，故卒抵其罪。熊克小曆載此事於今年二月末，且云：「是月，下本府具當職官。」按日曆：「去年十二月甲寅得旨，具當職官姓名。今年正月，本府奏到。」克實誤也。克又云：「始朝廷既怒，得鼎奏，乃薄光罪。」此亦據鼎行述所云，其實本府當職官各降二官，乃去年先降旨，今但黜光而不及餘人，則用鼎奏。并行述差誤，今修潤，令不抵牾。

校勘記

① 而州人言每歲輸羅兩數太重　「太」，原作「大」，據叢書本改。

② 並先申督府　「府」，原作「撫」，據文意改。

③ 京東渾儀凡四座　「座」，原作「坐」，據下文及叢書本改。

④ 送朝服法物庫　「服」，原作「物」，據夢溪筆談卷八改。

⑤ 事見建炎三年三月　「三年」，原作「二年」，據卷二一建炎三年三月乙巳記事改。

⑥ 得千四百匹　「得」原闕，據叢書本補。

⑦ 建炎三年十一月丁未所書可參考　「所書」、「參」原闕，據叢書本補。

建炎以來繫年要録卷六十三

1 紹興三年二月丁亥朔，陞桂州爲静江府，以上嘗領節度故也。

工部尚書兼權吏部尚書席益言：「魏晉而下甄别人物，專任選曹。至唐而銓法密矣，然不盡拘以微文，激濁揚清，時出度外。故杜淹表薦四十餘人，後多知名；韋思謙坐公事負殿，高公輔遽擢爲監察御史。國初猶存舊制，乾德四年詔曰：『自今常調集選人，吏部南曹取歷任中多課績而無闕失，其人材可擢者，具名送中書，引驗加奬。』則是尚或任人而不專任法也。其後官制釐改，典選者一切不得以意從事，振拔幽滯，無復聞焉。望稽用乾德詔書，凡常調中材行可取者，許長貳具名以聞。」從之。

龍圖閣直學士汪藻守湖州，用例敷糴軍糧於民户①，而士居左朝請郎、通判無爲軍顔經投匭訟：「藻廢格赦令，跋扈不臣。」事下宣諭官胡蒙，蒙具以聞。經坐貶二秩。經言不已，停其官。經停官在三月。

詔：「禁箭簳往山東，犯者抵死。官吏失察，流三千里，不以原赦。」

右諫議大夫徐俯進春秋解義，至「天王使宰渠伯糾來聘」，用左氏説「父在故名」。上謂俯曰：「魯桓公簒立，天王當致討，既四年不問，乃使其宰往聘，失政刑矣。故書名以貶之。」戊子，俯乞編之記注。

2 己丑，言者論軍中虚費四事，一曰冗兵，二曰虚券，三曰廣作名目以收使臣，四曰招集遊手以充效用。大略謂：「或有一軍不過三二千，而使臣至五六百。又效用之給，倍於上禁軍，今乃以供雜役。望詔統兵之臣與應副錢糧官，同心體國，愛惜財用，立定使臣員數，選汰效用。」詔樞密院申嚴行下。

右承事郎徐端益知漢陽軍。端益，陽翟人。此乃本中之父，建炎元年四月先見者，自是一人。自分鎮後，漢陽未曾除守，至是始命之。

是日，端明殿學士、簽書樞密院事兼權參知政事權邦彥薨於位。上將臨其喪，其家辭而止。特贈七官，爲左奉政大夫，輟視朝一日，賻銀帛千匹兩。邦彥無子，有女適右承事郎韓穰，乃詔所得恩賜皆以三分之一給其女。邦彥秉政幾一年，碌碌無所建明，充位而已。

3 庚寅，詔以法惠寺爲同文館。初，議以臨安府學館高麗使人，言者奏，雖在兵間，不可無學，且恐爲麗使所窺，乃改除館以待之。既而麗使言②，至洪州洋內，風敗其舟，卒不至。

知鼎州程昌寓遣將攻夏城寨，寨據芷江，東西北各阻陂湖，惟西南半面有平地，賊設重城重壕，其外設陷馬坑，官軍屯於寨下以守之。

4 辛卯，右諫議大夫兼侍讀徐俯爲翰林學士。

尚書考功員外郎任申先試監察御史。

都督府統制官王進改充江西安撫大使司統制官，以所部二千自饒州移江西屯駐。

初置廣西提舉買馬司於賓州，俸賜視雜監司，凡買馬事，經略司毋得預。仍命撥本路上供、封樁、內藏錢合二十七萬緡、欽州鹽二百萬斤，爲買馬費。先是，提舉峒丁李棫與帥臣許中有隙，坐停官，中遣屬官任彦輝代領其事，移司賓州。至是，邕州效用蒙賜投匭上書，以爲賓州去横山寨十二程，道遠不便，又鹽綵價高，公私多弊，故良馬不可得。上納其言，遂以左朝請大夫、新知建昌軍李預提舉廣西買馬，仍召見，遷官而後遣行。預，江陰人也。歲撥買馬錢在此月甲午，蒙賜上書在辛丑，除李預在甲辰，置司賓州在庚戌，撥鹽在壬子，預遷官在三月癸亥，今聯書之。熊克小曆云：「撥本路上供錢七萬緡爲本。」按日曆，所撥乃上供錢七萬緡、提刑司封樁錢及韶州歲額内藏庫錢各十萬緡。十一月壬申，「預奏内藏庫、封樁錢並無現在，乞改撥贍學經制錢十萬。許之。仍詔通其餘見取窠名，計三十一萬，應副買馬支用。」按鹽二百萬斤，約計二十四萬緡。又有錢十七萬緡，實計四十一萬，克蓋誤也。

國子監丞蘇良治爲尚書都官員外郎。良治與吕抗善，故頤浩用之。

是日，陝西都統制吴玠與敵遇於真符縣之饒風關。先是，知興元府劉子羽聞金州陷，即遣統制官田晟守饒風關，拒敵來路，且馳檄召玠。時宣撫司未有行下，玠曰：「事迫矣，諸將不能辦，我當自行。」直秘閣、主管機宜文字陳遠猷請曰：「敵舉國而來，其鋒不可當。宣撫既命分守，各有守地，何苦遠赴？萬一不勝，悔之無及。」玠不聽，自河池一日夜馳三百里，中道少止。子羽移書曰：「敵旦夕至饒風嶺下，不守此是無蜀也。公不前，子羽當往。」玠即復馳，與敵遇。玠軍纔數千人，益以洋川義士萬三千人。玠先以黄柑遺撒離喝曰：「大軍遠來，聊奉止渴。今日決戰，各忠所事。」撒離喝大驚，以杖擊地曰：「吴玠，爾來何速耶？」張同撰吴玠傳志補遺：「金帥撒離喝最好釋氏，僧午長老者，最所尊禮，至得與其妻妾雜坐飲食，而仙人關尼某，少畜於是僧。忠烈於是置尼私第，日以施利厚給。已而使尼手書，言忠烈所以待己意，惟汝可報。及密許高爵，且啗以金。午喜諾，吾諜之往者，皆館於方丈，往來不絶，撒離喝不疑也。於是金人情僞，凡至密之事，吾舉得之。」費士戣蜀口用兵録亦載此事，且云「至是，玠知金將犯金、洋。云云」按史，金人以去年十二月二十五日趨金、商，而玠以今年二月五日至饒風關，相距且四十日，不得云先知。今姑附此，更須詳考。時金房鎮撫使王彦自西鄉以八字軍來會，諸軍見援至，稍弛。玠怒，欲斬壕寨將，而壕寨將走降金人，告以虛實，且言統制官郭仲等地分雖險，而兵寡弱易敗。乃縱所掠婦人還山寨，而自蟬溪嶺繞出關背，夜以輕兵襲取之，仲果退走。敵既得山寨，遂乘高下鬭饒風，以精兵夾攻王師之背，王師盡却，玠斬之不能止。凡六日，關陷。

5 壬辰，起居舍人黃龜年進起居郎，尚書左司員外郎張綱爲起居舍人。

尚書右司員外郎李與權爲中書門下省檢正諸房公事，吏部員外郎王庭秀守左司員外郎，劉岑爲右司員外郎。

6 癸巳，都司檢詳官奏下營田法於諸路行之，悉以陳規條畫爲主。其江北無牛之地，仍用古法，以二人拽一鋤。凡授田，五人爲甲，別給菜田五畝，爲廬舍、稻場，初年免田租之半。兵屯以使臣主之，民屯以縣令主之，悉以歲課多寡爲殿最。

左通直郎楊揆直秘閣，知楚州。楚州自殘破後，久不置守。樞密院言揆才可用，遂除職而命之。此可見王明清所云揆欲斬秦檜事謬誤，已見建炎三年十一月丙午注③。仍令都督府以兵千人援揆之官，尋詔兼沿淮安撫司公事。揆兼沿淮安撫在此月丁未。

勒停人謝亮復右朝請大夫、知筠州，以奉使之勞也。左司諫唐煇奏亮「庸繆不才，又法當討論」，後旬日，遂罷其命。

7 甲午，降授武功郎、樞密院聽候使喚耿進特送處州羈管。先是，韓世忠奏進有反謀，下大理。法寺當進對其徒有「下海歸鄉」語，比私罪徒，追一官，罰金。使臣李明聽聞不審，誤告世忠，當死罪，杖。世忠上疏言「無以懲後」，遂遷明一官，而黜進。世忠奏進反事，見二年十月乙巳。

丙申，乾化縣土兵作亂。先是，閤門祗候劉瑾以禦寇之勞就知縣事，瑾日縱土兵剽掠，人甚苦之。會瑾改除江西兵馬副都監，安撫大使司以右承事郎黄象先爲代。象先與瑾不協，每裁抑之。是日，象先出郊飲酒，土兵有盜民園蔬者，象先執以屬吏，其徒篡取以去。象先怒，後八日，密遣土豪鄧密等以兵掩土兵寨，盡殺其孥，焚其居而去。時岳飛討虔寇，朝廷命瑾以所部六百人爲鄉導，在虔、吉間。守臣侯延慶以象先屬吏，言於朝，象先坐罷去。

8 丁酉，饒風關陷。吴玠收餘兵趨西縣，王彦收餘兵奔達州。彦潰兵走通明縣，破之。四川大震。王彦奔達州，吴玠功績記云爾。彦潰兵破通明，惟劉長源奏議及之，蓋他書無有也。

9 戊戌，詔要郡、次要郡守臣帶兵馬鈐轄、路都監者並罷。以言者論虚文無補也。

10 己亥，御筆：「臨安自兵火後，民地爲官司、軍營所占者，其預買絹皆除之。」翌日，輔臣言上户往往以免，下户不能自陳，宜遵詔旨蠲放。上曰：「文王發政施仁，必先四者。凡施惠當先及下，彼豪家雖立法抑之，猶能侵細民，不可不察也。」

是日，撤離喝入興元府。經略使劉子羽焚其城而遁④。初，饒風關陷，子羽與吳玠謀守定軍山，玠憚之，遂西。子羽亦退屯三泉縣，從兵不及三百，與士卒同粗糲，至取草木牙蘖食之。遺玠書曰：「子羽誓死於此，與公訣矣。」時玠在興州之仙人關爲守備，得書而泣。其愛將楊政大呼軍門曰：「節使不可負劉待制，不然，政輩亦舍節使去。」玠乃從麾下，由間道與子羽會於三泉。敵游騎甚迫，玠夜視子羽方酣寢，傍無警呵者，曰：「此何時而簡易乃爾？」子羽慨然曰：「吾死命矣，夫何言？」玠泣下，復往守仙人關。子羽約玠共屯三泉，玠曰：「關外蜀之門户，不可輕棄。金人所以不敢輕入者，恐玠躡其後耳。若相與居下，敵必隨入險反守，徐取間道，則吾勢日蹙，大事去矣。今經略既下，玠當由興州、河池繞出敵後，褒斜山谷，如行鼠穴。敵見玠繞出其後，謂將用奇設伏，邀其歸路，勢必狼顧。吾然後據險邀擊，可使遁走，此所謂善敗者不亡者也。」子羽以潭毒山形斗拔，其上寬平有水，乃築壁壘，凡十六日而成。其衆稍集，既而統制官王俊又以五千人至，於是軍勢復振。張同傳志補遺曰：「劉子羽自漢中西遁，謂忠烈曰：『今漢中失守，公不若與子羽同至閬州，調兵以出，破之未晚。』忠烈不從，則又日以羽書邀促，約共入兵。」按子羽留玠，當是共守蜀口耳，非欲同趨閬中也。不然，子羽胡爲留三泉耶？諸書毀子羽太甚，今不取⑤。

11 庚子，詔伯琮特除和州防禦使，賜單名從玉。令學士院擬二十八字進入，自擇瑗字以名之。

吏部員外郎、權監察御史江南東西路宣諭劉大中言：「昨岳飛提兵洪州，頗有紀律，人情恃以爲安業。今盜賊未息，而飛既去，則民不安，農務失時。欲望速賜選兵前來，免致盜賊滋蔓。」詔以湖南安撫司統制官韓京爲江西安撫大使司統制官，將所部千五百人，自衡州移吉州屯駐。

詔官兵所過州縣，並具人數及所敷錢米與支用實數申尚書省。尋命官軍所過，毋得調夫。此月壬寅。皆用江東西宣諭劉大中奏也。

左迪功郎梅汝能爲進武校尉。汝能初以注列子授官，法當審量，用權丹徒縣日嘗有捕盜功而改命。

詔三省都録事自今不許赴御史臺。故事，通直郎以上遷官，皆赴臺謝，惟兩省侍從官則否。至是，御史臺令省史皆謝，而朝請大夫、中書門下省都録事魏彌等言：「舊例無之，但文案散失，不見故事。」遂有是旨。蓋吕頤浩開陳，欲以抑御史也。其後頤浩去位，卒改之。九月丙子衝改。

12 辛丑，詔：「天章閣神御二十五位，旦望節序，帝后生忌辰，依舊逐位排設。內應用羊肚者，以他物代之。」上以每位當用一羊，故有是旨。且諭大臣曰：「祖宗以仁覆天下，豈欲多殺物命？」吕頤浩曰：「陛下奉先盡禮，而仁愛及於微物，天下幸甚。」

詔廣東諸郡盜賊所過被掠之家，蠲其税。用中書舍人趙思誠請也。

13 壬寅，宗室璦爲貴州防禦使⑥。此據當時告詞所書。

14 癸卯，樞密院言：「自來軍賞轉資，禁軍副都頭、廂軍副指揮使以上，給降宣命。禁軍十將以下，三衙給帖。今統兵去處，既許軍前給據，補轉資級，欲並申朝廷，改給付身，方行支破請受。」從之。

15 甲辰，詔諸州經總錢並委通判拘收。用浙東提點刑獄公事孫近請也。舊委守臣樁管，而常爲侵占移用，至是始革之。

16 乙巳，資政殿學士、提舉臨安府洞霄宮謝克家知泉州。

詔：「諸路漕司移用錢，每季具支使科名申户部。本部察其違法之甚者，按劾以聞。仍令諸州季具漕司取撥之數申户部。」用議者請也。

是日，河南鎮撫司統制官李吉敗僞齊兵於伊陽。初，孟邦雄既爲鎮撫使翟琮所執，而邦雄之黨梁進者，復爲劉豫守，襲琮所寓治鳳牛山寨，琮設伏擊之，盡殪。吉，端氏人也。梁進事，不得其日。按史，吉以二月十九日敗孟邦傑於伊陽，故繫此。吉七月庚申補武功郎、閤門宣贊舍人。

17 丁未，知成都府王似始受川陝宣撫處置副使之命。先是，宣撫處置使張浚見似除書，上疏言都統制吴玠、參議軍事劉子羽有功於蜀，不應一旦以似加其上。尚書左僕射吕頤浩與似連姻，聞浚論似非才，不悦。或告右僕射朱勝非，以浚起義平江時，常有斬勝非之語。勝非又毁之，浚由是得罪。時浚承制以子羽爲宣撫判官，與似同治事，大事多與子羽謀之，似充位而已。日曆：二年九月丙戌，知興元王似爲宣副。十二月甲辰，又除知夔州盧法原。成都續記：似二年閏四月自成都移興元，六月還成都，十二月遷顯直再任，今年二月始爲宣副。張深代似知成都，五月到任，蓋道阻，除命不時至，故似二月始聞命耳。子羽爲宣判，見於常同劾疏，而浚、子羽行狀、墓誌皆不書，惟宣撫司案牘中有之，今掇取附見。

虔賊周十隆率衆犯循、梅、汀州。己酉，詔統制官趙祥、韓京、申世景、王進合兵捕之。

18 庚戌，襄陽鎮撫使李横爲神武左副軍統制、京西招撫使。初，横既進兵僞齊，右武大夫和州防禦使添差鄭州兵馬鈐轄牛皋、武德大夫知汝州彭玘各以所部兵與横會。横以便宜命皋爲蔡唐州鎮撫使、玘知汝州，言於朝，故有是命。仍賜橫武翼郎以下告三百，遂以皐爲左武大夫、安州觀察使。賜橫空名告在此月壬寅，今併附於此。橫又言：「臣已起兵撫定，尅復神京，請命重兵宿將進屯淮西，按兵勿動，以揚聲援。」詔同都督江淮荊湖諸軍事孟庾、淮東宣撫使劉光世、江東宣撫使韓世忠措置。

徽猷閣待制、廬壽鎮撫使兼知廬州胡舜陟改充淮西安撫使，應本路鎮撫司並受節制。時論者以爲：「鎮撫兵皆烏合之徒，其帥守與夫僚屬率多肆貪殘之威，無子惠之德，故民之復業者少。宜稍選沿江諸郡長民之官，責以勞徠勸相之任。」於是淮東已復置帥臣，故改命舜陟。

初，集英殿修撰葉焕知池州，募官兵得三千人，號曰敢勇，分爲五軍。然所募多烏合不逞之徒，焕不能制。是日，左軍反，右軍擐甲將應之，兵馬都監華旺大呼令釋甲，左軍以諸軍不相應，遂焚天王樓而遁。焕檄池州統制官王進以所部追擊，叛兵過江而潰。事聞，上謂大臣曰：「此事雖由小人喜亂，亦守臣馭之失宜。」呂頤浩曰：「請先抽出過敢勇，且分汰其餘衆，乃議守臣之罪。」於是焕坐落職奉祠。事聞在三月戊午，焕奪職在六月甲申。劉忠餘黨犯分寧、武寧二縣，江西大帥司遣統領官武經郎高道、修武郎司全合兵討平之。後各遷一官。二人遷官在十一月戊午。

19 辛亥，工部尚書兼權吏部尚書兼侍講席益參知政事，新除翰林學士兼侍讀徐俯爲端明殿學士、簽書樞密院事。故事，簽樞下執政一等。至是，特詔鈞禮，又例外賜以金帶。

20 壬子，降授右朝散郎、提舉浙東茶鹽公事王然罷，仍貶秩一等。先是，宣諭官朱異論然「置明州三縣鹽場，將沿海下户一例拘籍其間，有不願結甲及雖結甲而不願貸本錢，至有憂畏而自縊，或持仗而逐保正者」，言者亦論其擾民，故有是命。

21 甲寅，詔自今守臣到任半年，先具民間利害或邊防五事來上，因以察其材能。

翰林學士綦崈禮兼侍讀，給事中胡松年兼侍講。

集英殿修撰提舉西京嵩山崇福宫檀倬、秘閣修撰邵溥並復徽猷閣待制。倬，建德人，宣和末嘗爲給事中，坐王黼黨廢，至是始復之。

直秘閣、提舉江州太平觀馬咸召對，請申嚴鞫獄於本狀外別求他罪之禁，頒之中外。上納其言，遂以咸試大理卿。

右中散大夫、兩浙轉運副使徐康國罷，仍貶秩二等。先是，康國獻羡錢十萬緡，上不受。宣諭官朱異、左司諫唐煇論康國抛糴民户米麥，踰年不償，故有是命。王明清揮麈後録云：「韓璜叔夏爲司諫，奉使江外回，赴堂白事。徐康國爲兩浙漕，亦以職事入謁中書⑦。康國自謂歛歷已久，率多傲忽。既詣省，候於廊廡，以待朝退。一緑衣少年已先在焉，天尚未辨色，康國初不知爲叔夏也，貌慢之，偃然坐胡床，雙展兩足於火踏子之上，目視雲霄。久之，始問曰：『足下前任何處？』緑衣曰：『乍脱州縣。』時以事之殷，外方多以獻利害得審察之命⑧，因以求任使者。康國疑爲此輩，易之，曰：『朝廷多事之際，隨材授官，乍脱州縣者，未易遽干要除。』堂吏過，與之揖，康國且詫於緑衣曰：『此某中奉也。某在此，儻非諸公調護，亦焉能久安耶？』語未終，丞相下馬，遣直省吏致意康國曰：『適以韓司諫奉使迴，得旨有所問，未及接見。』吏引緑衣以登，回首揖康國，始知爲諫官，驚悵恐怖，脚蹙踏子翻空，灰火滿地，皇灼而退。越數日，竟爲叔夏彈其『交結堂吏，臣所目覩』而罷。」洪邁夷堅丙志：「紹興初，韓叔夏璜以監察御史宣諭湖南歸，有旨令詣都堂，以職事白宰相。時朝廷草創，官府儀範尚踈略。兩浙副漕徐大夫者，素以簡倨稱，先在客次，視韓緑袍居下坐，殊不顧省。久之，乃問曰：『君從甚處至此？』韓答曰：『自湖外來。』徐曰：『今日差遣不易得，雖見廟堂，於事亦何所濟？』少焉朝退，有省吏過廡下，徐見之，拱而揖曰：『前日指揮某事，已即時奉所戒。』吏方愧謝，望見韓，乃驚而去⑨。徐固不悟，繼復一人至，其語如前。俄有趨避，而丞相下馬，直省官抗聲言：『請察院。』徐大駭，急起，欲謝過。方冬月，燎爐在前，袖拂湯缾仆，衝灰蔽室，因不暇致一語。韓既退，除右司諫，即具以所見劾之，以爲身任使者，媚事胥徒，遂放罷。」按韓璜以建炎四年九月除監察御史，是年出使湖南，治鍾相獄事。紹興元年四月除右司諫，十一月送吏部。當康國罷浙漕時，璜去言路久矣。又按康國紹興二年五月因進銷金屏風事，降二官，乃中丞沈與求所劾，與璜殊不相關。邁累年爲史官，不知何以差誤如此。

左承議郎、襄陽鎮撫司參謀官趙去疾來獻捷，上召見，以去疾爲左朝散大夫、直龍圖閣，仍命有司以米五千斛餉横軍。朝廷未知金房鎮撫使王彦之敗，亦詔彦以軍食給横。時宣撫處置使張浚念非王庶不可修葺興元，庶以左通議大夫責江州，未行，乃復起庶爲參謀官，使詣巴州措置梁、洋一帶。庶至巴，急散榜梁、洋境上，招其軍民。不數日，遠近來會。巴之北境即米倉山，下視興元出兵之孔道。始，敵破金、商，無所得，已失望。撒離喝至金牛鎮，不見兵，疑有伏，自以深入，恐無歸路，又聞庶在巴州。吴玠陽爲軍書，會諸將欲斷敵歸路。敵邏得之，懼，會野亡所掠，食少盡，乃引兵還興元。

詔劉光世、韓世忠赴行在奏事。以將易鎮也。

22 乙卯，劉光世遣統制官酈瓊等以萬人屯泗州，爲李横聲援。

僞齊劉豫葬僞太后翟氏於東平。是月，豫開貢舉，得進士羅誘以下四十八人。誘，海州人也。

1 三月丙辰朔，禮部尚書洪擬兼權吏部尚書。

2丁巳，浙西提舉茶鹽公事夏之文言：「去歲賣鹽，增鈔錢五十萬餘緡，所煎鹽增八百七十餘萬斤。」詔之文與其屬官皆遷官。

3戊午，賜貴州防禦使印。

初，浙西安撫大使兼知鎮江府劉光世言：「本軍月費錢二十七萬緡，朝廷及漕司纔應副十六萬七千有奇，雖有取撥鎮江一郡財賦之名，而兵火之後，所入微細，欲盡撥歸漕司，秖乞貼數應副。」都省言：「浙西提刑司具到鎮江酒稅課利田賦，以紹興元年計之，總爲一百餘萬貫石匹兩，兼本府水陸要衝，商賈輻輳，若諸色稅課悉歸公上，則比之前日，不無增羡。」乃如光世所奏，財賦並令漕司拘收，酒稅令兩通判措置。

遣入内東頭供奉官、睿思殿祗候趙愿往京西勞李横軍。

詔兩浙諸州和買物帛聽以三分折納見緡。用户部請也。

4己未，中書舍人趙思誠言：「州縣武臣添差甚衆，一郡有至三四十人，貪污不法，民受其弊。望自今惟忠義及有功勞於國之子孫，朝廷特加優恤者，許添外差，餘並禁止。若以員多缺少，自當稍清入仕之門，以息官冗民貧之弊。」詔除宗室外，令吏部開具申尚書省。

中書舍人洪炎兼權直學士院。初，炎因朔日轉對言：「趙姓出於少昊，而原廟之祀，止及於黃帝，黃帝子孫蕃衍盛大，王天下者，蓋非一姓。獨少昊及太祖，開基以來，未有大顯者。望命諸儒討論，一正禮典，以盡尊祖之義。」事下禮部，後不行。炎章疏以辛酉降出，今併附此。

5 庚申，武義大夫、閤門宣贊舍人、知隨州李道領榮州團練使，以樞密院言道能察軍情，不受鎮撫之命，理宜褒賞故也。

初，命神武後軍統制兼都督府都統制巨師古以所部萬人屯揚州。壬戌，孟庾奏留之，不許。

名湖州唐太子太師顏真卿廟曰忠烈，用守臣汪藻請也。

召布衣蘇庠赴行在。庠，丹陽人。父堅，元祐中爲太府卿。庠少能詩，不事科舉。徐俯薦其賢於上，令赴都堂審察，固辭，乃命鎮江以禮敦遣赴行在。庠喪明不至。

淮西安撫使胡舜陟至廬州。時潰卒王全（王全初見正月辛未。）蹂境上，督府檄招之，全拒不從，聞舜陟入境，遂與其徒來降。詔以全爲承信郎，擇其少壯之士五百人，隸淮西軍籍。（王全以是月戊寅補官。）前郡將王亨籍官逋之在民者，亡慮數萬緡，舜陟盡蠲之。亨又托名贍軍，令市販輸金，物物苛斂，民擾且怨，行旅幾絶。舜陟罷之，流民稍稍自歸。舜陟發粟貸民，俾濟農事，俾秋登乃償。會歲大穰，所收至倍，公私皆給焉。

6 癸亥，詔前降鎮撫司差官按察郡縣指揮並罷。以殿中侍御史曾統言：「分鎮之地，平時既無監司按察，而一旦遽加繩削，則將不可勝誅。乞俟戎馬平定，更選膚使，布宣德意。」故有是命。

詔榷貨務都茶場除提領官并左右司外，其餘官司並非所隸，毋得勾喚吏人，及取索文字。以提轄官張純言本務係朝廷庫務，依法不隸省寺故也。於是榷貨事，户部不得預。（日曆無此敕旨，今以今年十月壬辰户部勘當狀修入，以見常同論鹽法事張本。）

7 甲子，資政殿學士、江西安撫大使、知洪州李回落職，提舉江州太平觀。回老而慢，其下多縱弛。帥司屯兵數萬，皆招收潰賊，既無所憚，又軍食不足，恣其所爲。郡民夜不解衣，惟恐生變。宣諭官劉大中至江西，奏「回專權廢法，且縱其子右宣教郎澡預政受金，及多辟親黨攝官」，凡二十餘事。朝廷初疑太多，再下大中審實，大中言：「十中之一二事耳。事有大於此者。」於是江西轉運副使吴革、韓瓊並罷，而澡勒停。回素與呂頤浩不諧，由是不復而卒。

端明殿學士、知建康府趙鼎爲江西安撫大使，兼知洪州。鼎過信州，舉人汪洋方志學之歲，裁書謁鼎，鼎喜，遂與偕行。洋，玉山人也。

京西招撫使李横傳檄諸軍，收復東京。是日，以其文來上，略曰：「僞齊僭號，自速剪平。國運中興，王師已進。西壓淮、泗，東接海、沂，驛騎交馳，羽書疊至。我則兼收南陽智謀之士，提大河忠孝之人，仗義以行，乘時而動。」又曰：「金、商之兵出其先，荆、湖之師繼其後。若能納欵，則悉仍舊貫。執迷不悟，則後悔難追。」朝廷嘉之。後五日，詔横自武功大夫、袁州防禦使特遷右武大夫、忠州觀察使。

8 丙寅，詔讀書、習射童子求試者九人，惟習射者召見，餘賜帛罷之。上因謂大臣曰：「上有所好，下必有甚焉。蓋繇昨嘗推恩一二童子，欲求試者雲集。此雖善事，然可以知人主好惡，不可不謹也。」

直秘閣、知江州兼主管沿江安撫司公事孫佑言：「本州對岸自舒州至蘄、黄，數千里間，盡爲荒榛。既非所統，稍有動息，別無斥堠，甚非控守之計。請蘄、黄二州，軍期控守事務，並從本司措置。」從之。仍詔大事聽江西帥司處置，寇賊令湖北帥司應援。其岳州係長江上流緊要控扼之地，守臣亦令帶沿江安撫，俟盜賊寧息如舊。

9 丁卯，省沿江三大帥官屬員。

詔：「自今臣僚上殿，毋得輒論私事，及有僥求。對畢，仍申閤門照會。」時直龍圖閣吕源自浙東使還，賜對，乞改正過名，爲言者所劾，故有是命。

襄陽鎮撫使兼京西招撫使李横獻金人之俘二十有二，詔女真達鶻辣等四人處死[10]，其渤海、漢兒分隸神武諸軍。

10 己巳，徽猷閣待制、知平江府李擢試尚書工部侍郎，徽猷閣待制、提舉亳州明道宮黄唐傳試給事中，秘閣修撰、浙東提點刑獄公事孫近爲秘書少監，並限三日赴行在。

是日，潁昌捷奏至，詔李横再進翊衛大夫，加賜空名告身二百，令京西山寨並聽横節制。劉豫聞横入潁昌，遣使詣左副元帥宗維求援。横等軍本羣盜，雖勇而無紀律，見敵所遺子女金帛，乃縱掠數日，置酒高會。敵聞而易之，豫遣其將李成以二萬人迎敵，金遣左都監宗弼援之，敗皐於京城西北牟駝岡，横等軍無甲，皆敗走，敵亦不敢深逐也。潁昌復陷，參議官穀城譚世則爲賊所執，令其臨漢江招横，横不答，世則遇害。

11 庚午，右承事郎陳正彙直秘閣、主管亳州明道宮。正彙，黨人瓘長子也。崇寧中，上書訟蔡京罪，流海島者十餘年。上聞其名召見，將用之，正彙稱疾求去，乃有是命。

初，大理正劉藻乞借官許用蔭贖，刑部請：「係朝廷許便宜從事，實因功勞先次擬補官之人，犯贓私罪杖，非重害者及公罪徒，並贖。」從之。

12 辛未，故直徽猷閣、知應天府凌唐佐以死事贈徽猷閣待制。上命其從孫閤門祇候憲往潁昌津致其家，且賜金五十兩爲道路費。先是，唐佐妻子皆爲劉豫所囚，李橫入許，始知其狀，言於朝，遂命收恤之，而道已梗矣。

初，命神武副軍都統制岳飛督捕虔寇，而飛言軍無春衣，乃出户部帛萬五千賜之，仍令吉州榷貨務就賜錢三萬緡，爲行軍費。於是飛有衆二萬四千餘人，詔江西、廣東、湖南三漕臣濟其軍食。

武德大夫、知汝州彭玘爲武功大夫、高州刺史。

13 壬申，閤門宣贊舍人、神武中軍右部統領韓世良帶御器械。

詔貴州防禦使瑗育在宮中，不可與諸宗室比，特給真俸，從内東門司供納。

14 癸酉，命起復鎮潼軍節度使、開府儀同三司孟忠厚朝謁昭慈獻烈皇后攢宮，以將再期也。

左承務郎、通判潭州張掞坐與孔彦舟、馬友交通，下吏，計贓抵死，以昭慈外親，免編配，送韶州收管。掞妻趙氏，宗室女，有美色。彦舟之敗也，掠其妻以去，至是抵罪。

東流令王鮪坐贓抵死，除名，編管新州。自是贓吏罕復黥配矣。

15 甲戌，尚書左司員外郎王庭秀言：「朝廷比來深疾貪吏，然州縣之間，豈無廉介自將，沉於下僚者？望命五使所至，以廉潔清修、可以師表吏民者，具名來上，參以公議，不次陞擢，以厲士風。」從之。

直秘閣、主管萬壽觀吕抗、吕摭並改在外宫觀，任便居住。以其父頤浩言，京祠當奉朝請，於班列間，不免與百官相見，恐致嫌疑也。

宣撫處置使張浚奏劉子羽、吴玠、王彦饒風嶺剿殺金人。

16 丁丑，進士閭人武子特補從政郎。孟庾之使閩中也，武子以客從軍牋奏，至是得官。

江南東西路宣撫使韓世忠言⑪：「近旨，諸軍不得互相招收。請自今官兵已受宣敕者，並於紙背書寫軍號，用印以爲照驗。」詔從其請，自今批勘官吏失察者徒二年。

初，惠州獄囚黄四等七人，有司以爲强盜當死。司士曹兼管左推勘公事孟師尹録問，駁正無罪。及是上聞之，特遷右宣教郎、知營道縣。既而有司言師尹嘗平反死囚五人，特命遷一秩。師尹遷秩，在明年正月乙亥。

左朝奉大夫、知藤州侯彭老獻賣鹽羡錢千萬，上批其奏付三省曰：「縱有寬剩，自合歸之有司，非守臣所當進納。或恐妄有刻剥，取媚朝廷，特降一官，以懲妄作。所進物退還。」翌日，徐俯又以爲言，彭老遂罷。彭老，延慶兄也。

詔衢州守臣汪思温追捕事魔爲首之人，重寘於法，毋得張皇騷擾。先是，衢州妖民余五婆居開化之九里坑，傳習魔法。新除秘書少監孫近在浙東，恐其爲變，請命衢、嚴州守臣捕治禁止，故有是命。時江、浙州縣溪山深僻之民更相傳教，各有主首。願爲徒侣之人，即輸錢上簿，聽其呼率，私置軍器，羣起舉事。里正恐其累已，匿不告官，由是其徒轉熾。既而近又言：「江、浙山谷之民，平時食肉之日有數，所以易於食菜。今者一概株連黨與，則其衆不可勝治。」乃命爲首者取旨論罪，其餘皆釋之。御史曾統亦言：「開化接連徽、嚴二州之間，地險而僻，其人勇悍喜鬬，不可不早爲之圖。望捕爲首三人，法外行遣，自餘徒黨，一切出榜釋其罪戾，免致反側生變。」從之，而亂已作矣。統奏在四月庚子，今附書之。此爲今年五月繆羅事始。

17 戊寅，内侍賈翊責監英州宜安鎮鹽稅，日下出門。

親衛大夫、寧州觀察使、福建路馬步軍副總管韋淵提舉亳州明道宫，以淵引疾有請也。

皇后母福國夫人熊氏言：「家無居第，乞令臨安府蓋屋十五間，爲皇后宅。」上不許，命以官屋假之。

18 辛巳，詔浙西安撫大使司統制軍馬兼知泰州張榮、兼知承州王林，並以所部聽帥司節制。以湯東野有請也。

19 壬午，太尉、武成感德軍節度使、神武左軍都統制、江南東西路宣撫使韓世忠開府儀同三司，充淮南東路宣撫使，泗州置司。朝廷聞李横進師，議遣大將，以劉光世兵不練，而世忠忠勇，故召見而遣之。仍賜世忠廣馬七綱、軍士甲千副、激賞銀帛三萬匹兩。又出錢百萬緡、米二十八萬斛，爲半歲之用。命户部侍郎姚舜明往泗州總領錢糧。賜世忠甲在三月甲戌，支錢糧在癸未，賜綱馬在四月辛卯、壬辰，遣舜明在丙申。

倉部郎官孫逸詣平江府、常、秀、饒、信、撫州督發軍食。

直秘閣、提舉廣南市舶宗穎添差都督府參議官。

右宣教郎、通判和州賈直清提舉淮西茶鹽公事。兩淮舊爲分鎮地，至是，始命監司。

言者論軍屯所至，發掘冢墓，及借取平民首級之弊。詔以付神武諸將。

宣撫處置司同統制官楊政率兵入僞地，因糧攻討。是日，至水洛城，與賊遇乃還。

20 癸未，左朝奉大夫、提舉建州武夷山沖佑觀胡世將復徽猷閣待制，知建康府。

直徽猷閣、知靜江府許中降職一等。時中原士大夫避亂者多在嶺南，上數詔有司給其廩禄，中言：「本路諸州賦入微薄，請禁寄居官毋得居沿邊十三郡，見寓止者皆徙之，仍毋給其禄。」上惡之，故有是命。

詔今後贓吏依祖宗舊制斷訖，令刑部鏤板行下。以兵部員外郎劉景真有請也。

大理正劉藻請：「諸路獄按情犯未圓者，除命官外，更不取會，令刑寺悉行兩斷，委憲司遣官審問，定歸一斷。」事下本寺，本寺奏如所請，其不可定歸一斷者，即上朝廷，酌情處斷施行。從之。

21 甲申，右承議郎、新通判溫州陳桷直秘閣，賜五品服。桷爲韓世忠所厚，故上召對而申命之。

詔自今進士策問及銓試選人時議，並以七書爲題一首。既而言者以爲文具，遂不行。四年二月辛亥，禮部侍郎陳與義申請不行，今并附此。

初，江西安撫大使司將官李宗諒、燕筠以所部叛於筠州，引兵侵瀏陽諸縣。李綱爲湖南安撫使，遣兵擊降之。詔宗諒、筠戮於市，其衆分隸諸軍⑫。

江東轉運判官陳敏識黜監嶺南諸州市征，以言者論其頃在分寧，首欲降敵也。

校勘記

①用例敷糴軍糧於民户　「用」，原作「州」，據叢書本改。

②既而麗使言　「使」，叢書本作「人」。

③已見建炎三年十一月丙午注　按：本書卷二九，建炎三年十一月丙午無注。卷三八於建炎四年十月辛未記事下有楊揆欲斬秦檜事之小注。知作者此處前後失於照應。

④經略使劉子羽焚其城而遁　「使」，原作「司」，據叢書本改。宋史卷二七高宗紀四、宋史全文卷一八下均作「經略使劉子羽焚其城」。

⑤今不取　「取」，原作「然」，據叢書本改。

⑥宗室瑗爲貴州防禦使　「使」，原作「史」，據本卷紹興三年三月壬申記事改。

⑦亦以職事入謁中書　「職」，原作「執」，據叢書本改。

⑧時以事之殷外方多以獻利害得審察之命　「殷」，原作「湖」，「多」，原脱，據揮麈後録卷一一改補。

⑨乃驚而去　「乃」，原闕，據叢書本補。

⑩詔女真達鶻辣等四人處死　「達鶻辣」，原作「達呼拉」，據金人地名考證改。

⑪江南東西路宣撫使韓世忠言　「南」字原脱，據卷六一紹興二年十二月戊戌及本卷紹興三年三月壬午記事補。

⑫其衆分隸諸軍　此後原有四庫館臣按語：「宋史繫壬午日。」今删。

建炎以來繫年要録卷六十四

1 紹興三年夏四月丙戌朔，李横奏：「已還軍汝州，有邊機事，欲輕騎詣行朝奏稟。」詔俟邊事稍定日赴行在。

是日，端明殿學士、江西安撫大使趙鼎至境上視事。鼎言：「臣本由拙直，受知於陛下，亦以招怨於人。昨蒙陛下除臣知建康，外鎮責任之劇，無逾於此。然足食足兵，帥司之事也。而臣無生財之長策，但以漕司應副不繼，屢丐於朝廷而已。勞來安集，守臣之職也。而臣無及民之實利，但以豫買價小不均，疊聞於陛下而已。至於僚屬所取，皆州縣無聞之人；郡政所先，唯鹽米聽斷之務。此皆臣已試之效也，何足取哉？臣素苦脚疾，而江西最號卑濕。萬一浸加，即不能支。惟陛下憐臣孤忠，除一宫觀。」詔不許。

2 丁亥，直徽猷閣知無爲軍鎮撫使趙霖、右宣教郎知無爲軍王彦恢並罷。先是，霖奉詔遣歷陽令荀紳至無爲軍宣諭，遂按彦恢不法，而彦恢亦劾霖奸贓。淮西安撫使胡舜陟言：「霖本贓吏之魁，今已老病，而彦恢年少妄作，兩州吏民皆不安居，請悉免官治罪。」從之。然議者以霖爲鎮撫，而彦恢以屬郡按之，非也。其後獄具，霖坐率民出防城錢，有司當公罪杖，罰金，事遂已。霖罰金在十二月丁亥。

武翼郎、閤門宣贊舍人、知虢州董震爲武節大夫、貴州刺史，權商虢陝州鎮撫使，用李横請也。震又言：

「敵、僞犯蜀，臣見調本軍三千人，自豐陽而西，絶敵糧道。萬一四川將帥不能堅守，墮敵奸計，思之寒心。今山東富庶如昔，金人重兵亦不在彼，望朝廷乘此機會，興師深入，可以破僞齊之巢穴，兼牽制金人取四川之兵矣。」時震以貢士党尚友爲幹辦官，遣來奏事，詔特補文林郎。而荆南鎮撫使解潛言：「横已還鎮，而四川總領財賦趙開遏糴，將士饑餓，望下湖南北濟師，保護蜀口。」乃詔宣撫司應副軍食。潛奏在此月壬辰。尚友，河南人也。

江東西宣撫司統制官中衛大夫成州團練使杜琳、翊衛大夫昌州團練使劉寶、拱衛大夫文州團練使岳超等八人，並進遥郡二官。先是，琳等以平寇功各進二階，韓世忠言：「但得虚名，不增廪禄。」故皆改命。

尚書左僕射朱勝非以母魯國太夫人楊氏憂去位。日曆四月己丑，中書門下省奏：「朱勝非母楊氏今月二日身故。」丁亥初二日也。熊克小曆勝非去位在二月壬寅。按勝非以七月乙亥起復舊官，若在二月丁憂，則不應半年方起復，熊克恐誤。特詔賻恤如舊禮，出殯日，令太常即都門贈祭。

3 戊子，上謂大臣曰：「沈與求、席益前爲吏部長貳，甚有能聲。今乃不如，凡注擬，吏率沮難以邀賄賂。今員多闕少，又重以水火、盜賊、陷失，士大夫失職者衆。儻非痛戢吏奸，安得注擬無壅？可召洪擬等諭之。」翌日，上又言：「擬雖累歷，亦恐失於濡緩。」益曰：「擬甚用心，前此與求爲尚書，有所覆實，責保待報，迂久不決。擬白罷之①，人以爲悦。」上曰：「治吏以法，使之畏威，乃不敢舞文。」吕頤浩曰：「其次莫如猛，誠如聖訓。」

尚書省言：「浙中去歲大豐，近年未始科率。今韓世忠移軍泗上，恐饋餉不繼，欲給空名官告，勸誘大姓廣蓄之家，博糴米五十萬斛，料十五萬斛，委江淮等路都轉運使張公濟、兩浙轉運副使梁汝嘉措置。」尋命户部員外郎徐玘、通判臨安府兼權倉部員外郎邵相偕行。公濟等言：「米直總爲二百五十萬緡，詔空名官告内改給銀帛二十七萬緡，品搭充糴本。」其後纔糴四十萬斛。相，宜興人也。遣兩郎官在此月甲午，品搭銀紬在丙申，今聯書之。

是日，百官入朝，以近昭慈獻烈皇后大祥，權罷舞蹈。

4 己丑，韓世忠言：「近被旨措置建康府江南北岸荒田，爲屯田之計。沿江荒田雖多，大半有主，難以如陝西例，乞募民承佃。」都督府奏如世忠議，乃蠲三年租，田主自訟則歸之，滿五年不言，給佃人爲永業。於是詔湖北、浙西、江西皆如之，尋又免科配徭役。

駕部員外郎韓膺胄轉對論：「刑罰輕重，國祚短長繫之。望追法仁祖舊章，凡獄官失入死罪者，終身廢之。雖經赦宥，永不收叙。」上曰：「此仁祖之事也，其仁民祥刑如此乎？」乃命有司申嚴行下。膺胄，肖胄弟也。熊曆以膺胄爲刑部郎中，蓋誤。

給事中黄唐傳言：「承流宣化，責在守令。今郡守之任，患在不久；縣令之選，失之太輕。乞自朝廷立法，自今郡守未終更，非實有故者，不得輒請宫觀。凡大邑，非歷官有顯績，及曾經朝廷陞擢者，不許除授。以次小邑，亦令吏部先選通判以上資序，次選曾任知縣無過犯人。既重其選，必假之權。凡文移，自上而下，有不便於民者，聽以己見立議，申監司、郡守，即有沮抑，徑申尚書省。兩更大邑有善狀者，得選除郡守；兩更小邑有善狀者，得選除通判。凡守令治行尤異者，並不次擢用。庶人思自奮，吏稱其職，民安其業。不然，徒責州縣奉行詔書，而望其治效，臣未見其可。」輔臣進呈，上曰：「縣令於民最親，今多非其人。」呂頤浩言：「漢以九卿爲郡守，郎官宰百里，今縣令但以資格差注。」上曰：「豈在官資崇卑？唯在得人。」乃詔吏部看詳申省。其後權吏部尚書洪擬等言：「歷官有顯績，即無定法。其朝廷陞擢之人，若非責降，無緣却歸部注擬。又如小邑，須選嘗歷縣無過人，即新改官未歷縣人，無可入差遣，亦與舊法相妨。」議遂寢。吏部看詳在五月庚午。

5 庚寅，徽猷閣直學士、安復鎮撫使陳規爲顯謨閣直學士、知池州，兼沿江安撫使。規守德安七年，賊不能犯。至是，召還入對，首乞罷鎮撫使。又言：「諸將跋扈，請用偏裨以分其勢。」上皆納之。遂以右通直郎、鎮撫司幹辦公事韓之美爲直秘閣、知德安府。仍以安、復二郡隸湖北帥司，自是不復除鎮撫使矣。規入對在三月癸未，熊克小曆載規赴召於七月末間，實甚誤也。

詔：「神武諸軍將統領官闕，依已降旨保明具奏，給降敕札。如直行差填，及額外增置，當重寘典憲。」以樞密院有請也。

右奉直大夫、江南東路轉運判官郭康伯爲淮南轉運副使，兼權淮東提刑，填復置闕。康伯以寓居揚州辭，詔勿避。日曆康伯除淮漕在四月庚寅，而免避本貫在三月甲戌，且附此，必有一誤。

6 辛卯，起復寧武寧國軍節度使、開府儀同三司、浙西安撫大使兼知鎮江府劉光世爲檢校太傅、江東宣撫使，屯鎮江。時光世與韓世忠更戍，世忠至鎮江城下，而奸細入城，焚其府庫。光世擒而鞫之，皆云世忠所遣。於是訴於上，江東統制官王德請於光世曰：「韓公之來，獨與德有隙耳，當身往迎見之。」其下皆不可，或請以騎行，德不聽，入謁，世忠大驚，謂德曰：「公誠烈丈夫。曩者小嫌，各勿介意。」因置酒結懽而別。熊克小曆：「庚寅，浙西大帥劉光世爲江東宣撫使，於池州置司，世忠已至鎮江，而奸細入池州城，潛燒倉庫。」按日曆，光世制命即云建康府置司，九月方移池州。此時光世自鎮江即至建康，世忠何爲焚池州倉庫？蓋光世未離鎮江，而世忠先至城外，是以遣奸細入城也。今從趙甡之遺史修入。

是日，金人去興元。自金人入梁、洋，蜀中復大震，劍南諸州，皆爲徙治之計。宣撫處置使張浚亦下令移潼川，軍聞之皆憤，或取其榜毀之。利州路經略使劉子羽遺浚書，爲言己在此，敵必不南。浚乃止。撒離喝留屯中梁山踰月，始自斜谷去興元。子羽與吴玠謀以兵邀之於武林關，不及。斜谷路狹，惟可單行，故凡所掠獲，悉棄之於路。熊克小曆：「三月壬午，子羽與玠謀遣兵邀敵於武林關，而敵棄輜重以去。擊其後軍，敗之。」楊氏編年敵去興元在此日。張浚奏狀亦云：「四月九日，訓練官杜福遇敵於南龍潭。」小曆恐誤。浚遣統制官王俊復洋州、興元府。時新罹兵革，軍食益艱，浚命取糧於内郡。什邡丞眉山孫坦當督運，請發常平倉以行，遂先諸郡而至。撒離喝既還鳳翔，乃遣十餘人持書與旗來招子羽、玠，子羽盡斬之，惟留一人使還，曰：「爲我語之，欲來即來，吾有死耳，何可招也？」玠亦遺撒離喝書，以大義責之，撒離喝乃止。

7 壬辰，移都督府於鎮江，照應江、淮兩軍機務。於是，建康府榷貨務、都茶場亦移於鎮江。時朝廷以韓世忠將出師，聽之妙簡僚佐，乃以徽猷閣待制、知處州宋伯友爲徽猷閣直學士，充參謀官，直秘閣、湖南提點刑獄公事吕祉陞直徽猷閣，與直秘閣陳桷並充參議官。始，世忠之過括蒼也，伯友待之甚密，故薦用之。既而世忠不渡淮，伯友、祉皆改命。

浙東宣諭朱異薦左宣教郎簽書鎮東軍節度判官廳公事張九成、義烏縣令閭丘昕、右承義郎知龍泉縣汪汝則、左奉義郎知瑞安縣熊彦詩、右從事郎知嵊縣姜仲開政績，詔並進一官。吕頤浩言：「仲開，臣之外親，乞勿賞。」上曰：「此所以爲公，使有罪，雖卿之親，亦不當貸。」昕，松陽人也。九成、彦詩已見。

是日，神武副軍都統制岳飛以大軍次虔州。

8 癸巳，執政奏事，上色不怡，久之曰：「昨夕暴雨，朕通夕不寐，恐於蠶麥有傷。」徐俯曰：「暴雨不害蠶麥，久則爲害矣。」上色稍和。

詔禮官重别討論昭慈獻烈皇后謚號。時登仕郎鄒沉上書，言其兄浩直諫事，且乞雪昭慈后元符之謗②。前二日，上諭輔臣曰：「此哲宗朝事，言之毋傷乎？」徐俯曰：「陛下母事昭慈，追崇極典，天下共知，其謗已矣。」上曰：「昭慈勳臣之家，當時備禮而納正后，此本朝盛事。」俯曰：「宣仁聖烈太后尤重家法，欲正后生元子，繼萬世之統。以哲宗少年，戒之在色，不欲其多近嬪嬙。小人陰連宫掖，因是得行媒孽，遂至廢后。」上曰：「皆當時大臣不諫之罪。」是日，上又以爲言，遂詔有司更定謚號。翊日，詔沉引對，上曰：「沉，浩之弟，故欲擢之。」俯曰：「浩自有子柄。」吕頤浩曰：「柄嘗爲李綱客。然朝廷要當以其父故湔拂用之，不然，則終陷於綱黨不能自拔。」上曰：「直臣之子，復擢用之爲御史，使言事聳動四方，亦足爲國家之光也。」

中書舍人、權直學士院洪炎以足疾不能朝，罷爲徽猷閣待制、提舉萬壽觀，俸賜如舍人例。既而言者謂：「爵禄公器，人主不得而私。若炎文采可用，候其疾愈造朝，再加進擢，孰曰不宜？今乃越等而予之禄，士大夫竊議，以爲乃有不釐務中書舍人。兼炎博通典故，能以廉節自守，必不敢受此無名之禄。」上乃寢前命。炎再乞外祠，許之。詔炎請給人從以舍人，在此月庚子。臣僚上言在壬寅，炎改崇道在五月庚申。

慶遠軍承宣使、神武前軍統制王𤫉爲捧日天武四廂都指揮使，兼淮南宣撫司都統制。仍詔神武後軍統制巨師古、御前忠鋭將崔增、李捧等，並受韓世忠節制。於是世忠始去神武左軍都統制，專爲宣撫使。世忠解都統制，不見月日。按世忠三除宣撫使，並帶都統制入銜，自此却不兼帶，當以與王𤫉、巨師古官稱相犯故也。今且附此。

責授昭信軍節度副使徐秉哲卒於漳浦縣，詔令歸葬。

詔自今三衙管軍並給全俸。

9 甲午，詔神武中軍官兵並進秩一等，以其扈衛四年而無出入功賞故也。於是統領、起復武顯大夫、康州刺史、閤門宣贊舍人朱師閔等六千四百九十四人皆遷官。師閔等遷官在五月丙寅。按楊沂中奏：「中軍見官五將，更於水軍内選五百人爲第六將。」去此未久，不知何以紹興二年以前到軍人，乃有此數也。

賜知唐州胡安中敕書撫諭。先是，安中以勢孤援絶，附於僞齊。至是，知隨州李道招來之，故有是賜。

左奉議郎、知嚴州顔爲條上便民事，乞嘗得解及應免解人並免丁役。許之。其後太學生亦免。免太學生丁役在十五年二月戊子。

10 乙未，詔博羅補官人不作進納，仍與免試注官。用户部尚書黄叔敖請也。

是日，宣撫處置司訓練官杜福邀敵於興元南龍潭，降女真、漢兒軍四百。六月辛卯奏至。

11 丙申，勒停人陳杌復朝請大夫、知泗州。杌爲韓世忠所愛，故起廢用之。世忠又言：「浙東兵馬副鈐轄劉綱，淮、泗土人，熟知地利。」乃命綱以所部聽世忠使唤。

是日，僞齊將李成以衆二萬攻虢州，陷之。鎮撫司統制官謝皐與敵遇，舉刃示敵曰：「此吾赤心也，汝宜視之。」遂剖心以死。權鎮撫使董先率餘兵二千奔襄陽。皐，開封人也。

12 戊戌，湖南安撫使折彦質所遣統領官劉深以兵至鼎州。時鼎寇楊么衆益盛，僭號大聖天王，旗幟亦書此字，且用以紀年。又以兵二萬人寇公安縣。彦質言：「么之勢不減曹成，望朝廷勿輕此賊。」乃命彦質督潭、鼎、荆南兵討之。是日，湖北統制官顔孝公亦以千九百人至鼎州之城外。

13 己亥，昭慈獻烈皇后大祥，命參知政事席益祭告於几筵殿。上素服，親行徹几筵之祭，用牲幣。

14 庚子，百官集議，改謚曰昭慈聖獻，用癸巳詔書也。既而議者以爲本朝諸后謚號，皆連帝謚，今「昭」字與宣祖昭憲皇后謚號相犯，請命禮官改正。朝廷難之，事遂止。臣僚建議在五月辛未。

詔復五帝日月之祀。用祠部員外郎鄭士彦請也。其禮祀四方帝，以四立日，黄帝以季夏之土王，春秋分朝日夕月，禮如感生帝。

湖南宣諭使薛徽言奏：「郴、道州、桂陽監去年旱，民乏食。」詔户部劃刷本路諸州米二萬斛付提刑司，充賑濟。命未至，徽言即諭漕臣發衡、永州米賑糶，而以經制銀市米償之，民賴以濟。五月己卯放罷。

修武郎、閤門祗候、知孝感縣韓遹進一官，知復州。

詔陳瓘孫大方言政可采，以爲右迪功郎。大方，正彙子。

閤門宣贊舍人、御前忠鋭第七將徐文以舟師屯明州，謀爲變。朝廷命神武中軍中部統領官朱師閔以兵二千往襲之。日曆但書朱師閔往福州屯駐，代申世景赴行在。此據趙甡之遺史修入。五月乙丑，詔世景依舊福州屯泊，丙寅詔師閔發歸本軍。可見二人初非更戍也。

15 辛丑，資政殿學士、知泉州謝克家移知平江府。

監察御史任申先主管台州崇道觀，從所請也。

集英殿修撰、都督府參謀官歐陽懋充徽猷閣待制、知建康府，徽猷閣待制、新知建康府胡世將移知鎮江府，充浙西安撫使。

是日，荆南統制官羅廣以所部三百五十人至鼎之城西，而軍食不繼，於是潭將劉深、鄂將顔孝恭皆引所部去。後二日，廣亦引兵北還，由是不克討。然賊徒屢抗官軍，多被殺，人心頗摇，乃肆僞赦，立鍾相少子子義爲太子，自楊太以下皆臣事之。

16 壬寅，詔昭慈聖獻皇后同姓親遷秩二等，異姓一等。甲辰，封起復鎮潼軍節度使、開府儀同三司、醴泉觀使孟忠厚爲信安郡王。制曰：「載考濟陽之始王，雖由元舅；顧如隆祐之盛烈，特鮮近親。蔽自朕心，用作爾祉。」

17 丙午，封哲宗美人慕容氏、魏氏並爲婕妤，皆用后大祥推恩也。

入内東頭供奉官、幹辦御藥院陳永錫爲武顯大夫、入内内侍省押班。

尚書右司員外郎劉岑請訪四方遺書，以實三館。從之。

童子彭興祖五歲能誦書，劉轂五歲能騎射，二人皆神武右軍小校子也。都統制張俊以聞，上召見於内殿，以興祖爲右迪功郎、轂爲進武校尉，皆賜袍笏。二人召見在三月辛未。

録故太師文彦博孫緯世等三人並爲迪功郎，緯世父太僕卿維申，建炎中從上渡江，至湖州而死。至是，用守臣汪藻請而命之。

18 丁未，工部侍郎李擢言：「昨知平江府，所聞民間利病五事：東南有逃田，皆湖浸相連，塍岸久廢，無人耕墾者，且以平江言之，歲失租米四萬三千餘斛。願委官相視，可以疏導耕墾者，招誘東北流徙之民，給本施工，與免三歲之租；其決不可施工者，監司復按，除其舊額。平江陷敵之民，所棄田三萬六千餘畝，多有舊佃户主之，諸縣悉已立定租課，除常賦外，餘以三方爲率，一給佃户，一以上供，一拘籍在官；俟其歸業，併田給還，二年不歸，即依户絶法。今三年矣，陷敵之民，豈不願歸？顧力未能脱耳。望且更展一二三年以俟之。平江水鄉，不可植桑柘，故祖宗舊法無和預買絹帛，舊本府租米歲三十四萬餘斛，既取其所有，不責其所無。往因毛友陳請，分臨安之數，抑令歲輸數萬匹，逮今累年，未嘗敢斂於民。今户部裁定其數，乃欲始自今歲，使之輸納。實可矜憫，惟睿斷盡罷之。平江去歲租米十六萬五千八百餘石，悉充上供，不許輒用。然兵食吏禄，月費七千餘石，所不可闕。望借撥漕司移用錢三二萬緡，造酒取贏，充收糴軍糧錢本。圭田多瘠薄，有司拘以舊籍，民已告病。願除其不可力耕之田，損其已定過多之額。」後皆以次施行，惟和買如故。擢此奏，見平江田租事甚詳，著此爲李椿年經界張本，或可削去繁詞附入。

僞齊登、萊、沂、密都巡檢使劉忠在懷仁縣，爲其部下王林等所殺，傳首行在。詔以林爲修武郎、閤門祗候，充樞密院準備差使。其徒九十三人，授官有差。林等授官在六月戊戌，忠死不得其日，依趙甡之遺史附此，俟考。

神武副軍都統制岳飛遣統領官張憲、王貴分道擊虔寇彭友、李滿，獲之。飛自至虔州，日破一寨，賊徒震恐。友等先據龍泉，至是乃敗。

19 戊申，詔諸緣宣諭所按發置獄，除正犯人外並放。上嘗諭大臣曰：「向遣五使宣諭，意在利民。至於贓吏，所當深治，然所在多置獄，橫及無辜，非朕本意。此後惟謹擇監司，不必每事遣使。」故有是命。

親衛大夫、明州觀察使高士曈爲保寧軍承宣使，權管客省四方館閤門公事。士曈初召見，乞落階官。上曰：「士曈以宣仁近屬，故稍優之，然躐等亦不可。高爵厚禄，留待立功將士。朕於外戚，未嘗假以恩澤。今後宮之家，官未有過保義郎者。此曹何厭之有？雖與之正任承宣使，又望節鉞矣。」

武節大夫、明州觀察使、浙西兵馬鈐轄史康民將所部至行在，以康民爲御前忠鋭第九將。

詔自今大軍所過，並令本州通判充錢糧官，自入境隨軍，至出境止。

西南蕃武翼大夫、歸州防禦使、瀘南夷界都大巡檢使阿永獻馬百有十二匹，瀘州以聞，詔押赴行在。阿永，乞第子也。元豐間乞第既效順，願歲進馬，以見向化之心。官以銀繒償之，所得亡慮數倍。其後阿永所獻之數歲增不已，政和末始立定額。每歲冬至後，蠻以馬來，州遣官視之，自江門寨浮筏而下，蠻官及放馬者九十三人，悉勞饗之，帥臣親與爲禮。諸蠻從而至者幾二千人，皆以筏載白椹、茶麻、酒米、鹿豹皮，雜氈蘭之屬，博易於市，留三日乃去。馬之直雖約二十千，然揆以銀綵之直，則每匹可九十餘千。自蠻長已下，所給馬直及散犒之物，歲用銀帛四千餘匹兩，鹽六千餘斤。銀則取於夔之涪州及大寧，物帛則果、遂、懷安，凡馬之死於漢地者，亦以其直償之，此其大略也。

邕州進士昌慤特補忠州文學，充廣西買馬司準備差使。初，提舉峒丁李棫既罷，經略司更委通判賓州任彦輝就本州買馬，道里迂遠，大理馬遂不至。及是，朝廷復置司買馬，慤上疏：「請招來之，仍諭諸蕃中馬及三百匹，賜錦袍銀帶。如有出格之馬，依溪峒搭價收買，不可循其舊例。每蕃令提舉官以綵帛爲信，如遣效用入蠻，許借官錢，多市鹽綵，結托山獠及諸蠻，令開拓道路，庶幾諸蕃忻慕，曲盡招馬之術。」疏入，遂授以官，俾行其説焉。

初，樞密院計議官薛徽言之出使也，請所至州縣，視吏之能否，苟無大過而止不勝任者，兩易之。詔徽言具事因聽旨。事見二年十一月。會權桂陽監陳如塤與平陽縣主簿、權縣事陳發朋比爲奸，斂民錢數萬緡，徽言廉得之，即移如塤而罷發。己酉，吕頤浩奏以如塤等屬吏，仍令徽言分析。上可之。

20 庚戌，詔江東宣撫劉光世月給公使錢七百五十緡。光世初乞依韓世忠例，吕頤浩言：「世忠既移軍淮甸，則建康爲近裏州郡，與前日事體不同。」由是減半。

武顯大夫、湖南安撫司統制官任士安爲閤門宣贊舍人，以帥臣折彦質言「士安討閩賊、降步諒有功，且老於兵間，而後進皆位於其上，望除一閤職，以爲激勸」故也。時湖寇方盛，而湖南諸將，惟士安與吴錫所部僅萬人，彦質賴以爲用，故有是請。於是知鼎州程昌寓攻夏城寨七十餘日，久雨水漲，攻具無可施，援兵不至。是日，昌寓乃班師。

21 辛亥，左朝散大夫趙康直爲都督府隨軍轉運判官。

左奉議郎張延壽主管江州太平觀。延壽爲侍御史，以憂去，至是免喪，而有是命。

大理寺丞姚焯言：「兼并之家，囷廩動以萬計，而力耕之民，得食無幾。望令有司參酌，每畝以二税役錢爲準，除外不得過若干倍，以抑兼并，舒貧弱。」事下户部，不果行。

是日，御前忠鋭第七將徐文叛奔僞齊。文以所部屯明州城東，朱師閔將至，文覺之，夜以所部泛海舟而遁，未明至定海縣。忠鋭第八將、武德郎趙琦以本軍沿海拒敵，文乃去。沿海制置仇悆率諸將追之不及。日曆不書文叛去之日，紹興三年四月二十五日，趙琦乞推賞狀云：「去年四月二十六日夜，徐文作過。」辛亥二十六日，故附於此。

22 壬子，起復檢校太傅、江東宣撫使劉光世再起復，以光世丁内艱故也。仍賜白金千兩。

武德郎王繪爲閤門宣贊舍人，添差紹興府兵馬鈐轄。繪，仲通子也。上以其父使金，不屈而死，故録之。

仲通，靖康末以拱衛大夫、平海軍承宣使死燕山。

詔韓世忠全軍渡淮，毋失機會。

23 癸丑，武德大夫、榮州團練使曹成爲右武大夫，尋復遷一階，領忠州防禦使。先是，神武左軍提舉官董旼承制進成橫行遥郡三官，都督府以爲言，故改命。成進遥防，在五月丁丑，今併書之。熊克小曆：「二年六月甲午，李綱奏曹成已就招，成自榮州團練使陞防禦使。」恐誤。

戶部尚書黄叔敖言：「自渡江，後來諸州有未補發上供，及估剥虧官錢物，並限半年補發。如違，令提刑司取勘。」從之。

校勘記

① 擬白罷之 「白」，原作「曰」，據叢書本改。

② 且乞雪昭慈后元符之謗 「昭」原闕，據前文逕補。

建炎以來繫年要録卷六十五

1 紹興三年五月乙卯朔，上諭大臣曰：「朕省閲天下事，日有常度。每退朝，閲羣臣及四方章奏，稍暇即讀書史，至中時而常程皆畢，乃習射，晚則復覽投匭封事。日日如是也。」中興聖政：臣留正等曰：「爲天下者豈易哉！躬勤而治，君德明矣。夫户樞之不蠹，以日運也；筋力之人少疾，以氣血無壅也。況乎天下之大，一人臨之，勤亦不可以已也，而明實生焉。漢之君惟能勤訪公卿，覽奏事，講論經傳，而致中興之盛。惟其爲臣所蔽，使不得閑，又不觀書，而兆於亂，故不勤則無爲明也，不已於勤則亦不已於明也。太上皇帝躬明德以濟中興，其積諸此。」

詔諸路宣諭官所薦人才，並俟終更令入對，當予陞擢，以勸能吏。

左文林郎王闓除名，全州編管。闓，吴縣人，嘗以朱勔薦爲秘書省正字。右武大夫、忠州防禦使楊可輔出一美妾，吕頤浩欲之，俄闓以貲取去，頤浩大怒，宣諭官胡蒙即劾其不法。頤浩奏遣大理寺丞姚焯至平江按治，坐詭立官户，減免助軍錢，特責之。其所欠租税，悉令以其家田土計置納入官。四年三月己未改正。

右朝奉郎、新浙東提舉茶鹽王暘勒停，以左司諫唐煇論其妄占民田也。暘，平江高貲，宣和中以交權倖得三品服，至是併奪之。

左承奉郎林儼獻書二千卷，詔官其家一人。尋以儼監西京中嶽廟。日曆不書儼差遣，此據儼乞補官狀增入。

詔諸路提刑司起發諸州建炎以來禁軍封樁闕額錢赴行在。日曆無此，今以八月甲辰手詔所云附入，當考。

2 丙辰，武翼郎、閤門宣贊舍人、權河南鎮撫使翟琮爲利州觀察使、河南府孟汝鄭州鎮撫使、兼知河南府，武功郎、權河南鎮撫司馬步軍都統制董先爲武功大夫、吉州觀察使、河南鎮撫副使①，權提舉商虢陝州軍馬張玘爲武翼大夫、果州團練使、知陝州，權兵馬鈐轄趙通爲武顯郎、閤門宣贊舍人、知商州②。先是，琮擒孟邦雄，遣幹辦公事雷震來奏事。上大悅，遂有是命。琮言道路梗塞，緩急無兵救援，請亦隸宣撫處置使張浚，許之。遂詔有司以米二萬石餉琮軍，且命董先及李横、牛臯、彭玘會兵牽制。時朝廷方嘉横敢勇向前，命横等直至京城，或徑往長安，與宣撫司夾擊。

江西安撫大使趙鼎奏：「襄陽居江、淮上流，乃川、陝襟喉之地，以横鎮撫，誠爲得策。今聞横、臯共起兵往東京，又聞僞齊亦會金人及遣李成領衆西去，恐緣此紛擾不定，横烏合之衆，將不能禦，則決失襄陽，川、陝路絕，江、湖震動，其害可勝言哉？近有自襄陽來者，言横正緣乏食兼無衣，則其出兵固非得已。望詔有司，時有資給，使横衣食足，則不假他圖，然後責其守疆待敵，不得因小利出兵，則可久之計矣。」上覽鼎奏，始憂之。於是蜀口敵騎已退，而董先、牛臯皆失守南奔，朝廷蓋未知也。餉琮軍及令與宣司夾擊在丁未，琮乞隸宣司在戊午，今聯書之。熊克小曆載琮除觀察使在四月初，詔李横夾擊在四月末，實甚誤矣。

命工部侍郎李擢提舉製造渾儀。

初，馬氏據湖南，始斂郴、道、永州、桂陽監、茶陵縣丁錢絹米，其後丁有逃亡而不除其數，民極以爲患。

至是，湖南宣諭薛徽言奏，道州丁米萬七千餘斛，乞以其半敷之田畝，半取之身丁。事下漕司相度。未幾，守臣右朝散大夫趙坦亦以爲言，乃命田畝敷三分之二。今年八月己酉。

詔博糴米斛以度牒、官告償其直者，中糴數多之家，多給官告，數少者給度牒。博糴事祖見四月戊子。

龍圖閣直學士、提舉亳州明道宮林遹卒。

是日，徐文以舟師過青龍鎮，遂至海門縣，盡棄南船，掠民間淺底湖船，放洋而去。沿海制置使仇悆、都統制閻臯、神武中軍統領朱師閔合兵追之不及。文所部復歸者千餘人，詔隸神武中軍，與師閔俱還行在。悆坐貶二秩。五月壬午。

3 丁巳，故武功大夫、忠州團練使翟興以死事贈保信軍節度使。遣樞密院計議官任直清往襄陽、商、虢、河南撫諭，仍賜河南鎮撫司黄金百兩，爲祭告諸陵之費。直清，本鎮撫司營田官，其除計議日月未見，當考。

4 戊午，和州防禦使、帶御器械張公裕同管客省四方館閤門公事，兼沿海制置副使。朝廷將罷仇悆，故有是命。

大理少卿元兖言：「律令煩多，非明察詳審而熟於憲章者，未免有失。故四方請讞，比擬繆誤者，十常二三。舉此驗彼，則得自論決者，概可知矣。望令刑寺官，具法令引用有可擬者，爲之推原法意，申明以頒天下。俾郡縣無承用之駁，而奸吏絶因緣之市，以廣陛下欽恤之意。」詔刑寺看詳，如其請。

5 己未，命神武中軍統制楊沂中統所部三千人往嚴州措置盜賊。初，遂安民繆羅以匿妖民余五婆，爲官兵所捕，遂率其徒據白馬源，羣出拒敵。事祖見三月戊寅。知嚴州顏爲遣兵馬監押、從義郎王宏將射士保甲六千餘人捕之。事聞，乃命沂中行，以神武右軍都統制張俊兼權中軍統制。

中書舍人趙思誠充徽猷閣待制，提舉江州太平觀，從所請也。

權河南鎮撫使翟琮、權陝虢經略使董先言：「今歲臣等首同李横東擊僞齊，京城震恐，復以無援引兵而歸，思之痛迫。臣等所管之地，東至鄭州，西至京兆，南涉僞境，北臨大河，亦得兩國虛實。但西南去宣司三千餘里，東南去行在四千餘里，外無應援，内乏糧儲，勢力孤絶。望選委重臣，於行朝宣司之中，屯駐一司，以爲聲援。」詔報以已令韓世忠充宣撫使，領大軍屯淮南。

6 辛酉，詔築第百間，以居南班宗室，仍以睦親宅爲名。

故朝請大夫歐陽棐贈直秘閣，以元祐黨人故也。棐，修之子，元祐吏部郎中，黨籍餘官第六人。

河南布衣王忠民特改宣教郎。忠民，潁陽人，世業醫。忠民幼通經史，尤明於刑名。靖康以來，數言邊方利害於朝，累召弗至。上渡江，忠民隱居不出。諸鎮翟興等皆重之，弗能致。張浚以爲迪功郎，不受。興徙治藥川，忠民避地南下，遇商虢鎮撫使董先於内鄉，留之軍中，事以師禮。忠民以爲豫僭立，嘗作九思圖及定亂四象，遣人達之金帥，又鏤版印圖，散於敵境及僞齊，以斷天下之疑。至是，翟琮薦其忠節於朝，遂命先津遣赴行在。

録故樞密副使包拯曾孫嗣直爲迪功郎，用淮西帥臣胡舜陟請也。

7 壬戌，詔奉使官左承議郎潘致堯、武經郎高公繪赴内殿奏事。致堯等言：「金人欲遣重臣以取信。」後三日，以致堯爲尚書兵部員外郎，公繪爲浙西兵馬都監。先是，朝廷以果茗、縑帛遺劉麟假道，麟不納，致堯等復持還。此月乙丑得旨，付左藏庫寄收。時呂頤浩已定議出師，而恐與和議相妨，事遂中止。

應童子舉張揉爲迪功郎。揉，饒州人，年九歲，能誦書，爲古風詩、孫子論，上親試而命之。

8 癸亥，呂頤浩奏事，因論祖宗兵制。上曰：「祖宗制度，自朕家法。至於仁宗臨御最久，恩澤及人最深，朕於政事間，未嘗不繹思仁祖，庶幾其髣髴也。」何俌龜鑑：「我高宗之法祖也，論兵制則曰：『祖宗制度，自朕家法。』進寶訓則曰：『祖宗規模，此朕家法。』吏部條法，創之可也，而曰：『祖宗成憲，不可廢也。』尚書繩墨，寬之可也，而曰：『祖宗成憲，不敢改也。』謂『仁祖臨御最久，德澤在人最深，朕於政事，專以仁祖爲法。』景德與契丹講和故事，今日可以遵行。命以真宗寶訓進呈，於是而得繼志述事之孝矣。」

户部言：「來歲大禮，已下左藏庫。自今日收錢，十分爲率，樁出一分，專充賞給之用。」從之。

9 甲子，右朝奉大夫、主管台州崇道觀晁公爲言：「妻任氏受求珍金銀，臣並不知。」法寺斷私罪杖，乞改正過名。」詔改作公罪。

10 乙丑，侍御史辛炳入對言：「艱危多事之時，冗食之官當減。今福建八州，而添差至百八十餘員，理宜改正。」詔付吏部。炳又言：「願宣諭大臣，自今勿廢公見之禮，則必無乏材之歎。」詔三省通知。監察御史鄭作肅言：「通判出於帥守之門，則於州事無所執守，視過咎無敢刺舉。今藩屏之權，已重於此，尤所宜謹。」乃詔諸州通判，見任守臣所辟者並罷。

11 丁卯，尚書吏部侍郎韓肖胄爲端明殿學士、同簽書樞密院事，充大金軍前奉表通問使。給事中胡松年試工部尚書，充副使。趙甡之遺史云：「上命朱勝非擇副使，勝非言，故事當用武臣，時方艱危，不宜專拘舊制，遂薦松年。」按史，此時勝非丁憂未還朝，遺史恐誤，今不取。詔肖胄官子孫七人、松年五人。上中節二十九人，皆遷官四等，白身人予初品官；下節七十人，各遷四資。三節人共賜裝錢二千三百七十緡、銀三百八十兩、帛千五百一十匹、探請俸兩月，又別給贍家及湌錢。加賜肖胄錢萬緡、黄金三百兩、綾二百五十匹，爲私覿費。賜金錢在戊辰，三節人轉官資至給贍家銀在辛未，使副與恩澤及裝錢在壬申，賜綾在壬午，今併書之。時肖胄長子右奉議郎協提舉浙東茶鹽，乃詔肖胄次子右通直郎彬、松年親屬右朝奉郎田積中各於寄家處添差通判。彬，臨安；積中，平江。自是以爲例。二人添差在此月庚午。安化蠻蒙全劍聚八百人焚宜州普義寨。廣西經略使許中遣兵馬鈐轄羅選統宜、融、平、觀四郡兵擊之③。戊辰以聞。

是日，神武中軍統制楊沂中以大軍至桐廬縣，而魔賊繆羅與其徒八人已就招。日曆五月庚午，嚴州奏王宏捉下繆羅等八人，而六月丙申，楊沂中申乃云：「繆羅已就嚴州招安。」明非捕獲也，今從後奏，當考。詔沂中速往招捕餘黨。宣諭官胡蒙請榜諭其徒，能自首者免罪給賞，許之。既而沂中捕斬其徒九十有六人，詔沂中以舊官領保信軍承宣使，將士進秩有差。胡蒙建請在五月己卯，沂中申到在六月丙申，遷官在七月庚辰。亂之始作也，鳳林巡檢保義郎章甫、淳安尉右迪功郎曹作肅、指使保義郎徐詹皆爲所害，後各官其家一人。十月丙申，甫等贈官與恩澤。

12 己巳，起居郎黄龜年、起居舍人張綱並試中書舍人，秘書少監孫近行起居郎。

僞齊尚書户部郎中兼權侍郎權給事中馮長寧、尚書右司員外郎許伯通同修什一稅法及阜昌敕令格式，是日書成，凡條法三十一件，隨法申明二十二件。諸律刑統疏議、阜昌敕令格式與什一稅法兼行，文意相妨者從稅法。其進札大略云：「宋之季世，稅法爲民大蠹。權要豪右之家，交通州縣，欺侮愚弱，恃其高貲，擇利兼并，售必膏腴，減落稅畝，至有入其田宅而不承其稅者。貧民下户，急於貿易，俛首聽之，間有陳詞，官吏附勢，不能推割，至有田産已盡而稅籍猶在者。監錮拘囚，至於賣妻鬻子，死徙而後已。官司攤逃户之賦④，則牽連邑里，歲使代輸，無有窮已。折變之法，小估大折，名曰手實⑤，直巧詐欺民，十倍掊取，舍其所有，而責其所無。至於檢災之蠲放分數，方田之高下土色，不公不實，率皆大姓享其利，而小民被其害。貪虐相資，誅求不輟。朝行寬恤之詔，夕下割剥之令。元元窮蹙，羣起爲盜。」其大指如此。此據僞齊録。

13 庚午，詔免岳州今年稅役。用守臣范寅敷請也。寅敷時已丁憂，尋詔起復。寅敷起復在丁丑。

14 辛未，中書門下省檢正諸房公事李與權試大理卿，尚書左司員外郎王庭秀爲中書門下省檢正諸房公事，駕部員外郎韓膺胄守左司員外郎，樞密院檢詳諸房文字王岡爲右司員外郎。膺胄以其兄出使，故還。

左宣教郎江端友守尚書祠部員外郎，主管温州神主。尋詔端友兼權太常少卿，充神主神御提點。端友權少卿在此月壬午。

湖北安撫司統制官、拱衛大夫、忠州刺史顏孝恭爲貴州團練使，武經郎、閤門宣贊舍人郝晸等千二百九十四人並進官有差，以平石陂盜饒青之功也⑥。

15 壬申，言者論：「五使所至，訟牒紛起。其間固有久負屈抑，不得自伸，至於因緣嫌怒，虛誕不實者，十蓋八九。望令有司具申朝廷，特寘嚴憲。」從之。

16 癸酉，京西撫諭任直清辭行。

17 乙亥，天申節，韓世忠進生鹿。上不欲却，諭輔臣將放之山林，以適物性。

樞密院言：「已遣使詣大金議和，恐沿邊守將輒發人馬，侵犯齊界，理宜約束。」詔出榜沿邊曉諭，如敢違犯，令宣撫司依法施行。

18 丙子，左朝奉大夫、知永州黄陞與其州官文武六人並罷，以湖南宣諭薛徽言劾其贓汙不法也。

是日，金房鎮撫使王彦遣兵復金州。初，金兵既還，彦遣本司統制官、武節郎許青以所部千三百人出漢陰縣，僞京西南路安撫使周貴迎戰，青引兵横擊，大敗之，貴僅以身免，遂復金州。又敗金兵於洵陽，乃棄均、房去。時軍食益艱，張浚乃以彦兼宣撫司參議，駐兵通州，而留統制官、武功大夫格禧以兵三千守金、房。是役也，宣撫司幹辦公事、右朝散大夫高士瑰以功加直秘閣，將佐、軍效、義兵三千四百七十人受賞有差。日曆四年四月己酉，王似等奏至。

19 丁丑，右奉議郎鮑貽遜知黄州，仍命以江西、湖北兵千人之任，賜白金二千兩爲軍費。貽遜奏右迪功郎李敏功爲判官，從之。賜銀、辟官並在六月丁亥。

左中奉大夫王聲英州編管，坐權知岳州，受賕當絞也。仍以其獄示諸路州縣。

20 戊寅，殿中侍御史曾統試秘書少監。

左宣教郎李長民守監察御史，左修職郎程克俊、右迪功郎監明州比較務歐陽興世、登仕郎鄒沉並特改京官。先是，四人俱得召對。上問輔臣曰：「長民性行，比兄正民如何？」呂頤浩對：「二人皆淹博，文詞則長民優。」上曰：「陳襄薦司馬光等，朕得其藁，以示從臣。而正民以爲光等皆不合時宜者，士大夫笑之。」徐俯以長民家世趣尚對，且言：「正民之父景淵長者，持論平正，不以元祐爲非。臣嘗戒長民，當繼父志。」上曰：「顧長民材行何如爾？元祐之人雖賢，其子孫亦不必偏用，餘人亦不可偏廢，惟賢則用之。」又問：「沉何如人？」頤浩等對以浩之弟。上曰：「浩固賢，今更當議沉之賢否爾。」頤浩曰：「陛下既賜之對矣，故事，選人賜對當改秩。」上可之。席益曰：「陛下不以正民之過而廢長民，雖已知浩之賢，而又問沉之賢否，可謂至公矣。」上曰：「朕未嘗偏有好惡，況用人乎？」克俊已見元年正月。興世，修曾孫也⑦。既而侍御史辛炳言：「沉本非士類，鄉評無聞，玷辱名臣之後，望授降等差遣。」從之。沉與知録縣丞，在八月癸卯。中興聖政：臣留正等曰：「用人之道與聽言同，聽言而不繹，蔽於先入之私，牢不可破，此害理之大者也。求才必於名門，凡賢人父兄之後，概爲可用，而不加察焉，不爲善用人者矣。夫人才將焉取哉？取於疎賤而賢，則用之；取於世族而賢，則用之。疎賤非無人才，而氣質成就之爲難；世族非必多才，而事業見聞之有自。抑遠者多見遺，近者無不録，能使大臣知之，薦之天子而用之也，往往寒畯爲左，膏粱爲右耳。彼其承藉風烈、克肖於一門之中，如十六才子者，美矣，不才如四族者，烏能保其有無哉？太上皇帝褒録元祐黨人子孫，則象賢崇勸之道也。不偏於用舍，則求賢審官之公也。問李長民之性行，更議鄒沉之賢否，雖大臣所嘗薦論，而疇咨吁咈若此，以知人之爲難也。孟子論用賢之道，亦曰未可者三，然後察之。蓋賢哲羣才之鑒，惟明則精也，一不用明焉，殆矣。」

新除尚書司勳員外郎朱震依舊主管江州太平觀。震初爲胡安國所薦，故引疾而有是命。

21 己卯，詔淮南宣撫司統制官解元以所部留屯泗州。朝廷既遣韓肖胄等行，乃俾元退屯盱眙，且戒以勿侵齊地。宣撫使韓世忠請留淮南兵馬都監劉綱以五百人屯泗上，而大軍悉還鎮江。詔元以二千人戍泗州，餘留屯江北。

湖南宣諭薛徽言上左承議郎通判永州劉延年、祁陽令張登治狀，上問延年何如人，輔臣皆言不識。上曰：「古人求賢如不及，然人故未易知，雖聖人猶難之。大臣既不識，何由知其賢否？通判非如縣令之不可數易也。」乃召延年赴行在，登就任增秩。徽言又奏擅發錢米賑糶饑民，乞黜責。上釋其罪。因詔自今宣諭官合用錢物，並申朝廷，違者重寘典憲。延年，敞從子也，嘗權興國軍。巨寇李勝以迎奉神御爲名，將徒衆數千人拏舟入軍，延年御之有方，勝屈伏而去，江西人至今稱之。敞，青江人，嘉祐侍讀學士。

左武大夫忠州防禦使、新知郢州曹成爲兩浙東路兵馬鈐轄，紹興府駐劄。日曆成自正使遥團除，恐誤。

左朝奉大夫知衢州汪思温、左奉議郎知嚴州顏爲並罷，思温仍貶秩一等，坐失察妖民余五婆爲變也。以尚書吏部郎中李大有知衢州。尋詔以爲捕獲繆羅，復令居官以責後效，後又進一官。大有，清江人也。孫覿撰汪思温墓誌：「知衢州時，有諫議大夫被召過郡，或請致豐餽。公曰：『諫官、御史當如部使者之禮，不敢過也。』既去，又揚言謂公薄己。公曰：『諫大夫辭受，天下所瞻，而子敎以我爲簡乎？』歲餘，嚴、睦盜起，公聚兵境上，塞其隘，秋毫不犯。盜平，而諫議公適在樞省，劾公玩寇，降秩二等，罷歸。御史中丞辛炳道三衢，得公冤狀，疏辨其誣，詔復故官。」按史，余五婆乃衢州開化縣人，思温爲守臣，不云無罪。又此乃都省所劾，非樞密院奏也。日曆五月九日癸亥，「侍御史辛炳有本職公事進對」，在思温未罷前十日，今乃云未幾，炳道三衢，得思温冤狀，亦誤矣。覿所云，恐未可全據。今且附此，更須詳之。爲六月甲申還任，四年三月己未轉官。

忠訓郎、閤門祗候劉軫爲左奉議郎，與通判差遣。軫政和初中進士第，爲鄖城尉，以捕盜之勞換右職。至是，請復文階，而有此命。

是日，川陝等路宣撫處置副使王似至閬州⑧。

22 庚辰，江西安撫大使趙鼎言：「岳、鄂爲沿江上流控扼要害，鄂州雖有帥臣及軍萬餘，其間大半皆烏合之衆，以至器械未備。萬一有警，難以枝梧。欲俟虔賊既平，令岳飛以全軍往岳、鄂屯駐，不惟江西藉其聲援可保無虞，而湖南、二廣亦獲安妥。」詔俟飛平江西、湖、廣賊畢，聽旨。時朝廷聞李横失利，乃詔横等逐鎮屯駐，非奉朝旨，毋得進兵。趙鼎奏李横事宜，或可移附此日。

23 辛巳，罷宣撫司便宜黜陟。日曆不載此，據成都續記附入。初，張浚既受黜陟之命，事重者，出敕行之。參知政事席益、簽書樞密院徐俯大不平，指以爲僭。及是，浚還行在，而王似等代之，故有是旨。朱勝非閑居録：「唐制，不經鳳閣鸞臺，不得謂之敕命。今兩省録黄，是今人所受之敕，乃尚書省敕牒也。故前云『奉敕』云云，後云『準敕故牒』，然則三省奉行聖旨之書也。張丞相浚，頃以知樞密院爲川陝宣撫處置使，得旨以便宜行事，事多出敕。余在朝廷日見之，前云『某司』以述事因，右語云『奉敕』如何，末以使銜押字，黄紙大字，皆過於敕。席參益、徐副樞俯大不平，指以爲僭。余曰：『川士性誇侈，意以劄子爲不尊，故用便宜作敕，初不思奉何敕。聞渠向自建康出使，未出國門，已行便宜事，亦類此。』」

故承議郎胡端修贈直秘閣，以元符上書入籍故也。端修，常州人，元祐尚書右丞宗愈子。元符上書邪上尤甚第四人，黨籍餘官第七十一人。

校勘記

①武功郎權河南鎮撫司馬步軍都統制董先爲武功大夫吉州觀察使河南鎮撫副使　「統制」，原作「總官」，本書卷六〇載紹興二年十一月乙丑，「武功郎、河南鎮撫司都統制董先至汴京，以爲大總管府先鋒將」。據改。

②權兵馬鈐轄趙通爲武顯郎閤門宣贊舍人知商州　「趙」，原作「起」，據叢書本改。

③廣西經略使許中遣兵馬鈐轄羅選統宣融平觀四郡兵擊之　「四」，原作「西」，據叢書本改。

④官司攤逃户之賦　「司」，原作「私」；「之」，原脱，據僞齊録卷上改補。

⑤名曰手實　「手」原闕，據僞齊録卷上補。

⑥以平石陂盜饒青之功也　「石」，原作「右」，據叢書本改。

⑦修曾孫也　「曾」字原脱，據本書卷五五紹興二年六月甲午記事補。

⑧川陝等路宣撫處置副使王似至閬州　「路」，原闕，據叢書本補。

建炎以來繫年要録卷六十六

1 紹興三年六月甲申朔，兵部侍郎兼權吏部侍郎鄭滋言：「兩淮殘破之餘，遺民無幾，請併州縣省官吏，以寬民力。」詔帥司相度以聞。

徽州童子林國佐，九歲能誦書，詔免解賜帛，自是遂爲故事。是月，鄒庭聞、林次勘。八月，饒州卓興。九年五月，饒州王文明。十年九月，饒州晏章。十一年五月，饒州江安國、定國。十二年三月，饒州鍾遠。四月，饒州章林。十二月，張嵓叟、嵓卿。十二年五月，福州陳丕顯。十二月，饒州朱授。十五年正月，饒州甯百拱。四月，潘汝功。十二月，饒州戴松、戴槐。二十八年三月，福州莊大成。八月，饒州孫才。三十年，茹億年。八月，張逵。皆免解一次，惟晏章兼習步射，能變陣勢，故永免文解焉。按二年至三十年，童子求試者三十六人，内授官者三人，已見二年三月癸丑、八月庚戌、今年三月丙寅。

左武大夫、榮州防禦使、神武後軍統制巨師古除名，廣州編管。初，師古以所部屯揚州，淮南宣撫使韓世忠令移屯泗上，師古稱疾不出，世忠怒劾之。詔統領官高舉將其軍還行在。熊克小曆：「韓世忠欲令聽其節制，師古不伏。世忠劾罷之。」按日曆，今年四月癸巳得旨，令師古聽世忠節制，非世忠欲之而師古不伏，蓋不肯屯泗上。克恐誤也。

2 乙酉，詔以臨安獄多淹滯，命察官一員詣府監視決遣，事大者趣之。

婺州進士張志行賜號沖素處士。志行，東陽人，以學行爲鄉里所推。大觀中，數舉八行不就。浙東宣諭朱異言於朝，故以命之，志行年幾七十矣。

詔：「自今給降空名官告綾紙，令官告院各立字號，吏部置籍。其書填官司，限一月申部注，每年仍具已未書填總數申部。」用權侍郎鄭滋請也。自渡江來，所降度牒甚衆，而無其籍，至是始申明之。

3 丙戌，復置六部架閣庫。自崇寧間何執中爲吏部，始建議置吏部架閣官，其後諸曹皆置，凡成案留部二年，然後畀而藏之。又八年，則委之金耀門文書庫，人以爲便。迄宣和再置再省，至是，都官員外郎蘇良治奏復之，遂命末廳郎官兼。良治建請在四月辛亥，十五年七月又復閣官。

4 丁亥，同簽書樞密院事韓肖胄、工部侍郎胡松年入辭。肖胄言：「今大臣各徇己見，致和戰未有定論。然和議乃權時之宜，以濟艱難。他日國步安强，軍聲大振，理當別圖。今臣等已行，願毋先渝約。或半年不復命，必別有謀，宜速進兵，不可因臣等在彼間而緩之也。」肖胄母文安郡太夫人文氏聞肖胄當行，爲言「韓氏世爲社稷臣，汝當受命即行，勿以老母爲念」。上聞之，詔特封榮國太夫人，以寵其節。文氏，彦博孫也。肖胄等奏左朝請郎、秘書丞環中爲左朝議大夫，充書狀官。從之。文氏進封在戊子也。

命提舉修内司楊公弼更作行宫南北臺門。

5 戊子，資政殿學士、提舉臨安府洞霄宫許翰薨於吉州。翰以今年七月丙辰轉官致仕，七月辛巳贈官。日曆附傳乃在去年，誤也。

度支員外郎、權監察御史胡蒙宣諭浙西還，上命蒙先以御寶手曆，及所申明利害進册來上。是日入見。蒙出使七閱月，所按吏八人，二年十二月庚戌海鹽丞董究①，三年二月承節郎長洲添差縣尉丁諧、保義郎監湖州税務趙庠之，三月甲子承節郎、添差監震澤税務趙公遜，四月壬辰浙西提舉茶鹽公事夏之文，五月丁巳昌化令黄壽，並放罷取勘。左文林郎王闡，五月丁卯行遣。薦士十六人。三年四月丁未左朝奉郎知吴縣宮聲、右通直郎知晉陵縣曾仍，五月戊寅左朝奉郎知崑山縣俞彦興、右朝散郎知常州俞俟，庚辰右承直郎、知於潛縣樓璹，並遷官。九月壬申，布衣李杞補官。論者以爲蒙所言，皆吕頤浩風指。後半月，擢蒙爲右司員外郎。蒙除右司在甲辰。

6 庚寅，宣撫處置使張浚奏捷，且請俟過家上冢畢，順水赴行在。上曰：「賴敵自退，兩蜀無虞。」吕頤浩曰：「臣深以爲憂，今彊敵敗散，皆陛下聖德所致。所有張浚更取旨。」上曰：「可速其來。」王似、盧法原督使趣赴任。」仍降詔撫存蜀中並興元、金、洋，問民疾苦。時似已至司治事，而行在未知也。

是日，德音：「熊克小曆作曲赦，蓋誤。降川、陝關殺情輕死罪囚，釋流已下。吴玠、關師古將士，令宣撫司第功以聞。王彦特放罪，復往金州控扼。應歸業人户積欠税役等，皆蠲之。四川得解舉人願赴南省者，給進義副尉驛券。自軍興後，創行法度科斂，見爲民病，非軍須所急者，仰以便宜，一面住罷。夔、峽州縣權免商税及力勝一年。」時浚方論却敵之功，將佐、幕官皆以便宜遷秩。起復鎮西軍節度使、涇原秦鳳經略使、知秦州、陝西都統制吴玠爲利州路階成鳳州制置使，寶文閣學士、右通議大夫、參議官程唐進秩一等，徽猷閣待制、參贊軍事、權宣撫判官劉子羽陞寶文閣直學士，洪州觀察使、金均房州鎮撫使王彦進保大軍承宣使、兼宣撫司參議，榮州防禦使、熙河蘭廓路馬步軍副總管、統制熙秦軍馬關師古爲秦州觀察使、落副字，榮州團練使、環慶路馬步軍副總管、同統制軍馬楊政爲明州觀察使、知慶陽府、兼節制成鳳州軍馬，康州團練使、秦鳳路馬步軍副總管、統制和尚原軍馬吴璘爲榮州防禦使、知秦州、兼節制階文州軍馬，朝請大夫、直秘閣、通判鳳翔府陳遠猷爲左朝議大夫。饒風之敗，宣司賞功，他書皆不見。王彦行狀云：「敵自褒斜遁去，樞相張公以爲敵雖深入，而亡失士馬之多，前此未有，實同敗衄，而卒保全蜀者，緊諸將勤力，棄過録功，用黜陟聖旨，進秩行賞有差。授公保大軍承宣使，公獨不受，士益重之。」劉子羽墓誌：「敵由商於犯金州，涉春遂遁去，還興元。然張公已困於讒，公亦被罪也。是歲，除寶文閣直學士。」據此，則子羽除寶直，當在此，或除宣判時。朱勝非所謂張浚以便宜除官至雜學士，殆指此也。日曆今年八月丁未程唐轉官回授，九月丙子楊政、陳遠猷轉官，同日成州團練使田晟陞郢州防禦使，皆用饒風關功賞。十月庚子有旨，吴玠已除利州路階成秦州制置使，而功蹟記玠加檢校官、除制置使，皆併繫於饒風退師之後，蓋宣司便宜所授，以不見本月日，故因浚赴召，牽聯具書之。更須詳考。彦辭不拜。王彦不授官，似爲朝考有放罪指揮，宣司因不敢奏，行狀恐飾説耳。頤浩又遺浚書曰：「即未可去蜀，第留宣司，當爲開陳如所請。」浚不顧。既而法原亦至閬州，浚遂與子羽及參議官左通議大夫王庶、主管機宜文字兵部員外郎馮康國、鼎州團練使提舉江州太平觀劉錫俱東，以左承議郎李良臣提點降賜庫，良臣掌庫，以明年四月十九日良臣申明劉錫等借金銀狀修入。武經郎、閤門祗候、知長寧軍甄援權隨行幹辦。此據明年五月十九日甄援乞换給狀。罷朝議大夫、知瀘州蘇覺提舉成都府玉局觀，而以程唐爲瀘南沿邊安撫使、知瀘州②，唐之除，日曆不見，瀘州知州題名覺罷唐到，皆在此月。四年四月癸未，唐自知瀘州落職奉祠。邠州觀察使、永興軍路經略使郭浩知興元府，本府知府題名：浩今年七月到任，未知浩此時爲何官。題名稱彰武軍節度使，蓋誤。直秘閣、潼川府路轉運副使兼隨軍轉運副使張深知夔州。日曆，深以今年八月癸未用浚奏改知夔州。尋又以左朝散郎、利州路提點刑獄公事馮檝權樞密院計議官，與偕行；檝權計議官，據紹興三年九月十二日檝論遂寧府絹估劄子繫銜如此，他書蓋無有也。日曆紹興八年正月十九日，御史中丞常同劄子：「伏見檝諂事張浚，僅同僕隸。頃歲浚罷宣撫還朝，檝無以爲佞，乃作疏頭，抄斂屬官監司郡守錢物以獻於浚，取於他人者多，而自取者少，幕中不平，紛争而止。」三月六日辛卯，臣僚上言：「近嘗彈論馮檝之罪，已蒙施行。四川自靖康以來七年，上供皆因軍興諸處截用，檝獻策於浚，再行科斂。會朝廷訪聞，降指揮而罷。蜀人畏之切骨。」按同所云，皆此時事，今並附此，其有無當考。隨軍轉運副使張澄統本司西兵赴行在。權主管軍馬。據澄明年五月十四日乞繳隨軍物色狀修入。熊克小曆四年四月：「先是，張浚令宣撫司隨軍轉運使張澄統本司兵萬人出蜀，詔趣至行在。」據日曆，今年九月乙亥，浚具到將帶本司兵馬四項，數多者止五千人，統押官亦無澄名，數内有五千人又已得旨遣還，此所云統本司兵萬人，恐誤。今修潤附此，當考。良臣，綿竹人也。中興聖政：「是日，上謂吕頤浩等曰：『爲法不可過有輕重，然後可以必行，而人不能犯。太重則法不行，太輕則不禁奸。朕嘗語徐俯，異時宫中有所禁切，令之曰『必行軍法』，而犯者不止。朕深惟其理，但以常法處之，後更無犯者。乃知先王立法，貴在中制，所以決可行。』臣留正等曰：『法爲天下平也，不可得而重，不可得而輕，惟其當而已矣。故法之立也，固已服人之心於未抵罪之前，而又哀矜惻怛，不忍以行之，則下知有耻，而義足以禁其非也。苟惟不然，加之極刑，有死而已。人苟自棄，則死非其悔，奈何以此懼之哉？國家仁恕爲治，惟熙寧用事之臣，制重禄以行倉法，至於一錢以上坐徒。劉摯謂徒爲暴刑，難正其罪。蘇軾譬之子弟有銖兩之過，父兄施斤鈞之罰，皆謂其不可行也。法嚴而不可行，無乃有悖於事情，有不合於先王之法乎？法不可行而存之，無乃有害於民，有累於國體者乎？視宫中禁切之令，雖軍法無益，則吏禄之法，宜用中制然後決可行也。』」

7 辛卯，沿海制置使仇悆罷。

8 壬辰，江南東西路宣諭官劉大中言：「建昌軍軍學教授李彌正、玉山縣丞張絢，清修廉潔，文學過人。」詔並進一官，赴行在。彌正，彌遜弟；絢，丹陽人也。

左朝奉郎、直龍圖閣李膺知虔州，坐令鹽商獻納贍軍錢，爲提舉官所劾，下吏當罰金。詔膺奪職，貶秩一等。佐吏九人抵罪有差。

賜王似宣撫處置副使印，從其請也。

9 癸巳，監登聞鼓院廖邦傑罷。以侍御史辛炳論其移疾廢朝也。此爲洪擬言闕政事。

寶文閣待制、提舉建州武夷山沖祐觀陳戩卒。

10 甲午，神武前軍統制、兼淮南宣撫司都統制王𤫊爲荆南府潭鼎澧岳鄂等州制置使。時鼎寇楊么復犯公安、石首二縣。先五日，命湖南安撫使折彦質會荆鄂潭鼎統制官辛太、崔邦弼、任士安、杜湛之衆往討之。彦質數請濟師，乃命𤫊總舟師以行。遣忠鋭第一將崔增、神武後軍統領高進以所部五千從𤫊，又命韓世忠、劉光世各以舟五百與之，仍持五月糧以行。凡湖南北兵並受𤫊節度。時知岳州范寅敷遭内艱，以策干湖南安撫使折彦質，一議戰兵，大略謂：「楊么初起有寨二十，舟三百九十，兵八千餘人。今首尾五年，其數必倍。然糧倉闕乏，器械鮮少。官軍之一可當其十。今約水陸各萬人，可以取勝。一水軍萬人，探聞鼎州見管正、義兵八千，揀點精鋭，可得五千，潭州帥府若選五千兵，可足備禦，不必遠召荆、鄂之兵矣。」二議戰舟，云：「賊有車船，如陸戰之陣兵；鰍頭船，如陸戰之輕兵。官軍亦當用此。今以水軍萬人分五軍，每軍二千人。用車船二隻，每隻容正兵二百五十人，將佐、梢工百人；鰍船三十隻，每隻容正兵五十人，并棹夫、押隊共八十二人。各令附帶錢糧，多集矢石。其行常與鰍船一進一却，進必有所取，却必有所誘，亦計之上者也。」三議兵器，云：「賊有鐃鈎拓叉，竹爲之柄。若以快刀芟其頭刃，彼無能爲矣。其勝賊之具，弓矢爲上，鈎鎗次之，手刀又次之。又擇十人爲牌砲手，使居前列，牌以衛我師，砲以擊賊徒。」四議棹夫，云：「戰兵恃其各善汩没，則緩不及事，當使戰士亦諳棹夫之能，則必安而可用。今所責甚重，棹夫宜與戰士同賞，仍使士卒汰其不能，便令乘載人兵，習其擊刺，使戰士習熟波濤，若履平地，何賊之不勝乎？」五議形勢，汩云：「岳州抵接賊寨，比諸州最近。如潭州遣發，及會合荆、鄂舟師，皆合經由於此。但專令潭州攻討么賊，舟師進發，皆由於岳，而岳屬他路，況岳有土人，可募以爲前鋒者，緣本州闕乏，不能集事。乞將岳州依舊隸湖北路。其討殺楊么，事干本州者，權令帥司節制，於上供米内支撥一萬石。」六議錢糧，云：「昨湖南帥司會合岳州、荆南兵馬，令各帶錢糧，就行支遣。各緣闕乏，乞專委湖南漕臣一員，權兼充湖北轉運使③，專切應副。」七議時月，云：「攻討水賊，須自十月霜降水落之時，港汊分隔，則易爲擒。又當分築甬道，安置砲坐，多發巨石，攻其附近。」八議攻討，云：「武陵、辰陽縣界，鼎江南岸，有夏誠、劉三、楊么下水北、上林等寨，各據陸向水，維舟岸側。其鼎州見與夏誠賊寨對壘，而賊於鼎江南北分布寨栅二十所，岳州去賊武陽口等寨甚便，止一日可行。故鼎州爲陸兵之地，岳州爲水兵之地。如使陸兵萃於鼎州，攻討夏誠、楊么，以禦其前，繼使水軍進自鄂州，以乘其後，使腹背受敵，進退無據，賊將安往？」彦質以聞，詔下其議，命王瓔行之。已而瓔請招安金字牌。上曰：「近來盜賊踵起，蓋黄潛善等專務招安，而無弭盜之術。高官厚禄，以待渠魁，是賞盜也。么跳梁江湖，罪惡貫盈，故命討之，何招安爲？但令瓔破賊後，止戮渠魁數人，貸其餘可也。」乃給黄榜十道，自么及黄誠、劉衡、周綸、皮真并近上知名頭領不赦外，脅從之人，一切不問。如徒中自併及投首④，當議優與推恩。遣崔增、高進及帶錢糧在此月丁酉，彦質奏寅敷八議在戊戌，瓔請金字牌在七月壬戌，今牽聯書之。熊克小曆：「詔統制官巨師古以兵二千亦隨瓔去。」誤也。日曆：王瓊所申有云：「統領官高進等下官兵二千餘人，並係巨師古下舊人，各願隨瓊前去。」克不詳考之耳。其實師古此時已勒停編管，不在軍中。克誤甚矣。何俌龜鑑：「我高宗之所以區處羣盜者，又有道焉。聖訓嘗曰：『招安非良法，命之以官，是誘之使盜，不若移此以賞捕盜立功之人。』是聖意之主於討者然也。又曰：『凡今日奪攘縱暴之侶，皆異時忠義四方之人，應能開心易慮，散歸田里，罪犯勿問。』是聖意之主於招者然也。他日謂宰執曰：『民窮爲盜，多緣守令不良以擾之。若安其田里，肯爲盜乎？』又宣諭江西平盜之策，惟曰：『擇憲帥以壓服其心，任守令以勸課其業，蠲科役以優足其力。』」是又不招不討，思以弭盜而使之無盜，寧非萬世之龜鑑乎？」

考功員外郎胡蒙言：「州縣之職，令尤近民。人之才否，固不因京官、選人而增損，但選人在官日淺，苦未練歷，又多投合上位，應副寄居，意在干求，必於改秩惴惴然，惟懼忤物，安能抗勁節任直道以行己乎？欲自今已往，萬户已上縣，盡差京朝官，每三五員再赴都堂審察，然後頒降敕命，則冗散疲懦者必汰，而天下宰令皆得材能之士，不待督責而相先於政績矣。」事下吏部，後不行。

徽猷閣待制李正民知吉州，以軍行，故歲中科率民錢至百餘萬緡，宣諭官劉大中奏請黜之。正民先以應辦軍儲遷一官，至是寢其命。

11 丙申，詔皇叔右監門衛大將軍士蓐赴行在。士蓐爲金所執，至河北遁還。東都之再陷也，士蓐復没於金，及是渡淮南歸。士蓐，襄恭憲王宗愈孫也。濮王生宗愈，宗愈生房陵公仲璍⑤，仲璍生士蓐。

詔江、浙諸州絲帛及折帛錢，並以七月中旬到行在，有不足者，守貳並行竄黜。用户部請也。

12 丁酉，詔武顯大夫、閤門宣贊舍人、知濠州寇宏遷一官再任，仍賜金帶。

13 己亥，罷沿海制置司，以海舟三百付明州守臣李承造總領，和州防禦使、制置副使張公裕同總領，仍命公裕居定海縣，以總領海船所爲名。

左武大夫、福州觀察使辛道宗再追一官，坐頃在軍中受賄，補官不實也。

14 庚子，給事中黄唐傳言：「陛下將以武遏亂略，而所用非所試。願詔有司稍復武選之格，酌三歲科舉取人之數，以三分之一待武士，互保應舉，如文士法。其程試先以射藝決去取，次以兵策第高下。中第者注縣尉。他日有統兵官闕，並先選武士。」事下兵部，論者以爲非急務，遂不行。

15 辛丑，進士歐陽凱士特送洪州編管。凱士嘗上書論時事，前四日，上諭輔臣曰：「頃上書人間有狂妄者，朕多留中，不欲寘罪。今凱士狂妄之甚，若不懲戒，且慮扇惑羣聽，亦害政之一端也。可以其書付從官，議罪來上。」仍宣示臺諫，議上，故斥之。

右奉議郎、知彭澤縣楊汝明追三官，許參選，俟轉至承議郎止。汝明宣和初以上書得官，實納粟也。吏部引陸知微例爲言，故有是命。時方審量濫賞，而以左右司領之。吕頤浩當國，時有所縱舍。左司員外郎王岡輒持不可，曰：「管仲奪伯氏駢邑三百，飯蔬食，没齒無怨言，何謂也？法者天下公共之法，大臣行法，與衆棄之，尚誰怨？前日論甲黜三官，且至乙矣，輒貸不問，今日復論丙如甲。公秉國鈞，於天下具瞻之地，不平謂何？而怨始有所歸矣。」頤浩矍然。王岡事，據孫覿撰墓誌增入，不得其時。按史，岡以今年五月除左司，頤浩罷，乃去。故因汝明追官附此。但覿以爲討論宣、政誤恩，却誤。此時已罷討論濫賞，但令吏部審量耳。

是日，都省批狀，諸路私煎盜賣鹽，並依通州已得科罪，用提轄榷貨務都茶場張純請也。時吕頤浩更淮南鹽法，亭户私貨者，不以多少，杖脊配嶺南，雖赦不宥。事見去年十二月。會淮東提舉茶鹽郭楫言：「非亭户而與軍民交易者，未有明文。」事下榷貨務，於是純言：「亦合一等科罪。」頤浩奏從之。至是，浙東提刑司申明亭户盜賣刑名，純言：「上件指揮，雖緣通州管下有犯，臣僚起請，諸路亦合一體施行。」頤浩不復奏陳，徑以批狀行下。自是斷配日多，民間破家蕩産不可勝計矣。頤浩批狀事，日曆不載。今以紹興三年十月十一日臣僚上言并刑部勘會狀增入。狀云：「紹興三年六月十八日，都省批狀指揮。」本月十八日也，非亭户一等科罪指揮在今年三月癸亥，今并附此，更不别出。

16 壬寅，端明殿學士、宣撫處置使司參議官張深知成都府，充本路安撫使。初，深以老疾丐免，張浚命深五日一赴司視事，會成都闕守，有詔浚具名奏差，浚承制授深，至是申命。成都續記：深以五月八日至成都。

中侍大夫、忠州防禦使、荆南鎮撫使解潛言：「已滿三年，請罷去。」詔令再任。

17 甲辰，翰林學士綦崈禮上昭慈聖獻皇后改謚議。

尚書右司郎中王珩爲宗正少卿，填復置闕。日曆及都司玉牒所題名，珩除宗卿，皆在此月。蓋自建炎三年以奉常兼宗卿，至此始除珩也。日曆：十月庚戌，復置宗正少卿一員。十二月，内户部相度狀並同。疑珩罷後⑥，又不除人，至庚戌乃降旨耳。

秘書省著作佐郎孔端朝守都官員外郎。

徽猷閣待制、知臨安府盧知原充都督府參謀官，直秘閣、兩浙轉運副使梁汝嘉陞直龍圖閣、知臨安府，以左司諫唐煇言知原爲政乖繆也。章再上，詔知原以本職奉祠。知原以是月癸丑提舉江州太平觀，今附此。

詔舒、蘄、黄三州仍舊聽江南西路安撫大使司節制及應副錢糧。先是，淮西安撫使胡舜陟乞節制三州人馬，許之。趙鼎言：「江西與淮西相接，今三州撥隸淮西，萬一上流有警，則沿江一帶並無軍馬應援。」故有是旨。

18 乙巳，左朝奉郎、監尚書六部門孫蓋轉對言：「自靖康軍興以來，議和好則忘備禦之方，言拒敵則絶通和之議。閲時既久，屢失事機，天下至今憤痛。屬者再遣樞臣，銜命出疆，臣恐和戎之議未成，防秋之備遂弛。敵情不測，事當過慮。望密戒邊臣中申嚴戒律。」詔付沿邊守帥。初，韓世忠之軍建康也，詔江東漕臣月給錢十萬緡，以酒税、上供、經制等錢應副。至是，劉光世移屯，又增月椿錢五萬六千緡，轉運判官、直秘閣劉景真等告乏於朝，詔通融應副。自吕頤浩、朱勝非並相，以軍用不足，創取江、浙、湖南諸路大軍月椿錢⑦，以上供、經制、係省、封椿等窠名充其數，茶鹽錢蓋不得用，所椿不能給十之一二，故郡邑多横賦於民，大爲東南之患。今江、浙月椿錢，蓋自紹興二年始。月椿錢，諸書不見事始。日曆十七年八月，上諭秦檜：「卿未還朝，朱勝非等創起月椿。」按史，檜以去年八月免，勝非代之，五月勝非丁憂，七月起復，明年九月罷。起月椿未知的在何時，以事考之，當是今年四月除二宣撫時。今因江東漕司申明附此，或可移附四月。

19 丙午，詔内外從官各舉宗室一人，以備器使。先是，右承事郎、知大宗正丞謝伋條上宗室五事，曰舉賢才以强本支，更法制以除煩苛，擇官師以專訓導，繼封爵以謹傳襲，修圖牒以辨親疎。始，岐獻簡王仲忽爲宗官，多所建白。論者謂立法太嚴，自渡江後，南班宗室纔六十三員，學官久闕，襲封之典遂廢。宗正有寺無官，故伋言之。時已用伋議，復置宗正少卿，因有是命。惟襲封不行。用伋議復宗卿，據今年十月己亥王珩罷少卿劾疏云爾。

右朝請大夫王唐、右奉直大夫李昕並通判荆南府，用鎮撫使解潛請也。此又與前此鄭作肅建言守臣辟通判指揮相妨，當是用元置鎮撫司專法也。

20 丁未，詔即駐蹕所在學置國子監，以學生隨駕者三十六人爲監生，置博士二員。時中書舍人黃龜年入對，上奏言：「雖車駕東巡，庠序在遠，而博士之官未命，養教之士未充，殆爲闕典。」遂命禮部條具，其後進呈。上曰：「學校固教化之原，然當治戎飭備之時爲之，則近於不急。」乃命留俟焉。上語在七月戊寅。

江東宣撫使劉光世引兵發鎮江。時淮南宣撫使韓世忠屯登雲門，光世懼其扼己，改途趨白鷺店。世忠遣兵千餘襲其後，光世覺之，乃止。既而光世奏世忠掠其甲士六十餘人，且言：「世忠身爲大將，當國家多事之時，正宜謹慎，共濟大事，而乃不循法度，强奪戰兵。若非臣彈壓嚴切，必致兩軍相挺，上貽聖憂。」樞密院言：「近兩軍申奏，各有互招過官兵。」詔同都督孟庾體究發還，如無實迹，行下逐司照會。上尋遣使和解，仍書賈復、寇恂事賜之。日曆七月丁巳，劉光世奏：「臣六月二十六日，統率軍馬離鎮江。」故附此日。光世所奏甚譸張，而熊克小曆乃云：「世忠猶欲以兵襲其後。」蓋爲光世諱也。今參酌附見。

是日，沂王㮙、駙馬都尉劉文彥在五國城告變⑧，金人遣使按問。金人初欲邀二帝過河，駙馬都尉蔡鞗力辯其誣，文彥等坐死。金人尋以潘致堯所持奉兩宮金銀、藥石來上，上皇見之流涕，謂羣下曰：「荷天眷命，未忘趙氏，中興之主出而繼焉。今日信至，可謂幸會。」惟藥材留以備用，餘皆分賜從行親屬官吏。王若沖北狩行録云：「癸丑六月二十四日，沂王㮙、駙馬都尉劉文彥首告謀反金國⑨。蔡鞗是日聞之於莘王植、駙馬都尉宋邦光，徑令徐中立聞達，太上驚悸，未以爲然。翌日，遣鞗渡河以詢虛的，既濟，則千户孛堇按打曷者⑩，已陳兵河濱，二逆解發往彼帳前矣。盡得所陳之詳，鞗歸，太上即令率親屬及一行臣僚合議，除白鍔以病不能出，餘皆預焉。先此，已聞有不測之議，至是，人皆聳慄。鞗曰：『吾儕前日不死國難，二帝播遷，已有愧於前人。

不意逆黨出於至親至愛之間，捐軀報效，正在今日。儻身以貫高自處，願諸公盡力以徇急難。少有退避者，神明殛之。』言辭慷慨，坐皆泣下，莫不懷奮發直前之心。至七月中旬，彼遣兩使前來勘問，太上遣植同儻往見來使，堅欲太上渡河對辯，又遣徐王棣、宋邦光再往，至則尚執前議，乃請淵聖行，及信王榛、駙馬都尉向子扆、内侍王若沖同往，儻實從之，再三力懇，彼使方許。明日至行宮之東，儻所寓之地，而引問焉。羣臣力拒，往反詰問，三日之間，二賊氣折，自承誣枉。案上，復遣前使以諭太上，一面處置。太上曰：『二子悖逆，雖陳誣告，天倫之屬，豈忍爲之？』使曰：『若如此，自有宣命。』並死之。使歸，儻上疏，乞深自悔禍，以畏天戒。太上嘉納之。」

21 戊申，武功大夫、高州刺史、樞密院準備差使王林以所部充御前中鋭第十將。林，劉光世部曲也。忠鋭第九將史康民薦其才，自承州召還，而有是命。

22 己酉，神武副軍都統制岳飛自虔州班師。此以紹興四年四月二十五日大理寺劄子修入。

23 庚戌，尚書左僕射呂頤浩提舉修國史。時未有日曆，中書舍人張綱請用祖宗故事，命大臣典領。起居郎孫近在秘府，亦以爲言。至是，始命頤浩。

尚書吏部郎中、川陜撫諭周隨亨卒於閬州，詔贈直龍圖閣，官其家三人，賜銀帛百匹兩，令宣撫司致其柩。隨亨贈官在九月丁丑。

24 壬子，右宣教郎王忠民至行在，宰相呂頤浩、簽書樞密院事徐俯見之，皆拜，舍於政府。忠民上疏，力辭新命，且言：「臣爲大金舉兵，故自上大金國主三表爲辨理，乞還二帝。本心報國，非求名禄。」上不許，忠民以告寘於櫝中，藏之七寶山下。既見，所奏留中，力懇求去，遂依商虢鎮撫使董先於軍中。

罷澧州歲貢竹簟。

25 癸丑，賜潭州度僧牒二百，爲修城之用。潭州自爲敵所破，城壁皆壞。李綱以爲汗漫難守，請截三分之一，未及成而綱去。至是，安撫使折彦質言於朝，詔監司相度。其後諸司言：「潭州城圍二十二里九步，西臨大江，東、南兩壁並依山勢，不可裁損。惟北壁地皆荒閑，欲截去城地七里半。新城圍計十四里半有奇。」奏可，後亦不克成。諸司再奏在十月庚戌。

自陝西既陷，買馬路久不通。至是，榮州防禦使、知秦州、節制階文軍馬吴璘始以茶綵招致小蕃三十八族，以馬來市。西馬復通，蓋起於此。於是宣撫司承制授蕃官趙繼志武翼郎、閤門宣贊舍人。七年正月丙戌降告。

川陝宣撫司以三泉縣爲大安軍。王明清揮麈前録：「太祖立極之初，西蜀未下，益州三泉令間道馳騎齎賀表，率先至闕下。上大喜，平蜀後，詔令三泉縣不隸州郡，遇慶賀，許發表章直達榻前。紹興初，四川制置司建言陞縣爲軍，失祖宗之指矣。」按宣司陞軍，以今春敵騎至三泉而止，故因以爲控扼，非因直達表章之故。明清誤也。以武臣种友知軍兼縣事，文臣爲判官兼縣丞。此據紹興七年閏十月三日吴玠劄子修入。

是夏，金人所命知慈州劉慶破丹州義士孫韓於山寨，降其卒三千人，盡殺之。

校勘記

① 二年十二月庚戌海鹽丞董兗　「海鹽」，原作「海監」，據文意改。

② 而以程唐爲瀘南沿邊安撫使知瀘州　「程」，原闕，據叢書本補。

③ 權兼充湖北轉運使　「使」，原作「司」，據文意改。

④ 如徒中自併及投首　「及」，原作「進」，據叢書本改。

⑤ 宗愈生房陵公仲琿　「琿」，原作「暉」，據宋史卷二三一宗室世系表改，下同。

⑥ 疑珩罷後　「珩」，原作「行」，據叢書本改。

⑦ 創取江浙湖南諸路大軍月樁錢　「月」，原作「用」，據下文及叢書本改。

⑧ 沂王㮙駙馬都尉劉文彥在五國城告變　「文彥」，原作「彥文」，據宋史卷二四八顯德帝姬傳改。以下同。

⑨ 沂王㮙駙馬都尉劉文彥首告謀反金國　按：靖康稗史之呻吟語載：「二十四日，沂王㮙、駙馬劉文彥首告太上左右及信王謀叛。」知「謀反」之前當有「太上」二字。

⑩ 則千户孛堇按打曷者　「按打曷」，原作「安塔哈」，據金人地名考證改。考證又謂金史作「按打海」。

建炎以來繫年要録卷六十七

1 紹興三年秋七月甲寅朔，資政殿學士、新知平江府謝克家提舉萬壽觀兼侍讀，吕頤浩引之也。

浙東福建宣諭朱異言：「建州觀察推官林安宅清廉守正，嘗面折范汝爲。」詔循二資，令入對。安宅，侯官人也。

2 丙辰，吕頤浩言：「行宫北門未成，而役夫少，欲於忠鋭第八將范温麾下擇不堪出戰二百人助役，且令温自董之。」上問其故，席益曰：「役夫出入禁闥，非素所撫循，無以彈治。」上曰：「不可。四方聞之，以爲使將帥舍甲兵而事營繕，非今日整兵經武之道也。」益曰：「聖慮深遠，非臣等所及。」

武泰軍節度使、權主管殿前司郭仲荀兼權神武後軍都統制。

朝請郎吴必明除名，英州編管。必明嘗知邵武軍，葉濃之亂，必明統所居崇安縣射士捕之，繇是武斷一鄉，脅制縣令，與通直郎、前通判臨安府暨尚卿協比爲奸，爲右朝奉郎、通判建州李佩所發。事聞，詔漕臣徐宇究實。於是尚卿撫州編管，知縣、通直郎賈損亦坐停官。

3 丁巳，徽猷閣直學士詹乂試給事中。

4 己未，置博學宏詞科，用工部侍郎李擢奏也。其法，以制、詔、書、表、露布、檄、箴、銘、記、贊、頌、序十二件爲題，古今雜出六題，分三日試，命官除歸明、流外、進納及犯贓人外，願試者以所業每題二篇納禮部，下兩制考校。堪召試者，每舉附省試院收試。上等改京官，除館職。中等減三年磨勘，下等減二年，並與堂除奏補。出身人以賜進士及第、出身、同出身爲三等之差。著爲令。

給事中黄唐傳暫權翰林學士，以綦密禮疾告也。

詔太史局每月具天文、風雲、氣候、日月交蝕等事，實封報秘書省。

初置提舉孳生牧馬監官，於饒州置司，俸賜視雜監司。令樞密差幹辦官三員，本路給廐卒二百人，仍令統制官王進以所部護之。時益市馬於廣西，故先擇牧地鄱陽，置官提舉。

5 庚申，權商虢鎮撫使董先奏虢州失守待罪。詔先兼京西招撫司都統制，屯襄陽。

6 壬戌，詔建康府永豐圩租米，歲以三萬石爲額。此據紹興四年二月癸巳吴若申明狀修入。圩四至相去皆五六十里，有田九百五十餘頃。近歲墾田不及三分之一，至是立額焉。

7 癸亥，尚書吏部侍郎陳與義兼權直學士院。

8 甲子，手詔諸路憲臣覈實州縣已未支還和買本錢實數來上。先是，諸路和買紬絹匹支錢一千，而州縣又多不給者。時大旱，上以爲民咨怨而傷和氣，諭大臣曰：「雨不濡土，當務修政事，以感天意。和買未爲良法，重困吾民，其令監司覈實，勿爲文具也。」

閤門祇候、知泗州徐宗誠再任泗州。自軍興以來，田萊多蕪①，民間皆以草實爲食。及是，宗誠以土豪爲守，修城郭，治官舍，問民間疾苦，又以私財市牛蓄糧，課民使耕，軍民皆贍。州民聞陳杋來爲守，相率詣朝廷請宗誠再任。上許之。

知樞密院事張浚言：「君臣相與之際，自古所難。惟聖賢之君，乃能終始保全，使其臣立於無過之地。史册書之，後世歌之，此臣日夜引領東向，區區有求於陛下者也。臣以崎嶇孤旅之身，幸蒙擢用。適時艱危，屢經大變，臣荷陛下恩德深隆，不敢以家室宗族爲念，勉竭股肱之力，庶幾有濟。力倡忠義，決圖破敵，誓不俱生。而臣志大而才疎，心忠而識闇，舉措謬戾，動致怨尤。首罷使權，繼膺召命。再念臣五年使事，心力俱疲，疾病交攻，日以衰弱。願陛下推保全之志，廣均逸之仁，俾獲真祠，奉事香火。方今大敵敗却，將士一心，外敵之勢漸衰，中國之威將振。臣之求退，不爲無辭。異時儻未死於溝壑，尚求報於天地。執筆見意，涕淚交流。」詔不允，令浚疾速赴行在。

9 乙丑，尚書省言：「韓肖胄已至泗州，齊國館伴官兵未到。」時神武諸軍護送者二千人，乃詔都督府以輕舟濟其軍食。肖胄至汴梁，僞齊劉豫欲見之，副使胡松年曰：「見之無害。」豫之僞臣欲令以臣禮見，肖胄未有以答，松年曰：「皆大宋之臣，當用敵禮。」豫不能折。既見，松年長揖豫，叙寒温如平生。豫欲以君臣之禮傲之，松年曰：「松年與殿下比肩事主，不宜如是。」豫問主上如何，松年曰：「聖主萬壽。」豫曰：「其意何在？」松年曰：「主上之意，必欲復故疆而後已。」豫有慚色。

10 丙寅，尚書考功員外郎兼權監察御史朱異宣諭浙東、福建還，入見。異出使九閱月，所按吏凡八人，三年正月庚申，右承務郎知蘭溪縣黄伯達；乙酉，儒林郎知象山縣趙舉之、永康丞劉伯英；二月壬子，浙東提舉茶鹽公事王然；甲寅，兩浙轉運副使徐康國；四月癸巳，右承直郎知崇安縣賈損；己未，保義郎監寧化縣税務趙返之；六月甲戌，知莆田縣傅王。内然、康國詳見本月日②，餘並放罷取勘。薦士十二人。張九成、閭丘昕、汪汝則、熊彦詩、姜仲開已見今年四月壬辰，張志行已見六月乙酉，林安宅已見七月甲寅，石公儒、李郁見此日，李寀見四年正月丙寅，左承議郎知安溪縣王伯淮、左朝奉大夫知松溪縣林元敏並以七月甲寅轉官。異尋遷吏部，仍詔俟都司有闕日除。異遷吏部在此月甲戌。

徽猷閣待制、知宣州沈晦知建康府，代歐陽懋也。日曆不見懋改除，建康志懋以五月二十三日到任，亦不言替移。今附此，當考。

詔鄉貢進士石公儒、李郁並令赴都堂審察。公儒，臨海人，長於春秋傳，不事科舉。郁，光澤人，父深，元祐黨人，母陳瓘女兄弟也。郁早從楊時學，時以其子妻之。宣諭官朱異言其賢，故召。

自移建康榷貨務於鎮江，而入納絶少。建康日課近二萬緡，鎮江纔千緡而止。論者以爲軍士攘奪，商旅不敢行。詔：「尚書省降敕榜禁止。士卒有犯，當依軍法；統制官已下，並取旨重竄。今來所繫朝廷大利，務在必行。」仍令江、淮兩宣司依地分巡察。兩宣司巡察在此月己巳旨。

11 丁卯，詔録用太祖、太宗、真宗、仁宗、英宗、神宗六朝勳臣自曹彬至藍元振三百二十人子孫。先是，徽猷閣待制宋伯友入對，言：「艱難以來，中原隔絶，功臣子孫，凋喪殆盡。乞訪其後，量材録用。」故有是旨。其後得趙普、趙安仁③、范質、錢若水諸孫皆官之。慶曆三年，初定曹彬至邵曄二百四人。政和三年，重増范質至藍元振一百十六人。

熊克小曆但云言者，而無伯友名，蓋伯友以六月甲辰建明，得旨令吏部開具，克曆但據吏部所申，而不考事始也。

12 戊辰，王瓊以舟師發行在。

13 己巳，詔以久旱，令兩浙憲臣行所部慮囚。左司諫唐煇乞令憲臣所至，親自引問，庶冤枉獲伸。從之。

樞密院計議官、權監察御史薛徽言宣諭湖南還，是日入見。徽言出使九閱月，所按吏十六人，三年四月戊申，承信郎監茶陵縣稅務沈銓、右迪功郎監常寧縣稅務王載，五月丙子，永州推官俞梅、司户葉敷、保義郎東南第九將押隊姚成、忠翊郎權同管界巡檢夏習、武經郎前兵馬都監吴廓、將仕郎權司户蘇昱，辛巳，通判賓州謝徽，六月甲申，左宣教郎、前權常寧縣阮冠，六月辛亥，知邵州和璟，乙未，右朝散郎添差湖南轉運判官趙志之，並放罷取勘。又陳發、陳如損，詳見四月己酉，黄陞，詳見五月丙子。薦士三人。劉延年、張登，已見五月己卯，又六月己亥，左宣教郎、前通判衡州趙伯牛轉官。吕頤浩以徽言擅易守臣，及移用經制銀，後三日，遂命出守。上猶疑其資淺，久之，乃以徽言知興國軍。徽言得郡，在九月癸酉。

14 庚午，詔：「無職田選人及親民小使臣，並月給茶湯錢十千。職田少者，通計增給。」先是，御筆增選人、小使臣俸以養廉。輔臣進呈，上諭以：「今飲食衣帛之直，比宣和不啻三倍，衣食不給，而責以廉節難矣。雖變舊法，以權一時之宜。」户部尚書黄叔敖言：「文武官料錢各有格法，不可獨增選人、小使臣。乞令提刑司均州縣職田，於一路通融應副。無職田及職田少者增支。」從之。

15 壬申，樞密院計議官王大智添差浙西安撫司幹辦公事。始，大智以獻戰車式得官，車成而不可用，遂罷之。上因諭輔臣以車非利器。席益曰：「古人彼此用車，至於彼徒我車，已有侵軼之懼，而後人每以車敵騎，其敗固宜。」

樞密院計議官、京西撫諭任直清依舊直秘閣，添差都督府幹辦公事。上既臨遣直清，俄聞京西連失利，遂罷行。

16 癸酉，宰相呂頤浩、參知政事席益、簽書樞密院事徐俯以旱乞罷政，上親答曰：「與其去位，曷若同寅協恭，交修不逮，思所以克厭天心者？」頤浩等乃復視事。時上以旱故，詔羣臣言闕政。禮部尚書洪擬奏曰：「法行之公，則人樂而氣和；行之乖，則人怨而氣偏。試以小事論之，近時監司、守臣獻羡餘則黜之，徐康國、侯彭老。宣撫司獻則受之。此恐指張浚。是行法止及疏遠之臣也。有自庶僚爲侍從，臥家視事，未嘗入謝，遂得美職而去，洪炎。若鼓院官移疾廢朝，則斥罷之。廖邦傑。是行法止及冗賤之官也。榷貨立法甚嚴，犯者籍家財以充賞，而大官有勢者，連營列陣，公行酤賣，則不敢問。是行法止及孤弱之家也。小事如此，推廣而言之，則怨多而和氣傷可知矣。」疏奏，上嘉納之。上因旱詔羣臣言事，此據熊克小曆附見，日曆蓋無有也。當考。

17 甲戌，右朝請大夫郄漸提舉饒州孳生監牧公事。漸入辭言：「今西北之馬寖已衰耗，朝廷取馬於邕管，置監於鄱陽，乃軍政之急務。聞東南民間養馬亦多，乞下諸路，令民間以甚好馬輸官二十匹，補進義校尉。等而上之，至百匹爲五等，次第補授。」朝論恐其擾民，乃止。漸以八月庚子入見，今并附此。

神武中軍統制兼提舉宿衛親兵楊沂中自嚴州還，以沂中兼帶御器械。

武功大夫、忠州團練使、閤門宣贊舍人、御前忠鋭第四將范温以所部充神武中軍左部統領，尋詔温係忠義人，特令户部給曆，餘毋得援例。温給曆在九月庚午。

18 乙亥，朱勝非起復舊官，守尚書右僕射、同中書門下平章事兼知樞密院事，特命睿思殿祗候陳彦臣宣押赴行在。初，召當直學士陳與義草麻，後二日，復命學士綦密禮貼改四字。與義上疏待罪，詔釋之。熊克小曆：七月癸酉，右僕射朱勝非起復。蓋從日曆所書也。樓鑰所修宰輔拜罷録在乙亥，而洪遵中興玉堂制草乃注云：「七月二十三日。」三書不同，按陳與義待罪狀云：「今月二十一日晚，伏蒙宣召，令草朱勝非起復制。切覩二十三日三省同奉聖旨，令綦密禮貼改四字。」二十一日，甲戌也，據此，則與義以甲戌草制，乙亥宣麻，不知日曆何以差誤。今不取。

詔神武副軍都統制岳飛選兵三千人，移戍虔州④。

初，廣東諸司奏：「右朝散郎、通判廣州韓僖貪贓不法。」事下提刑司劾治。已而，僖子惇胄使人詣闕，訟轉運判官章傑與父有深仇，乞移獄。詔江西提刑丁彬選官根勘。僖與吕頤浩子抗善，故頤浩主之。勘官通判南安軍時益因移文劾傑，傑奏益觀望用情，詔彬更選官往治，毋得觀望，徇情滅裂。是月壬申。至是，言者謂：「貪贓之吏，相習成風，害政殘民，蓋非一日。即如益所行，非劾僖，是劾傑也。望詰益因依。」從之。其後，頤浩免相，御史又以爲言，於是彬、益並罷。時彬已遣通判虔州周文虎詣廣西按僖罪，而諭意使出之。文虎，有守之士也，辭之不聽，怏怏成疾，道死。臺章再上，彬坐停官，而僖亦死於獄矣。彬、益罷官在九月丙寅，彬勒停在明年正月丁卯，皆用常同疏也。此時同未爲御史，故不出其名。僖以去年三月癸卯下廣州獄，今年十一月乙丑死於獄中，凡坐獄五百三十餘日。明年二月甲午，廣州申到。

19 丙子，詔諸路監司分按州縣，親録囚徒，以察冤滯。以久旱，用工部員外郎臨海朱締奏也。

詔臨安府守臣有奏稟事，許不隔班上殿。用直龍圖閣、知府事梁汝嘉請也。汝嘉嘗言：「臨安府地望爲一路最，況輦轂之下，莫先彈壓。而守臣之任，僅同支郡。望令本府依舊帶安撫使，析浙西八州爲二，分隸鎮江、臨安。」時以防江爲重，未克行析。

是日，泉州洪水溢壞城郭、廬舍，凡三日乃平。

20 丁丑，詔遣内侍衛茂恂往夔、峽州、荆南府催促張浚赴行在⑤，仍以茶藥爲賜。尋詔茂恂所過州有前宰執，皆撫問之。

21 己卯，省都督府隨軍漕臣。時以户部侍郎姚舜明在鎮江總領錢糧故也。

詔左武大夫、忠州防禦使、知泰州張榮以所部赴行在。

初，講筵所以進書推恩書吏慕允中，補進武副尉，提舉官乞特不作非泛補授都官用例，許之。左司諫唐煇言：「號令不信，後之僥倖者無以澄革，乞改正。」是日進呈，上曰：「此御批實也。既有例，當行。」席益曰：「此事固有前比，然以副尉而煩諫官論執，請如所奏。」上頷之。徐俯曰：「如有例何？」上曰：「然。凡朝廷事，既有例，因言者論列而改，則朝廷所行，果非也。且此小事，非繫國體。」吕頤浩、席益固請如煇所奏，上可之。按唐煇所奏，非謂不應補官，謂其不應不作非泛也。熊克小曆節略其文，遂失事實，今稍詳之。中興聖政：臣留正等曰：「天下之事，必有争臣以防其微，必有諫臣以當於體，此爲治世也已矣。事之行也，苟有毫髮之可議，人以爲猶可也，争者曰：必有害。人主豈得忽於微而黜其説哉？彼以争爲職者也，事之猶可也，而過於言，無傷也。人有所難言，事有所必不可不言者，又將使斯人不擇可否，不計從違，以伸其職於後也。故曰：法家拂士，不可以通人望之，言無不從，有補國家。稍加違咈，其職遂廢。謀臣者，所宜左右其説，以獻於明主也。太上皇帝樂受諫疏，付外而行，與大臣謀議，曲折詳盡，寧格成命，而重違諫奏，此國體也。夫以煇之論一副尉，與論獻瓜果而授試官者何如哉？獻瓜果而授試官，塗之人耳，而來者未必加多，因講筵而覬恩澤，則祇應之類不乏也。其非泛補授之名，安得而不早正於此？雖有前比，可免論執，特不可以一祇應恩澤而屈忠言、沮直氣也。煇之論事以其職，頤浩、益謀國以其體，而太上皇帝不難於聽從之，聖德盛矣哉！」

22 庚辰，輔臣奏事，呂頤浩言雨足。上曰：「日者亢旱，朕甚憂之，以爲穡事無望矣。今霑足如此，殆將有秋。春秋二百四十二年，書大有年者纔一，書有年者再而已。以此知豐登之難得也。」先是，自六月丙午不雨，上命議獄省刑，弛力役，進素膳，及是雨乃足。翌日，上始御玉食焉。

23 辛巳，左朝散大夫、廣西轉運副使劉彥適知静江府，代見任人降充直秘閣許中赴行在。先是，有詔復收免行錢，而彥適市買方物，抑賈人使低其直，民有訟之憲司者，中械繫之，死獄中。提點刑獄公事董弅言於朝，故先召還，尋奪職。奪職在八月庚子。弅，逌之子也。既而宣諭官明槖復奏其五罪，四年二月壬午。乃趣湖南漕司劾治。

皇伯洪州觀察使、權行在中正司、安定郡王令畤爲寧遠軍承宣使，以積閥遷也。

1 八月按是月癸未朔。丙戌，户部尚書黃叔敖請諸路上供錢，兩浙限次年二月終，江、湖限五月中起發，違者本部以聞。從之。四年二月廣東西漕臣以上供欠多，降一級。

初，忠鋭第八將徐文既叛去，事見四月。以所部海舟六十，官軍四千三百泛海至鹽城縣，遣使臣闞中納欵於僞齊，具言沿海無防虞之人，可以徑至二浙。且圖上駐蹕所在軍馬之數，因密州草橋鎮巡檢包德聞於劉豫。

豫大喜，是日授文防禦使、知萊州，以海艦二十益其軍，令犯通、泰等州，且至淮南，與大軍會合。

2 己丑，命神武副軍都統制岳飛赴行在，仍命飛以精卒萬人留戍江州。輔臣因論分屯軍馬遠近輕重，呂頤浩曰：「但恐無糧。」上曰：「撫國家，給饋餉，自古亦須運糧，豈有無糧之理？」乃命出撫州椿管錢九萬餘緡，江西折帛錢易糧萬斛，以餉飛軍。

3 辛卯，詔諸路州軍，自去年以後奏案未得斷敕者，具月日申部取斷。先是，禮部尚書洪擬入對，論諸路獄案凝滯。上諭輔臣曰：「奏案遣決濡滯，刑獄禁繫者多，何以召和氣？」呂頤浩曰：「奏案法有日限。」上曰：「但不舉行耳。可當催趣，務在刑清，庶革久弊。」乃有是旨。

4 壬辰，川陝等路宣撫處置副使王似言：「川、陝諸州應奏獄案，乞用便宜指揮，酌情斷下，如張浚例。」許之。

5 癸巳，左承議郎常同爲殿中侍御史。同自柳州召還，既對，遂有是命。

和安大夫、榮州防禦使王繼先言：「累年供進湯藥有勞，已推恩數，乞將上件勞績，守本官致仕，庶不踰分，招致人言。」詔繼先進秩一等，許回授。

是日，朱勝非自湖州赴行在。故事，大臣奪情者，服糙光幘、慘紫袍、皂角帶。上皇惡之。政和末，始議以入公門不應變服，遂以吉服朝，然居家猶喪服也。至是，勝非請所服，太常遂省記宣和近事以報。而居第則慘服去佩焉。議者不以爲是。太常奏下在此月庚子，今因勝非赴行在遂書之。勝非奏狀云：「臣今月十一日登舟長行。」癸巳，十一日也。奪情故事，太常所記不如是之詳。今以蔡絛百衲叢談增入。

是夜，虔卒石亮與其徒謀即州學團聚爲變，忠節指揮使石佺密告東南第六將韓思等，率兵捕其徒七人，皆斬之。事聞，詔虔州別選守臣，命見任人侯延慶赴行在。事聞在九月庚午，後三日癸酉，除朱芾知虔州，已附見九月甲戌劉大中奏後，更不別出。

6 甲午，上謂大臣曰：「元祐黨人固皆賢，然其中亦有不賢者乎？」呂頤浩等曰：「豈能皆賢？」徐俯曰：「若真元祐黨人，豈有不賢？但蔡京輩，凡己之所惡，欲終身廢之者，必名之元祐之黨，是以其中不免有小人。」上曰：「若黃策之類是也。」俯曰：「黃策乃元符末上書狂直被罪，始天下皆稱之。如策比者，無慮十數人。策不能固窮守節，旋陷於非義。其中亦有議論前後反覆，奸惡猥瑣，竄名其間，如楊畏、朱師服數人耳。」策以直秘閣通判嚴州，受賕抵罪，故上及之。

右通直郎唐恕試太常少卿。恕既告老，屢召不至。及是入對，詔賜進士出身，而有是命。

右朝請大夫、主管江州太平觀王子獻復右朝議大夫。子獻初坐江西棄城停官，及是，乞牽復，大理約法公罪斬，仍用赦而復之。著此以見棄城約法輕重。

故降充寶文閣待制王覿追復龍圖閣學士。覿，泰州人，元祐翰林學士，黨籍待制已上第二十六人，臨江軍安置。

7 乙未，詔河南鎮撫使翟琮且在襄陽府屯泊，聽候朝旨。時梁、衛之地悉淪僞境，琮屯伊陽之鳳牛山，爲僞齊所逼，孤立不能敵，率部曲突圍奔襄陽。京西招討使李橫以聞，故有是命。熊克小曆載琮突圍在明年三月末，蓋不知琮至襄陽之時也。今從日曆附此。克又云：「琮以數城孤立不能敵。」亦誤。琮雖爲河南府孟汝鄭州鎮撫使，其實遥領虚名，今不取。權商虢鎮撫使董先亦言：「有官軍及老弱七千在襄陽，而李横兵已衆，恐不能贍給。」乃命先赴行在。先遂以其衆依趙鼎於江西。

8 丙申，以昭慈聖獻皇后改謚册寶告太廟。

9 丁酉，遣户部員外郎徐杞奉册寶。

10 己亥，以信安郡王孟忠厚爲禮儀使，奉神御並詣温州，上酌獻於射殿畢，步導至行宫南門外，奉辭。宰相率百官辭於城外。時以製塑神御，官吏遷官資者二百四十餘人，添給錢萬緡，銀帛二千四百餘匹兩。言者以爲濫，乃命差減焉。八月甲午，詔轉官資人減半。

詔置三衙管軍直舍於殿門外。用主管殿前司公事郭仲荀請也。

11 庚子，詔都轉運使移司撫州。時議者皆欲罷都運司以省費，給事中黄唐傳上疏言：「自罷發運司後，上供錢物頓失拘催，遂改爲都漕，蓋以收簇上供、應副行朝爲事。罷此，亦可省官吏之費。但慮諸路漕臣復以上供錢物移用，他時復置，即非朝廷舉措。并具置司前後所催發錢物數以聞，乞付户部官同議。」於是度支郎中侯懋等言：「自置此司，一歲間所拘催錢糧金帛已八十二萬餘貫石匹兩，第漕臣不得自便，同所忌嫉，以此見存廢利害甚明。今置司常州，去閩、廣、江、湖地遠，乞移司撫州。」從之。熊克小曆誤以唐傳元章爲懋所奏，遂併户部定奪之語合爲一章，蓋鹵莽也。今依日曆，各取其要語别書之。

12 辛丑，信安郡王孟忠厚言：「近者有詔，改議昭慈聖獻皇后謚號，務盡尊崇，而其廢復之因，終未明辨，人或疑之。臣聞昨有黄策上書，專論此事。蓋策於平江，因析賣蔡京家產，乃得京舊所藏親奉聖語劄子手迹，有太上皇帝諭京語曰：『皇太后言，昨先帝既廢后，亦有悔意，嘗以語皇太后。』則知廢黜之事，非繇泰陵聖意，斷可知矣。昨已蒙宣取京所書劄子真本，望宣付史館，以慰在天之靈。」從之。

武功大夫、忠州刺史兼閤門宣贊舍人、添差福州兵馬鈐轄劉紹先爲神武右軍右部統領，用張俊請也⑥。

13 甲辰，手詔曰：「比者雨暘弗時，幾壞苗稼。朕方寅畏怵惕之中，又復地震蘇、湖，益甚懼焉。蓋天之降災，其應必至，皆朕失德，不能奉順乾坤，協序陰陽之故。咨爾在位大小之臣，有能應變弭災，輔朕不逮者，極言無隱。」先是，宰執同奏請罪，章未下，侍御史辛炳奏：「大臣無畏天心，何事不可？」其言峻甚。由是出宰執初章，仍有「天之降災，皆朕失德」之語。於是呂頤浩等居家待罪，累四章乃止。此並據朱勝非秀水閑居録附見，日曆無之。

時已命諸路憲司起發州郡所負積年禁軍闕額錢。是日，上諭輔臣：「恐不便於民，速令除放。」遂以手詔付有司，自建炎以來皆蠲之。

御史臺主簿陳祖禮言：「按臺令，有三院御史分詣三省點檢之文，六察官輪詣六曹按察之制，望申行之。」詔自下半年爲始。祖禮，晉陵人也。

右承議郎、新提舉廣南市舶姚焯請得具便民或邊防五事，如守臣例。許之。自是監司皆得條上。

14 乙巳，詔：「復置史館，以從官兼修撰，餘官兼直館、檢討。若著作郎佐有闕，依元豐例差郎官兼領。」先是，著作官全闕，以都官員外郎孔端朝兼權著作佐郎。至是，吏、禮部討論，而有此命。

初，婺州兵馬都監駱公彦等七人皆以潛邸恩得添差，而左司諫唐煇言其非祖宗舊制，吏部引上皇初即位時敕旨爲言。是日，詔隨龍官係國朝故事添差，札與諫院照會。吏部奏到元符三年六月五日聖旨，蓋爲上皇隨龍人創設也。

15 丙午，起居郎孫近守中書舍人，起居舍人曾統守起居郎，秘閣修撰、知虔州侯延慶復爲起居舍人，尚書左司員外郎劉岑守秘書少監。

直寶文閣、知郴州趙不羣移知宣州，左朝奉大夫趙康直改知泰州。泰州自分鎮後，就用武將張榮爲守，及是，始命文臣。

左宣教郎杜巖送廣州居住。巖自宣都與其孥乘舟至姑孰，朝廷聞之，命官護送至行在而後遣之。巖兄嵩、崑中道亡去，求之不獲，既而奔僞齊。紹興七年十一月，金人差除數内有杜嵩。

故責授海州團練副使朱師服追復集英殿修撰，以元祐黨人故也。師服，海州人，紹聖中書舍人，待制以上第四十九人，五年六月乙卯追奪。

16 丁未，浙西提舉茶鹽司言：「本路諸縣，去冬住賣鹽，錢塘縣四十六萬餘斤，比遞年增三十七倍，建德縣二十七萬餘斤，比遞年虧六分，乞賞罰。」詔兩縣當職官減展磨勘年有差。

初，張浚承制以參議官、寶文閣學士程唐籌邊有勞，進秩一等，回授其子登仕郎敦復爲承務郎。命既下，論者以爲吏部改官格法甚嚴，雖見任宰臣回授轉官，亦無改官之例，乞改正。乃詔循敦復二資。

17 戊申，罷江、浙等路轉運司。給事中黃唐傳言：「自置司以來，催發上供所增錢三十餘萬緡，黃金千五百餘兩，米二十二萬斛，絹二十餘萬匹，綿亦稱是。不知何名而遽罷之，若罷此司而上供愆期，定復分遣郎官，四出催刷，是徒爲擾擾紛紛，虧損國體，利害甚明。望賜詳酌。」詔以次官書讀行下。

初，責授黃州團練副使孟揆寓居梧州，多市官鹽以規利。至潯州，爲監稅左宣教郎韓璜所發，州以私鹽論罪，揆愬於朝，詔廣西提點刑獄董弅定奪。弅言：「揆雖以詭名市官鹽爲詞，而在法犯榷貨不得根問買處，合從私販法。」事下榷貨務，提領官張純言：「廣西鹽係官販官賣，即無不許隔越州府貨買之文。」都省勘會，恐官司實有用情，令本路漕臣依公究實申省。如敢觀望，重寘典憲。其日，辛卯也。至是，侍御史辛炳言：「揆若轉買客人官鹽，自有文引照驗。今既無文引，無可體究，適所以彰朝廷用情廢法之失。遠方官司，祗有觀望朝廷之理，必不觀望州郡勘司。按揆父子兄弟，叨受國恩，前此坐罪貶責，例當籍没家貲。巧計避免，今以私販獲敗，天實誅之。公朝成法，每以私意廢輟，不可不戒。」乃詔潯州速具案以聞，俟至取旨。著此以見臺諫攻呂頤浩本末。按炳奏，潯州已於去年七月二十一日具案聞奏，至今踰年，方令刑部促潯州奏案，不知何謂。四年六月庚子行遣。

詔故朝請郎陳伯疆特官一子。伯疆事上皇爲右正言，以忤權倖廢。及是，用其家請而命之。中書舍人張綱論：「伯疆之死已三十年，前此未嘗叙雪。今遽推恩其子，異日死於謫籍者援以爲例，將何以止之？」朱勝非曰：「伯疆以直忤蔡京而被黜，今公議已開，理當推恩。蓋綱失於取會。」上曰：「伯疆固直，第朝廷未嘗辨雪，致綱有言。今欲直伯疆之冤，當先令辨正也。」十一月丁卯寢命，五年三月乙亥再推恩。

18 己酉，給事中黄唐傳言：「近下求言之詔，未聞有畫一奇、出一策者，而告訐州縣及訴人之過則多有之，此非陛下求言本意。望降詔旨，應自今上書言事，毋有所諱，惟不許因書告訐他人過失。」詔檢鼓院榜諭。

殿中侍御史常同言：「陛下乘此艱難，注意在將。而二三將臣不能協心共謀，以濟國事。邇者淫雨害稼，地震輔郡，陰盛之象，殆謂此也。悉由幕府謀議之官，以妄言激怒主帥，贊畫無狀，理宜罷免。」詔以付諸將。同所言，蓋指劉光世、韓世忠也。

侍御史辛炳言：「叨綴日參，每見朝殿進呈，宰執有留身奏事者。臣竊謂天下有大利害，政事有大因革，人才之黜陟，賞罰之勸懲，相與敷陳於陛下之前，蓋有不容不公者。留身之際，何所不有？臣恐分朋植黨之漸，爲害滋大。欲望降旨，自今三省樞密院朝殿進呈訖，不得留身，違者許御史臺彈奏，都省奏閤門狀，令臣僚上殿，不得留身奏事。宰臣非執政官曲謝及乞解職者聽。」庚戌，詔依閤門見行條法。

詔榷貨務都茶場許臺諫取索及勾唤人吏。此似因常同論張純罪，當考。

19 辛亥，嗣濮王仲湜請諸州宗室各以行尊者一人，檢察月俸錢米。許之。渡江後，宗子散居四方，故仲湜以爲請。

是月，韓肖胄等始至雲中，見金國左副元帥宗維等議事。王明清揮麈第三録⑦：「韓似夫與先子言，頃使金國，見金主所繫帶，光彩絢目，韓注視久之。金主云：『此石晉少主獻耶律氏者，唐世日月帶也⑧。』」按張滙節要云：「紹興三年春，黏罕、悟室居雲中。夏，黏罕之白水泊避暑。秋，黏罕等避暑回，分居本所。」不云金主在雲中。金史，肖胄以今年十二月四日回到泗州，若往會寧往還，必不如是之速，兼與肖胄偕來者，止元帥府使人，則似未嘗見金主也。明清所云，姑附此，當考。

校勘記

①田萊多蕪　「萊」，原作「莱」，叢書本同，據文意逕改。

②知莆田縣傅王内然康國詳見本月日　「王内」，原作「内王」，據叢書本乙正。

③趙安仁　「趙」字原脱，據宋史全文卷一八下補。

④詔神武副軍都統制岳飛選兵三千人移戍虔州　「虔」，原誤作「廣」。按：本書卷七六紹興四年五月甲戌記事云：「詔神武右軍選精鋭軍馬三千人戍虔州，專一措置虔、吉一帶盜賊，權聽江西帥司節制。先是岳飛出師，已破賊首鍾十四等十餘寨。」據改。

⑤詔遣内侍衛茂恂往夔峽州荆南府催促張浚赴行在　「侍」，原作「使」，據本書卷九七「内侍衛茂恂降一官」之記事改。

⑥用張俊請也　「俊」，原作「浚」，叢書本同。按：神武右軍都統制爲張俊，故逕改。

⑦王明清揮麈第三録　此下引文今在揮麈前録卷三中。

⑧唐世日月帶也　「世」，原作「氏」，據揮麈前録卷三「金主曰：『此石晉少主歸獻耶律氏者，唐世所寶日月帶也。』」記事改。

建炎以來繫年要録卷六十八

1 紹興三年九月壬子朔，徽猷閣待制、知建康府沈晦提舉江州太平觀，以殿中侍御史常同論其兇暴狂僭，貪忍輕率也。晦到官纔踰月而罷。

初，張浚爲宣撫處置使，行移於六部用劄子，而六部則用申狀。至是，吏部請宣撫使非見任執政官者，並申六部，六部用公牒，從之。

右朝請大夫陳杌知通州。

2 癸丑，尚書左僕射吕頤浩引疾求去，詔幹辦御藥院趙徹宣押赴都堂視事。時天象示變，臺諫交章論頤浩之罪，上始厭之。及罷都漕司，頤浩不能争，乃求去。

秘書少監孫近請命前宰執供具建炎四年二月以前時政記，仍令修注官補建炎以來起居注，命百司日以朝廷所施行事報秘書省、進奏院，月報亦如之。從之。

3 甲寅，吕頤浩再求去，詔幹辦御藥院邵諤宣押視事。

川陝宣撫司隨軍轉運使趙開增印錢引一百五十萬緡，以錢引未通流於夔路故也。

4 乙卯，給事中黄唐傳充徽猷閣待制，提舉江州太平觀。免謝辭。時殿中侍御史常同言：「唐傳自爲給事中，將及半歲，朝廷政事，寧無差失，前後臺諫，劾正亦多。唐傳尸禄其間，曾無一言封駁，但乞以文士解額三分取武士，爲此不急之務而已，其畏謹緘默如此。今都轉運司虚占員闕，蠹耗國用，臺諫官以爲可罷，公論以爲可罷，陛下以爲可罷，唯大臣初主議者尚欲存留，唐傳不顧公議，明示傅會之迹，欲以取悦宰相。頃者京城失守，唐傳爲宗正少卿，盡取玉牒獻於金帥，使皇族係累而去。用此，張邦昌差權中書舍人，屢行僞命告詞，士大夫至今切齒。望賜罷黜，以肅百僚。」故有是命。章再上，遂奪職。唐傳奪職在丁巳。

湖南轉運副使李弼孺罷。先是，本路安撫使折彦質奏弼孺與之有舊隙，請罷去。詔弼孺移江西。五月庚申。時湖寇充斥，弼孺聞命不行，遍檄諸州，有敢應副帥司者，當職官枷項送獄。御史常同言：「弼孺趣操卑污，頃年嘗認倡人李師師爲姑，諂事朱勔，贓污狼籍。今又公違詔旨，占護錢糧，意望敗事。」故弼孺遂罷。

神武右軍都統制張俊乞致仕，不許。

參知政事、同都督江淮荆浙諸軍事孟庾自軍中朝行在，至是，復還鎮江。時江東宣撫使劉光世、淮南宣撫使韓世忠因私忿交争，事下督府，庾不能辨曲直，乃走愬諸朝焉。此以紹興八年常同劾疏附入。

初，僞齊侍御史盧載揚上議，陳結南蠻擾川、廣之策。大略謂：「今宋朝播遷，假息吳、越，西失關、陝之重兵，東絶齊、魯之徭賦。荆、湖屯大寇，江、浙防勁敵，固已顛沛矣。然而川、廣交通，寶貨雜遝，有金銀茶馬之貢，香礬繒錦之利，資其雄富，未易殄越。爲今之計，莫若列其利害，表於大金，大具海舶，各遣一介之使，南通交阯，結連溪洞，講智高之舊策，約二廣以分王。侵掠其地，俾財賦不入於二浙，將窮且迫，雖不加討，亦必魚爛而亡矣。」豫大悦，是日，遣通判齊州傅維永及募進士宋囦等五十餘人，自登州泛海入交阯，册交阯郡王李陽焕爲廣王，且結連諸溪洞酋長。金主遣使毛都魯等二十餘人偕行①。此據張孝純書增入，計未必達也，姑附見。

5 丙辰，朱勝非言：「近聞泉州水災，事見七月丙子。已下本州詰問。」上謂大臣曰：「國朝以來，四方水旱無不上聞，故修省蠲貸之令隨之。近日蘇、湖地震，泉州大水，輒不以聞，何也？」既而泉州奏其事，乃詔民之被害者，除其税。其當濟給及營繕者，以度牒二百賜之。奏至在是月甲戌。中興聖政：臣留正等曰：「書曰：『明四目，達四聰。』蓋言人君之視聽，貴於無壅也。管子曰：『堂上長於百里，堂下遠於千里。』蓋言人主之視聽，易於隔絶也。今欲去隔絶之患，而使之無壅，其唯言路乎？四方雖遠，有水旱災異，使之上聞，雖不出户庭，而周知天下之疾苦，其視聽廣矣。能乎是，則天下之事無不聞矣。蓋人情喜聞其美，而惡言其非所樂聞之事。今也水旱災異，而使得以上聞，則凡可以達一人之聽者，果何憚而不言乎？奸佞之肆欺，盜賊之竊發，若是之類，使其無之則已，有則必皆以實告，得其實而預圖之，天下無難事矣。其爲益豈小補哉？噫，此祖宗之深意，而太上皇帝所以責監司守臣也。」

時行宫外朝止一殿，日見羣臣，省政事，則謂之後殿；食後引公事，則謂之内殿；雙日講讀於斯，則謂之講殿。至是梁朽，前榮且壞，命有司繕治之。乃權御射殿，極卑陋，茆屋纔三楹，侍臣行列，巾裹觸棟宇。

權刑部侍郎、兼詳定一司敕令章誼言：「朝廷比修紹興敕令，忠厚之意，悉本祖宗。惟是速於成書，去取之間，無不舛錯。今州縣推行，漸見抵牾。望詔監司郡守，與夫承用官司，參考祖宗之舊典，各摭新書之闕遺，悉隨所見，條具以聞。然後命官審訂，删去訛謬，著爲定法。」從之。

左朝奉大夫王次翁自廣西轉運判官召還，是日引見，而對不合，乃以次翁知處州。次翁乞祠而去。

6 丁巳，詔：「自今行在職事及釐務官上書，並實封，用公文印記，繳牒檢鼓院投進。不在召保知在逐便之數。」前三日，太常少卿唐恕應詔上書，鼓院用例，併投匭人押出。侍御史辛炳言有虧禮意，故有是旨。元旨爲應詔上書人設，後以鼓院監官唐瑑申明。十一月庚申，得旨，逐時投進文字依此。今併書之。

7 戊午，特進、尚書左僕射、同中書門下平章事、兼知樞密院事、都督江淮荆浙諸軍事呂頤浩罷爲鎮南軍節度使、開府儀同三司，提舉臨安府洞霄宮。頤浩再相凡二年。侍御史辛炳劾其不恭不忠，敗壞法度。及頤浩引疾求去，殿中侍御史常同因論其十罪，大略謂：「頤浩循蔡京、王黼故轍，重立茶鹽法，專爲謀利，一也。不於荆、淮立進取規模，惟務偷安，二也。所引用非貪鄙俗士，即其親舊，三也。民訴訟有再至者，輒罪之，四也。贓吏呂應問、韓僖皆滿數萬，頤浩既受女謁，遂令移獄，欲罪元按官司，五也。臺諫論事不合己意，則怒形於色，六也。近兩將不協，幾至交兵，不能辨曲直以申國威，而姑息之，七也。其心腹最善者，擢置臺屬，使採臺中議論，八也。近者地震，抑而不奏，及降詔求言，又不引去，九也。每會親黨夜飲，男女雜坐，比言者論罷都漕司，遽託病乞出，十也。陛下未欲遽罷頤浩者，豈非以其有復辟之功乎？臣謂功出衆人，非一頤浩之力。縱使有功，宰相代天理物，張九齡所謂不以賞功者也。」疏入，遂召翰林學士綦崈禮草制，授頤浩舊節奉祠。崈禮所草詞略曰：「備觀夙夜之勤，莫測災祥之異。駭人言之歸咎，指國政之失平。朕則責躬，卿胡辭位？」崈禮，頤浩所厚也。炳言：「頤浩制詞優厚，無一字貶黜之意，不知頤浩之罰，是耶非耶？按頤浩兩任宰司，狼籍不一，不特搢紳士夫能言之，雖三省六曹百司之人猶能言之，不特武夫悍卒能言之，市井閭巷之人亦能言之。祖宗以來，不聞大臣敢如此者，頤浩安而行之，欺忽陛下，敗壞法度，日甚一日。頃者罷去，正坐臣僚章疏不曾降出，亦聞陛下批語有力掩之者，是非之不明，賞罰之所以不行，此前日之失也。今復蹈之，可不爲後日戒乎？望以臣前疏付外廷，以明是非，鐫去將相崇資，以正賞罰。」於是頤浩卒改命。

詔諸路水旱等事，令監司郡守即時聞奏，如敢隱默，當寘典憲。

8 己未，手詔：「以絹計贓者，三千爲一疋。」舊法千三百爲一疋，建炎初增爲二千。至是言者欲舉祖宗之制，杖脊贓吏於朝堂。上以絹直高，故有是旨。乾道六年三月甲戌，又增一千。

都省言：「近降金銀錢帛和糴米一百萬斛，務欲利國便民。聞前時和糴，郡縣多將糴本留不即支，及阻節減尅，民户實得無幾，致所糴數少。今宜革去前弊。」詔有違戾者，當職官吏并徒二年②。中興聖政：臣留正等曰：「古今言理財者，必曰輕重斂散也。太公行之於周，管仲行之於齊，其後李悝以爲平糴，耿壽昌以爲常平，李彪以爲和糴，名雖不同，其實一也。然則和糴之法豈不爲甚良，而其效豈不爲甚著？今天下利之所出，取之悉矣，理財者無所施其能矣。其猶可以佐用度之乏，而兼利於公私者，莫若和糴。賤而斂，貴而糴，民有所濟而不饑，利不入於大賈蓄家，而公上享其贏餘，此其法所以爲可行也。然而朝廷行之，未見大爲利者，法非不善，而行之者重蠹爾。太上皇帝因都省之言，重違戾之罪，蓋將以痛懲其弊也。其在今日，和糴之法，未嘗廢而不講。臣願舉太上皇帝是法而奉行之，有違戾者，必罰無赦，庶幾和糴之法，不徒存其虚名，而遂收其實效，此誠當今之急務也。」

9 庚申，呂頤浩復爲特進、觀文殿大學士，宫祠如故。制略曰：「迨再預於首台，遂兩更於期歲。聲稱有減，風績頓愆。復虧難進之風，遂致易汙之失。」用辛炳疏也。

神武副軍都統制岳飛自江州來朝，賜飛金帶器甲。飛養子雲，年尚少，上亦以戰袍戎器賜之。賜甲帶在此月甲子，今併書之。

夜，朝天門外火，燔民居甚衆。

10 辛酉，川陝宣撫司統領官吳勝敗僞齊兵於黄堆寨。初，陝西同統制軍馬楊政率諸軍深入，至清水縣，命勝與統領官楊從儀、程俊等率忠義人進討。僞涇原第八將嚴千以甲軍千人、騎五百築蓮花城，勝急擊，破之。翌日，第十將楷師閔復以騎二千來援，勝等追殺無遺，獲所部將十餘人，師閔僅以身免。勝還至臘家城，復與敵遇，步將從義郎彭宬戰死，準備將、承信郎賀吉爲敵所獲，曰：「吾不死於敵手。」遂自殺。是役也，將士死者百二十有三人，皆贈官録其子。吉，延安人也。吳勝以是月己卯破蓮花城，彭宬、賀吉以十月丙戌死事，今併書之。

11 壬戌，直徽猷閣呂祉陞直龍圖閣、知建康府。祉初除淮南宣撫司參議官，未至，上奏言：「今屯兵淮甸，表裏雖一，而上下不接，如人之身四體不備。今日荆、楚之地，不可不宿兵，以固上游之勢。」上納其言，會江東謀帥，遂用之。建康自南渡後，率以前執政或侍從官爲帥，至是，特有此授。祉既至，對於内殿，首論：

治道之要，先自治而後治人。兵家之法，先爲不可勝，以待敵之可勝。臣所謂先自治而後治人，先爲不可勝以待敵之可勝者，莫急於形勢，故一曰形勢。日者，朝廷命諸將分屯沿江，得之矣。然此特形勢一事，若軍政不修，恐亦不可恃，故以軍政次之。軍政修在擇守將，故次以守將。屯田乃宿兵之先務，故次以屯田。宿兵既多，則生財必有術，故次以通貨。然生財莫如省費，故次以省費。欲將士用命，蓋在謹賞，故次以謹賞。正兵以當大敵，而保守鄉井，助戰策應，以防賊兵衝突，不可無民兵，故次以民兵。防固吾圉，欲知賊中動靜，則不可無斥堠，故次以斥堠。若欲知賊中虚實，乘利進討，則不可不遣間探，故次以間探終焉。凡兹十事，皆今日所當行，闕一不可也。

然臣之所論，特其大略，至其詳，則在講之及得人行之。

其論形勢曰：

西北以山河爲險，東南以長江爲險。自建炎己酉歲後，長江表裏，非敵騎蹂踐，則邊馬騷殘。累年諸處間有軍馬，然上下不接，來去不常，大非所以一統東南，臣前日論之詳矣。臣聞關中者，天下上游，而江左則下游也。上下之勢，猶之首尾，其中氣脈必相接續，豈可一處間斷？將欲復關、陜，必先固四川。自四川而下，有襄陽、荆南、武昌、九江、池陽、太平、建康、鎮江，皆沿江也。小大不均，表裏不可無備。謂當命將，分兵戍守，使相維持。自遠近視之，皆隱然如敵國焉，則共奠王室，有磐石之固矣。

其論兵政曰：

古之兵法，下自五人爲伍，上至五師爲軍。平居無事，有以結其心，出入相友，守望相助，疾病相扶持。及一旦犯難，則同力蹈萬死以求一生。去古既遠，名雖不同，而意皆倣此，未有其心不一而可用者。方今諸將，類多忠勇絶世，敢當大敵，則將不乏矣。累年巨寇，如張用、曹成、李宏、馬友，下皆河北百歲忠義之民，勇悍敢戰之士，今則盡歸諸將，是兵亦不少矣。至於器甲，亦稍增緝，多至八九分，少者三五分，是器甲亦粗備矣。惟是烏合之衆，不揀不練，失古軍伍結心之法。尋常討捕草寇潰兵，則有子女玉帛之利，而倚恃諸將威力，故所向無前。若當大敵，臣恐未必如是之鋭。蓋非所謂仁義之兵，節制之師也。臣願陛下蒐求知兵之士，講究古軍伍結心之法，因時之宜，稍準古制，酌自宸意，以授諸將，委曲訓飭，使心曉意肯而力行之，以時教之以坐作、進退、疾徐、疏數之節，令耳目習熟，緩急肯出死力以相助。士卒隸將佐，將佐隸統領，統領隸統制，統制隸大將，則是所謂仁義之兵，節制之師也。

其論守將曰：

民以養兵，兵以保民，兩者不可偏廢。而守則治民者也，將則統兵者也，俱要得人。諸郡屯兵多少不等，則將當視之。大郡則任近上大將，守臣當選前執政；次郡則任以次諸將，守臣當選從臣；小郡則任又其次諸將，守臣則選庶官。守、將協共，兵、民和一，則外寇不侵，內患不起，四方安業。一二年間，可復舊矣。

其論屯田曰：

民至愚也，難於慮始，可與繼成。今軍中招徠之衆，類皆南畝之民，但習於偷惰，日有請給，遂忘其故業。沿江諸處，沃野連壤，若計口授田，貸之牛種器具土宜而勸相之，亦豈有不可爲者？臣見湖南韓京一軍，在衡州茶陵、安仁縣，請佃拋荒田，耕種二三年矣，人情安之。今法行之初，雖若强之，及其收成，獲利稍厚，始知耕稼之樂。蓋復其本業，則競趨之，有不待勸相者。故趙充國惓惓於此，誠得宿兵守邊、省財足用之要。此事全在守將得人，行之如何耳。

其論民兵曰：

三代而上，寓兵於農，農即兵也。春秋而降，齊有内政，晉有被廬，曷嘗不用民兵？而近世用之，則無益徒擾，是何耶？推行無術，責望太重也。臣謂民兵但可令保守鄉井，官兵擊逐，則併力把托而防其衝突。若因利乘便，則助戰策應。近世不然，往往調發令遠去，且使之當先以嘗賊軍，是以無益而徒擾。所謂推行無術，責望太重也。臣伏思卒伍與器仗，古人皆謂之兵者，言致用均也。且以槍劍譬之，槍非不長也，劍非不大也，要其利用，止在鋒刃。鋒刃一入，則所向無前矣。士卒之衆，何以異此？顧臨敵用之如何耳。古人討兵，有號萬者，有號十萬者，有號百萬者，安得皆是精鋭？特鋒刃耳。以此論之，民兵未可謂之無益也。

上嘉納之。

12 癸亥，起居郎曾統言：「記注之官，職司言動，國朝尤重其選，多以諫臣爲之，聽直前奏事，所以廣聰明也。元豐官制，始正起居郎、舍人之名，不復并任諫列。然有史事，亦許直前。頃者權臣用事，言路寖壅。居是官者，既無言責，率以出位爲嫌。陛下雖有好問之誠，人臣雖有輸忠之意，而舊制日隳，莫之或舉，誠爲可惜。」乃命依元豐舊制。

故中散大夫孟彦弼特贈太師，故贈直龍圖閣孟忠亮特贈秘閣修撰。彦弼，忠厚父；忠亮，其兄也。上以昭慈故，内批彦弼追封王爵，忠亮贈從官，令有司討論。已而復有是命。時皇后母福國夫人熊氏以邢焕薨故，乞賜田賜第，官其子弟門客，皆踰常制。上令補二子官，其長子右承務郎孝揚進二秩，餘悉不行。且諭輔臣曰：「祖宗待戚里皆有常憲，朕不敢逾，豈以后族故私之邪？」中興聖政：後復以皇后受册乞恩，上曰：「朕於外戚不敢有所私也，况待遇后家，又不敢與宣和家等。今請雖不已，視其援母后爲比者，亦勿聽。」臣留正等曰：「后之尊母天下，固無與並。至其家所宜得之恩，於外戚亦奚有加焉？太上皇帝待遇后家邢氏，不敢與宣和皇后韋氏家等，非謂其區區之禮當然也。孝心之所發，其爲等級次第，有自然而然者。雖欲彊而同之，不可得也。語曰：『故雖天子，必有尊也。』惟太上皇帝之是心也，其爲有尊也著矣。」

13 乙丑，江陰軍進士李韶、蘇白伏闕上書，論時事。御筆押歸本貫。翌日，輔臣進呈，上曰：「所言皆細務可行，非有詆訐之語，顧不當伏闕耳。此風皆李綱輩啓之，卒成變亂，不可不懲也。然韶、白所言宗子擾民等事，亦命監司、郡守譏察之。」

14 丙寅，詔自今執政官許留身奏事，如宰臣例。

給事中詹乂復爲徽猷閣學士、提舉臨安府洞霄宫，以言者論其昏耄也。

端明殿學士、江南西路安撫大使兼知洪州趙鼎爲江南西路安撫制置大使，兼知洪州。

中衛大夫、武安軍承宣使、神武副軍都統制岳飛落階官，爲鎮南軍承宣使、江西沿江制置使，戍江州。尋詔飛落「沿江」二字。樞密院言：「欲令飛於江州、興國、南康軍一帶駐軍，其江西見管諸頭項軍馬，雖隸帥司，如遇緩急，許飛抽差使唤。鼎發遣應副，務要内外相應，共濟國事。若江上有軍期急速，會議不及，許飛一面隨宜措置施行訖，報鼎照應。江北對岸係舒、蘄兩州，可令岳飛節制。合用錢糧，令鼎督所屬監司州縣應辦。」從之。飛言：「本路兵久不訓習，乞留五千人屯洪州，二千人屯虔州西安軍，餘並隨軍訓習。」詔飛、鼎同議。先是，飛在洪州，與江南兵馬鈐轄趙秉淵飲，大醉，擊秉淵幾死。帥臣李回奏劾之，及是，上戒飛止酒，飛遂不飲。始，統制官傅選屯江州，李山知蘄州，皆受回節度。飛受命，奏乞選、山皆爲本司統制，於是飛始能成軍。江東宣撫使劉光世與秉淵素厚，奏秉淵還建康以避之。時飛軍月費錢十二萬二千餘緡，米萬四千五百餘斛。此據十月十八日趙鼎所奏。詔漕臣曾紆津致錢糧，爲軍中五月之費，而鼎督趣之。回與飛不協，至鼎推誠待之，飛亦心服。飛節制舒、蘄州及隨宜措置，在此月己巳。落沿江字在壬申，光世奏秉淵部轄歸附人在癸酉，飛乞分兵在甲戌，詔李山兵馬令飛收管在戊寅，令曾紆椿管五月錢糧在十月己亥，選、山充統制在十二月乙未，今牽聯書之。

尚書省言：「自來奉使國書，係學士院收掌。自軍興以來，國書事干機密，欲令學士院將見架閣國書正副本并應干文字，並赴樞密院機速房送納，令本房收掌，宰執封押，檢詳官常切檢察。」從之。

詔：「都督府參議官直秘閣宋孝先、降授右武大夫和州防禦使馬擴、主管機宜文字起復左承議郎范同等二人、幹辦公事左朝議大夫張髦等七人、準備差遣右迪功郎孫大雅等八人並留。參議官直秘閣宗穎、主管機宜文字左宣教郎李蕘、幹辦公事直秘閣任直清等七人、準備差遣右承直郎姚宏等六人並罷。」大雅，近子；宏，舜明子也。先是，呂頤浩、孟庾皆置官屬，合三十有六人，及是減半。時擴在全州未至也。既而以穎提舉廣南路市舶，直清通判荊南府。

是日，信安郡王孟忠厚上昭慈聖獻皇后改謚册於温州太廟，不改題神主。

丁卯，勒停人謝亮叙朝請大夫、知滁州。中書舍人孫近等言亮以假官入仕，法當審量，誕妄貪污，不可付以郡寄。命遂寢。

16 戊辰，上謂輔臣曰：「議者多言諸大將不宜益兵，漢高祖定天下，諸將兵至數十萬，未嘗以爲疑，故能成功。今劉光世、韓世忠兵纔各五萬，張俊不滿三萬，議者已患其多，此不知時宜也。」席益曰：「方用兵之時，御諸將當如高祖。既削平之後，待功臣當如光武。」前三日，詔以忠鋭第九將史康民、第十將王林所部益俊軍，又令第二將張守忠受俊節制，故言者及之。

以岳雲爲保義郎、閤門祇候。

詔前宰執領祠官居外者，添給如判州府例；嘗任侍從人、大中大夫以上，依知州例；以下依小郡知州例。時士大夫奉祠者，率避地嶺南，故廣州以爲請。

中書舍人孫近言：「募役法始於熙寧，成於紹聖，歷歲滋久，逮今已不勝其弊。鄉村之民，貧者破竭貲產，當頻併之役；富者轉移名籍，爲幸免之計。則以募役之法取於逐甲，而不通於一都之弊也。母子不相保，而必至於出嫁；兄弟不相容，而必至於析生。則以募役之法雜取人丁多寡，而不專用物力高下之弊也。其他曲折，難徧以疏舉。望下諸路提舉官講求見行役法之有害於民者，條具而變通之。」其後頗有條陳者，不克行。

17 己巳，尚書兵部侍郎鄭滋試吏部侍郎。滋攝天官踰半年，至是改命。

權刑部侍郎章誼試兵部侍郎，大理卿李與權權刑部侍郎，中書舍人黃龜年試給事中。與權嘗獻士師龜總，故以命之。既而殿中侍御史常同言：「與權刀筆俗吏，傾事朱勔。自擢刑寺，每斷一獄，必具情節，見宰相於私第，觀其意所喜怒以爲輕重。近所進龜總，聞止是職林、通典、六帖之屬，編集皆出子弟門客之手，他無足取。龜年素無直聲，乍任言官，陰結大臣，致身要地。自登詞掖，所繳幾何？」左司諫唐煇亦言：「與權爲燕山漕，髠首以拜郭藥師；爲江南漕，日事燕飲，以奉大帥。未及一年，超躐要地，豈當玷法從之選？」乃詔與權提舉江州太平觀，龜年提舉臨安府洞霄宮。與權進龜總，在此月丁巳。二人得宫祠在壬申，今聯書之。

河南布衣朱敦儒特補右迪功郎，令肇慶府以禮敦遣赴行在。初，敦儒策試不就，已見建炎二年二月丁卯。避亂抵南雄州。張浚將西行，奏赴軍前計議。敦儒卒不起。至是，宣諭官明槖言其深達治體，有經世之才，參知政事席益、吏部侍郎直學士院陳與義又交稱其賢，乃有是命。

廣南宣諭明槖言：「二廣官賣鹽，諸州價平者每籮不下八九千，而漕司官價止於四千七百，其餘所入，皆爲私有。乞將立定官價永爲中制外，或增或損，隨時低昂，官司不得執定。將鹽息所入，並充經費，毋得科斂。其餘封樁，以待朝廷移用。」槖又言：「二廣州縣多缺官，有一郡止知州，或一縣全缺正官者。望令吏部速注正官，催促之任。」事下榷貨務及吏部勘當。

右承奉郎、新通判廣州章億提舉江西茶鹽公事。著此以見常同所云「監當資序人除監司」，或又前已有此，當考。

18 庚午，上謂輔臣曰：「日來稍撥忠鋭軍隸大將，而江上防守諸將，部分悉定。顧今歲防秋，比日前爲略具矣。」朱勝非曰：「今歲防秋，誠非前此可及。」上曰：「今有兵僅三十萬，當更精擇，得勝兵二十萬，器械悉備，訓而用之，可以復中原，威外國，豈獨捍防險阻哉？」

殿中侍御史常同言：「朝廷設官，有當廢而置，當存而罷者。自渡江以來，不除寺監之官，豈非欲減冗員、省浮費？然在外諸司，屬官寖增，舊員坐享厚禄，全無職事。以江、湖、荆、浙、閩、廣九路，約計無慮百餘員，事之倒置如此。夫内之郎曹，外之監司，其任重矣。而選除之際，至用初改官或監當資序人爲之，蓋其間實有材能可用，而朝廷無資格以待之故也。今添差一路分都監之類，月俸數百緡，輟一員之費，已可養十寺監丞，況一郡之官，有踰百員者，而在廷之臣，反不及此數，非所以尊王室。臣愚以謂，當裁減諸路屬官之數，復除寺監丞官，一則可以分掌郎曹繁劇之務，二則可以養試人材，以觀其功能，而於此選除郎官、監司，三則資淺而可用者，不至僥倖而躐遷。其爲利便，灼然明甚。」是日進呈，上曰：「郎官高選，前此多歷寺監丞乃得之。自渡江以來，省併官曹，序進人材，徑至郎官，非是。其議復置如同言。」同又奏：「邇者輔臣不公，招致物議。望訓諭近弼，各推公心，共濟國事，破朋黨之隙，去自用之隘，勿以私怨而抑實材，勿以異己而廢羣策，衆智並用，一私不容。公道既開，人情厭伏，中興之業可望而至矣。」詔付三省樞密院。中興聖政：臣留正等曰：「國朝之制，以三省統六部，以六部統九寺五監，尊卑上下，秩秩然有不可紊之序。用人率循次以進，未有不歷寺監丞而得至郎曹者也。中興之初，大減吏員，寺監丞多闕不補，進用者乃始超躐，尚書郎或以初改秩及監當資序者爲之。太上皇帝於是詔復寺監丞如累朝舊典。此一舉也，有三益焉。考核人材，詳試以事，一也。資級有倫，名器增重，二也。少年新進，不敢有僥倖之心，三也。主上嗣興，尤重郎曹之選，寺監丞亦不輕授，誠得太上皇官人之法哉！」

尚書吏部員外郎朱異提點江南東路刑獄公事。坐出使舉非其人也，尋又罷去。異十月甲申改主管太平觀，今併書之。

度支郎中侯懋以嘗言都漕司事不自安，因求去。詔以懋爲福建轉運判官。已而侍御史辛炳論懋非按察才，命遂寢。

詔陝西都統制吴玠、永興經略使郭浩和尚原有功，俟復陝西，於本路賜玠田十五頃，浩田十頃，統制官已下，皆有差。時張浚已命浩帥興元，而朝廷未知也。

武節大夫、榮州團練使趙延壽爲兩浙東路兵馬副都監，温州駐劄。延壽去年爲督府前軍將，其衆叛去，不知何以不降罷，當考。

19 辛未，右宣義郎蘇籀爲大宗正丞。籀，轍孫也。

詔免德安府上供二年。

20 壬申，三省言：「勘會江、淮防秋，分道置使，部分已定。」詔直學士院綦崈禮草詔，賜劉光世、韓世忠。詳見是月乙亥。

自軍興以來，機速事皆以白劄子徑下有司，既報行，然後赴給舍書押降敕。其後擬官斷獄皆然，兩省之職殆廢。至是，中書舍人孫近言：「國家倣唐舊制，分建三省，凡政令之失中，賞刑之非當，其在中書，則舍人得以封還；其在門下，則給事得以論駁。蓋先其未行而救正其失，則號令無反汗之嫌，政事無過舉之迹。今給舍但書押已行之事，雖欲論執，而成命已行，非設官本意。望申嚴舊制，應非軍期急速不可待者，並先書讀而後行。」詔自今非急速不可待時者，勿報，應給舍書讀，如無封駁，令晝時行下。中興聖政：臣留正等曰：「唐制，以三省之長共議國政，復以中書舍人平處可否，給事中駁正違失。蓋懼其行之而有未善也。至德以後兵興，急於權便，三省之長始顓決遣，於是政去臺閣。迨會昌間，乃復舊典。國朝建官，遵用唐舊，上下相維之制，益復詳密。艱難以來，軍事或不待給舍書行，循習滋久，凡擬官斷獄，一切徑下，是亦何異於至德以後哉？使給舍緘默，不得有所建明，是豈祖宗建官之意哉？太上皇帝斷然以重事非急速者，仍命給舍書讀，不以一時之權而忘萬世之制。詩曰：『不愆不忘，率由舊章。』太上皇有之。」

布衣李杞補右迪功郎。杞，常孫也，寓居華亭。宣諭官胡蒙言其賢，上召對而有是命。未幾，杞以私酤事爲人所告，有司掩之而不治。言者論之，杞坐奪官，而蒙貶秩。

大理少卿張衲言③：「親民之官，莫如縣令。比來縣令不職，奸贓日聞，豈特爲令者之罪？蓋在於舉之不審，用之不當，任之不久，遇之不厚。誠能反是四者，臣見才能奮發，治效顯著矣。臣欲乞每歲監司聚議，舉縣令治狀尤異者一人，保明列奏，重行殊賞，庶幾人自奮勵，化爲循良。吏部注授縣令，並用合格之人，不得注初補官子弟及文學衰懦之士。若廣南、江北縣令，少增酬賞，人自樂赴。京朝官知縣，乞依舊三考。選人縣令，依諸州教授在任改官，并破驛券。」是日進呈，上曰：「縣令尤爲近民，須一任有舉主及格者，乃得爲之。比來一切之制行，或初官便得爲令，已釐正矣，當謹守之。」乃命以衲所言送吏部，後多施行。衲，玉山人也。日曆：壬申，進呈張衲論淮南監司、帥臣、守令當精加選擇，上曰云云。熊曆因之。按，此日所降出臣僚章疏，乃書論縣令，而上語亦專指此，不知時政記何以云然。或又别有章不下，當考。中興聖政：臣留正等曰：「自封建之法廢，分天子之民而治之者，惟守令，固不可以不擇。以令視守，其去民尤近，奈何以百里之任而小之，輕於除授而莫之察乎？張衲有請，太上皇帝未暇監司、帥守之問，而先及於縣令，聖意蓋有爲也。雖然，古者爲官擇人，後世爲人擇守。漢郎官出宰百里，唐歷縣令則得爲臺郎、給舍，所以重其選也。今日之法，改官而爲縣令，例所不免，則不得已而後授之。其餘求他人不得，亦不得已而後授之。授之既出於不得已，彼視其職不過爲養資考之計，以求免於罪戾而已，尚何望其興吾民之治乎？臣謂今日之法，宜爲官擇人，如漢、唐之制，增重其選，則於太上皇聖意有合矣。」

詔神武後軍見在行在官兵八千人，並撥隸神武右軍都統制張俊。日曆無人數，按巨師古全軍萬人，除撥高進二千人隸王瓊外，當餘此，今增入。

21 癸酉，直龍圖閣知明州李承造、尚書刑部員外郎蘇恪、左朝奉大夫監都茶場程庠、大理司直曹匯並罷。侍御史辛炳言其閨門之内，帷簿不修，甘心倡優，以奉權貴故也。承造尋奪職。承造奪職在十月戊子。

左奉議郎、新湖北轉運判官范伯思守度支員外郎。先是，伯思權樞密院計議官，往廣西帥司趣市戰馬，及還，擢爲部使者，又除省郎。既而左司諫唐煇言：「伯思始事林靈素，其後繫名軍中，所遷官率多冒濫。」命遂寢。

22 甲戌，寧遠軍承宣使、權行在宗正司、安定郡王令時同知行在大宗正事。

敦武郎、權主管壽春府統制軍馬羅興爲武翼郎、閤門宣贊舍人，知壽春府，仍賜金帶。興本王亨部曲，假守踰年，至是請於朝而改命。

提轄榷貨務都茶場張純言：「訪聞近有妄造言語、扇摇鹽法之人，乞降黄榜約束。」從之。

江南東西路宣諭官劉大中言：「左奉議郎、知寧國縣李椿年練習民事，稽考税額，各有條理。左宣教郎湯鵬舉悉心撫字，百姓服其恩信。」詔並進一官，俟任滿赴行在。椿年，浮梁人。鵬舉，金壇人也。大中又言：「秘閣修撰、權知虔州侯延慶守正特立，近岳飛平寇，賴其協濟，得以成功。直龍圖閣、知建昌軍朱芾節制軍馬，擒殺石陂軍賊盡淨，其學問淵源，殆近時所謂老成人者。直秘閣、知江州孫佑諳練民事，招集流亡，人多歸業。三郡之政，實有可觀。緣已經朝廷擢用，乞更不轉官，特降優詔褒寵，以爲奉法愛民者之勸。」從之。時已詔延慶爲修注，而徙芾知虔州，大中蓋未知也。芾徙虔州在此月癸酉。

詔神武副軍統領官武功郎閤門宣贊舍人張憲、武顯大夫閤門宣贊舍人王貴、正將武功郎姚政、副將承節郎楊再興等二十四人，並陞帶陝西諸路副將至準備差使有差。憲尋以捕虔寇功，遷武略大夫、吉州刺史，而貴亦進階官遥郡二官。二人進官在此月庚辰。

23 乙亥，江東宣撫使劉光世爲江東淮西宣撫使，置司池州。淮南東路宣撫使韓世忠爲建康鎮江府淮南東路宣撫使，置司鎮江府。神武前軍統制、荆南府潭鼎澧岳鄂等州制置使王𤫉爲荆南府岳鄂潭鼎澧黄州漢陽軍制置使，置司鄂州。神武副軍都統制、江西制置使岳飛爲江南西路舒蘄州制置使，置司江州。賜光世錢十萬緡，爲營壘費。仍命世忠措置所部沿江至平江府、江陰軍沿海地分。侍衛親軍步軍都指揮使、武泰軍節度使、主管殿前司公事郭仲荀爲檢校少保、知明州，兼沿海制置使。神武中軍統制、提舉宿衛親兵楊沂中兼權殿前司公事。仍詔仲荀以紹興府、温、台、明州爲地分，自帥府外，應統兵官並得節制。始，諸將雖擁重兵，而無分定路分，故無所任責。朱勝非再相，始議分遣諸帥，各據要會，某帥當某路，一定不復易。已而江西制置大使趙鼎言：「舒、蘄、黄三州先得旨，分隸大路；後有旨，軍期事聽江州沿江安撫司約束；又令遇盜賊竊發，聽淮西帥司約束；最後令舒、蘄二州聽岳飛節制。三州殘破之餘，事力單弱，凡受四司節制，不知號令何所適從。」乃詔舒、蘄州隸岳飛，黄州隸王瓊節制。十一月丙寅降旨。仲荀至明，正當風汛賊舟南來之時，即遣小舟入海爲斥堠，屯兵港口，據要會以待之。熊克小曆載仲荀知明州在七月，蓋誤也。今從日曆。世忠兼領許浦在十月丙申。

初，張浚之在閬州也，奏言：「宣撫司見屯諸將官兵四萬五千人，馬五千餘疋，而吴玠、關師古兩軍不與。」浚既出蜀，副使王似等奏：「見兵三萬七千餘人，馬二千八百餘匹。」詔浚具所留兵數以聞。至是，浚言：「隨赴行在，乃建康所携親兵，及摘差武騎鋭士良家子，與奉詔所遣西兵等，共八千餘人，馬二千三百餘匹。」乃命浚於所至遣還西兵五千人，以備捍禦。

24 丙子，尚書兵部侍郎章誼充徽猷閣直學士，與徽猷閣待制兼樞密都承旨趙子畫兩易。

尚書右司員外郎胡蒙罷。左司諫唐煇論「蒙奉事權臣，侵冒陞擢。昨爲浙西宣諭，所按發皆任私喜怒，有承大臣風指者」，故黜之。

詔堂後官遷轉並赴臺謝。事初見二月庚子。

襄鄧鎮撫使李横言：「諜報金僞欲併兵前來，深慮多寡不敵，倉卒失據。乞嚴賜指揮，荆南、金、房、德安鄰鎮更相救恤，庶有輔車之勢，敵人畏憚。」樞密院言：「已降旨，令李横、解潛緩急互相應援。」乃札横照會，而敵兵已至矣。十月己亥，僞齊陷鄧州，在此後二十三日。

川陝宣撫司統制官、武德大夫、康州刺史李師彦爲拱衛大夫、和州防禦使，餘六人進秩有差。先是，張浚録饒風嶺之勞，次第褒録，至是申命之。著此用見饒風功賞。

25 戊寅，秘書省正字陳祖言請修建炎以來日曆。從之。

詔行在諸軍並令户部犒設一次。上自還會稽以來，每兩月乃一賞衛士。朱勝非及其時，則命吏爲文書置袖中，俟命而後進。久而上覺之，問何不早進，勝非曰：「此異恩也，當出自陛下。若舉之，非市恩而何？」

26 己卯，詔臨安府權免本路監司移送公事及定奪文字，俟移蹕如舊。以守臣梁汝嘉援開封府例有請也。

右朝請大夫、中書門下省録事魏彦弼還所寄資，爲右中奉大夫，提轄行在榷貨務兼都茶場。

27 庚辰，集英殿修撰蘇遲權尚書刑部侍郎。

端明殿學士、知饒州董耘提舉萬壽觀兼侍讀。既而言者論其夙貪，命遂寢。

詔神武副軍都統制、江西制置使岳飛所部改稱神武後軍，以飛爲統制。

進士楊次雄應詔上書，詔賜束帛。

僞齊遣將與知光州許約合兵圍固始縣，知縣事孫暉將所部遁去。淮西宣撫使劉光世遣統制官酈瓊等救之，未至，會淮西安撫使胡舜陟命準備將領、秉義郎洪邦彦以鄉兵來援，賊棄城去。

是月，僞齊直學士馬定國進君臣名分論，極其指斥。豫批進定國一官。楊克弼爲豫傳，載定國進論，首句八十九字指斥，不録。

是秋，金帥宗維悉起女真土人散居漢地，惟金主及將相親屬衛兵之家得留。

校勘記

①金主遣使毛都魯等二十餘人偕行　「毛都魯」，原作「穆都哩」，據金人地名考證改。考證又謂金史作「毛覩禄」。

②當職官吏并徒二年　「吏」原闕，據叢書本補。

③大理少卿張礿言　「礿」，叢書本作「杓」，本書卷六九、七五、八一、八六、九六、一七五、一七六皆同底本。另皇朝中興紀事本末卷二六、中興小紀卷一五均作「杓」。

建炎以來繫年要録卷六十九

1 紹興三年冬十月壬午朔，詔曰：「昨者出自朕意，分遣使人，授以手曆，澄清諸道。逮胡蒙等還朝，偶緣他事，相繼而去，皆非有失使指。恐四遠不知其由，妄意揣摩，將已行之事，苟簡滅裂，顛倒紛紜，民受其弊；未還二使，不無疑慮，動輒畏縮，甚失臨遣之旨意也。三省可速行下諸路，所陳利害，令監司郡縣遵守；舉薦人材，取旨録用。」時劉大中、明橐未還，上恐郡邑觀望，故有是詔。

禮部尚書兼權吏部尚書洪擬罷爲徽猷閣直學士、提舉江州太平觀。以殿中侍御史常同論其阿附王黼，在銓曹專任胥史故也。先是，上以地震求言，擬與其兄子駕部員外郎興祖偕上封事，論朝廷紀綱不正，語侵在位者，繇是父子繼罷。

秦魯國大長公主自閩中至會稽，請入見。許之。

2 癸未，起復尚書左僕射朱勝非等上吏部七司敕令格式一百八十八卷。自渡江以來，官司文籍散佚，無所稽考。議者以爲，銓法最爲急務。會廣東轉運司以所録元豐、元祐吏部法來上，乃命洪擬等以省記舊法及續降指揮詳定，至是成書。

樞密院言：「近聞商人有持膠鰾漆貨匿於茶篰中，以售於北境者。」詔禁止，犯者行軍法。

3 甲申，顯謨閣待制、提舉江州太平觀胡交修試給事中。

御史臺主簿陳祖禮、秘書省正字陳祖言並罷。以御史常同論其日登大臣之門，肆爲長夜之飲，覘伺臺評，出入詭秘也。

成忠郎、閤門祗候、統領光州石額寨人兵張昂充黄岡黄陂麻城三縣巡檢。昂屯山寨凡七年，故有是命。

4 丙戌，尚書考功員外郎魏矼守監察御史。矼在考功時，選部案牘不存，吏緣爲奸。川、陝官兩部者，多以微文沮抑，往反輒經歲。矼請細節不圓者，悉先放行，人以爲便，自後踵行之。矼，歷陽人也。

5 丁亥，監察御史鄭作肅守尚書左司員外郎，吏部員外郎袁正功守右司員外郎。

詔撫州進士鄧名世、左承事郎李公懋、左從政郎徐嘉並召赴行在。名世，考甫孫①，考甫已見二年七月。家素貧，不求仕進，躬耕以養母。博通經史，長於春秋。公懋，臨川人，進士高第。黄潛善惡其切直，故斥遠之。嘉，西安人，爲德安令，民安其政。宣諭官劉大中俱薦於朝，故有是命。

6 戊子，尚書工部侍郎李擢試禮部尚書，龍圖閣直學士、知處州耿延禧試尚書刑部侍郎。既而言者奏延禧不當用，罷之。權刑部侍郎蘇遲權工部侍郎。日曆：九月庚辰，蘇遲權刑部侍郎，疾速赴行在。十月戊子，蘇遲權刑部侍郎。兩次所載，告詞並同。刑部題名：蘇遲九月除權侍郎，十月除權工部侍郎。工部題名同。按此則李擢爲禮部尚書，遲實代之，日曆差誤。

起居郎曾統罷爲秘閣修撰、知秀州。太常少卿唐恕試起居郎兼權給事中，恕力辭不拜。

右朝散大夫、浙西提點刑獄公事張宗臣初除大理卿，坐章去。會婺州以賣鹽不法事被劾，宗臣欲逮平民數十人，府官就白，宗臣大怒曰：「此事左相專遣人封來，知之否？」簽書鎮東節度判官廳公事張九成曰：「九成但知有聖旨，不知有宰相。主上屢下恤刑之詔，惟恐無辜被繫。公身爲部使者，不能上體聖意，而觀望宰相耶？」聞者莫不快意，宗臣大慚。九成因投檄去。殿中侍御史常同奏：「宗臣夙貪，且聞其朋附權貴，居五客之一。」故罷。

詔樞密院編修官宗庠、魏良臣效官有守，不事奔競，並令引對。庠，順昌人。良臣已見二年八月。良臣，席益所薦也。既而御史常同論：「庠素號凶人，嘗干廖綱薦引，綱以其無行不薦，遂誣綱匿喪事，以告言官。及綱辨明，有明橐爲證，乃知誕妄。恐薦者不知其詳，上誤聖聽。」乃止不召。章再上，詔與外任。

7 己丑，直秘閣、知江州孫佑提點江西刑獄公事，左朝請大夫陳子卿知江州。

詔捕獲强盜，雖無被主姓名，而贓滿已經論決者，許推賞。先是，太常少卿唐恕言：「舊法獲盜，不知被主姓名，則不該賞。故江、湖間有舉舟盡遭屠戮，踪跡絶滅，官司雖知，終不掩捕。蓋既知無激勸之方，又欲逃捕盜之責。法久奸生，望賜更改。」故有是命。

8 庚寅，起復鎮西軍節度使、涇原秦鳳路經略安撫使、知秦州、充陝西諸路都統制兼宣撫處置使司都統制吴玠加檢校少保，以總兵累年，捍禦有功也。玠加檢校官，除利州路制置使，據墓碑，乃緣饒風嶺之功。而史所書如此，蓋宣司隱其敗，次第行賞。朝廷雖申命之，却别降此旨耳。

左朝散郎邵彪知楚州。

大理少卿元衮言：「四方之獄，雖非大辟，情法不相當者，皆得奏請裁決。今奏案來上，大率皆引用情重法輕之制，而所謂情輕法重者鮮矣，豈人之犯法而無情輕者乎？欲望申敕，凡遇麗於法而情實可矜者，俾遵守成憲，請讞以聞。」詔申嚴行下。

左承事郎程克俊守國子監丞。

初，魏矼在考功，建言：「州縣和預買絹，多不給本錢。乞就折民間應納役錢之數，使官無受給之弊，民無請納之勞。」至是，下轉運、常平司議，已而兩浙轉運司言：「本路歲用和買本錢七十三萬餘緡，委是無可那撥。」而常平司言：「役錢既充和買，則役人無以給之。」其議遂止。兩司奏下在明年二月庚子。

9 壬辰，詔：「自今犯私鹽，並依紹興敕斷罪。如亭户、非亭户煎鹽與私販，及軍人聚集、百姓依藉軍兵聲勢私販，本犯不至徒者，配鄰州；若罪至徒，即配千里；如係流罪，即刺配廣南。內私販拒捕之人，依政和指揮，不以赦降原減。其去年十二月甲午敕旨，及今年六月辛丑尚書省批狀指揮勿行。」

先是，殿中侍御史常同入對，論私販刑名太重。上曰：「凡舉事，不能有利無害，第當擇利多害少者爲之。非卿言，朕不知其害。」同復奏：「紹興敕：私有鹽一斤，徒一年；三百斤配本城；煎煉者一兩比二兩。刑名不爲不重。後來復降指揮，並不用蔭原赦。再因官司申請，雖遇特恩不原。行法之深，乃至於此，可謂盡矣。去年之冬，因大軍所駐，嘗有兵卒私販，百姓因之，故又有亭户不以多寡杖脊配廣南指揮。蓋一時禁止，非通行天下永久之法也。昨因榷貨務看詳，以謂諸路亦合一體施行，遂批狀行之。提領官張純，一堂吏耳，但欲附會去相之意，朝廷不謀之近臣，不付之户部，不稟之聖旨，遂以批狀行之，何其易哉？自此法之行，州郡斷配日有之，破家蕩産，不可勝計。主議之臣，聞人一語及此，則以爲沮壞鹽法，但曰：『刑不峻不足以致厚利。』夫嚴刑章而不恤害民，此蔡京、王黼之術也。奈何今遂用之？訪聞官司所捕獲，皆貧下之户，不過數十斤之資。至於有力之家，則結集人衆，持兵守護，動至千萬斤。巡尉熟視，莫敢誰何。嶺外險遠，平時攘劫之風已自難制，今配私販之徒，往聚於彼，豈遠方之利？自古及今，刑之所施，必稱罪之輕重，豈有罪無等降，一用重刑之理？今私鹽一斤至杖脊配廣南，則孰不相率爲百千斤之多哉？祖宗仁德在人，猶人之有元氣。今天下之勢，可謂病矣。奈何遂欲傷元氣乎？法令之行，繫乎國本，不使有識搢紳之士議之，而使刀筆之吏弄其文墨，非國之福也。望付三省，以前後所降私販刑名，更加熟議。如有犯禁，且從紹興編敕定斷。若軍人聚集及百姓依藉軍兵聲勢私販，即依甲午指揮。所有不用蔭原赦指揮，亦乞詳酌施行。契勘榷貨務都茶場，特一場務耳，非省部寺監之比。自今應干茶鹽事，乞送户部勘當。事屬刑名者，兼送刑部擬定。其場務及提領官受客人詞狀，並申尚書省。不許徑牒諸路施行。」事下户、刑部、大理寺參詳。至是，乃定用户部尚書黄叔敖奏也。熊克小曆載此事甚略，且附於六月末間。按常同此時自柳州召還，未至都。今年八月，始除御史。九月丁丑，同奏私鹽刑名太重，詔户、刑部勘當。至是進呈。克實誤也。克又並載張純下大理治罪在六月末，亦誤。純下大理在十月己亥，今別繫本月。

宰相朱勝非言：「自置宣撫處置司，凡四川帥臣、監司已下，堂除、部闕，及安撫、茶馬等司辟闕，盡以便宜差官，有違舊制，致使寒士久不得禄。」詔自今監帥司闕官，令宣撫司具奏三兩人聽旨。其元係部闕，並令諸路漕司依舊法施行。

尚書吏部員外郎蘇良治罷，以言者論：「良治交結呂頤浩子弟，最爲親密，與蘇恪皆預入幕之賓，人戲號爲二蘇。」故黜。恪十月癸酉已罷。

荊南制置使王瓊引舟師將至鄂州，上奏言：「湖水瀰漫，楊么未可捕。」詔湖水已減落，令速進兵。

10 甲午，大理國請入貢，且賣馬。上諭大臣曰：「令賣馬可也，進奉可勿許。安可利其虛名而勞民乎？」朱勝非曰：「異時廣西奏大理入貢事，可爲鑒。」上曰：「遐方異域，何由得實？彼云進奉，實利賈販。第令帥臣、邊將償其馬值，當價則馬當繼至，庶可增諸將騎兵，不爲無益也。」

左儒林郎舒賓王爲永豐令，擅斬劫盜。詔特降二資。

尚書吏部員外郎劉大中宣諭江南路還，入見，以舉刺官吏、申明利害、平反獄訟、科撥財賦爲八册來上。大中出使僅一歲，所按吏二十人，正月乙丑永豐尉陳文昌，戊寅右朝散郎、知貴溪縣趙旼，二月庚戌新建令王策，三月丙子右承事郎、知南城縣徐端益，四月丁酉吉水令張汝錫，己酉右承務郎、知太和縣丞高公輒，五月丙寅左承事郎權上猶令郭達、右承直郎權上猶丞李玶、右迪功郎權上猶尉楊邦德，六月丁亥右從事郎、知安福縣井大有，壬辰右宣義郎、通判吉州韓顔冑，八月丁亥建德令榮三省，九月甲戌右朝奉郎、新通判宣州楚執柔，並放罷取勘，內公輒、達停官。又李回、韓璆、吳革、李澡別見三月甲子，李正民見六月甲午，檀倬見十月壬寅。又知青陽縣宋仲堪四年二月辛丑，大中論上供促限奏中及之，未見行遣。薦士十六人。正月己卯右承議郎、知鉛山縣陳洙，六月丁亥左宣教郎、前會昌令吳兢，七月丙辰左朝奉郎昭信軍簽判張師益、左承直郎吉州判官李謂，九月甲戌左朝請大夫、知南康縣趙公謹，十月丁亥袁州司户參軍饒延直，並遷一官，赴行在。又李彌正、張縕、李椿年、湯鵬舉、侯延慶、朱芾、孫佑、鄧名世、李公懋、徐嘉別見六月壬辰、九月甲戌、十月丁亥。所薦士後多知名。

川陜宣撫司隨軍轉運使趙開增印錢引二百萬緡於夔路，市糧及金銀，以宣撫司於恭、涪州糴米三十萬斛故也。俄又增印二百萬緡。

11 乙未，左奉議郎、提點浙東刑獄公事周綱言：「新法弓手，皆失業游惰不逞之徒，乞廢武尉一司，將見役之人莅於文尉。」事下户、兵部，如所請。

初，上既增以絹計贓之直，而大理少卿張杓入對言：「竊盜以贓準錢，四百以上，即科杖罪，纔及兩貫，遂斷徒刑。民無常産，迫於饑寒，不得已而爲盜。今百物騰踊，所得至微而罪已及於徒，情實可憫。刑寺奏除强盜依舊制外，竊盜遞增錢五分，如三貫徒一年之類，俟物價平日如舊。」是日進呈，上曰：「自古人君治國家，不過省刑罰，薄税斂爲先耳。可如所奏。」初以九月癸亥面對，甲子章下，今併附此。乾道六年閏五月又增一貫。

武節郎、閤門宣贊舍人、帶御器械、添差幹辦皇城司韓世良添差浙西兵馬鈐轄，罷皇城司。世良初除皇城司月日未見，當考。

12 丁酉，禮部員外郎兼秘省著作佐郎舒清國言：「自有國難，盜賊間起，所在州縣，率多殘破，人民流離，户口減少。而守令或不究心，撫存凋瘵。謂宜以户口增否立守令考課之法，而優其賞格，庶幾守令惠愛及民，不惟流民歸業，而四方轉徙者亦有所托。」從之。令吏、户部立法。清國，江山人也。

詔内侍賈翊放歸田里。翊始坐罪黜監嶺南市征，至是，以其母老而釋之。翊三月戊寅謫官，此細事，當牽聯書之。爲易相故，各附本日。

13 戊戌，手詔曰：「朕以眇躬，親逢厄運，愧無德化，純一風俗。深慮士大夫趣向尚多趨附征利，蓋奔競之風不息，則朋比之勢漸成。若不以時警懼，辨其邪正，尚且曰内修外攘，中興可俟，得不負愧於天下？可令臺諫伺察其微，即行糾劾，三省樞密院差除，常加遴選，朕有望焉。」

尚書禮部員外郎舒清國試起居郎。仍詔以見闕官日下供職。自是，職事官除拜，不俟給舍書讀，率得堂帖即視事。時孫近建請未踰月也。近建請在九月壬申。

左迪功郎陳琦充敕令所删定官。琦始以累舉得官，吕頤浩善之。琦，紹興二年特奏名，同進士出身。用爲都督府屬官，至是復有此命。著此爲劉大中論琦上書張本。琦爲都督府屬，大中所奏云爾。今年九月丙寅，督府屬吏去留數内不見琦名，當考。

廣南宣諭明槖奏：「邕州之地，南鄰交阯。其左右江諸峒，多有亡賴之徒，略賣人口，販入其國。又聞邕、欽、廉三州與交阯海道相連，逐年規利之徒，貿易金香，必以小平錢爲約，而又下令其國，小平錢許入而不許出。若不申嚴禁止，其害甚大。欲乞自今二廣邊郡，透漏生口、銅錢，應帥臣、監司、守倅、巡捕當職官失覺察者，比犯人減一等坐罪，庶幾檢察加嚴，上下循守。」詔户、刑部立法。其後，二部請故縱生口及透漏銅錢過界者，巡捕官減罪人二等，失察生口又減三等；鎮寨官、縣令、知通、監司、帥臣失察者，抵罪有差。從之。十一月甲戌立法。

14 己亥，尚書吏部員外郎劉大中行監察御史。大中奉使江南，刺舉無所避，上甚嘉之，故有是除。

中書門下省檢正諸房公事王庭秀、尚書左司員外郎王岡皆嘗爲吕頤浩幕客，不自安，因引疾求去。詔除直秘閣，庭秀主管江州太平觀，岡提舉臨安府洞霄宮。

右中奉大夫、提舉榷貨務都茶場張純罷，仍送大理寺治罪。時殿中侍御史常同奏：「純陰狡恣横，肆爲不法，與尚書省户房都事單知章及監都茶場程庠深相交結，凡有所行，先囑二人。庠内啓之於冢司，知章外行之於都省，權分執政，勢動中外。有違其意，立見禍患。每客人入納稀少，則强抑交引鋪户，先次納錢，給空名文鈔，俟入納擁併日，旋填姓名，出納不公，奸狀暴著。」故有是命。日曆不見純行遣，明年六月十八日丙午，右治獄奏曹師雄案，稱已斷人榷貨務提轄官張純。不知如何具斷也。

淮南宣撫使韓世忠言：「有兵四萬四千餘人，輜重病廢者大半。方國家缺乏之際，理宜省費，望汰歸内郡，以省財用。」詔世忠兵練已精，自河北、山東隨世忠累經出入，難以例汰，令存恤之。

初，閩鹽自兵亂以來，商販絶少，鬻鈔不行，乃用邵武軍判官趙不已請，併令轉運司撥賣歲輸鈔錢十五萬緡。時虔盜竊發，多緣羣入閩、廣販鹽以作亂。右朝奉郎、知梅州程杲乞散賣小鈔，謂非特可助國計，亦使細民得販，則暗消其爲盜之端。事下榷貨務，而提轄官張純以爲福建、廣東皆係官販，杲所言有侵漕計，且礙成法。事遂寢。杲，建陽人也。按榷貨務所申，以此日行下，乃張純未罷前所勘當也。

是日，僞齊陷鄧州，以其將齊安上知州事。

15 庚子，詔廣西路安撫司取撥歲額鹽一百萬斤，和賣牛皮筋角赴行在。於是兩路各以其數抑配於民，民之殺牛者甚衆。此以明年七月九日丙辰廣西運判趙子嚴所奏修入。日曆無之。

16 辛丑，南丹蠻犯觀州。初，南丹州刺史莫公晟政和間獻地於朝，以爲廣西兵馬鈐轄，既而逃歸。會武節郎黄昉知觀州，遣兵略其部族。公晟怒，聚衆數百人，以是夜圍觀州，焚寶積監。廣西經略使劉彦適調平、融州土丁將兵往救之，公晟已去，昉坐免所居官。昉以四年三月丁巳免官。

17 壬寅，禮部尚書李擢爲徽猷閣直學士，知婺州。

顯謨閣待制、提舉臨安府洞霄宮檀倬落職。劉大中之出使也，奏倬阿附王黼以進，里居貪鄙，兄偕賊殺不辜。既命有司劾治，侍御史辛炳又以爲言，故黜。偕四年正月行遣。

詔皇后受册，與本家親屬承信郎二十五名。上不欲外家恩數與母后同，故差損焉。

賜楊惟忠家洪州田十頃，以惟忠自河朔扈駕至南京，推戴册立，於國有勞，故有是賜。

18 癸卯，詔自紹興元年正月朔以前，因羣寇殘破占據去處，乘時作過之人，限今旨到日，將已受理詞訴結絶，毋得枝蔓，日後毋得受理。時言者以爲：「自軍興以來，村民往往乘勢剽劫，其罪大而考驗明白者，固已就戮，然牽聯黨與，蔓及平人，或挾仇規利，轉相告訴，人情不安。」故有是命。

詔福建憲漕置司去處，並依舊制。以言者論建州乃鼓鑄産茶及般賣鹽貨之地，而福州在一路道里之中，緩急盜賊，可與帥司商議故也。事初在去年十二月庚戌。

淮西宣撫使劉光世遣參謀官、右中奉大夫吴革以機速事入奏。上召對，後十三日，加直秘閣遣還。

是日，襄鄧隨郢等州鎮撫使李横棄襄陽，奔荆南。時僞齊將李成既得鄧州，而劉豫之衆有歸襄陽者，横以爲寇至，且軍食不繼，遂引兵遁。成入襄陽。知隨州李道聞之，亦棄城去。豫以其將王嵩僞知隨州。横之去襄陽也，欲依解潛以俟命，其參謀官直龍圖閣趙去疾、屬官右宣教郎閻大鈞勸使歸朝待罪。横曰：「我有烏合之衆，所至自謀衣食，人皆謂我爲賊。萬一諸郡不見納，奈何？」二人曰：「我亦官軍也，何至是？」已而湖北安撫使劉洪道果拒之，横大怒，欲殺二人，皆呼曰：「江西帥趙樞密可歸也。」横猶未決，而趙鼎已遣糧舟至，其衆遂安。時權商虢鎮撫使董先、蔡州信陽軍鎮撫使牛皋先已渡江至洪州，鼎復以銀數千兩犒横之衆，且檄知黄州鮑貽遜迎勞於境上。横大喜，遂以所部入洪州。熊克小曆載横失襄陽事於今年七月末，且云②：「是月，詔横駐洪州。」實甚誤也。日曆詔横屯江州在十二月甲午，詳見其日注。

19 甲辰，顯謨閣學士曾楙試禮部尚書，徽猷閣待制、知平江府宋伯友守尚書刑部侍郎。既而御史常同言：「楙乃蔡京上客，至今不變其説。伯友諂事鄧文誥之徒，不當用。」詔並罷。

中侍大夫、忠州防禦使、荆南府歸峽州荆門公安軍鎮撫使兼知荆南府解潛陞華州觀察使，徽猷閣直學士、知鄂州、充湖北安撫使劉洪道進二官，爲左中大夫，以招集軍民，修城捍寇有勞也。前五日，詔以江西、湖南度牒二百道、左藏銀五千兩餉潛軍。至是，復有此命。

詔觀文殿大學士汪伯彦、端明殿學士董耘、梁揚祖、龍圖閣直學士耿延禧、保静軍承宣使提舉萬壽觀高世則編類元帥府事蹟，以付史館。用祠部員外郎兼著作郎虞澐請也。其後悉以書聞，惟伯彦所著中興日曆最備。

荆潭制置使王𤫉率水軍至鼎口，與賊遇。賊乘舟船高數丈，以堅木二尺餘剡其兩端，與矢石俱下，謂之木老鴉。官軍乘湖海船低小，用短兵接戰，不利，𤫉爲流矢及木老鴉所中，退保橋口，留統制官崔增、吴全當下流，親將神武前軍萬餘人陸行趨鼎州。

僞齊引兵犯郢州，守將李簡棄城去。劉豫以荆超僞知郢州。超，班直也，豫才而用之。

20 乙巳，詔臨安府依開封府例，權隸臺察。

川陝等路宣撫處置司奏：「以直徽猷閣、新知漢州范正己爲參議官，左朝請郎、通判成都府虞祺等四人並主管機宜文字，右奉議郎夔州路安撫司幹辦公事李邦獻、右通直郎通判成都府安邡等六人並幹辦公事，親屬四人書寫機密文字。」正己，純禮子。純禮，純仁弟，建中尚書右丞。祺，仁壽人，嘗爲太常博士。邦獻，邦彦弟。邡，惇子也。惇，新明人，崇寧同知樞密院事。張浚之東歸也，其官屬皆罷去，故用王似、盧法原請而命之。日曆：邦獻自新彭州通判改辟，而五年五月乙亥中書門下省勘會乃云：「邦獻歷夔路帥司及宣撫司屬官兩任。」當是從盧法原到司也。

21 丙午，左承議郎、主管亳州明道宫王公彦進秩二等，以元符上書入籍故也。自是黨人見在者，皆遷官。公彦，元符上書邪下等第八十八人，黨籍餘官第一百三十六人。

22 丁未，手詔曰：「六官之長，是謂佐王理邦國者，其惟銓衡乎？今自艱難以來，士大夫流離契闊，有徒跣而赴行在者。聞邇來注擬牓闕之際，奸弊百出，貨賂公行。寒士困苦，安得如毛玠清公，使天下之士莫不以廉潔自厲？三省可行措置，除去其弊。柏臺嚴加糾察。」初，上以吏部注擬多弊，寒士困苦，手詔戒飭。略曰：「安得如皇甫鏄之流，鈐制吏奸，除其弊源？」既而上以鏄迎合貢羨，恐臣下有疑，翌日御筆改用毛玠事。且諭朱勝非曰：「他時詔語未當，三省便可進呈改定。」徐俯曰：「此所以見盛德。」

三省言注擬藏闕、申請儌倖、去失問難、刷闕滅裂、關會淹延、審量疑似、給付邀求、保明退難，凡八事，令本部七司措置關防。從之。

23 戊申，詔今後省試並赴行在。自諸路置類省試，行之纔二舉，議者以爲奸弊百端，且言：「本朝省試，必於六曹尚書、翰林學士中擇知舉，諸行侍郎、給事中擇同知舉，卿監爲參詳官，館職學官爲點檢官，又以御史監視，故能至公至當，厭服士心。今盜賊屏息，道路已通。若以此試復還禮部，不過括諸路漕司所費，輸之行在，則必裕然有餘矣。」詔檢坐累降指揮，申嚴行下。於是遂罷諸路類試。日曆於此日指揮，止云「檢坐累降指揮，申嚴行下」。今以紹興四年六月十四日禮部狀修入。

24 己酉，右奉直大夫、主管官告院郭川提轄榷貨務都茶場，用户部尚書黃叔敖奏也。按日曆，張純下已差魏彦弼，此乃云本務闕官，令叔敖踏逐奏差，不知何故。當是因純罷去，遂不復用堂吏也。五年五月丙申，又差馬延之，仍是替彦弼。當考。

25 庚戌，復置宗正少卿一員；太府、司農寺，軍器、將作監各復置丞一員；太府寺、大理左斷刑、右置獄各復增丞一員。始用常同請也。乃令都督府及諸路監帥司，具屬官之可省者申尚書省。熊克小曆：「十一月庚申，初置司農寺丞二員。」誤也。其實諸寺增丞，以此日降旨，庚申但除官耳。克止書司農一寺，而不及二監，不知何故。日曆於是日書復置宗正少卿一員，已辨之，見今年六月甲辰注。遂以太常博士趙霈兼權宗正丞。此據玉牒所題名附見。

26 辛亥，詔：「諸路添差官，州十縣已上勿過十員，三縣已上五員，已下二員；縣萬户以上三員，已下二員。仍並以二年爲任。」

是日，僞齊將王彦先自亳州引兵至北壽春，揚兵淮上，有南渡意。江東淮西宣撫使劉光世駐軍建康，扼馬家渡，遣統制官酈瓊以所部駐無爲軍，爲濠、廬聲援，賊乃還。熊克小曆云：「光世將兵直擣廬、壽，敵乃引去。」日曆：「十一月壬戌，劉光世申契：『勘無爲軍前去廬州，水陸稍便，可以聲援濠、壽，已差酈瓊將帶全軍前去駐劄。』」據此，則光世蓋不自行。克所云非也。初，彦先在壽春，廬人震恐。有勸帥臣胡舜陟遷避者，舜陟曰：「吾爲守臣，義死封疆。且吾始來，欲爲朝廷用兵爲恢復計。今方講好，兵寖不張，但當嬰城死節，以巡、遠報君耳。」既而閤門宣贊舍人、知壽春府羅興亦乞乘勢襲逐彦先，收復淮北州縣。詔興伺賊兵侵犯，即出奇掩擊；如賊不渡淮，勿得引惹生事。十一月癸亥降旨。

僞齊以中書舍人、直學士院、權門下侍郎、尚書左丞范恭守尚書左丞，尚書兵部侍郎兼權右丞李鄴守尚書右丞。

校勘記

① 考甫孫　「考」，原作「孝」，據卷五六紹興二年七月辛巳及校點本宋史卷四五八隱逸傳改。下注文同改。

② 且云　「且」，原作「目」，叢書本作「日」，據文意逕改。

建炎以來繫年要録卷七十

1 紹興三年十有一月壬子朔，太常博士兼權宗正丞趙霈行尚書祠部員外郎。直龍圖閣胡寅知永州。

2 癸丑，徽猷閣待制、提舉台州崇道觀洪炎卒於信州，詔官給葬事。既而侍御史辛炳奏炎非功在社稷，及死於國事之人，乞改正。上曰：「炎以文學稱，有恤典蓋用舊制。今既爲言者論列，當罷之。然聞其家貧，可如胡直孺例改賜銀帛。炎蓋黄庭堅之甥也。」徐俯曰：「庭堅自有親孫。」上曰：「何在？」俯曰：「見任臨安笕庫，其家極貧。」改賜銀帛在十二月甲午。熊克小曆書「宰執奏故侍御史洪炎葬事」云云。按炎未嘗爲此官，尋考其故，蓋日曆於舊申書「進呈侍御史言洪炎葬事」，而不出御史之名，克不細觀，遂以侍御史爲洪炎前銜。其鹵莽如此。

3 甲寅，皇后母福國夫人熊氏薨。遺表求恩如母后外家故事。前一日進呈，上曰：「朕於外戚，不敢有私。前此官邢氏中外親，已減於韋氏矣。今祈請不已，其援母后以爲比者，亦勿聽。」乃詔邢焕贈少師，追封嘉國公；子承事郎孝揚加直秘閣，忠翊郎孝蘊、孝騫並閤門祗候；賜銀帛五百匹兩，許造進酒及差官舟二隻而已。

4 丙辰，執政進呈修運河畫一。上曰：「有欲以五軍不堪出戰士卒充此役者，固不可。又有言調民而役之者，滋不可。惟發旁郡廂軍壯城捍江之屬爲宜。至於廩給之費，則不當吝。」朱勝非曰：「開河似非急務，而饋餉艱難，故不得已。且時方盛寒，役者良苦；臨流居民，悉當遷避。至於畚挶所經，泥沙所積，當預空其處，則居民及富家以僦屋取貲者，皆非所便。恐議者或以爲言。」上曰：「禹卑宮室而盡力乎溝洫，浮言何恤焉？」

起復從義郎、閤門祗候、廣西經略司走馬承受公事俞似罷。似移文列郡，引崇寧詔旨，不隸屬帥司，又欲與通判敘官，爲諸司所劾，故罷。自是走馬承受遂不復除。

詔：「諸郡委倚郭縣認納公帑醋息錢者，徒一年；認而納者，罪亦如之。著爲令。」

5 丁巳，開封府布衣李漢英上書言：「國家之弊，在用柔太過，故敵得逞。」上曰：「光武治天下以柔，漢室復興。漢英所言狂易，朕不以爲忤，聞罷可也①。」

6 戊午，右朝奉郎孫世顯知澧州。澧州自鍾相作亂，久闕守臣。至是，命知鼎州程昌寓遷置，世顯因即陶家市捌山寨寓治，未能入城也。

7 己未，右文殿修撰、主管萬壽觀王倫爲都督府參議官，行在供職。

詔：「王𤫊所部帥司，并諸州軍，並聽𤫊節制。」以𤫊言，湖南北安撫使折彦質、劉洪道不肯濟師也。彦質聞命，上疏言：「靖康中任河東宣撫副使，𤫊係臣部下兵官，兼曾體量行遣，嫌怨灼然。若使平時部屬偏裨，一旦加乎其上，緩急聽其憑陵，竊恐有虧國體。」詔彦質與𤫊同心討賊，如托故避事，致有踈虞，當議重行竄責。後旨在十二月癸巳。

8 庚申，右承務郎李若虛守司農寺丞，右通直郎曾惇爲太府寺丞，左朝奉郎張宇爲將作監丞，右宣義郎章僅爲軍器監丞，並填新剏闕。若虛，若水兄；惇，紆子；宇，守兄；僅，惇孫也。時寺監長貳不除，以丞顓其事。既而御史常同言，惇浮薄無行，若虛人物麁惡。於是二人皆罷。惇罷在四年正月戊辰，若虛罷在正月癸酉。

監察御史李長民罷。時新除監察御史劉大中以嘗論長民兄正民罪，乞避之，而長民亦有請，詔別與行在一等差遣。長民復求去，乃命知處州。

罷楚州吴城縣爲鎮。縣自兵火後，居民纔八十餘家，故廢之。

詔賜温州度牒、紫衣共二百，爲崇奉神御神主之費。時歲用錢糧五萬七千餘緡，守臣程邁告乏於朝，故有是賜。

禮部員外郎虞澐請銓試初出官人，以經義、詩賦、時義、斷案、律義爲五場，就試人十分取七，榜首循一資。從之。此以紹興七年四月十二日癸卯吏部尚書孫近劄子修入，日曆無之。

9 壬戌，直秘閣、江西提點刑獄公事孫佑移知平江府。

10 癸亥，詔諸路上供錢物，令户部歲終舉劾稽違侵隱去處，申朝廷，取旨責罰。時左司諫唐煇論：「比年以來，責小官之法則密，縱大吏之法則疎，監司、郡守失職者未嘗明正典刑。臣請言其一二：兩浙諸郡合樁上供糴本錢一百五十七萬餘緡。今糴買正其時，方行催促。儻更違限，必失準擬。此郡守不職也。前此諸路上供稽違拖欠，至於遣官四出，其間有侵欺妄用者，朝廷知之，不聞究治。此轉運不職也。虔、饒兩司，自紹興元年至今，起發過錢十二萬餘緡，而費用三十五萬餘緡，無益有損。此提點鑄錢不職也。臣竊謂省部總天下之務，財用必有所統屬，宜不虛設。不識但聽諸路自至邪，亦當舉劾鈎放，謹其稽違侵隱邪？欲望嚴賜誡敕，一歲之間，省部稽諸路之勤惰，上之朝廷，明爲勸勞之賞，重爲曠弛之罰，庶幾稍知自效。」故有是旨。

是日，武德大夫高州刺史閤門宣贊舍人御前忠鋭第一將崔增、右武大夫忠州團練使荆潭制置司水軍統制吳全與湖寇遇於陽武口，死之。時荆潭制置使王𤫩將水軍以前二日至下芷江口，翌日，知鼎州程昌寓亦至，共議取周倫寨。又翌日，增、全至陽武口，遇賊軍船，皆寂然無聲，呼之不應。增等以爲空舟也，令湖海船倚梯而上，賊兵掩出，官軍遂敗，死者不知其數。增與全皆死，或曰：「爲賊生執，臠割而食之。」時統制官任士安以萬人屯赤沙湖，阻水不能救。賊收其弓矢甲冑，欲西襲官軍。𤫩遂并將增兵。後贈增一階②，加果州防禦使，贈全二階，加忠州防禦使，録其子有差。四年六月癸未贈官。

11 甲子，樞密院言：「端明殿學士同簽書樞密院事韓肖胄、工部尚書胡松年使還。」詔肖胄等速赴行在。自上即位，遣人入金，六七年未嘗報聘。至是，左副元帥宗維始遣安州團練使李永壽、職方郎中王翊等九人與肖胄偕來。尋詔：「刑部員外郎潘致堯、浙西兵馬都監高公繪接伴，而兵部侍郎趙子晝、右武大夫忠州防禦使提舉台州崇道觀楊應誠館之。所至諸郡，守貳出城送迎，勿用樂。」時淮東宣撫使韓世忠在鎮江，奏：「臣職係統兵，與北使別無相干。」乃詔世忠不見北使。致堯請淮南漕臣郭康伯、馬承家隨行應副事務。許之。

又別遣文臣二員，傳旨撫問於揚州及平江。子晝奏以元帥府遣官議事，與平時好使事體不同，乃命臨時講究。

是日，程昌寓、王瓔進兵取周倫寨，至鳳港，聞二將之死，方躊躇，會賊襲官軍於神山窖，不勝，遺書詒瓔詐降以緩師，昌寓欲擊之，瓔猶冀其降，不果進。

12 乙丑，殿中侍御史常同言：「皇城司頃以鄆王提領，而不隸臺察；閤門、客省、四方館以內侍鄧文誥提舉，而不隸臺察；秘書省以新置，而不隸臺察。若謂要近之司不當察，則三省樞密院尚有分察之法，豈有官司在六部之下，而不隸臺察之理？望復舊制。」時閤門、皇城司皆援靖康詔旨，依祖宗法隸屬中書省，而秘書省亦以未嘗隸臺察爲言。同復奏：「御史臺格：吏察三館秘閣，禮察閤門、客省、四方館，兵察皇城司。」乃詔並隸臺察。同又言：「六曹長貳，拘執繩墨，事無大小，不取可否。願少假以權，使隨事之宜，以意裁決。」上曰：「國朝以法令御百執事，故凡有司，以奉法爲能，而不敢以私意更令。如三代皆有所尚，兩漢而下，亦各自有制度。祖宗成憲，朕不敢改也。」中興聖政：臣留正等曰：「任人固愈於任法，而自秦、漢以來，鮮不爲法所用，何哉？公道不行，私意交勝，人不足任，而法爲可守爾。況乎一代之興，必有一代之法，而所謂一代之法者，本非成於一代，其所循治亦遠矣。特因時之宜，而少爲損益耳。遵之可以致治，違之則至於亂。蓋已有明效，大驗於前世，庸可率意而輕之歟？常同之請，知任人任法之説，而未察公道私意於時世也。尚書、侍郎雖未必皆徇私之人，要其所御，皆宿奸巨猾，法明如是，彼猶舞而用之，法意一縱，則將何所不至哉？臣謂今日弊，正在於不知謹守祖宗之法，而上下因循廢弛。儻每事一以祖宗之法御之，何患於不治？太上皇帝謂祖宗成憲，朕之家法，不敢改也。是宜寶之，以爲致治之龜鑑。」

敕令所删定官陳琦責監道州江華縣博易場。琦初見十月戊戌。琦嘗上書，言臺諫論列呂頤浩不當，又訟監察御史劉大中受命出使，急於進身，首發大臣，并懇要路，先乞面奏，及計會降詔三事。大中奏：「臣果欲進身，則當承順大臣意旨，庇李回之奸惡，不當發其罪。及韓顏胄、李正民之徒，亦不當按劾。臣不知出此，乃具以聞於陛下，致貽大臣之怒。急於進身，必不如此。又遣使之初，已蒙降聖旨，回日不隔班，先次上殿。胡蒙、朱異、薛徽言三人還朝，亦便引對，何獨臣還，必欲結要路而後得對也？若夫陛下詔令，而琦謂臣將入國門，計會得之。且言於士大夫間，謂臣自作詔草進入，豈不大害國體？琦累受呂頤浩之恩，無以酬報，姑以是書爲報恩之具，且以諛辭取悦舊相。儻琦言爲是，則臣爲有罪，安得不亟誅夷，以懲奉使之失指？若琦言誣罔，則乞明正典刑，以解天下之惑。」顏胄，琦孫也。先以右宣義郎通判吉州，大中劾罷之。疏奏，故有是命。久之，顏胄獄成，有司當公罪罰金，詔貶二秩。顏胄以五年五月甲午降官。

詔沿淮諸寨鄉兵，毋得輒擅侵擾齊國界分。用樞密院請也。

13 丙寅，詔今來議和，與往日不同，更不發遣北人。令内外諸軍帥分明説諭。

川陝宣撫司以邠州觀察使、永興軍路經略安撫使、知興元府郭浩爲利州路經略安撫使、兼知利州，此據利州知州題名附入。興元知府題名：浩今年七月到，不見替時。郢州防禦使、利州路馬步軍副總管田晟權知興元府、兼管内安撫使。此以明年十二月宣撫使奏殺金平功狀所繫銜修入。興元知府題名無之。興元題名稱郭浩以節度使知府，利州題名稱浩以承宣使知州，皆誤。

14 戊辰，詔北使經由州軍，權避金國諱旻、晟二字。

15 庚午，初聞襄陽失守，詔李橫等即江北擇地屯駐。

是日，臨安火。承信郎楊有坐縱延燒，追一官，編管嚴州。是月己卯行遣。

16 壬申，御筆：「皇城司係專一掌管禁庭出入，祖宗法不隸臺察，已降指揮，更不施行。自今臣僚不得妄有陳請，更改祖宗法度。如違，重行黜責。」先是，御史常同既援臺格奏陳，而幹辦皇城司馮益等復言：「本司舊吏張祐等供，自祖宗至今，並無隸臺察指揮。」故有是旨。輔臣進呈，上曰：「政使皇城司隸臺察，何所憚？顧祖宗法不可易。今如易之，後將輕言變祖宗成憲者衆，故不可不慎也。」

右宣義郎張叔獻直秘閣、提點江西刑獄公事，專切制置虔、漳、汀州盜賊。叔獻，叔夜弟也。資政殿學士兼侍讀謝克家薦於上，召見而擢之。

17 癸酉，詔行在民居失火，延燒官屋，數多者取旨，依軍法。

18 甲戌，廣南宣諭明槖奏左朝散郎廣西提點刑獄公事董弁、左朝散郎廣東轉運判官章傑、右朝奉郎廣西轉運判官趙子巖、左朝奉郎知英州王縉、知貴州趙奇、左奉議郎知潮陽縣鄭鬲、左修職郎廣東茶鹽司幹辦公事朱倬等十二人治行，且言：「弁公正奉法，特立不羣。廣西州縣奸貪成風，其間能循守吏所恃以安職者，弁一人而已。倬操修廉正，問學淹該，公直在官，不爲勢屈。自紹興以後，淮鹽不通，鹽價騰貴，縉、奇雖少增其直，而皆以剩利歸之公上。」詔並進官一等，俟滿秩赴行在。子巖，子崧弟；縉，分水人；鬲，寧德人；倬，閩縣人也。弁、傑已見，奇未見。

初，命有司製渾天儀，太史局官丁師仁等請募工鑄造，且言：「若往他州，則臨時定北極高下，量行移易。」有呂燦者言：「師仁等所募工不知鑄法，況渾天無量行更易之制。若用於臨安，與天參合。移往他州，則必有差忒之患。」至是，工部員外郎謝伋言：「所費既多，事體亦大，宜先詢考制度，敷求通曉天文曆數之學，如漢之賈逵、張衡，本朝之蘇頌者，參訪是非，然後可作。望下温州訪求蘇頌遺書，考質制度。」詔别聽指揮。十四年四月丙戌可參考。

19 乙亥，左司諫唐煇守起居舍人。時新除舍人侯延慶在道未至，於是改命。延慶明年二月除少常。

召保静軍承宣使、提舉萬壽觀高世則爲樞密都承旨，尋不行。

資政殿學士、提舉萬壽觀兼侍讀謝克家知台州，從所請也。克家本吕頤浩所引，至是數稱疾求去，上許之。尋改衢州。

詔復司馬光十科舉士之制，令文武侍從官歲各舉三人。用宰相朱勝非請也。

命荆潭制置司統制官吴全、湖南制置司統制官吴錫以所部屯武昌。時江北屢有警報，知黄州鮑貽遜徙治樊口，權知漢陽軍呼延虎渡江走鄂州，知興國軍徐璋亦以捍寇爲辭，棄城而去。至是，乃命二將移屯，受岳飛節度，而全已死矣。於是虎、璋皆坐貶秩。二人貶秩在四年二月乙未。

20 丙子，親衛大夫、寧州觀察使、提舉亳州明道宫韋淵言：「自宣和至今十二年，未嘗磨勘，乞遷秩。」吏部言：「在法，横行無以年勞磨勘者。」上曰：「若宣和皇后來歸，勢必推恩外家。姑留此以需母后之歸可也。」

乃命留俟焉。

直秘閣、主管江州太平觀張頴卒。頴，孝純子。

21 丁丑，詔宣諭官所劾贓吏罪至死者，令刑寺摘出情理巨蠹之人三兩名，令所在留禁俟旨。時議舉祖宗杖黥之制，故有是命。

初令賓、横、宜、觀四州守臣專管買發戰馬，如邕州例。以提舉廣西買馬李預言逐州並係接連外界，可以招誘故也。

22 戊寅，右承事郎、直徽猷閣張滉主管江州太平觀。

鎮江建康府淮東宣撫使韓世忠奏本司參謀官已下序位，詔謀議官與提舉茶鹽官敘官，機幹官與諸州通判官序。既而世忠援孟庾例爲言，且謂發運司幹官令在通判之上，乃詔謀議官知州資序人與提刑運判敘官，機幹官如發運司例。後旨在四年三月甲戌。

荆潭制置使王𤫙以兩遇賊皆敗，二將俱死，鬱鬱無憀。會得江北警報，欲移師鄂州防江，程昌寓曰：「江北實無事，乃李横自棄襄陽，鄂州孤城，亦冀公速來少安爾。今二橋已就，事功垂成，大軍一還，難以復合。願公少留，共破三寨。若鄂州有警，疾馳尚可及也。」𤫙不聽，是日，𤫙引大軍還鄂州，留統制官王渥、趙興及湖南將馬準、步諒四軍權聽昌寓寓節制。於是昌寓移屯上芷，決賊堤四百丈。

23 己卯，蠲南劍州所負民間獻納錢十六萬緡。自建炎初勸民出財助國，寄儲是州。葉濃之亂，諸司悉取爲軍費。至是，户部責償，而侍御史辛炳言：「本州累經殘破，今必以等第再取於民，其爲數百萬户之害，豈特十六萬緡而已？」上以爲然，乃寢前命。

24 庚辰，詔諸州大辟應奏者，從提刑司具因依繳奏。申舊制也。時上既欽恤庶獄，而言者以爲：「州縣之制，於罪無可矜者，類以疑讞上聞，冀幸寬貸。其意以爲失出之罰輕，陰德之報厚。奸胥猾吏，旁緣惟貨。元惡巨蠹，罔有悛心。望自今罪人情涉疑慮，並申憲司閲實，委有可憫，本州當職官與提刑司官連書具奏。」事下刑寺，刑部言：「舊法已是詳備，若如所陳，反見迂枉。望坐條申嚴行下。」從之。

直秘閣、知簡州勾光祖爲陝西轉運判官。光祖有吏才，川陝宣撫司承制授之，至是申命。

校勘記

① 聞罷可也　此後有四庫館臣按語：「此句疑有脱誤。」今删。按：宋史全文卷一八下亦作：「漢英所言狂易，朕不以爲忤，聞罷可也。」并無脱誤。

② 後贈增一階　「增」原脱，據叢書本補。

建炎以來繫年要録卷七十一

1 紹興三年十有二月辛巳朔，起復直秘閣、知岳州范寅敷罷。以制置使王𤫙言，寅敷在任之日，每遇賊至，一味退避，僥求起復，至今未到故也。

2 壬午，左文林郎、玉山縣丞張絢爲左宣教郎，尋除秘書省正字，用劉大中薦也。絢已見六月壬辰，其除正字，在此月丙申，今併書之。

初，監察御史劉大中自江南還，言：「虔、饒兩監二年所鑄新錢纔二十萬緡，而用本錢十二萬緡，吏卒之費又二十三萬緡，得不償費，望減併官吏。」癸未，從之。時鑄錢一千，用銅二斤八兩、鉛一斤十兩、炭五斤。大中以爲費多，故有此請。熊克小曆「吏部郎官劉大中言」云云，蓋據日曆所書，其實大中此時已爲御史，蓋前是言之，而吏、户、工部於此方勘當申上，克曆因誤也。

武翼大夫、吉州刺史、統制鼎州軍馬杜湛爲湖北路兵馬副都監，修武郎、閤門祗候、添差統制軍馬彭筠充東南第八將。筠本與劉超合，有進士咼輔者，爲張用所掠，後輔入筠軍中，與進士路居正勸筠立功歸朝。時超據澧州，程昌寓遣兵擊之不勝，輔等令筠以藥紙爲書，陳破賊計，密遣安鄉縣監税劉汝舟持詣湖西，乞掩殺超。昌寓亦遣使臣魏章賚蠟書報之。超爲筠所襲，敗走。筠以所部詣昌寓降。昌寓有戰士鄉兵合九千餘人，用湛爲總帥。至是，昌寓奏湛屢立奇功，筠臨敵宣力，故皆擢之。既而録輔之勞，亦以爲連州文學。咼輔補官，日曆不書，據紹興五年六月十三日輔乞改正狀，其補官在四年五月。

3 甲申，韓肖胄偕金使入境。後二日，至泗州。肖胄先行，自天長徑赴行在。

是日，大食進奉使蒲亞里至廣州，夜爲盜所掠，其徒死者四人。

4 乙酉，忠翊郎、閤門祇候、知漣水軍、統制軍馬丁禩還一官，令再任。

是日，臨安火。後二日，又火，燔民居甚衆。宰相朱勝非引咎乞罷政，不許。

5 丁亥，右通直郎、添差簽書静江軍節度判官廳公事張企曹通判欽州。企曹，義豐人，覺近屬也。自言無鄉可歸，故録之。

6 戊子，左迪功郎泉州州學教授許摶、右迪功郎范伯奮並特改京官，皆用近臣薦對也。尋以摶爲秘書省正字。摶除正字在丙申。

7 己丑，左宣教郎、添差通判湖州趙子偁直秘閣，賜五品服。

詔四川諸州犯私茶鹽人，並不用赦蔭原免。初，吕頤浩因通州鹽晝旨，而榷貨務張純又請批狀，行之東南諸路。至是，左朝請大夫、成都府路提點刑獄公事何慤言：「所降指揮爲專置提舉茶鹽司路分，本路即非專司去處。」總領四川財賦趙開以白宣撫司，且言：「恐官吏觀望，全不禁戢。」宣撫處置副使王似、盧法原以便宜從之，言於朝，故有是命。自是，天下茶鹽皆用重法矣。慤，資陽人也。

8 辛卯，拱衛大夫、宣州觀察使、樞密院準備將領閻皐爲江西兵馬都監。先是，詔以皐所部隸神武右軍。故有是命。

監察御史魏矼言：「大理獄囚已上未報者八十餘人。」詔刑寺官就刑部早入昏出，限三日聚斷上省。

9 壬辰，詔：「諸路監司令三省選擇差除。自今臣僚差遣，並不得自具闕乞差。」時御史建言：「祖宗朝，除用監司，必擇累任知州、通曉政事、實有政績或久任省府推判、練達老成之人，故使按察吏治，發擿奸伏，薦舉人材，撫存百姓，無有不宜。若有本路利害，就委措置，無有不當。選任既重，公論咸服。海內清平，朝廷省事，皆由乎此。近年任用太易，以一路耳目之寄，付新進望輕之人，或未歷親民，或少年輕鋭，或起於罪戾。欲使政事修舉，奸宄消伏，難矣。望令中書慎簡聰明公正之人，參之衆論，書之於籍，以待有闕，按籍除授。絶請求之私，去待闕之弊。如此則諸路使者皆得人，而事無不集矣。」疏入，上諭輔臣曰：「今奔競之風未息，每有一闕，必致干乞。宜明戒諭，毋得具闕乞差，庶修士檢。」然循習已久，終不能革也。

右迪功郎、新監廣州寘口塲鹽税吴伸再上書，請伐劉豫。且言：「今兵權所付，不過二三人。其有道家所忌，則趙括之徒可憂；其有戰勝而驕，則武安君之禍可戒。」又言：「古人師克在和，今陛下將士雖衆，孰講廉、藺之歡？則將帥之賢愚不卜而可知也。今之主將，無非營私背公、蠹國害民之徒，廣回易，擅榷酤，所至州郡，則恣無厭之求，民力爲之耗滅。廣收無用之兵，以益請糧之數，則財賦之得失，不卜而可知也。今國家所賴者，止知有西北之兵，不知有東南之士。又況諸軍無非潰亡之徒，子女既足，金帛亦豐，邊境暫寧，則偷安以干廪食。至於臨敵，豈不潰亡？此士卒之能否，不卜而可知也。今重兵皆在江南，而輕兵獨當淮右。萬一敵人掠我淮甸，對壘江旁，縱未南渡，兩軍相持，積以歲月，必有存亡。夫金人雖强，尚不足慮；劉豫雖微，其禍可憂。臣以爲先擒劉豫，則金人自定。金人之計，陛下知之詳矣。今又割中原以假劉豫，是并吞之謀已兆，而危亡之禍將及，豈可不爲之計？今使命將至，不可中輟。萬一厚有需求，臣願陛下陽許陰違，俟其還報，乘其不疑，一怒親征，劉豫可擒也。」

10 癸巳，詔修蓋殿宇，迎奉祖宗神御赴行在。用祠部員外郎兼權太常少卿江端友議也。先是，端友建言太廟典禮三事，大略以爲：「宗廟社稷者，天子之所守，出命令，頒爵賞，皆告廟而後行。天子巡狩，猶載遷廟之主以行，示有所尊，固未有遠寄於郡國，不復近天子之居者也。今雖國步未平，然天子之居，豈可無宗廟社稷？禮曰：『君子將營宮室，宗廟爲先。』今臨安宮室略備矣，欲乞行宮門内修創太廟，務令近古質素，不必華飾，約用屋五十間，不過費萬餘緡，而使宗廟神靈依陛下而安，所繫豈不甚重？又伏見御名祝版稱嗣皇帝，竊謂『嗣』字非所宜稱。唐肅宗復兩京，告廟祝文稱嗣皇帝，顔真卿曰：『上皇在蜀，可乎？』亟命易之。今日之事，誠大類此。又本朝故事，並用三公奉册寶，而宰臣、執政官攝之，以重其事。今太尉不得爲三公，自上攝下，名實不相副，亦合從舊事，下吏、禮部、太常寺討論。」至是，吏部侍郎陳與義、太常少卿唐恕、禮部員外郎郭孝友等言：「國家自渡江以來，講武修備，期於恢復。蓋恐不常厥居，故因府治殘破之餘而居之。而宗廟神主，則往温州奉安，意可見矣。不知端友之意，謂今日定都於臨安乎？將俟天下平定而別議定都所在乎？

是未知朝廷深思微旨、權時之宜，徒爲此紛紛也。太上皇帝遭時艱阨，明詔内禪，故靖康之間，宗廟祝文，已稱嗣皇帝。逮二聖北行，陛下應天順人，遂登大寶。其視肅宗靈武之事，大不相侔。竊謂稱嗣之義，於禮無嫌，不必改作。若謂自上攝下，名實不相副，則本朝大禮親祠，輅車執綏，乃是太僕之職，而有用從官攝者，此類甚多，未足爲輕重。」時朱勝非方主和議，乃白上，營宗廟於臨安，而以攝三公奉册，惟祝文稱嗣如故。端友建請在十月戊申，今聯書之。

11 甲午，詔李横、翟琮、董先、李道、牛皐並聽岳飛節制，以圖後效。仍令横等即江州屯駐。初，横之在襄陽也，岳飛遣統領官張憲招之不從。及横自黄州渡江，飛聞之，疾馳往洪州，後横一日至，横已參趙鼎矣，飛責横不相從之意，横引罪而已。於是道、皐已在江州，飛皆用爲統制，就將其軍，惟横等留南昌如故。熊克小曆於今年七月書：詔横駐洪州。按日曆十一月庚午，詔横等江北擇地爲寨。十二月壬午，詔横權於舒、蘄州界屯駐。至此，始命移屯江州，不知克何所據而云爾也？

12 乙未，詔初磨勘改官人，許注外路教官，著爲令。中興聖政：「宰執進呈差沈昭遠催軍糧事，上曰：『差官數有言者，蓋常賦自有轉運司，官苟不職，自當別選能吏，豈可每每差官催督乎？至於因事差官出外，自祖宗時有之，亦不得俱廢也。』臣留正等曰：『天下之事，以安靜爲利，以騷動爲害，此不可不察也。安靜而事集，則於事所當爲之外，不復有餘事矣。騷動而事集，則於所當爲之外，其弊未易數也。且天下常賦，治之者有常職，以常職而治常賦，取足而止，寧有他費哉？苟爲不然，而差官以督之，彼承天子之命，挾勢以恐動州縣，酷者肆虐，貪者安取，從吏又倚其勢以爲奸，其所至之患，甚於常賦。雖能辦集，常賦之外，又不知其費之幾何，此其所以爲利害也。太上皇帝不從言者差官之請，而謂常賦自有轉運司，可謂深明利害之所在矣。若夫因事差官，必有所不得已者，亦豈聖意之所欲哉？時焉而已爾。』」

知樞密院事張浚言：「荆南屯駐大軍，竊慮闕乏。臣已於隨行贍軍鹽内支十萬斤，付解潛爲軍費。」詔浚毋得更携蜀鹽過界，有害鹽法。仍令浚星夜赴行在，所至州具到、發日聞奏。

鎮江建康府江東宣撫使韓世忠遣幹辦公事聞人武子來奏事，上召對，世忠言：「本司近收到曹成、李宏、馬友、劉忠、王方等諸頭項數萬人，全無器甲，緩急遇敵，恐誤國事。」詔令軍中造甲千副，其工料之直，以浙路度牒、真州榷貨務見錙金銀中半給之。

13 丙申，尚書吏部員外郎兼秘書省著作佐郎虞澐試左司員外郎。

左宣教郎魏良臣守尚書都官員外郎，用席益薦也。良臣九月甲寅改官。

14 丁酉，故延康殿學士、通義大夫趙遹追落職名。遹始卒於壽春府，至是，其家援故事以遺表恩爲請，許之。給事中胡交修言：「瀘南開邊之禍，遹爲之首。稽之公憲，宜在褫奪。望追削舊職，以謝瀘南無辜之民，且爲開邊誤國者之戒。」故有是命，其遺表恩勿行。

15 戊戌，顯謨閣直學士、知池州陳規充龍圖閣直學士、知廬州，右朝議大夫、新知岳州夏廙改知池州，右朝奉大夫劉愿知岳州，右朝散大夫李倫清知太平州。召徽猷閣待制、知廬州胡舜陟赴行在。

詔：「借撥廣西常平免役塲務抵當黄金四百七十兩、白金八十兩、錢五十萬緡赴衡州提刑司，别庫樁管。非奉朝旨，毋得取撥。」再得旨，奏知，不行①。李綱之爲廣西宣撫使也，剗刷廣西苗役羡錢，得七十八萬餘緡、米十七萬餘斛，未及津置而罷。至是，提點刑獄公事董弅言於朝，故有是命。

國學免解進士孫揆特補下州文學，以從軍之勞也。

16 己亥，詔自今冬祀夏祭，祈穀雩祀，正配位並用犢。從太常請也。自巡幸以來，常祀天地以少牢。至是，輔臣請復太牢以祭。事既行，博士王普言故事惟大享明堂用太牢，乃止用犢。普，賓子也。

17 辛丑，樞密院計議官沈昭遠守尚書户部員外郎。先是，昭遠以左從事郎與左迪功郎錢圻並爲計議官，簽書樞密院徐俯薦於上，皆召對，改京秩。俯以九月癸酉薦二人，己卯引對，庚辰改合入官，今併附此。前一日，俯被旨以圻、昭遠並爲尚書郎，俟有闕乃授。而以右承務郎簽書保寧軍節度判官廳公事陳正同、右迪功郎監華州西嶽廟吕用中代之。昭遠，歸安人，父千，左朝奉大夫。圻，景祥子。正同，正彙弟。用中，好問子也。千、景祥，故以上書入籍，而圻、昭遠皆以談經嘗爲太學博士，故俯薦用之。於是樞密院徑關中書，議者不以爲是。此爲明年正月丙子劉大中乞申敕三省密院差除事初。

18 壬寅，簽書樞密院事韓肖胄言：「昨蒙誤恩，擢參右府，俾使彊敵，仗國威靈，既已復命。竊惟宥密之地，當任賢傑，豈宜因事，輒以假人？伏望除臣一在外宫觀差遣。」詔不許，令幹辦内東門司王柔宣押赴都堂治事。

詔江西大帥司遣官迎奉諸陵帝后位牌赴行在。河南鎮撫使翟琮之南遁也，依趙鼎於江西，故鼎得而上之。

19 癸卯，以神衛剩員多闕，命行在職事官依數給錢，自行雇募，至今以爲例。此以四年正月十二日都省批狀增入。

20 甲辰，詔南班宗室新第，仍舊以睦親宅爲名。

21 乙巳，詔三衙管軍月廪，並依統兵戰守官例支破。

22 丙午，殿中侍御史常同言：「今諸路待闕監司近百人，其間凡庸闒冗之尤者，請爲陛下數之。新福建提刑成大亨，諂事權貴，爲户部郎中，催浙東上供，豫期趣納，爲國斂怨。淮南轉運副使郭康伯，性資邪佞，嘗至省門，伺堂吏而揖之。淮南久不除漕，權臣喜之，特爲復置。新廣南提舉市舶林仲堪，貪鄙不廉，嘗權南劍州，楊勍寇至，先盗取庫藏之物，焚之而遁。新江西提鹽章億，行同駔儈，嘗與兄弟争財，首建析居之議，宗黨莫不鄙其所爲。新提點坑冶鑄錢唐棣，黄潛善之客也，在揚州與貴近爲狹斜之友，自運屬除秘丞，士論不齒。新廣東提鹽蔡向，性貪而刻，向在浙東，率斂錢物無數，今又付以此任，故態復作矣。新湖南提鹽盧宗訓，堂吏之家，性資兇暴，除目之下，士夫傳笑，謂流品自此不分矣。福建提鹽李承邁，本假女謁，交通權臣。新廣西提鹽胡升，浮薄晚進，因婦翁黄潛善擢爲編修官，潛善誤國，得罪天下，豈容其婿尚玷選擢？新湖南運判林叔豹，自登第即遊梁師成之門，以校正太清樓書籍改官，頃任御史，陛下灼見其朋附逐之。提點坑冶鑄錢陳遜，向緣童貫特薦改官，諂事權臣，即得見闕，職事曠廢。浙西提鹽張愿、新浙東提鹽鄭僑年，皆監當資序。愿懵不曉事，嘗除大理正，即以言罷。僑年乃崇、觀間大臣子，年少癡騃。此十餘人所爲大略如此，今乃玷一路之重寄，豈特不足以鎮服州郡，生靈受弊當不少矣。伏望併賜罷黜，庶使四方漸有澄清之期。」於是大亨等十三人皆罷。

是日，金使李永壽、王翊至行在。永壽等驕倨自肆，朝廷患之，命右文殿修撰、都督府參議官王倫假吏部侍郎，即館中與之計事。倫爲翊道雲中舊故，翊不爲禮。少頃，詔賜永壽等衾褥，傳旨勿拜。倫曰：「上嘉公輩遠來，特命倫相勞，此殊恩也，宜拜以謝。」永壽等始拜。日曆：國信所申王倫賜被褥等，傳宣聖旨免拜，人使直身立。有旨賜生餼，依已賜被褥等禮例。則是館中未嘗拜也，與王倫行述所云差異，今且兩存之。

23 丁未，直龍圖閣、知鼎州程昌寓以掩擊王善、劉超之功，陞集英殿修撰②。時王躞已去，昌寓亦將所部還鼎州。

右儒林郎王雱特改京官。雱，雲弟也。

吏部侍郎陳與義言：「自艱難以來，選人用恩賞改官者甚多，用舉主改官者甚少。欲自今磨勘改官人，從上收使，五員外有賸數，從本部行下所舉官司，令再舉，庶幾少寬士人平進之路。」從之。

24 戊申，右從政郎、淮東宣撫司幹辦公事聞人武子特改京官。

初，江西統制官傅樞赴行在，而所部在虔州，制置使岳飛移其軍往江州屯駐。樞與飛故有隙，其弟統領官機與飛軍統領官王貴亦不平。機單騎赴洪州，軍行至長步，其右軍部將元通率其徒千餘人遁去，進犯英州，掠范瓊女而去，又圍南雄州。事聞，詔本路帥司招捕。趙鼎奏戮機，詔貸死，送飛軍前自效。四年四月乙巳。既而通受廣東經略使季陵招安。通明年三月丁卯可參考。

25 己酉，金國元帥府議事官安州團練使銀青光祿大夫李永壽、朝散大夫尚書職方郎中王翊入見。宰執分立御榻左右，工部尚書胡松年、假吏部侍郎王倫立於東朵殿，神武右軍都統制張俊、神武中軍統制楊沂中、帶御器械劉光烈、韓世良立於殿西壁。俊等皆裹巾，戎服佩劍。永壽等先進書於殿下，見畢，陞殿傳語。館伴使副趙子晝、楊應誠同上國書匣，乃朝廷自造，幣帛亦預蓄以待之。此二事據今年十一月乙丑館伴所畫一修入。永壽請還僞齊之俘，及西北士民之在東南者，且欲畫江以益劉豫。既退，命客省官賜酒食於殿門外，辭亦如之。其從者七人，亦許至殿門。賜翊金幣，皆如永壽之數。殿中侍御史常同言：「先振國威，則和戰常在我。若一意議和，則和戰常在彼。靖康以來，分爲兩事，可爲鑒戒。」上因從容語武備曰：「今養兵已二十萬有畸。」同曰：「未聞二十萬兵而畏人者也。」

26 庚戌，徽猷閣直學士、樞密都承旨章誼陞龍圖閣學士，中書舍人孫近守給事中。時議遣大臣使金，而參知政事席益以母老辭。上問可代者，益薦誼才，故有是命。

是歲，金元帥府左都監宗弼引兵攻和尚原③，拔之。時宣撫處置副使王似、盧法原同在閬中，乃分陝、蜀之地，責守於諸將。自秦、鳳至洋州，以利州路制置使兼本司都統制吳玠主之，屯仙人關；金、房至巴、達，以鎮撫使兼本司參議、同都統制王彥主之，屯通川④；文、龍至威、茂，以降授武略大夫、知綿州兼綿威茂州石泉軍沿邊安撫使劉錡主之，屯巴西；洮、岷至階、成，以熙河路馬步軍總管、統制熙秦軍馬關師古主之，屯武都。先是，敵決意入蜀，遂犯和尚原。統制官吳璘以無糧不能守，拔寨棄去。失和尚原，史及吳玠碑誌皆不載，惟胡世將奏議云：「紹興三年冬，吳玠失和尚原。」鄭剛中所奏亦云：「和尚原自紹興四年以後，便是劉豫管守，不係吳玠地界。」故附於此。日曆紹興四年十一月八日，吴玠奏：「紹興二年冬，臣又與劉子羽議，和尚原距川蜀地遠，終恐糧道不繼，難以持遠。遂於川口仙人關側近殺金平修置山寨。既下原，又得子羽成州及梁、洋軍馬，併力控扼。」按此則和尚原之失，不在今冬，玠自奏不應有誤。意者在今年春夏之間饒風交兵之際耳。吴璘神道碑云：「三年，敵戰饒風時，王駐兵和尚原。敵欲道原下，王以兵迎擊，皆敗而走。遷榮州防禦使、知秦州。」詳此當是璘棄和尚原而歸宣撫司，因令守秦州耳。或可移附今年六月庚寅所書璘遷官時。劉錡爲四川沿邊安撫，日曆不書。紹興二十年七月二十二日吏部狀：「四川制置司申，契勘紹興三年内，宣撫司分道措置守禦，綿州知州帶綿威茂州石泉軍沿邊安撫司公事。今來軍事寧息，合行罷去。有旨，依。」未知錡兼四州安撫的在何月日，今因事遂書之，當求綿州知州題名修入。

海寇黎盛犯潮州，焚民居，毁其城而去。盛登開元寺塔，望吴氏故居，問曰：「是非蘇内翰藏圖書處否？」麾兵救之，民賴免者甚衆。

初，迪功郎王寵既陷僞齊，屏處村落間，不復仕進。至是，劉豫聞其名，令赴京擢用，寵稱疾不行者經歲。州郡强遣之，寵至京，終不受僞命而去。寵，宜川人也。紹興十年改官監登聞檢院。

户部奏兩浙路主客户二百一十二萬餘，口三百五十六萬餘；廣東路税客户六十一萬餘，口一百七萬餘；湖北路主客户十四萬餘，口十四萬餘。

校勘記

① 奏知不行　此句未通。四庫館臣有按語：「此句文義疑有脱誤。」今删。

② 陞集英殿修撰　「英」，原作「賢」，據叢書本改。按：據宋史卷一六二職官志二，宋初有集賢殿修撰，南渡後以集英殿修撰

寵權侍郎之補外者。

③ 金元帥府左都監宗弼引兵攻和尚原　「左」，原作「右」，叢書本同。同卷五二校勘記⑮改。

④ 屯通川　「川」，叢書本作「州」。

建炎以來繫年要録卷七十二

1 紹興四年歲次甲寅。金太宗晟天會十二年，僞齊劉豫阜昌五年。春正月辛亥朔，上在臨安。金國元帥府通書官李永壽等入見。中興聖政：「甲寅，進呈臨安府勘武翼郎馮師道言語狂悖事。上曰：『師道本畫工，嘗令繪佛像，爲民祈福，已賜緡錢。聞輒覬覦錫帶遷秩，此事在承平時猶不可，况於今日，豈有濫賞？官職賚予當勸有功，朕未嘗敢以輕授，師道以此怨望爾。』蓋上重惜名器，不以假人。自百工技藝之流，一資不可妄得，故因論師道罪狀，諭無濫賞之意。茲有以見御天下以至公也。臣留正等曰：『輕用名器，不分流品，此前日召亂之由也。太上皇帝以爵待有德有功者，雖貴近越法求請，未嘗予之，况畫工乎？此所謂大公至正之道，宜謹守之。』」

2 乙卯，龍圖閣學士、樞密都承旨章誼爲大金軍前奉表通問使，使名據日曆。給事中孫近副之。官子孫各五人，傔從補文階者八人，白身補官者又七人，賜銀帛裝錢如三年之數，私覿增十分之二。時金所議事，朝廷皆不從，乃遣誼等請還兩宫及河南地，命右文殿修撰王倫作書於金左副元帥宗維所親耶律紹文、高慶裔，且以資治通鑑、木棉、虔布、龍鳳茶遺之。朱勝非閑居録云：「李永壽、王翊來聘，議七事。第一事，欲取北人，與秦檜二策正同。」王繪紹興甲寅通和録云：「李永壽來聘，所需三事，故以章尚書、孫侍郎往。及還，所議互有可否，獨疆界一事未定。」二録不同。按此時勝非爲相，而繪奉命出使，二人所云必得其真，不知何以差互如此。誼所謂疆界不知云何，按豫今秋僞詔云：「乃遣使聘，密期吞噬。」以此知其請河南也。

詔：「淮、浙鹽鈔錢，每袋增帖納錢三千，通舊爲二十一千。諸州所收帖納錢，並計綱赴行在。」尋命廣鹽所增亦如之。廣鹽添錢在此月戊辰。

3 丙辰，監察御史劉大中行右司諫，尚書刑部員外郎潘致堯主管江州太平觀。致堯之罷，似爲接伴失職，當考。

詔右朝奉郎、通判壽春府盧仲赴行在。既至，停其官，潯州編管。仲編管在此月己巳，坐先謫潮州不赴貶也。然仲通判壽春，不知何從得之，當考。

4 丁巳，朱勝非等奏稟國書意，上曰：「意當如此，乃朕一己之見，卿等更覺盡底藴。」勝非等頓首謝。

5 戊午，以法慧寺爲秘書省。

詔宣州奏檀偕殺人疑慮獄案，令刑部重別擬斷，申尚書省。偕，倬兄也。先是，有葉全三者，盗其窖錢，偕令耕夫阮授、阮捷殺全三等五人，棄屍水中。當斬，屍不經驗，奏裁。詔授、捷杖脊流三千里，偕貸死決杖，配瓊州。孫近爲中書舍人，言：「偕殺一家五人，雖不經驗，而證佐明白，別無可疑。貸宥之恩，止及一偕，而被殺者五人，其何辜焉？」乃命重別擬斷。始近之提點浙東刑獄也，紹興民俞富因捕盗而并斬盗妻，近奏富與盗別無私讎，情實可憫。詔貸死。去年三月戊寅。故法寺援之。近言：「富執本縣判狀，捕捉劫盗，殺拒捕之人，并及其妻女。而偕私用威力，拘執打縛，被殺者五人，所犯不同。」刑部亦言：「右治獄近斷孫昱殺一家七人，亦係屍不經驗，法寺爲追證分明，不用疑慮奏裁，何不依例？」法寺堅執不移，詔御史臺看詳定奪。今年二月戊子。既而侍御史辛炳等言：「偕係故殺，衆證分明。又已經委官審問，以近降申明條法，不應奏裁。」輔臣進呈，朱勝非言曰：「疑獄不當奏而輒奏者，法不論罪。而孫近以宣州有觀望，欲併罪之。」上曰：「宣州可貸。今若加罪，則後來州郡實有疑慮者，亦不復奏陳矣。」乃詔偕論如律。大理寺當職丞評、刑部郎官皆贖金有差。進呈在三月甲子，今併書之。

知鼎州程昌寓遣統制官杜湛與荆湖制置使王𤫊所留統制官王渥等，共引兵擊楊么。己未，破真皮寨，獲其舟三十艘，湖中小寇始懼。熊克小曆作鼎澧州鎮撫使程昌寓。按昌寓紹興元年春已改除湖南安撫，二年又去安撫名，爲提舉鼎澧等州兵甲公事。此時鼎澧無鎮撫使，克誤也。

6 辛酉，章誼、孫近入對。

初，知樞密院事張浚既至荆南，上書引咎，乞罷政，且請俟至潭州道路無虞，即赴臨安府待罪。詔不許。是日，殿中侍御史常同請對，論：「浚以大臣之貴，當閫外之權，付與之專，幾半天下。事功不就，受代而歸。今乃聞命踰年，故爲留滯，不虔君命，莫甚於斯。望嚴賜戒督，星夜馳速還闕下。」

7 壬戌，詔浚疾速赴行在。自是言者稍稍論浚矣。浚於是月甲寅奏至，今併書之。

8 甲子，左文林郎、新敕令所删定官孫邦爲左朝奉郎，充奉使書狀官，用章誼等奏也。

9 乙丑，尚書右司員外郎韓膺胄以親嫌，除直秘閣、提點江南東路刑獄公事。

皇叔光山軍節度使、知大宗正事士㒟言：「寧遠軍承宣使、同知大宗正事安定郡王令畤，於屬爲兄，乞用故事，序位於其下。」許之。自是以爲例。

10 丙寅，金國元帥府議事官安州團練使李永壽、尚書職方郎中王翊辭行，賜鞍馬器幣及其屬銀帛有差。翌日，永壽發臨安，詔通問使章誼等偕行。又遣右文殿修撰王倫、閤門宣贊舍人王繪送至境上。上召倫、繪入見而遣之。倫、繪以正月乙卯受命，甲子引對，今併書之。熊克小曆：「時朝廷館金使既簡，而所乞事①，朝廷皆不從。於是李永壽等褫氣而去。」按日曆去年十一月乙丑，館伴所畫一雖有臨時講究之文，而今年正月丙辰，臣僚上言有云：「館伴應用錢物，朝廷略不曾裁定，盡循承平故事。聞已支費過數萬緡，如蠟燭一項，計支錢數千緡，其他可知。」則是未嘗簡也，克云失實，今不取。誼等至泗州，而僞境以檄來，言大金使副已差官引伴赴闕，請權留南宋奉使俟旨。永壽復移檄宿州接引誼等，乃得俱北云。據日曆，此事以二月九日己丑奏到，今聯書之。

翰林學士兼侍讀綦崈禮言：「近者金人議和，託言劉豫所請。雖敵情叵信，然而中原殘破，民力困瘁，不堪驅役，豫、麟父子，特倚金人爲重，以拒王師。如聞金自有故，且倦於南牧，則議出於豫，欲欵吾問罪之舉，延旦夕之命，理亦或然。今金人遣使，先至豫所乃來，而所持書輒有封疆之畫，其爲豫計不疑。陛下灼見其情，報書曲折，事理詳盡，固應奪其狡謀，破其奸膽，不復敢肆桀驁，庶能聽順，以定和約。然而猶可慮者，萬一負恃强敵，尚懷逆圖，必欲窺吾境土，或恐稽留使人，呼敵騎以來邀脅，則吾可以不爲之備乎？今已過防秋，且遠近傳聞通使，人情恐便舒緩。謂宜申戒沿江將帥，明遠斥堠，防扼險要，選練士卒，日訓於師，常如遇敵，以爲先事之備，庶無後悔。苟和議遂成，亦未可以弛備，況今日耶？」綦崈禮又言：「陛下懲强敵之侵凌，念兩宫之阻遠，不憚卑詞以通使，屈己以議和，上以爲宗廟社稷靈長之計，下以息海内元元戰伐之苦，至誠交感，異類革心②，甚盛德也。然臣私竊度之，陛下鬱鬱居此，忍自卑屈，以求成請好，豈得已哉？徒以事勢未競，國步未移，生民未安，故爲計出此，非謂舊事可忘，中國可棄，敵情可信，能恃以久安也。然則約和之後，便欲高枕而卧，得乎？仰惟聖意，固將大有所爲，興起庶政，觀時俟釁，期復舊業，不惟苟紓目前之急而已。臣願陛下，堅卧薪嘗膽之志，勵宵衣旰食之勤，深詔大臣，簡賢能，謹名器，明殿最，嚴賞罰；申飭百執事之列，下至州縣之吏，各修厥官，毋敢媮惰，革因循之弊，去苟且之習。要使人人公心爲國，誠意在民，而無養資尸禄，計日待遷之患，則衆治舉矣。於是生財積穀，繕甲治兵，嗇用度，寬賦斂，以實民力；汰冗弱，精選練，以作士氣。日伸月長，假以歲年，一旦起而用之，則大計可圖，成功可必也。顧惟今日權宜之議，所利在此。昔周宣内修政事，外攘夷狄，而越之報吴，亦曰十年生聚，十年教訓，兹非陛下之所熟聞者乎？」

左朝奉大夫、主管亳州明道宫陳堯臣貶秩一等③。堯臣里居，以干請爲事，嘗僞造張守雪己奏牘，奉御寶依，録之以示永康簿、左迪功郎李寀，寀折之。寀俄爲李光江東帥幕，朱異宣諭浙東，言於朝，寀用是除樞密院計議官，仍召見。而堯臣令大理劾治，獄成，當私罪杖，故責。異以去年正月薦寀，得旨，轉官堂察。六月甲午，堯臣取勘。戊申，寀以新除計議官得旨引對。今併繫此日。

11 丁卯，修武郎、閤門祗候、知復州韓適進一官，兼閤門宣贊舍人，仍賜錢萬緡爲軍費。自襄、郢失守，安、復爲極邊，故録之。

12 戊辰，執政奏事，因及北方事宜。上曰：「人心國之本也，雖有土地，若失人心，亦不可立國。」

賜右修職郎洪适、朱捄銀帛各百匹兩。捄，弁子，以父遠使得官。先是，王倫言其不屈，故皆恤之。時适未冠，得監潭州南嶽廟。

自張浚召還，而川陝宣撫處置副使王似、盧法原人望素輕，頗不爲都統制吴玠所憚。上聞之，己巳，賜三人璽書，略曰：「羊祜雖居大府，必任王濬以專征伐之圖；李愬雖立殊勳，必禮裴度以正尊卑之分。傳聞敵境尚列兵屯，宜益務於和衷，用力除於外患。」時玠爲檢校少保，位遇寖隆，故有是詔。

13 辛未，左中大夫李大有行尚書左司郎中，樞密院計議官錢圻守刑部員外郎，左承議郎、廣南東路轉運判官張致遠行監察御史。

故延康殿學士宋康年奪職，追所贈官及致仕遺表恩。以御史常同言康年本市井俳優之徒，止因蔡京媢黨，叨竊名位，理宜追貶也。康年，庠孫，宣政間爲殿中監。

14 壬申，武經郎潘永思復爲閤門宣贊舍人。

龍圖閣直學士許份卒。份卒當在去冬，俟考。

癸酉，輔臣進呈張浚奏：「四川自七月以來，霖雨、地震，蓋名山大川久闕降香。乞製祝文付下。」上曰：「霖雨、地震之災，豈非重兵久在蜀，調發供饋，椎膚剥體，民怨所致？當修德撫民以應之，又何禱乎？」日曆不書浚所繫銜。熊克小曆加宣撫處置使字。按，浚去年六月已罷宣撫，此乃離司後所奏，克不考耳。

詔：「臨安府四至州郡犯罪合配之人，無得配本府。竢回鑾日如舊。」

直秘閣、知德安府韓之美起復直秘閣，通判德安府李忬以守境無虞④，並進秩。

責授左中奉大夫薛昂卒。三省檢會李邦彦例，復特進，與遺表恩。言者奏：「昂黨附蔡京，同惡相濟，捻成今日艱危之禍。陛下不賜竄殛，得終牖下，已爲厚幸。若追復舊官，則是誤國之臣歿有榮耀，非所以示天下也。」命遂寢。寢命在是月戊寅，今併書之。

是日，浚運河，以漕運不通故也。詔：「役兵得遺闌物者，以十分之四給之。河中遺骸，聽僧徒收瘞，數滿二百，給度牒一道。」給度牒指揮在壬申，遺闌指揮在戊寅。是役也，用二浙廂軍四千餘人，月餘而畢。聖政録在三年十一月丙辰，蓋降旨之日。今後日曆及會要，八年十一月再浚，十九年二月又浚。

15 乙亥，徽猷閣待制、知鎮江府胡世將試尚書禮部侍郎，秘書少監劉岑權刑部侍郎，吏部侍郎兼權禮部侍郎鄭滋改權刑部侍郎。滋移官爲劉大中論列事祖。

尚書右司員外郎鄭作肅直秘閣、知常州。作肅引疾求去，從所請也。

降通山縣爲鎮。縣爲盜所掠，遺民纔二百餘家，故廢之。

武義大夫、閤門宣贊舍人、主管江州太平觀薛安靖爲榮州刺史、知全州，降授朝散郎李彙添差通判秀州，録海州之功也。既而二人言無家可歸，乃各賜會稽田三頃，仍蠲其租賦。彙除目在此月丙子，賜田在二月乙未。

左通直郎、試太常少卿唐恕卒。上以其恬退有守，特贈徽猷閣待制，賜銀帛百匹兩，官子孫如權侍郎。

16 丙子，左司諫劉大中言：「國朝以來，革五代之弊，中書掌文事，密院掌武備。文臣除授，未有不由中書者。近錢圻等除授，乃密院直降劄子，尚書省止奉樞密院關報，而不經由中書門下，此何謂也？若謂密院屬官可以自行除授，直降指揮，則百司長官皆可以畫降聖旨，自差官屬。斜封之事，漸不可長。伏望申敕三省、樞密院，自今差除，並守祖宗舊制，勿復侵紊。若直降指揮，許承委官司論執施行，庶幾紀綱不至隳弛。」按，日曆去年十一月己亥，樞密院行遣内已云：「關送中書門下省指揮。」今大中所奏，乃云不由中書，或是後來改正，亦未可知。當詳考。大中又言：「近來臺諫章疏，多不行出，黜陟賞罰，多不分明，是非之所以淆亂，向背之所以乖違，非所以爲治也。儻臺諫之言不合公議，則是違衆徇私，當指謫其非，而懲其妄言之罪。儻其言合於公議，則是論事舉職，當暴白其言，盡理行之，不應黽勉而已也。如吕頤浩之罪惡，公議所不容，而罷相之制舉皆美詞，至今遠近疑惑。黨類相扇，以搖正論，豈非有彈章而不曾降出乎？又如李擢遷尚書，不旬日間得郡，近日潘致堯之罷郎官，鄭滋改權侍郎，士大夫皆莫曉其由。是臣僚章疏有無，臣不得而知。若或有之，陛下留中不出，不過欲全大臣體貌。若大臣不肯行出，則是護前飾非，畏人議己，欲自作人情耳，此不可不察也。大臣去就，如有勳德在人，當全體貌可也。其他非才冒寵，有罪無功，招致人言，則是負陛下之委任，何體貌之有？欲望自今除授罷免，悉皆明示所以黜陟之由，臺諫章疏，並令付外施行，與衆棄之。庶幾賞罰分明，有以勸懲，非小補也。」疏奏，上皆嘉納之。日曆大中以此月辛未入對，丙子二疏行下。時朱勝非當國，不可否事。徐俯在樞府，每倨視之。大中因入見，論席益懷奸固寵，全不任責。上將罷之，故大中以爲請。

17 丁丑，召江西制置大使趙鼎赴行在，將以代席益也。鼎守洪都踰再歲，戢吏愛民，盜賊屏息，一方賴之。

初，知樞密院事張浚行至荆南，而鎮撫使解潛告乏，浚乃以隨軍金五百兩、帛三千匹、糧萬斛畀之，又以帛五千給歸、峽二州。至是言於朝。時朝廷以度牒計直六萬緡付潭、鼎州造戰艦。浚過鼎、澧，亦以黄金三百兩與之。

18 戊寅，右武大夫、忠州防禦使、提舉台州崇道觀楊應誠同主管客省四方館閤門公事。

夜，臨安火。

19 己卯，端明殿學士、同簽書樞密院事韓肖胄以舊職知温州。肖胄與朱勝非議事不合，力求去。疏三上，乃有是命。後三日，改提舉臨安府洞霄宮。日曆乃肖胄自請，然直降旨免謝辭，不知何故，當考。

右迪功郎、新監廣州賓口場鹽稅吴伸上疏，訟張浚無罪。大略謂：「浚忠有餘而智不足，且復辟之功大，失地之罪小，天下之人所共知之。其退保四川，敵人卒未能下，蓋亦浚之功也。臣竊見里巷游談，咸曰：『張浚之來，章疏列上，必於失地之外，吹毛求疵，增其過惡。』使浚不至，則議者必曰：『慢而不恭，有違命之罪。』至則議者必曰：『覆軍之將，有失地之罰。』非特一二人言之，且將羣起而攻之，必使罪去而後已。臣謂艱難以來⑤，未有如浚比者。使浚罪去，不知誰可繼其忠乎？望陛下痛察之，無使朋黨得以快其私，無使敵國得以乘其間，實宗廟社稷之福，天下生靈之幸也。」按徐夢莘北盟會編，伸疏以正月二十九日上，故繫於此。

20 庚辰，尚書省言：「今歲係大禮年分，已降旨，令諸路憲臣依例剗刷上供錢物起發，限七月以前到行在。尚慮漕臣不用心催督，及合樁辦州軍占吝。乞令户部置籍拘催，至八月比較欠多去處，具憲漕及當職官，申省取旨責罰。」從之。

是月，秦州觀察使、熙河蘭廓路馬步軍總管關師古叛降僞齊。時師古自武都率選鋒軍統制李進、前軍統制戴鉞求糧於僞地，襲大潭縣，掩骨谷城，叛將慕容洧拔寨遁去。師古深入，至石要嶺，忽遇敵兵，與戰大敗。師古旋師大潭，内懷慚懼，遂單騎降賊。自此失洮、岷之地，但餘階、成而已。師古之未叛也，嘗請於朝，以爲：「聚兵五年，所集二萬餘衆，合用糧食，惟岷州管下大潭、長道兩縣，和糴不多，兼宣撫司別無應副，委是養贍不足。其河裏州軍，師古止據洮、岷兩州，別無出産。累年僞地討糧，今則僞地亦無所積。因即關外止有師古一軍占護要衝，若不申明朝廷，竊慮緣此逃散。若金人知此無糧，乘虛而來，何以枝梧？伏望將階、文州撥隸熙河，或只乞兩州財賦專一應副，或許將川中財穀取撥食用。兼師古所管戰馬不多，仍乞支撥川茶付師古，於洮、岷州界轉換戰馬，以壯軍聲。」後數月，朝廷命宣撫司以階、文二州所入財賦專贍師古一軍，及應副茶博馬，而已不及矣。朝旨下宣司在今年七月乙亥。

校勘記

① 而所乞事　「而」，原作「面」，據四庫本中興小紀卷一五改。

② 異類革心　「異類」，原作「外域」，據叢書本改。

③ 左朝奉大夫主管亳州明道宫陳堯臣貶秩一等　「左」，叢書本作「右」，非是。本書卷九四紹興五年十月庚子亦作「左朝奉大夫」。

④ 通判德安府李忬以守境無虞　「忬」，原作「恃」，同本書卷四八校勘記⑥改。

⑤ 臣謂艱難以來　「來」，原作「求」，據叢書本改。

建炎以來繫年要録卷七十三

1 紹興四年二月辛巳朔，張浚至潭州。時鼎寇楊么既爲官軍所敗，其黨漸散，賊防之甚嚴，鄰居失覺者，其罪死。間有得達官地，保甲又利其財而殺之。知鼎州程昌寓乃募人能引降者，與獲級同，故降者稍衆。浚至，遂留左朝散郎、權樞密院計議官馮檝爲荆湖撫諭，俾同安撫使折彦質措置招安。會岳州進士王朝倚在賊寨脱歸，自言知賊虚實，詔赴都堂審問。後數日，有旨，令王瓊與彦質招安。然賊方恃水出没，其所據北達公安，西及鼎、澧，東至岳陽，南抵長沙之界。春夏耕耘，秋冬攻掠，跳梁自如，未有降意也。王朝倚審問在乙酉，詔王瓊等招安在丙戌。

詔南班宗室自今並赴臺參。故事，宗室遷官，或赴或否。至是，用御史常同言，著爲令。

2 壬午，廣東西漕臣各貶秩一等，坐違欠去年上供，皆十分之四故也。

詔贓罪至死者，方籍其資。先是，右文林郎朱崔璵監處州都酒務，坐贓流。郡籍其資，而田宅不在數。審於朝，法寺言：「産業倶合入官。」然祖宗故事，謂犯贓貸配之人，乃命申明行下。

户部奏：「令廣東提舉司支鹽本錢二十萬緡、常平錢五萬緡，由海道赴行在，爲大禮費。」從之。

3 癸未，參知政事席益充資政殿學士，提舉江州太平觀。先是，諫官劉大中既奏其罪，前一日，殿中侍御史常同入對，論：「益本盧杞之奸邪，兼逢吉之險譎。初爲王黼之客，後入蔡京之門。陛下略其宿愆，欲觀後效。去歲議遣大臣使金，益獨以母老爲辭。近者金使對揚榻前，默無一言之助。輔臣若此，將焉用之？至於心術不端，力庇邪佞，中傷善類，陰奪相權，蓋天資險薄，可畏如此。望速賜罷黜，以慰公論。」輔臣進呈，上曰：「諫官御史所言臣僚過惡，未必皆實，然易曰：『大君有命，開國承家，小人勿用。』既審知其小人，自當退之也。」故益遂罷。按此日上語，爲席益設。熊克小曆既不書所以，又併益罷政亦復不書，不知何故。大中章再上，後二日，詔益落職奉祠。

詔自今諸路州縣進奉天申節禮物，並置場和買，毋得於民間科配。仍令刑部立法。先是，諫官劉大中言：「自崇寧以前，臣僚進奉聖節禮物，多是虚表，物或不至。因崇寧二年發運副使胡師文建言，並令前期一月到京，自後立定數目期限，催督起發。臣昨奉使江南，聞皆不免科配。若軍期急切，有取於民，蓋不獲已。豈有斂百姓怨嗟之物，爲臣子禱頌之誠，其於丘山，有何所益？如上件金銀絹未可捐除，即乞嚴戒州縣，椿簇官錢和買，不得於人户名下科配，庶幾感召和氣，增崇聖德。」故有是命。

4 甲申，直龍圖閣、知臨安府梁汝嘉陞徽猷閣待制。

5 乙酉，簽書樞密院事徐俯兼權參知政事。

是日，軍賊檀成犯長楊縣。荆南鎮撫使解潛遣統領官秉義郎、閤門祗候胡勉捕斬之。成本澧州官軍，後從雷進於慈利縣，忠翊郎、澧州沿邊都巡檢使雍從善嘗與成戰，成執而磔之。至是就戮。時羣盜田政自襄陽引兵破夷陵，潛命知峽州、統制策應夔路軍馬王恪往擊之，斬其首。政，宜城人也。此以今年七月二十五日宣撫處置司所奏附入。後贈從善三官，録其家一人。五年閏二月己酉。

6 丙戌，鄉貢進士上官公弼特補將仕郎。公弼在太學有聲，工部尚書胡松年與之有筆硯之舊，用使金所得恩澤而命之。公弼初見紹興元年。

7 丁亥，知樞密院事張浚言：「荆南府、澧、筠、峽州最係出産箭簳去處，已令各計置一二三百萬赴行在。」其後浚復言：「澧州近年採伐殆盡，今所用皆自全、永、武崗商販而至，恐誤指準，請差損其數。」從之。後請在四月癸巳，著此爲辛炳言浚事。

8 戊子，監察御史明橐宣諭嶺南還，入見。翊日，請詣都堂白事，許之。橐出使一年三閲月，所按吏二十有七人，三年五月丁卯右修職郎權知保昌縣丁賓，九月戊辰廣西運判王摅、南恩州司户莫憲章、陽春令陳子鎮、桂陽令馬緘、權蒼梧尉兼令簿李閶①、右朝奉大夫知連州陳與、承直郎知龍水縣鄭中行、忠翊郎權桂陽縣趙邦昌，十一月戊辰宣教郎知富川縣鄧公行，十二月癸卯右奉議郎權邕州盛外、右從政郎權司户陳臬、右迪功郎司理薛容、右迪功郎權石龍令薛魯，十二月戊申攝樂會尉兼令成大順，己酉高安令王允迪、荔浦令連希尹、權武仙令劉振、武緣尉温安、賓州推官王澤、武仙尉陳述、修仁尉熙朝、攝宜倫尉兼令杜介之、雷州遞角場兵馬監押黄宗弼，並放罷取勘。三年九月戊辰通判廣州韓僖催勘，十二月丙午修武郎知萬安軍柯光國取勘，又知桂州許中，已見二年七月辛巳。薦士二十人。朱敦儒已見三年九月乙巳，董弁、章傑、趙子巖、王縉、趙奇、鄭鬲、朱倬已見十一月甲戌。同日前桂陽令張勉、左朝奉大夫知韶州尤深、右通直郎通判韶州宋普、右奉議郎知南恩州王治、海豐令林獻材，今年正月乙卯右通直郎通判廉州陸畀、右朝奉郎新知白州尹植、左朝請郎知容州趙子昇、左朝奉大夫知昭州鄧偲、左朝奉郎權廣西轉運司主管文字王淵、右迪功郎廣西轉運司幹辦公事連漢夫、静江府觀察推官韋温輔、左儒林郎權臨桂丞郭偉，並轉一官，候任滿日赴行在。凡五使所按吏，總七十有九人，明橐二十七人，劉大中二十人，薛徽言十六人，朱異、胡蒙各八人。薦士五十有七人。明橐二十人，劉大中十六人，朱異十二人，胡蒙六人，薛徽言三人。而劉大中所劾多大吏，橐、大中、朱異所舉多聞人，又薛徽言鋭於有爲，而橐、大中數言公私利病，惟胡蒙奉承大臣風指，此其大略也。

9 己丑，左朝奉大夫侯延慶守太常少卿，直龍圖閣、主管臨安府洞霄宮蘇携守宗正少卿，尚書吏部員外郎陸長民爲右司員外郎，左奉議郎晏敦復守吏部員外郎，左朝奉郎黄祖舜守軍器監丞。携，頌子。祖舜，福清人，嘗從胡安國學，自衢州州學教授召見，改京官，而有是命。

龍圖閣學士、提舉江州太平觀沈與求知鎮江府，充浙西安撫使。

監察御史明橐奏：「瓊、邕、鬱林諸郡，歲調夫數百人，爲監司、帥臣饋荔支。」詔禁止，犯者計贓坐罪。

10 辛卯，駕部員外郎洪興祖、比部員外郎范振、樞密院編修官許世厚並罷，坐席益所薦引，爲御史常同論列也。世厚，景衡子，與興祖皆吕頤浩所録，故同斥之。葛立方撰興祖墓誌，稱因上封事罷去。已附見洪擬罷吏部時，更須詳考。

11 壬辰，工部尚書兼侍讀兼權吏部尚書胡松年試吏部尚書。翊日，松年入對，論：「唐太宗嘗諭房玄齡，以細務屬左右丞，大事關僕射，其委任玄齡之意篤矣。殊不知尚書丞實政事綱轄，若專責以細務，以何暇裨益治體哉？臣願睿斷，以今日所當爲所當行不可緩者，分委二三大臣，庶使悉心勠力，各底乃職。且戒簿書，有可簡省者簡省之。」詔付三省、樞密院。

左朝散郎范漴提舉廣東茶鹽公事。漴守惠州，州爲虔賊所蹂，及是還朝，安奏守禦功，減磨勘年，而有是命。監察御史明櫜言於朝，命遂寢。虔賊事見二年冬末。

12 乙未，詔參知政事、同都督江淮荆浙諸軍事孟庾赴行在，本府統制官姚端、李捧、王進並以所部偕還，惟張榮屯平江，李貴屯建康如故。自朱勝非再相，數言都督府可罷，吕頤浩不從。及是，既畢防秋，勝非復乞罷都督府，使諸將得自奮厲。故有是命。

殿中侍御史常同言：「近嘗論列監司之不才者，已蒙放罷。臣今再體訪得新廣東轉運判官潘闞，深刻險薄，吕頤浩喜之。頤浩去未久，闞倡言再入，移書示衆，無不惑之。新浙東提舉茶鹽陳鼎，昨任湖州司户，贓污狼籍，諂事蔡攸，遽除監司。新廣東提舉茶鹽張世才，駔儈俗吏，始以從父入燕，特赴殿試，合該討論之人，緣與頤浩有舊，累遷差遣。新湖北提舉茶鹽徐嘉問，王黼之客也，爲應奉司屬官，自稱相幹，輕暴之性，至今不移。新福建提舉茶事趙公達，贓吏也，嘗和糴小麥自盜，爲倉吏所告，倍償而去。新湖南提舉茶鹽胡緯，父子出入蔡京之門，受官數年，即除監司。此六人者，皆有罪狀，不可以表帥一路，理宜罷斥。」詔並罷。世才，思正子也。

初，知唐州胡安中爲僞齊所逼，棄山寨奔隨州。及隨州失守，詔赴行在。至是，補武經郎、閤門宣贊舍人，添差温州兵馬都監。

武節大夫、吉州防禦使致仕陳思恭復爲入内内侍省押班，主管福州應天啓運宫神御，填刱置闕。

左朝請郎致仕翁升特遷一官，以升自言元符末上書入籍故也。吏部侍郎陳與義言：「陛下褒恤元祐黨籍及元符上書人，碩大光明者既已盡録，亦有姓名不熟於人，而多故之後，無籍以考。昨黃策以蔡京所書黨碑，及國子監所印上書黨籍人姓名録白來上，付在有司，遭火不存。間有子孫自陳者，乃以胥史私抄之本，定其是非。望再行搜訪。」乃命吏部訪尋真本，繳申左、右司審驗訖，送部照使。升，選人邪中等第三十四人。日曆與義奏下在丙申，今併附此。

13 丙申，試尚書吏部侍郎兼侍講兼直學士院陳與義移禮部侍郎，胡世將移刑部，權刑部侍郎劉岑移吏部。與義以兼直院，故免劇曹。

起居舍人唐煇試中書舍人。

簽書樞密院事兼權參知政事徐俯以疾告，上命即其府視事。俯言：「三省文書最爲叢委，平時盡日力可了。臣係暫權，實不知首尾，占位書名而已。臣既以衰病，方且療治，筋力心志，實不能支。欲乞且止治臣本院事，所有三省職事，自有宰相。伏望聖恩，免臣暫權，事務既簡，可得專心。既獲治養賤軀，亦免乖誤大計。」詔不許。

14 丁酉，詔以宣諭五使手曆進册，令檢正都司檢詳官同共看詳，比較多寡，申尚書省。

右迪功郎、泰州録事參軍李亦特改右承務郎。亦上疏論事，上召對而命之。

15 戊戌，詔廣西提舉買馬官移司邕州。用李預奏也。

知樞密院事張浚乞俟至衢州，留數日，修治軍器。從之。

武德大夫、秀州防禦使致仕張見道落致仕，主管江州太平觀。

16 己亥，初命三衙管軍及將帥觀察使以上，舉忠勇智略可自代者一人，如文臣之制。用吏部侍郎鄭滋請也。

翊衛大夫、相州防禦使、添差浙西兵馬副鈐轄張用改福建路兵馬都監。

17 辛丑，翰林學士綦崈禮兼史館修撰，始除修撰官也。

右司諫劉大中言：「近户部尚書黃叔敖申明江、浙上供和買紬絹，並七月終已前起發數足。臣契勘租稅條限，係五月半起催，八月半納畢。災傷放免，不盡者限外展一月。祖宗以來，未之有改。今户部却令七月終已前數足，可謂迫促太甚矣。納畢者，人户送納到官之期也。起發數足者，諸州團併起發到行在之期也。且以道里遠近酌中言之：吉州陸路到臨安府，二十八程，水路又倍之。若依户部所請之限，則須五六月納畢，豈不大段迫促？今户部不過以大禮賞給未足，上動朝廷，不知户部平時所管是何職事？豈不知今年合是大禮，平時蠹耗，未嘗講究，平時失陷，未嘗稽考。今乃臨時畫降指揮，迫促税限，變亂祖宗舊制，全不恤民。且郊祀之禮，所以爲民祈福也。今户部因大禮賞格迫取物帛，反爲民害，有傷和氣，有累聖德，臣安得不論？」詔展限一月。

詔：「廣西土丁峒丁，各仰本處防守。其調發赴静江府并團結餘丁並罷。」自許中爲帥，始調土丁防托，既又令以錢代丁。事見紹興二年四月。提舉買馬官李預又以駑馬配之。監察御史明橐自嶺南還，數以爲言，故有是旨。此以明槖奏狀及今年二月壬午槖論許中五罪、二月癸未槖論買馬司事、二月壬辰范滸論廣東盜賊事四章修入。許中科土丁錢，據槖奏詳，著二年四月。

川陝宣撫處置司言：「已用便宜，差左奉議郎王瓘權利州路轉運判官。」從之。

是日，金左都監宗弼自寶雞入犯②，攻仙人關。先是，金既得和尚原，利州路制置使吳玠度敵必深入，乃預治壘於關側，號殺金平，嚴兵以待。玠弟秦鳳副都總管璘在階州，移書言：「殺金平之地，去原尚遠，前陣散漫，宜益治第二隘，示必死戰，則可取勝。」至是，宗弼果與其陝西經略使撒離喝、僞四川招撫使劉夔率十萬騎入犯，趙甡之遺史：「二月辛卯，吳玠及兀朮戰於仙人關，敗之。初，兀朮欲大舉兵，期必入川。劉豫之弟益方知長安，密使人告玠早爲之備。玠預爲壘關側，號殺金平。」按日曆，宣司奏金以二月二十一日攻仙人關，辛卯則十一日也。甡之所書，凡差十日，蓋小誤。又所云劉益密告吳玠事，乃據林泉野記，恐未必然。當考。進攻鐵山，鑿崖開道，犯仙人關。既至，敵據高嶺爲壁，循嶺東下直攻我軍。玠自以萬人當其前，璘率輕兵，由七方關倍道而至，轉戰凡七日，晝夜不息。統制官郭震爲宗弼所襲，破其寨。王師屢敗，玠斬震以徇，敵復攻之。玠斬郭震，據趙甡之遺史云爾，然甡之繫之甲午，蓋誤。今且去其日，俟考。

18 壬寅，太府寺丞、權户部郎官張成憲爲尚書駕部員外郎。

直秘閣秦梓提點福建刑獄公事，左中奉大夫柳瑊提點浙東刑獄公事，監吉州榷貨務都茶場陳靏提點湖北刑獄公事，直秘閣吳懋爲湖北轉運判官，左朝散郎新知台州徐偉達、直秘閣陸寘並爲廣東轉運判官，右朝奉郎添差通判平江府田積中爲淮南轉運判官。御史常同言：「寘乃内侍王通客，爲明府司録，供進密煎海錯，就遷通判。避通名，改稱府判。今浙路有呼府判者，自寘始也。後任發運，奸贓狼籍。瑊頃知洺州，不能鎮撫士卒，以致軍變，身中數刃。近歲交結辛道宗，求賜章服，陛下灼見其無耻，罷之。偉達資性貪鄙，在圍城中移書親舊，有『新君即位、人情喜悦』之語。梓本附梁師成，特赴殿試，闒冗疎謬，士所指笑。靄是雖不知其才，但恐不應超躐，亦望詳酌改命。」吏部言：「靄嘗任提舉湖北刀弩手。」乃詔寘、瑊、偉達、梓皆罷。寘，佃子也。梓、瑊、懋、偉達已見，靄未見。同爲御史，不數月，劾罷監司之不才者二十有三人，中外聳然。懋以明州獻羨事怨於朝，謂曩以代者移用，故申明之，非有所獻也。由是復起。後十餘日，右司諫劉大中言：「淮南人民有幾，乃共置監司五員，乞罷積中。」上從之。懋乞改正明州獻羨事，在是月壬寅。同章下在己酉，大中章下在三月丙辰，今併書之。積中不知何許人，乃吏部尚書胡松年親屬，自添倅躐除監司，不知同何以獨不言，而大中言之，當考。孫覿撰柳瑊墓誌：「瑊知洺州被疾，司録事李承勵權州事，州兵聞公疾，唱言倉粟惡，逐庾官，嗾衆爲亂。公聞變，力疾披衣③，出譙門，坐宣詔亭，命三校率其屬捕殺首亂者，而釋其餘，已乃復卧。承勵逢童貫之怒，以公病不任，移書馳告貫，而自爲功。居未幾，公黜三官歸，承勵進五官。」此與同章疏所云全不同，姑附著此。日曆紹興五年，韓璜爲伯膠乞恩澤狀，亦稱「洺州軍變，執縛知州柳瑊」。

19 癸卯，勒停人向子廉復右朝奉郎，除直秘閣。子廉，宗良子。宗良，經子，永嘉郡王。知平陽縣，民有負和糴米者，子廉訊之，杖二百，即日死，坐是停官。劉光世夫人，子廉兄女也，光世爲請於朝，以欽聖憲肅皇后諸侄在者，惟子廉一人，故有是命。

詔權以射殿爲景靈宮，四時設位朝獻。用太常博士劉登議也。其後上親征，不果行。

20 乙巳，監察御史明橐言：「昨李棫遣人入大理買馬，於邊防有所未便。小必失陷官物，大則引惹邊釁。

臣講究買馬之術有七：深入蠻國誘之，不惜其直，一也；原有繒綵鹽貨之本，二也；待以恩禮，三也；要約分明，四也；禁止官吏侵欺，五也；信賞必罰以督之，六也；馬悉歸朝，而後付於將帥，七也。七說若行，西南諸國所産自至。望下提刑司，根究諸司鹽利剩錢，應副買馬。仍下提舉司，詳前七說施行。」從之。

左金紫光禄大夫、龍圖閣待制、提舉華州雲臺觀王革卒。詔官子孫如故事。言者謂：「革自廷尉尹京，專以觀望意旨爲獄，刑罰失平，枉濫者衆。獨以夤緣交結，冒濫賞典。法當討論。」詔追降革爲左中大夫，盡格其恩數。

鄉貢進士李郁爲右迪功郎。郁以布衣入見，所陳皆當世要務。上批：「郁學通世務，議論可采。」故有是命。上批日曆不載，武陽志有之。

21 丙午，知樞密院事張浚至行在。初，浚行至嚴州之新城，復上疏，引咎求罷。殿中侍御史常同入對，論：「浚五年於外，誤國非一。用李允文、王以寧、傅雱諸小人，爲荆、湖害；以曲端、趙哲之良將，皆不得其死；以至擅造度牒，鑄印記，賜赦減降，出給封贈、磨勘綾紙之類，皆有不臣之迹。及被召，盡掠公私之財，選精兵自衛出蜀。雖膏斧鉞，不足以謝宗廟。若蚤正典刑，示天下不復用，則陝右之地不勞師而自復矣。」侍御史辛炳素憾浚，事見建炎三年二月。亦論：「浚誤國犯分。富平之役，趙哲轉戰用命，勢力不敵而潰，浚乃誅哲，致其徒怨叛。又信王庶一言，殺曲端於獄中，端之部曲又皆叛去。其後日夜攻打川口，公行文檄，求端於浚者是也。和尚原之戰，王萬年之功爲多，浚乃抑之。萬年怨憤叛去，與哲、端潰卒力窺川口，金人特因之耳。按蜀口用兵錄，今年三月殺金平之戰，尚遣王萬年擊賊，蓋萬年即王喜，此時爲統領官，炳誤也。又用趙開營財利，行榷茶鹽及隔槽酒法，苛細特甚，内結人怨。西蜀之不亡者，幸也。凡朝廷所除監司、郡守，至輒不許上，必己所命乃得赴。張深以老乞退，則令五日一赴宣司治事，此例安出哉？甚者擅肆赦宥，一歲凡再。自古便宜，未有如是之專者也。湖南北非浚所管地分，乃遣李允文、王以寧假以便宜，肆行生殺，遂亂兩路。敗事而歸，不自知罪，猶移文令葺治府第。浚謂樞庭之權，爲己家物乎？既被召，盡刷四川之財以行，尚敢託言那輟隨軍錢物，應副解潛、程昌寓，欲以要功，不知錢何所從出哉？事見今年正月丁丑。沿路札下荆、峽諸州，計置箭簳各數百萬。又言如難計置，即具因依回報，是徒欲求進，不恤民力之困也。事見二月丁亥。浚聞罷之始，則遷延不行。中則疑而有請，欲俟至潭州，道路無虞而後造朝。事見正月壬戌。近又奏乞至衢州留數日，修治器甲。事見二月戊戌。今聞政府虚位，則至衢州一日而行，星夜兼程，不復留滯，何前緩而後急？」疏入不報。前一日，炳以急速請對，論：「浚爲黄潛善所知，自興元曹官，一二年間引爲侍從。及金人有窺江南意，浚乃避禍遠去，引用一時小人如劉子羽、程唐輩，誅求聚斂，四川騷然。陛下初許浚便宜黜陟，蓋以軍事在遠，不欲從中制也。浚輒立招賢館，有視龍圖閣之命，以儒人封號封參議官之妾。陛下常遣中使撫問，浚乃與之加秩，務其遠來。其狂悖甚矣。賴陛下聖明，辨之不晚，亟遣郎官，持節召之。浚乃偃蹇遷延，上章慢命。既到鼎、澧間，擅差撫諭官，騷擾州縣。事見二月辛巳。其所爲一至於此。望賜罷黜，明正典刑，以爲人臣跋扈之戒。」浚至行在，詔浚隨行軍馬盡付神武中軍統制楊沂中，隨行錢物隸内藏，爲封樁激賞庫。浚既見，遂赴樞密院治事。

22 丁未，右朝請郎通判臨安府邵相、右朝散大夫通判臨安府熊彦昭並直秘閣。守臣梁汝嘉薦二人，上召對而有是命。彦昭，鄱陽人也。相已見。

賜僞福國長公主宅於行在。

校勘記

① 權蒼梧尉兼令簿李誾　「誾」，底本作缺字符號「□」，據叢書本補。

② 金左都監宗弼自實雞入犯　「左」，原作「右」，據叢書本及卷五二校勘記⑮改。

③ 力疾披衣　「披」，原作「按」，據叢書本改。

建炎以來繫年要録卷七十四

1 紹興四年三月辛亥朔，川陝宣撫司都統制吳玠敗敵於仙人關。初，金左都監宗弼與玠連戰未決①，玠遥與宗弼相見，且遣人謂曰：「趙氏已衰，不可扶持。公來，當擇善地百里而王之。」玠謝曰：「已事趙氏，不敢有貳。」此據林泉野記。敵遣生兵萬餘擊玠營之左，玠分兵擊却之。賊怒，擁衆乘城，玠遣統制官楊政，以刀鎗手深入。統制官吳璘以刀畫地，謂諸將曰：「死則死此，敢退者斬！」敵分爲二陣，宗弼陣於東，將軍韓常陣於西，我軍苦戰久，遂退屯第二隘。時軍中頗有異議，欲別擇形勝守者。璘曰：「方交而退，是不戰而却也。吾度此敵走不久矣。」政亦言於玠曰：「此地爲蜀扼塞，死不可失。當守以强弩，彼不敢捨此而犯關。」玠從之。敵進攻第二隘，人被兩鎧，鐵刃相連，魚貫而上。璘督士死戰，矢下如雨，死者層積，敵踐而登。撒離喝駐馬四視，久之曰：「吾得之矣。」翌日，命諸軍併力攻營之西北樓，統領官隴干姚仲登樓死戰，樓已傾，仲以帛爲繩，曳使復正。敵以火焚樓柱，仲取酒擊滅之。玠又遣政與統領官田晟出鋭兵，持長刀大斧，擊其左右。夜布火四山，大震鼓隨之。壬子，夜，壘中大出兵，遣右軍同統領王喜及王武等諸將，分紫白旗入敵營。敵驚潰，將軍韓常爲官軍射損左目。敵不能支，遂引兵宵遁。右軍統制張彥劫敵橫山寨，斬千餘級。玠遣統制官王俊設伏河池，扼其歸路，又敗之。是舉也，敵決意入蜀，自撒離喝已下皆盡室以來，既不得志，遂還鳳翔，授甲士田，爲久留計，自是不復輕動矣。敵之始入也，玠檄召金房鎮撫使王彦、熙河路總管關師古來援，時師古已叛，彦亦不至，獨綿威茂石泉軍安撫使劉錡以所部會之。玠聞師古叛，并其軍麾下，厚資給焉。由是玠軍益以精强。吕中大事記：「張浚以樞府任川、陝半天下之責，前控六路之師，後據兩川之粟，左通荆、襄之財，右出秦、隴之馬，以爲定天下大計。雖趙哲離部，致有富平之敗，而得劉子羽以保興元，用吴玠以保大散關，遂有和尚原之捷，繼有殺金平之捷。敵自是不敢犯蜀矣。」

2 丙辰，上問執政湖寇事宜。張浚曰：「村民無知，迫於官吏之擾，偷安江湖，非剽掠無以爲生。其拒王師，實懼大戮，勢不得已以緩死爾。臣謂宜廓信義以招之。」上曰：「皆朕赤子，何事於殺？然自軍興盜起，率招來之，而奸人乘釁，所在嘯聚。今幸衰息，勿復效尤可也。」

3 丁巳，右司諫劉大中守秘書少監。上諭朱勝非曰：「大中頃使江西，頗多興獄，今猶未已。若令爲諫官，恐郡縣觀望。朕於用刑，欽恤明慎，常懼有司行法於意外。今遷大中爲少監，蓋朕之深慮也。」熊克小曆大中自監察御史除，蓋誤。大中今年正月已遷諫官矣。

右朝散郎魏舜臣知黄州。

4 戊午，端明殿學士、江南西路制置大使趙鼎參知政事。時鼎已召而未至也。上命鼎薦舉人才，鼎即以王居正、吕祉、董弅、林季仲、陳橐、朱震、范同、吕本中上之。乃詔三省，公共隨器任使。詔三省在三月壬申。

撫州布衣甯子思獻白銀木刻成千手大悲像，極精工。朱勝非進呈，上曰：「朕平日未嘗佞佛，然亦不敢加訾。顧飾像設以祈福[2]，乃流俗之事，非朕心也。」勝非又言：「撫州有玉尊刻成龍文，疑禁中舊物，未敢進。」上曰：「此尤無謂，異時茶馬司常竊市馬之直以易玩好，是舉山澤之利而投之無用之地爾。其勿受，自今有來獻者，皆却之。」

夜，雨雹。

5 己未，刑部侍郎胡世將坐前守鎮江不發御服織羅錢，與通、簽判右承議郎曾恩等四人各貶秩一等，仍令本府限半月發還。先是，劉光世既移戍，內藏庫復舉行之。世將奏民力凋弊，無所從出。有司劾世將違旨，故有是命。熊克書此事差誤，已辨之，見二年九月戊寅并注。

詔秘閣修撰、主管江州太平觀宋煇落職，右朝奉大夫、主管台州崇道觀晁公爲罷宮觀，饒州編管人劉默許自便。以侍御史辛炳論廢相呂頤浩用刑輕重不中也。宋煇落職，因守臨安日縱釋私酤事，已見紹興三年十二月。

樞密院言：「三省事繁，請機速房文字，宰臣與院官輪日當筆，庶免稽滯。」從之。

6 壬戌，參知政事、同都督江淮荆浙諸軍事孟庾自鎮江至行在。庾請隨班奏事訖，免赴都堂奏事，仍免簽書三省文字。時督府諸將既已分戍，遂併其府廢之，而以其餘兵隸神武右軍都統制張俊。督府之罷，日曆全不書，會要本門亦不載，惟趙甡之遺史略記此事。今因孟庾召還，遂書之，以補史闕。

7 癸亥，侍御史辛炳試御史中丞，中書舍人唐煇試左諫議大夫。

禮部侍郎兼侍講、權直學士院陳與義言：「明堂之禮，有漢武汶上之制。紹興元年，實已行之。若再舉而行，適宜於今事，無戾於古典。」太常丞詹公薦、博士劉登亦言：「古人巡幸，自非封禪告成，未有行郊祀者。

今歲若且祀明堂，實得權時之義。但紹興元年止設天地祖宗四位，即不曾設皇祐百神。」議者疑郊與明堂當間舉。及與義等議上，乃命有司條具明堂典禮以聞。

左儒林郎連州州學教授范寅賓、左迪功郎監泉州石井鎮朱松並爲秘書省正字。右宣義郎周聿爲司農寺丞，右承事郎王銍守太府寺丞，右承務郎范伯奮守軍器監丞。松，婺源人，謝克家所薦。聿，中從弟也。中已見建炎二年正月癸卯。伯奮以選人薦對，故有是命。寅賓已見紹興二年，銍已見建炎四年。言者奏銍浮薄無行，罷之。

8 乙丑，檢校少保、定國軍節度使、知樞密院事張浚罷爲資政殿大學士、左通奉大夫，提舉臨安府洞霄宫。時辛炳、常同論浚不已，上未聽。二人因録所上四章申浚。炳疏論「浚聞罷之始，遷延不行」，浚懼，即移疾待罪，且以吕頤浩在相位時書進呈，上乃釋然。頤浩書見三年六月庚寅。朱熹撰浚行狀云：「炳言公既得召命，不即出蜀，意有他圖。」按炳元疏中語不如此，熹誤也。今略删潤附見。炳又言：「前此人臣，未有如浚之跋扈僭擬，專恣誤國，欺君慢上者。浚兼有衆惡，其可逃於典刑？望付三省，早賜竄黜。」同亦論奏如炳言。故浚遂罷。

尚書刑部侍郎胡世將充徽猷閣直學士，知洪州。後二日，詔世將兼江西安撫制置使。世將方至而遽出，必趙鼎所不喜故也。當更考之。

神武中軍中部統領官朱師閔改充本軍選鋒統領。時統制楊沂中以張浚所携西兵爲選鋒部，故命師閔統之。而以浚隨行選鋒將武功大夫、榮州刺史、閤門宣贊舍人柴斌爲神武中軍後部同統領，皆用沂中請也。柴斌除統領在此月乙亥。

9 丙寅，詔張浚免謝辭。

駕部員外郎李愿以使蜀之勞，進秩二等。時議者以爲：「興、利、閬三州及三泉縣見屯軍兵，爲四川門鑰，有司饋糧，雖用水運，然每令州縣抑勒船户裝載，失陷官物。今潼川府路歲運二十萬斛，每斛支官錢三千二百有奇，成都路歲運六十五萬斛，以水路稍遠，所支錢又多，通計費錢二百六千萬緡。船户既被抑勒，侵欺盜用，巧詐百端，以至自沉舟船，號爲拋失。所運米數，失陷大半。今欲度江路遠近，置轉般倉，應用舟船，令兩路量事力製造，棹梢即於廂軍内刷差，不足則召募百姓。每舟約載三百斛，若以百二十舟往來不絶，不過十月，撥發盡絶。今興州銀一兩，博米僅得一斗。緣軍糧不足，有司不免貴支坐倉價錢，計司失職，莫此爲甚。伏望慎擇人材，付之以權，專委措置。」詔宣撫司相度。此疏未得其名，恐即李愿所上，當考。

10 丁卯，張浚落職奉祠。時起居郎兼權中書舍人舒清國當草浚制，奏言：「臣竊讀臣僚論浚跋扈不臣之迹，實臣子所不忍聞。今陛下寬恩，雖罷其樞柄，而秘殿高班，豈宜冒處？」故有是命。始，浚之在蜀也，嘗以秦川館爲學舍，以待陝西、河東失職來歸之士，給衣食養之，又新復州郡乞鑄印，浚以便宜先給而後聞於上。故清國所草謫詞有曰：「假便宜行事之勢，忘人臣無將之嫌。肖内閣以招賢，擬尚方而刻印。」朱熹撰浚行狀云：「辛炳論公設秘館以崇儒，擬尚方而鑄印。」此亦非疏中本語，實當時之謫詞，熹蓋小誤也。殿中侍御史常同，時方論清國行詞疎謬。翌日，清國亦罷，爲直龍圖閣、主管台州崇道觀。御史中丞辛炳復言：「浚之不臣，不竄之嶺表，不足以塞公議。宫祠自便，所至必有以摇人心者，爲害非一。」因言：「昨敵騎渡江，滕康、劉珏以措置乖方，尚猶謫授分司之官，湖南居住。今浚之罪，百倍康、珏。」後三日，詔浚福州居住，何俌龜鑑：「建炎初，潼關告警，羽檄交馳。浚以密院而任川陝宣撫之職，請任西事，分司秦州。左通荆、襄之財，右出秦、隴之馬。興元一奏，勇於自任。擢劉子羽於參謀，而弛禁通商，輸財濟饑熙如也。用趙開於總領，而民不加賦，軍用自足裕如也。而分畫諸將，如吳玠，如王彦，如劉錡，如關師古等，莫不屬其指授之下。自是而捷於寶雞，捷於箭栝，捷於和尚原，捷於殺金平。劍閣棧道，賴以保全。此雖吳武安玠以下諸將戰鬬之功，而分畫措置，莫非我魏公力也。而議者乃以秘閣崇儒，尚方鑄印中傷之。雖聖明天子有『人言其過，朕皆不聽』之諭，而還朝以後，言者滋甚，浚不容不落職，出居外郡矣。」仍借撥官田十頃。炳言：「浚之罪，無可矜者。今雖已廢，示不復用，然川、陝之人，自聞浚還朝，朝夕反側，視浚去留與得罪之輕重，以爲安危。今禄以祠宮，處之善地，加之借撥官田，川、陝傳報，豈不揺動？」又七日，遂罷借田之命。浚即日如福州，從者皆去，肩輿才兩人。浚雖得罪，猶上疏論敵僞暫和，心必未已，當益爲備具。大略言：「金人情狀，專以和議誤我，亦云久矣。彼勢促則言和，勢盛則復肆，前後一轍。姑請以近事明之：紹興二年秋[3]，黏罕有親寇蜀之意[4]，先遣王倫還朝，且致懃懇，蓋懼朝廷大兵乘彼虚隙，又其爲劉豫之計，至委曲周悉也。自後九月，餘覩作難，前謀遂寢。至十二月，餘覩之難稍息，則復大集蕃漢之衆，徑造梁、洋。是時朝廷已遣潘致堯出使矣。次年二月，敵困饒風，進退未遑。先是，朝廷開都督府，議遣韓世忠直抵泗州，敵實畏之。於四月遣致堯還，其詞婉順，欲邀大臣共議，此非無所忌憚而然也。梁、洋之寇未能出境[5]，至五月而後得歸，既狼狽矣，而世忠大兵尋復輟行，敵之氣力固已復蘇，而叛豫之心亦云紓緩，所以前日使人之來，求請不一，故爲難從之事也。竊惟金人，傾我社稷，壞我陵寢，迫我二帝，驅我宗室百官，自謂怨隙至深，其朝夕謀我者，不遺餘力矣。況劉豫介然處於其中，勢不兩立，必求援於金，借使暫和，心必未已。數年之内，指摘他故，豈無用兵之詞？而我將士，率多中原之人，謂和議已定，不復進取，將解體思歸矣。若謂今日不得已而與之通使，爲陛下之權，敵亦固能用權也。願陛下早夜深思，益爲備具。處將士家屬於積粟至安之地，使出而戰守者，無返顧奔散之憂。精擇人才，以撫川、陝之師，使積年屯邊者，無懈惰懷望之意。江、淮、川、陝，互爲牽制，斥遠和議，用集大業。臣奉使川、陝，竊見主兵官除吴玠、王彦、關師古累經拔擢，備見可任外，其餘人才尚衆，謹開具如左：吴璘、楊政，可統大兵；田晟，可總一路；王宗尹、王喜、王彦，可爲統制。」後皆有聲，世服其知人。清國罷左史在此月戊午，浚居住在辛未，罷借田在戊寅，今牽聯書之。宗尹初見建炎二年十一月，喜初見紹興元年十月。

新除太常少卿侯延慶爲起居舍人。

尚書兵部員外郎馮康國罷，日下出門。御史常同言：「康國本遂寧浮薄不逞之徒，張浚輕舉慢令，一切猖獗，康國實主其謀。生殺廢置，悉出其手。納賄受賂，所求無不遂者。今尚敢晏然輦轂之下，爲浚游談。」故有是命。

左武大夫、文州團練使、湖南安撫司後軍統制韓京充廣東兵馬鈐轄，以所部屯廣州，彈壓盜賊，聽本路帥臣節制。其所部即今摧鋒軍。用經略使季陵請也。初，江西叛將元通犯境，陵遣南海尉魏逢、使臣董龕招撫之⑥，即聽命，寨於城外。無幾何，江西遣兵至，通遁，趨惠州，追兵及之，與戰不利，人情震恐。陵復遣逢、龕追通回，至是，乃以付京，尋坐他事誅，遠近始安。元通初見紹興三年十二月戊申。

11 戊辰，命前宰執追録建炎四年四月以前時政記，用司封員外郎兼著作佐郎孔端朝請也。

12 己巳，詔戚里之家應造進酒者，許即所在州公庫或官務寄造，爲賓祭之用，歲毋過三十石。時親衛大夫、寧州觀察使韋淵奉祠居衢州，奏乞鬻酒，上弗從。有司弗能禁，郡守謝克家請於朝，故有是命。

13 辛未，直龍圖閣、知永州胡寅試起居郎，右文殿修撰、新知饒州王居正試太常少卿。

14 壬申，集英殿修撰、知鼎州程昌寓充徽猷閣待制，知静江府。左武大夫、忠州團練使楊可輔知鼎州。武翼大夫、吉州刺史湖北兵馬都監杜湛領忠州團練使，添差江西兵馬鈐轄，統率舊管官兵，洪州駐劄。時朝廷方招安湖寇，而賊以不堪昌寓殺戮爲詞。會廣西帥劉彦適以不勝任召還，昌寓乃改命。熊克小曆云：「詔除昌寓知静江府，候招安畢日行。」而日曆「可轉限三日朝辭起發」，與克所云不同，當考。

神武右軍都統制張俊大閱將士，上聞之，賜俊白金萬兩、錢三萬緡爲激賞之費。

15 癸酉，左承議郎、主管台州崇道觀李易充淮東安撫司參議官，用韓世忠奏也。易辭不赴。六月甲午改知常州。

龍圖閣直學士、知湖州汪藻上所編元符庚辰以來詔旨二百卷，詔送史館。

16 甲戌，尚書祠部員外郎趙霈改行吏部員外郎，直秘閣主管台州崇道觀吕本中爲祠部員外郎。

右奉議郎劉一止守尚書祠部員外郎，主管温州神主。時祠部員外郎兼權太常少卿江端友已卒，故以一止代之。一止嘗爲起居郎，下除郎官，辭不拜，改知袁州。端友無妻子，死於雁蕩山中。

徽猷閣待制、知臨安府梁汝嘉請死事之家無人受恩澤者，許換給度牒。從之。度牒直二百千，承信郎一資易十四道，他視此爲差。

17 乙亥，鼎州團練使、提舉江州太平觀劉錫復捧日天武四廂都指揮使、明州觀察使，權主管殿前司公事。

鎮江建康府淮南東路宣撫使韓世忠乞承買平江府朱勔南園，及請佃陳滿塘官地千二百畝，詔以園地賜世忠。

直秘閣張澄自蜀赴行在，上召對，遂以爲江西轉運副使。熊克小曆書澄陞直徽猷閣在今年四月。按日曆，澄明年正月戊辰自直秘閣、江西轉運副使以隨軍無罣誤進職一等。克實甚誤。

秀、常、湖三州守貳右朝請郎俞俟、龍圖閣直學士汪藻等七人，與糴買官並進秩一等。以和糴數多故也。俟，河南人，嘗爲宣諭官胡蒙所薦，詔俟滿秩赴行在。秀州止有通判錢濬明轉官，未知郡守爲誰，當考。

是日，御史中丞辛炳入對，論用人三弊曰：「分朋黨以立門庭，緣愛憎而有用舍，記小過而掩實行，三者不去而望得人，譬如却行求前，不可得矣。夫才非可一途取也，有忠實威望，可以任股肱心膂之寄者；有剛正詳明，可以爲耳目風憲之官者；有學行深茂，宜在論思獻納之地者；有智謀宏靖，宜居折衝禦侮之任者。或長於專對，或長於刺舉，或長於撫字，儻皆取其所長，略其所短，總核名實，隨材器使，則人才當自不乏，顧豈天下真無人哉？望陛下斷自宸衷，去前三弊，毋牽於朋黨之弊，無溺於愛憎之意，雖嘗有小疵而不害大節，亦且拔拭用之。惟實才是求，惟僉諧是與，或招延於內，或布列於外，使內外大小，罔不得人，則中興之治，似不難致。」疏奏，上嘉納之。

詔草澤鄧名世令閤門引見上殿。名世以四月戊戌入見，庚子補官。名世初以劉大中薦，召赴行在，獻所著春秋四譜、古今姓氏書辨證，詔吏部尚書兼侍講胡松年看詳。松年言其「貫穿羣書，用心刻苦」，由是引對，遂命爲右迪功郎。名世初見去年十月丁亥。

18 丙子，端明殿學士、川陜等路宣撫處置副使王似充資政殿學士、川陜宣撫使，龍圖閣學士、川陜等路宣撫處置副使盧法原充端明殿學士、川陜宣撫副使，落「等路」及「處置」字，並在司治事。

起復檢校少保、鎮西軍節度使、利州路階成鳳州制置使、涇原秦鳳路經略安撫使、知秦州、充陜西諸路都統制兼宣撫處置使司都統制、節制興文龍州吴玠充川陜宣撫副使，免簽書本司公事，專一措置沿邊諸處戰守。秦州觀察使、熙河蘭廓路馬步軍總管、統制熙秦兩路軍馬、專一招撫熙秦關師古充熙河蘭廓路制置使，並日下供職。朝廷未知師古叛亡，故有是命。

19 丁丑，右武大夫、忠州防禦使、同管客省四方館閤門公事楊應誠爲樞密副都承旨。

詔：「今年正月已後，每行續降指揮⑦，令刑部依舊法春秋編類頒降。」用大理少卿元衮請也。自紹興新書既成之後，省部經火，續降指揮不存，詔下湖、温州抄録編類頒降。至是，又申行之。

20 戊寅，監察御史明槖提點兩浙東路刑獄公事，從所請也。

詔：「臨安府失火，延燒官私倉宅及三百間以上，正犯人作情重法輕奏裁。蘆草竹板屋三間比一間，五百間已上取旨。」先是有旨：「失火焚燒數多，取旨依軍法。」刑寺以爲無所執守，乃比附立法焉。其後御史臺又乞估計價錢，量輕重取旨。刑部請延燒直萬緡者比五百間，直五千緡者比三百間⑧。從之。後旨在六月戊子。

21 己卯，閤門祗候、知漣水軍丁禩令再任。

閤門宣贊舍人、添差建康府兵馬鈐轄王才權發遣洪州兵馬鈐轄。

校勘記

① 金左都監宗弼與玠連戰未決 「左」，原作「右」，叢書本同，據卷五二校勘記⑮改。

② 顧飾像設以祈福 「顧」，原作「原」，據叢書本改。

③ 紹興二年秋 「二」，原作「三」，據本書卷五七紹興二年八月癸卯、卷五八紹興二年九月辛酉記事改。

④ 黏罕有親寇蜀之意 「親寇」，原作「犯」，據叢書本改。

⑤ 梁洋之寇未能出境 「寇」，原作「衆」，據叢書本改。

⑥ 陵遣南海尉魏逢使臣董鼒招撫之 「南海」，原誤作「海南」，逕改。

⑦ 每行續降指揮 「每」，原作「海」，據叢書本改。

⑧ 刑部請延燒直萬緡者比五百間直五千緡者比三百間 「五百」、「三百」原互倒，據情理乙正。

建炎以來繫年要録卷七十五

1 紹興四年夏四月庚辰朔，制授吳玠定國軍節度使、川陜宣撫副使。玠因除宣副，遂移鎮加恩。上賜以所御戰袍器甲，且賜親筆曰：「朕恨阻遠，不得拊卿之背也。」玠素不爲威儀，既除宣撫副使，簡易如故，常負手步出，與軍士立語。幕客請曰：「今大敵不遠，安知無刺客？萬一或有意外，則豈不上負朝廷委任之意，下孤軍民之望哉？」玠謝曰：「誠如君言，然玠意不在此。國家不知玠之不肖，使爲宣撫。玠欲不出，恐軍民之間冤抑而無告者，爲門吏所隔，無由自達。玠所以屢出者，防有此耳。」幕客乃服。

直龍圖閣、都大同主管川陜茶馬公事兼宣撫處置司隨軍轉運使、專一總領四川財賦趙開令再任，用王似等奏也。初，張浚既召歸，開亦亟白王似、盧法原求罷。其自辨疏曰：「開既兼宣撫處置使司隨軍轉運使、專一總領四川財賦，竊謂應副軍期，費用不貲，若加斂於民，即民愈不堪。尋措置改修茶鹽酒已壞之法，不惟廣收息錢，兼歲入有常，不誤措準。自建炎三年至紹興二年終，茶鹽酒息增額錢，并賣抵擬絶户田産等錢，共收一千五百三十五萬餘貫，兼隨軍秦州應副過陜西茶馱，及於陜西創行印造銅錢引紐，計川錢八百三十四萬餘貫。此外未嘗剏立名目，科抑民間。所榷茶鹽酒，並係祖宗舊法，置合同場買引，及置官監務，亦係朝廷已嘗行者。其犯人斷罪刑名，未嘗輒有删定，但增添告捕賞錢，意欲犯法者少。惟是營私官吏惡其不便於己，懷異忌疾者共興謗讟，謂改修弊法爲生事擾民。口舌沸騰，必相陷害。況開年垂七十，心力凋耗，若叨冒無耻，重致煩言，豈惟有辱士風，決然上誤國事。」似等察開雅非辭難畏謗讟者，而軍事方急，果不可無開，乃奏言：「川、陝屯駐大軍，費用浩瀚。漕司所入，止充常賦。諸司錢物，見在不多。累年經費，委是趙開悉力措置。茶鹽酒息之類，通計約二千萬貫，資助調度，搜革宿弊，增廣課息，於民無科率騷擾。今來若令本官罷任，緣即目正當邊事之際，財用急闕，全藉趙開措畫應辦，深恐别差官主管，不知首尾，措置乖方，有誤贍養大軍，利害至重。」故有是旨。

賜川陝宣撫司及官吏軍民詔曰：「朕念虜疆陲，覽觀形勢，秦、蜀壤地，實據要衝。自時多虞，則有戎事，憪然西顧，曾靡遑寧。昨者特遣樞臣張浚往宣恩威，任國憂寄。蓋五年於彼，朕有聞焉。肆頒召命，俾還行闕，而師言未已，臺諫交章。考其出使失職之辜，在於常刑，當從遠竄。朕以其所用吴玠等，能禦大敵，累立戰功，許國一心，可膺委任，因是貸浚，止從薄責。庶使玠等，知朕厚於勸功，而略於記罪之意，感悦奮勵，益建良圖。應累年以來，川、陝諸路，其實有勤勞而未逮於賞，濫被刑罰而莫當其罪，才能偏廢而不用，謀猷見抑而不伸，刻興横斂而致於無涯，煩擾斯民而使之失業，赦令所頒之澤不盡推行，朝廷所差之官不獲赴上，凡害民咈衆之事，違吾德意者，仰宣撫司講求咨訪，疾速施置，以稱朕惻怛軫憂之誠。庶幾惠和，亟臻嘉靖。播告有衆，咸使聞知。」

樞密院計議官李蕘充湖南北路幹辦公事，依第二等奉使例。蕘始引參知政事孟庾親嫌求去，俄有是命。

2 辛巳，尚書金部郎中陳桷爲起居舍人。

翰林學士兼侍讀綦崈禮兼史館修撰。

詔兵部申嚴奏功不實之法。時右司員外郎袁正功言：「自軍興以來，陛下不吝推賞，以旌戰多。而所屬上功，類不覈實。有盜賊自去而曰收復州縣，有寇過境上而曰保守無虞。如惠州及東莞縣，皆經殘破，而守令以禦寇推賞，不知何所據而奏乎？州縣且然，况於軍伍？似此奸罔，詎可置而不問！望特降睿旨，今後官司奏功不實，若因朝廷檢察，及臣寮按劾，因事罥罣，其元奏官司，重加黜責，仍將冒賞人特行追改，以懲奸罔之弊。」故有是命。中興聖政：臣留正等曰：「昔魏尚守雲中，坐上功差六級，下之吏，削其爵。李廣出右北平，遇左賢王戰，以功過相當，亡賞。漢家賞功之令嚴矣。戰而勝，吏以法當其賞。戰而不勝，吏以法繩其罪。過足以累其功，而功不足以贖其過。是以當其軍一出塞，人人爭殊死戰者，知敗則必誅也。幕府上功，毋或差一級者，知言不相應，則賞不行也。終漢之世，征伐四夷①無不如志，亦賞典明而將士用命爾。近世則不然，平時竭民力贍戰士，以待一旦緩急之用。卒然邊鄙有警，使之擐甲，必先賞而後遣之。及其既戰，奏功來上，有司不敢問其士馬物故幾何，但問其斬獲首級若干爾。大將偏裨首已定封，部曲行伍紛紛論賞，動以萬計。其間親戚子弟，目不識旌旗，耳不聞鉦鼓，往往第功，常出戰士之右。噫，亦已濫矣！夫有功而不賞，固無以得三軍之力；論賞而不實，亦無以服三軍之心。古者賞一人而千萬人勸，未聞賞千萬人而不足以勸一人也。國家法令具載，有司舉而行之，正在今日。臣是以備論之。」

3 癸未，宗正少卿蘇携爲中書門下省檢正諸房公事，右朝散大夫呂聰問爲宗正少卿。後二日，御史中丞辛炳言：「二人皆名臣之後，携老成，頗知典故，然檢正之任，非精力有餘不能。聰問止曾任通判差遣，祖宗以來，未有不歷内任，直除卿監者。」詔携依舊職，聰問行吏部員外郎。聰問除郎在此月辛卯。聰問，希純子，自蜀中召還，而有是命。

右朝請郎宇文師瑗爲尚書駕部員外郎。

寳文閣直學士、宣撫處置使司參議官劉子羽責授單州團練副使，白州安置。寳文閣學士、宣撫處置使司參議官程唐落職，提舉江州太平觀，本州居住。初，張浚既貶，左諫議大夫唐煇言：「浚所引參贊軍事者，皆安庸小人，而專横之甚。衆所切齒者，唯劉子羽未見施行，臣不得不論。子羽天資僉佞，有以媚浚，故見信任。凡浚過惡，皆子羽助成之，秦、蜀之民恨不食其肉。頃者富平之舉，諸路帥守多以爲未可。子羽弗思敵人詭詐不測，輕聽間探，斷然自以不疑，卒至覆軍，使五路生靈肝腦塗地。全秦之失，子羽之謀也。富平既敗，浚獨罪趙哲爲不用命，洎已斬哲，浚知其失，即出榜盡釋其餘將佐之罪。子羽至鳳翔，不以爲然，後復欲斬慕容洧及其統領。諸將而下，人人恐懼，相率敗亡，子羽所致也。五路既失，浚退歸閬州，令王庶知興元府。措置稍就緒，子羽欲得之，因而譖毁，卒奪其任。陝西叛將聞子羽至，欲必殺之而後已，乃誘金人併力以攻，遂破興元。朝廷差王似、盧法原爲宣撫副使，子羽力請於浚，求爲宣撫判官，陰奪二副使之權，事無大小，子羽專之。浚有已放行者，子羽輒塗抹改易，官吏畏其氣焰，不敢不凛受，浚亦爲其脅持，不復敢誰何。以士大夫所言，子羽之罪，擢髮不足數，未有可與同科者。自降指揮，發來赴行在，乃領鋭卒，以歸建州之崇安縣，蓋其鄉里。及聞浚到，即出迓於信州。今乃稱疾不至，爲人臣偃蹇不恭，侮慢朝廷，有如是者乎？不正明刑，曷慰公議？伏望睿斷，特賜竄殛，少快秦、蜀將帥軍民怨憤之氣。」疏奏，詔子羽落職，提舉江州太平觀。給事中胡交修論：「子羽專主軍議，贊富平之大舉，既斬趙哲，復害曲端，淫刑以逞。其他將士，心不自安，率衆叛去。被旨召歸，徑歸里第，獨至上饒，迎迓張浚，全無人臣之禮。望流竄遐荒，以爲天下臣子之戒。」殿中侍御史常同言：「子羽凶暴殘刻，在浚幕中，最爲横恣。川、陝之人，切齒怨恨，皆欲甘心焉。子羽既知敗事，必得罪於朝廷，乃先遣其婿，梱載順流而下。及被召命，又携高貲，與姬妾先歸，傲慢不恭如此。唐本成都富人，方其欲事童貫，大雪中乞憐於貫之門媪，因得見於庭下。貫與杌子，坐於其側，飲以巵酒，若飼奴僕。然唐不耻也，因獻渾金佛像一堂，得爲成都府路茶馬。唐既出貫門下，遂遣二使臣，創第於貫之宅前，盡蓄珍奇玩好之物，伺貫意旨，即以獻納。貫嘗築一堂，生日落成，唐爲製錦繡帛幕地衣，一倣堂之大小、高下曲折，因爲壽而獻焉。凡所費，悉出官帑。茶馬司侵盜之弊，實自唐始。又其狂妄之性與浚契合，故浚喜之，用爲謀議之官，同惡相濟，遂致誤國。若止落職放罷，恐不足爲小人之戒。欲望特賜貶竄施行。以子羽比唐，其罪尤重。陛下不欲誅戮，亦乞流竄海島，以示國威。」時唐以浚便宜之命知瀘州。前三日，詔唐赴行在，令宣撫司遣官權管職事。至是，皆貶。徽猷閣待制、提舉江州太平觀邵溥充瀘南沿邊安撫使，知瀘州。

4 甲申，武德大夫、康州刺史潘堯卿等五人各進官一等，以吴國長公主入見推恩也。

尚書都官員外郎魏良臣請副尉之在籍者，並不許改名，以防詭冒。從之。

5 乙酉，江西制置使岳飛奏川、陝戰捷事。飛奏中頗有輕敵之意，上謂朱勝非曰：「用兵當持重，宜深戒飛。」

先是，勝非居母喪，既祥，引疾在告。上賜親札，略曰：「今乃何時，而卿謁告？使朕憂思廟堂之政，蓋非特岳、鄂、襄、鄧之間，緩急不測，機務隨即應辦，豈容留滯？是宜來早扶疾之朝，兼朕別有所欲道者，非可托於毫楮也。」勝非惶恐入見。御札據勝非行述附入。按勝非母小祥在四月二日，而日曆四月一日至五日並無聖語及勝非所奏事，至此日始有之，故且附本日。

左諫議大夫唐煇言：「明堂大禮，恐有司尚循承平故事，名物失於太縟，伏望務崇簡儉。」輔臣進呈，上曰：「當此多事，固非制禮作樂之時。然祭天之禮，不可有缺。」乃命禮官條具裁省焉。日曆止作臣僚上言。按六月丙寅，唐煇奏逍遥子事云：「臣昨嘗具奏，面奉聖訓，謂當崇簡儉云云。」則此奏即煇所云也。

右修職郎、商號鎮撫司幹辦公事李邦孚特改右承事郎，右文林郎、虢州録事參軍党尚友特循一資，皆用鎮撫使董先奏也。先嘗以便宜，假邦孚直秘閣，又奏尚友因赴行在，母妻子女悉陷僞齊，乞改合入官。故有是命。

6 丙戌，詔閤門、四方館、客省並依祖宗舊制，不隸臺察。先是，御史常同有請，至是，閤門言故事隸中書省，乃改命焉。

大理少卿張杓請：「自今朝廷降指揮，應特旨處死，情法兩不相當，許本寺奏審。」從之。去冬，都督府獲奸細董寶以聞，下寺覈治，無他情狀。杓用按問，徒三年。詔從軍法。杓欲奏讞，而以法寺未有執奏條例，弗敢言。至是，乃上此奏。

是日，吴玠與敵戰，敗之，遂復鳳、秦、隴州。

7 丁亥，詔衢州布衣江衮召赴都堂審察。衮少登貢籍，元祐中嘗游太學，樂道自守，不干州縣。方臘、倪從慶之亂，衮結集社甲，士人率服，一鄉賴之。守臣謝克家言其才行於朝，故召。既而引對，遂命爲右迪功郎。衮六月庚寅補官。

8 戊子，神武左副軍統制李横以襄陽失守，於國門待罪。詔放罪。横與蔡唐州信陽軍鎮撫使牛皐、商虢陜州鎮撫使董先自南昌隨趙鼎赴行在。詔以其軍萬五千人屬神武右軍都統制張俊。尋以錢萬五千緡、絹萬疋賜之。上念横等遠歸，各賜白金千兩。皐見上，因陳僞齊必滅之理，中原可復之計，乃命皐復往江州，聽岳飛節制。李横等賜銀在五月甲寅，賜絹在五月乙丑。

9 己丑，詔免澧州經制上供等錢，至來年終。以本州言累經傷殘，未有賦入，援鼎州例有請也。

10 庚寅，左奉議郎兩浙東路提點刑獄公事周綱、太常博士姜師仲並爲監察御史②。綱，宣和間嘗爲言事御史，至是復用之。綱言：「臣在宣和間，嘗備臺屬，爲察官者二年，擢言官者七月。是時可察可言之事不爲少矣，而臣無毫髮補於朝廷。直至三年之久，方乞補外。今若復叨冒，豈無愧於心顔？兼臣昨來改官，係出特旨，尚慮在討論之列，豈宜居糾正之司？乞改差一宫觀，以安愚分。」疏再上，不許，乃就職。

秘書丞環中兼史館檢討。

置孳生牧馬監於臨安府，以翊衛大夫、成州防禦使、神武右軍統領忠勇軍馬、提點製造御前軍器所楊忠憫兼提點官。日曆忠憫無前銜。又於五月十九日再書：楊忠憫差充提點孳生牧馬監。按日曆，今年四月二十七日，忠憫乞製造七等色紋，已繫新銜，疑重疊差誤。當考。

11 辛卯，大理寺丞韓仲通言：「近泗州申請，獲僞齊奸細依化外奸細推賞。今西北士民流寓者衆，恐遠方凶悍之徒貪求厚賞，妄殺良善，爲害滋大。乞應知有奸細，並告官收捕。若擅行收捕，致殺傷者，爲首人坐以故殺傷之罪。庶免前日殺害無辜之弊。」詔刑部勘當申省。仲通，襲縣人也。

12 癸巳，起居舍人陳桷與太常少卿王居正兩易，以桷自言與宰相朱勝非同婿鄧氏，雖遠屬，不能無嫌也。

13 甲午，罷廣西茶鹽司，其職事令轉運司主管。內增添鹽錢，令提刑司拘收，起赴行在。其後復以廣東提舉官兼之。

徽猷閣直學士、知揚州湯東野落職，提舉台州崇道觀。坐在職日久，治狀無聞，不能撫綏，一方受弊故也。

持服人朱孝先起復左中奉大夫、直秘閣，知揚州。

14 乙未，右中奉大夫、直顯謨閣、江西轉運副使曾紆貶秩一等。初，命紆以錢米六萬貫石餉江西制置使岳飛軍，爲三月之費。至是，飛言：「芻粟皆竭，綱運未到，深恐有誤事機。」故責之。

左朝請郎万俟卨爲湖北轉運判官。

直秘閣王圭知泰州。

15 丙申，詔：「陝西路科舉手詔，令川陝宣撫司給付。」初，吏部遣使臣持詔往陝西路，而所遣者憚行，乃付大理獄，更遣他使。其母訟於御史臺，言者以爲陝西隔絶不通，士人逃生不暇，豈復更有士子應舉？乃命傳送焉。

16 丁酉，尚書工部員外郎謝伋爲祠部員外郎，兼權太常少卿，提點太廟景靈宮奉迎所。

起復左朝奉郎范同行秘書丞。

左諫議大夫唐煇言：「今中原未復，邊鄙未寧，盜賊未戢，財用窘匱。陛下憂勤焦勞，未知攸濟，所以責任二三大臣，固亦可知。然臣竊聞都堂窮日之力，頗困於簿牒之煩，反不得專意於恢復之大計，可謂敝精神於蹇淺，失緩急先後之序，雖勞何補？蓋緣循襲既久，有司不肯任責，必申三省，三省復不予決，有甚瑣細者，亦必浼聖聽。以此文書猥多，行遣不辦，事又終不免留滯。伏望特降指揮，倣唐故事，唯大事應奏者，乃關僕射。天下庶務，分總六部，各令長貳專決，其不可專決者，許申朝廷。其非大事，亦只令參知政事予決行下。」先是，左司員外郎兼權起居郎虞澐嘗言：「國家承平日久，法令詳密，過於文勝。今朝廷之上，雖至纖至微之事，無不取決。望明詔輔臣，罷無益之虛文，省不急之細務，庶幾朝廷清簡，得一意於恢復中興之大略。」詔三省、樞密院講究減省細務。至是，煇復以爲言，遂命三省措置焉。

入內東頭供奉官、直睿思殿鄭弼貶秩二等。弼自閬州從張浚歸，過常山，其從者擊傷篙師，爲縣令汪禹錫所縛。弼往請之，辱縣令。令言於御史臺，詔守臣謝克家究實，而有是命。

詔前宰執舉選人充京官狀，聽理爲職司。以權吏部侍郎劉岑言「選人有任祠廟差遣之人，別無監司薦舉」故也。未幾，本部勘當不行。五年十月壬寅衝改。

初，趙鼎之爲江西制置大使也，制置使岳飛行移用申狀。至是，徽猷閣直學士胡世將爲制置使，飛審於朝，尚書省言：「世將無許節制指揮。」乃詔用公牒。

17 戊戌，集英殿修撰、提舉江州太平觀王衣權尚書刑部侍郎，疾速赴行在。既而言者論：「衣專懷躁進，前爲侍郎，出入刑名。」命遂寢。寢命在四月丁未。

持服前左朝散郎、充秘閣修撰程千秋起復知岳州。時湖賊未平，朝廷求可守岳陽者。會千秋方持母喪，乃有是命。

18 庚子，詔江東宣撫使劉光世遣兵巡邊。初，襄陽既爲僞齊將李成所據，川、陜路絶，湖、湘之民，亦不奠居。一日，宰執奏事，朱勝非言：「襄陽上流，襟帶吳、蜀，我若得之，則進可以蹙賊，退可以保境。今陷於寇，所當先取。」上曰：「今便可議，就委岳飛如何？」參知政事趙鼎曰：「知上流利害，無如飛者。」簽書樞密院事徐俯獨以爲不然，上不聽。鼎因奏：「令淮東宣撫使韓世忠以萬人屯泗上爲疑兵，令光世選精兵出陳、蔡，庶幾兵勢相接。」勝非乞遣中使持劄子付光世，庶恭禀無留滯。上曰：「内侍至軍中，多買馬市方物，不欲遣，止欲急置可也。」會光世乞奏事，鼎曰：「方議出師，而大將遠離本軍，非便。」俯欲許之，鼎力争以爲不可。言者以鼎爲是，俯乃求去。上許之。

右奉議郎、幹辦行在諸司審計司方庭實充御史臺檢法官。庭實，莆田人，中丞辛炳所辟也。

右承務郎陳正同添差通判婺州。正同初自添差簽書保寧軍節度判官廳公事除樞密院計議官，既而召見，命爲尚書郎。諫官唐煇言其資淺，乃有是命。

尚書刑部員外郎錢圻主管台州崇道觀，從所請也。圻與陳正同皆以徐俯薦爲郎，其被論及求去，恐與俯相關。

左中大夫王安中卒。詔特復左大中大夫。推致仕遺表恩也。辛丑，左諫議大夫唐煇言：「安中進不以道。燕山之役，居廟堂則贊其謀，命宣撫則請以行，守燕山則爲之帥。敵情已變，人皆寒心，而安中曾無一言，方以嘉禾爲瑞，養成禍階，至今未已。生不就戮，没猶冒寵，何以慰天下公議？」安中命遂格。

左朝奉大夫、廣東轉運判官章傑代還，繕寫本路所藏祖宗以來條令及續降指揮爲一千十八卷來上。詔敕令所看詳，申尚書省。後令事干六曹者，分送逐部。後旨在五月丁巳。傑又請：「帥臣子弟任書寫機宜文字，除事干機密合書寫外，其餘文字並不得簽書。仍令帥臣監司守貳隨行子弟親屬，毋得接見所部官屬。」從之，著爲令。立法在五月癸丑。遂以傑行尚書工部員外郎。傑除郎在是月甲辰。

保静州蠻人彭儒武等復詣辰州，請獻方物。詔免赴闕，令本州受其貢，仍優答之。

利州觀察使、河南汝鄭州鎮撫使翟琮充江南東路兵馬鈐轄，宣州駐劄。琮自南昌與所部百餘人入朝，上聞其貧，賚以銀帛百匹兩。後四日，乃有是命。

19 壬寅，左中大夫蔡楙卒於德慶府。詔特推遺表恩。言者論：「楙誣謗宣仁聖烈皇后，罪在不赦，豈容其子尚叨賞典？」上爲寢其命。懋特與遺表恩澤在六月甲申。是月辛丑，詔已降旨更不施行。今併書之。

進士李穀補右迪功郎③。穀在襄陽鎮撫使李横軍中，書寫機宜文字踰年，以横有請也。

20 癸卯，吏部員外郎趙霈言：「輦轂之下，彈壓是先。惟昔天府法令特嚴，若彊盜不得財而配千里，竊盜滿一貫而徒一年之類是也。比來行朝盜賊尚多，乞行下三省，參酌開封府舊法，遇有盜犯之人，乞不以常法斷罪，庶幾盜賊畏戢，人獲安堵。」時已詔城内外强盜依開封府法斷罪。事下刑部勘當，如所請。刑部勘當在五月壬申，今併書之。

左諫議大夫唐煇言：「伏見川陝宣撫司捷奏再至，謂敵寇驅逐盡去④。臣竊思金人之來，擁衆十餘萬，是欲必得四川。然則方遣使議和，而進兵攻取，此其素謀久矣。李成之在襄陽，蓋與川、陝之師相表裏。今不得志於川、陝，必與李成合兵，或犯荆南，或窺淮甸。臣料賊必不肯一戰遂已。今聞聖旨札與沿江諸帥臣，恐諸帥意其敗北，不能復振，因易其事。伏望申敕諸帥，整軍旅，遠斥堠，備禦加嚴，則爲盡善。廟堂於上流及淮甸，宜講求所以戰守之策，尤不可緩。」乃命三省、樞密院講求戰守之策，仍札與沿江諸帥，嚴加備禦。

21 甲辰，右承議郎、直秘閣、知楚州、主管沿淮安撫司公事楊揆貶秩二等。揆遣承信郎范武之東京詗事，既還，未及奏，而武先至行在，漏言於人，故貶。

22 丙午，端明殿學士、簽書樞密院事徐俯依舊職提舉臨安府洞霄宫，免謝辭。俯既登宥密，頗驕傲自滿。朱勝非、趙鼎同在二府，俯蔑視之。每除一登第者，則曰：「又一經義之士。」嘗與鼎論兵，視鼎曰：「公何足以知此？」鼎曰：「鼎不足以知之，豈若師川之讀父書耶？」俯大不堪，而無以酬之。卒不安位而去。

修武郎、閤門祗候、知泗州徐宗誠添差婺州兵馬鈐轄。先是，僞齊宿遷令張澤帥其邑民二千餘人自拔來歸，宗誠納之。宣撫使韓世忠奏至，徐俯欲斬澤首送劉豫，趙鼎力争，遂令世忠婉辭約回澤等，仍械宗誠赴行在。鼎復奏：「若恐妨和議，乞令宰執以書諭世忠密受之，却報僞境，謂北界人來，以朝廷約束不敢受，遂恃衆作過，已遣兵逐散。是亦兵家一術也。」殿中侍御史常同言：「敵雖議和，而兩界人交歸，未嘗有禁。僞齊明置歸受館，厚立賞以招吾人，既遣李成侵襄、鄧、郢州，又遣重兵歸川口。今乃却澤，人心自此離矣。況宗誠起土豪，不用縣官財賦，募兵而自養之，爲國障捍。今因受澤而械之，以沮士氣，非策也。」會俯去位，乃釋宗誠罪。久之，命澤以官，且給閑田，處其衆於淮西。澤命官在十二月壬午。

尚書祠部員外郎呂本中依舊直秘閣，主管台州崇道觀。以本中引疾有請也。本中還職在五月癸丑，今併書之。

起居舍人王居正言：「臣聞殺人者死，百王不易之法。先王非不知死者已不可復生矣，而殺人者又必死，蓋以謂殺人而不死，則人殆無遺類矣。此先王之深仁厚澤，萬世而不匱者也。臣伏見主毆佃客致死，在嘉祐法，奏聽敕裁，取赦原情，初無減等之例。至元豐，始減一等配鄰州，而殺人者不復死矣。及紹興，又減一等，止配本城，并其同居被毆至死，亦用此法。僥倖之塗既開，鬻獄之弊滋甚。由此人命寖輕，富人敢於專殺。死者有知，沉冤何所赴愬？伏望陛下深軫至懷，監古成憲，斷自淵衷，俾從舊制。用廣祖宗好生之德，成陛下全活之恩。」詔刑部看詳申尚書省。後不行。

召龍圖閣直學士知廬州陳規、直秘閣知德安府韓之美赴行在。命淮西提點刑獄公事李健權廬州，仍令江西制置使岳飛選官權德安府。規引疾不置，乃以規提舉江州太平觀便居。規得祠在七月乙丑。

23 丁未，以忠鋭第一將隸神武前軍。初，崔增從荆南制置使王𤫉討楊么，遇賊死。𤫉因請其軍自隸，許之。

進士潘濤特補右迪功郎。濤，南昌人，高祖慎修，爲翰林侍讀學士。祖興嗣，自五歲得官，高蹈不起。韓琦、趙抃、張瓌、唐介交薦於朝，用爲筠州軍事推官，辭不就。年八十餘乃卒。曾鞏、張商英言其賢，録濤兄淳爲星子尉。蔡京用事，以淳與陳瓘親厚，又奪之。淳既死，趙鼎帥江西，乞還所奪一官，以爲廉退自守之勸。故有是命。

24 戊申，罷婺州市御爐炭，令户部講究，更有似此之類，並行禁止。時兩浙轉運司檄婺州市炭，須胡桃文、鵓鴿色。會守臣王居正入爲起居舍人，面奏：「臣頃承漕司牒，開讀至此，羣吏以目。俄頃之間，道路籍籍。有司過舉，上累盛德，下擾百姓。臣以更不施行而聞之傍郡，蓋有不勝其擾者。乞明詔州縣，如有似此之類，許之執奏。」上曰：「朕平居衣服飲食，猶且未嘗問其美惡，隆冬附火，只取温煖，豈問炭之紋色也？」及是，輔臣進呈。上蹙然曰：「當艱難之時，豈宜以此擾人？可令速罷。」故有是旨。

詔吏部四選，廣南窠闕，出榜一季，無人願就者，申朝廷破格差注；又一月無人願就，並送本路轉運司。時言者論「昨吏部闕少，權借廣南差遣。今未注之闕二百六十餘，而流寓及廣南士人欲赴漕司，則無闕可得，理宜措置」故也。

是月，閤門宣贊舍人、知壽春府羅興殺朝散郎、通判府事侍其鏸，叛降僞齊。淮西安撫使陳規即遣使臣孫暉、廬州録事參軍王彦融往攝其事。暉，霍丘人也。侍其鏸淳熙二年贈官推恩。

校勘記

① 征伐四夷　「夷」，原作「裔」，據叢書本改。

② 太常博士姜師仲並爲監察御史　「仲」，原作「中」，叢書本同。按本書卷八〇、八九、九一、一四九皆作「仲」，故據改。

③ 進士李轂補右迪功郎　「轂」，叢書本作「穀」。「右」，原作「正」，叢書本同，據文意逕改。

④ 謂敵寇驅逐盡去　「寇」，原作「人」，據叢書本改。

建炎以來繫年要録卷七十六

1 紹興四年五月庚戌朔，徽猷閣待制、知温州趙思誠試中書舍人。

鎮南軍承宣使、江南西路舒蘄州制置使岳飛兼黄復州漢陽軍德安府制置使，以飛出師也。

集英殿修撰仇悆知廬州。

江東淮西宣撫使劉光世言：「閤門宣贊舍人、知濠州寇宏申，備職邊吏，欲遣老母將妻子詣江外安頓。宏願以身效死疆場。」詔：「宏宣力日久，今來所陳，備見忠義。朕推赤心待人，並無疑間，宜安職守，勿復有請。」宏起於諸盜，會羅興叛去，宏懼爲朝廷所疑，故有是請焉。

2 辛亥，直龍圖閣、知建康府吕祉乞存舊行宫以爲便殿，許之。建炎末，上幸建康，即以府治爲行宫。至是有旨，撤其材以營新府。祉奏：「今行宫在子城之西，偏側不正。朝廷若欲别造行宫，謂宜當子城之中，營建正殿，令與宫門相直。其見存屋宇，昨來營造，費用朝廷錢物不少。一旦拆除，前功盡廢，殊爲可惜。」故有是旨。

御史中丞辛炳言：「竊見祖宗朝宰相、執政員數稍多，每有所施設，必都堂聚議，參訂可否而行之。故仁宗皇帝時，雖有西夏元昊之叛，而宴然若無事者，以韓琦、范仲淹輩同心協濟也。臣得諸搢紳之間，咸謂頃者駐蹕會稽，猶聞大臣每日會議至三至四。自呂頤浩再相，專權自私，會食外，往往各於閣子押文字。雖軍旅之事，差除之屬，亦有不同相關決者。顧同列間情猶不通，況君臣之際乎？陛下遭時多艱，四方未靖，一日二日萬幾，盡以付之二三大臣，間有横議害政者，不旋踵而遂去之，政欲廟堂之上，同寅協恭，可否相濟，以贊中興之業也。願詔大臣，上體宵旰之意，每一號令之出，一政事之施，人材之進退，賞罰之勸懲，凡有涉於利害者，必商確參訂，審得其當，然後言於陛下而行之。盡復昔時會議故事，以踵前古都俞之風。僉論既諧，宜無乖繆，則鄭國之鮮有敗事，何足多尚？茲事體大，惟陛下留意。」壬子，詔札與三省、樞密院。

川陝宣撫司奏敵自鳳翔退走。詔札與沿江諸帥、神武諸軍，仍出榜曉諭。

3 癸丑，左朝奉大夫范沖守宗正少卿兼直史館。前一日，執政進呈，上諭朱勝非等曰：「神宗、哲宗兩朝史録，事多失實，非所以傳信後世，當重別刊定。著唐鑑范祖禹有子名沖者，已有召命，可促來，令兼史事。」勝非曰：「神宗史緣添入王安石日録，哲宗史經蔡京、蔡卞之手，議論多不公。今蒙聖諭，命官刪修，足以昭彰二帝盛美，天下幸甚。」先是，參知政事趙鼎贊上尤力，故以命沖。鼎奏：「沖乃臣姻家，雖沖召命在臣未到行在以前，及今來除授並出聖意，竊慮士大夫不能詳知，謂臣援引親黨，乞罷沖除命。」上不許。會新除宗正卿蘇携丐免，乃復以携直龍圖閣、主管臨安府洞霄宮。鼎奏在是月乙卯，携得祠在丁巳。

起居舍人王居正言：「伏見兩浙州縣有喫菜事魔之俗，方臘以前，法禁尚寬，而事魔之俗猶未至於甚熾；方臘之後，法禁愈嚴，而事魔之俗愈不可勝禁。州縣之吏，平居坐視，一切不問則已，間有貪功或畏事者，稍蹤迹之，則一方之地流血積屍，至於廬舍積聚、山林雞犬之屬，焚燒殺戮，靡有孑遺。自方臘之平，至今十餘年間，不幸而死者，不知幾千萬人矣。仰惟仁聖在上，視民如傷，而民愚無知，蹈禍至死。竊意陛下所宜惻然動心，而思欲究其所以然之説也。臣聞事魔者，每鄉或村有一二桀黠，謂之魔頭，盡録其鄉村之人姓氏名字，相與訂盟，爲事魔之黨。凡事魔者不肉食，而一家有事，同黨之人皆出力以相賑恤。蓋不肉食則費省，故易足；同黨則相親，相親故相恤，而事易濟。臣以謂此先王導其民使相親相友相助之意，而甘淡薄，務節儉，有古淳樸之風。今民之師帥既不能以是爲政，乃爲魔頭者竊取以瞽惑其黨，使皆歸德於魔，於是從而附益之以邪僻害教之説。民愚無知，謂吾從魔之言，事魔之道，而食易足，事易濟也，故以魔頭之説爲皆可信，而争趨歸之。此所以法禁愈嚴，而愈不可勝禁。臣愚伏望陛下，念民迷之日久，下哀矜之詔書，使人曉然，知以謂不肉食則費省，故易足；同黨則相親，相親故相恤，而事易濟。此自然之理，非魔之力。而至於邪僻害教，如不祭其先之類，則事魔之罪也。部責監司，郡縣責守令，宣明詔旨，許以自新。又擇平昔言行爲鄉曲所信者，家至而户曉之。其間有能至誠用心，率衆歸善，優加激賞，以勵其徒。庶幾舊染之俗，聞風丕變，子子孫孫，咸被聖澤，實一方生靈赤子之幸。」詔諸路帥、憲司措置，毋得騷擾生事。

是日，邵武軍卒蕭吉等謀縱火作亂，爲其徒黄嵩所告，同巡檢、保義郎管遺直捕斬之。後以嵩爲保義郎，遺直遷一官。嵩十二月丙申補官。

4 甲寅，詔淮南帥臣兼營田使，知、通、縣令銜内兼帶營田二字；州推、判官、縣簿、尉勿並置；省路分都監、巡檢、監押、監當等員。時言者謂：「方今國家大勢，以東南爲重。自江以北，皆吾屏蔽，不可謂殘破之地遂忽之。今淮南官吏設員太冗，供給之須，必取於民，侵漁騷擾，爲害不細。兼所在皆有戍兵，別無捍禦。自可令爲屯田，既未起税，百姓來歸，正當勸督耕墾，在守令加意而已。」於是大省冗官，且令監司、守臣條畫屯田利便，限一月聞奏焉。

詔都進奏院依祖宗法隸給事中。初，大觀間有旨，進奏官供報稽遲失錯，並具情犯申牒提轄官，相度輕重施行。二年八月。建炎末，又申明之。四年十月二十日。其後吏部請誤報稟闕等，從本部徑送所屬。紹興三年四月十八日。後省以爲言，乃復舊制。九月十七日。至是，權吏部侍郎劉岑復請徑送所屬，後省執奏不行，故有是命。

是日，江西制置使岳飛復郢州。初，飛既出師，詔淮西宣撫使劉光世發精兵萬餘人援之。飛率統制官王萬等，自鄂渚趨襄陽。右僕射朱勝非許飛訖事建節，且命户部員外郎沈昭遠往總軍餉。參知政事趙鼎請上親筆詔監司、帥守，餉飛軍無闕，庶幾必濟。飛將發，命軍士毋得踐民禾稼，皆秋毫不敢犯。至郢州，諭僞守荆超令降，超不從，有僞知長壽縣劉某者，登城發言不順。飛怒令軍士曰：「城即破，必生致之。」城陷，超投崖而死，獲劉某磔之。遂引兵攻襄陽，軍聲大振。熊克小曆、徐夢莘北盟會編稱命司農少卿沈昭遠總其糧餉，皆承誤也。昭遠此時實以郎總餉。此月乙亥方有旨，復置司農、太府二少卿，克等不詳考耳。

5 乙卯，詔：「荆、浙、江、湖通接邊報州軍①，並置撥鋪，每二十里爲一鋪，增遞卒至五人，日增給食錢，月一更替。文書稽違，如傳送金字牌法抵罪，提舉官常切點檢。」

翊衛大夫、忠州觀察使、神武左副軍統制李横爲神武右軍選鋒統領，用都統制張俊請也。

6 丙辰，起復左朝奉郎、秘書丞范同爲尚書祠部員外郎。

起復左中奉大夫直秘閣知揚州宋孝先、左朝散大夫直秘閣知静江府劉彦適各貶秩二等。先是，上命檢正官具宣諭五使檢察諸路事件最多去處，虞澐時以刑部員外郎權檢正，言明槖在廣西，削三十六事，檢察稽違詔令一百四十事，平反刑獄二十五事。孝先提點本路刑獄，彦適爲轉運副使，坐失按所部吏，故責及焉。日曆此日不書彦適降官，今以十月二十一日刑部檢舉狀增入。

詔僞造三省、樞密院印者，雖奏裁，並依本法處斬，更不原貸，令所在榜諭。

7 丁巳，翰林學士兼史館修撰綦崈禮言：「檢會知湖州汪藻得旨，編類元符庚辰至建炎己酉三十年事迹，本所見已開局，自建炎元年五月一日以後纂修日曆，竊恐更不須在外別行編類。乞下藻，將搜訪到建炎以後文字，赴本所照使。」從之。自天聖以後，史官遷徙不常。中經渡江，朝廷文書悉行委棄。藻奉詔訪求甚備，未及修纂。至是，崈禮取而專之。俄崈禮罷去，後十餘歲，日曆始克成書，首尾不全，前後舛錯，不可勝數矣。

川陝宣撫司王似等言：「川、陝監司、帥臣闕官，或去替不遠，乞從本司一面選差主管職事訖奏，應轉運司、知、通窠闕及簽判、知縣，亦乞權許本司選官奏差。庶幾事宜之際，得人倚辦。」詔：「如差待闕帥臣、監司，前期每闕具三兩名聽旨除授；即非次見闕，不可待報，許一面擬差訖奏。其餘堂除及安撫、茶馬等司辟闕，依已得旨，一面選差；元係逐路運司窠闕，即令轉運司依舊法施行。」自張浚召歸，朝廷以寒士久不得禄②，故條約之。

中衛大夫、濟州防禦使孟涓知泗州，武功大夫、和州防禦使樊序知楚州、主管沿淮安撫司公事，拱衛大夫、岷州團練使許大同知漣水軍。先是，知泗州徐宗誠既罷去，而淮東宣撫使韓世忠言：「楚、泗、漣水軍、招信縣、洪澤鎮五處，皆係沿淮邊面，與齊地接界，水陸四衝，要害去處。自來官屬，皆未得人，所以前後斥堠不明，探報誣罔，大失倚賴。」乃召直秘閣知楚州楊揆、閤門祗候知漣水軍丁禩還朝，而命涓等焉。翊日，遂以中衛大夫、和州防禦使、淮東宣撫司前軍統領張順充淮東兵馬都監、洪澤鎮把隘，左武大夫、温州團練使、宣撫司選鋒第三副將兼水軍統領祁立充楚州兵馬鈐轄、招信縣把隘。皆用世忠奏也。日曆書此事，但云樞密院勘會，而末云「今欲差某人」云云，有旨並特依所乞。則是宣撫司奏也。今修潤附入。既而金、僞入寇③，涓等率望風逃遁，卒不能保其境焉。

尚書考功員外郎孔端朝言：「建立政事，既有其實，感悟人心，必假於言。今陛下留神治道，刻意恢復，聽覽至勤，奉養至約，行宫不逾牧守之居，射殿止用茅茨之制，聲色無所親幸，訐直每加優容。臣叨備朝列，耳目所接，乃幸知此數端，則既有此美實矣，而播告之言，或未有以發之。四方萬里之遠，何自而知哉？臣愚無識，謂宜用陸贄所言，凡制誥號令，因事見辭，以謙抑爲先，必自引咎，收拾人心；且具言陛下食不重味，居不求安，思雪大耻，圖復故疆之意，而侈大夸矜之詞，無所雜於其間。人非木石，誰不知感？誠如是，雖夷狄之彊④，猶將憚而屏迹。彼盜賊叛逆，本皆吾民，其有不歸命者乎？」疏奏，詔下示内外制詞臣。

8 戊午，翰林學士綦崈禮、試尚書禮部侍郎兼權直學士院陳與義、中書舍人張綱皆上疏待罪，詔令供職。靖康初，端朝爲太學正，寇至而遁⑤，坐停官。崈禮力爲薦延，召對改秩，遂除省郎。至是，首以詞臣失職爲言，蓋指崈禮也。議者薄之。此以紹興七年十二月戊寅李誼劾疏修入。

詔：「監司、郡守常切譏察贓吏犯法、巡尉失職，並仰劾奏。如失覺察，取旨重行。」時禮部員外郎兼秘書省著作佐郎郭孝友言：「今東南州縣無水旱之災、夷狄之禍⑥，而居無尺椽、爨無盛煙者，贓吏害之，盜賊擾之耳。郡縣有贓吏，乃煩朝廷遣使以黜陟之，是按察之官不稱職也；鄉邑有盜賊，乃煩朝廷命將以招捉之，是討捕之官不勝任也。願陛下申命有司，禁貪墨於未發之前，消奸宄於未形之際。監司、郡守不覺察，當免；巡尉、將校不斬捕，以重論。如此則贓吏革心，盜賊破膽，民安而物阜矣。」故有是旨。

9 庚申，詔日曆所速行條具重修哲宗實録事件聞奏。時已命官更修兩朝史，而言者以爲：「祖宗以來，法度具備，海内乂安。自熙寧中王安石爲相，盡取而變更之。當時有識之士，如韓琦、富弼、曾公亮、歐陽修、司馬光、吕公著、范鎮等皆争議於朝，相繼黜逐。及哲宗即位，宣仁聖烈皇后垂簾，嘗諭大臣曰：『先帝所立之法，民間不以爲便者，狥至公改之。』又曰：『餘可守者，不宜輕易廢改。』又曰：『先帝追悔往事，至於泣下，皇帝宜知之。』然則元祐之政，乃是順人情、合公道、復祖宗之舊，成神宗之志也。其後章惇、蔡京、蔡卞之徒，積怨造謗，痛加誣詆，指白爲黑，變是爲非，邪正善惡，顛倒交錯，馴致危亂。在紹聖時，則取王安石日録，用私書改修神宗實録；在崇寧後，則焚毁時政記、日曆，以私意修定哲宗實録。其間所奏事端，悉出一時奸人之論，不可信於後也。然神宗實録，其間猶有朱墨元本，他日尚可考訂是非。至於哲宗朝事迹，載在時政記、日曆者，皆爲蔡京取旨焚毁滅跡。紹興元年，有進士黄縱者，嘗繳進其父籍没京家所藏之餘，又皆殘闕不全，若非及此之時，尚有故家善類、父祖傳習之書，師友聞見之論，使之刊正，則雖今之搢紳，習觀誣謗之史，猶有信以爲然者，況可使無惑於後世乎？恭惟宣仁聖烈皇后，以三朝母儀之尊，抱孫臨朝，保佑之德，豈容異辭？而蔡確貪天之功以爲己力，厚誣聖后，收恩私門，羣邪協謀，公肆謗毁。忠臣義士，疾首痛心，莫之能救。奸人敗露，公道乃明，靖康中，追貶蔡確，其後竄逐蔡懋，蓋爲此也。陛下即位之初，首下詔曰：『宣仁聖烈皇后有安社稷大功，奸臣懷私，誣蔑聖德，著在國史，以欺後世。可令國史院摭實刊修，播告天下。』屬以車駕南幸，圖籍散亡，史官廢闕，未暇舉行。近雖再降指揮，令史官看詳重修，尚恐論者以謂朝廷方修武備，指此爲不急之務，又復悠悠，則一代信史，無期可成。數年之後，故家凋零，耆舊老死，傳聞訛謬，載記失真，益難取信矣。欲望睿慈，特降詔旨，明示聖意。選擇史官，責以歲月，先令刊修哲宗實録，候成書，然後取神宗實録朱墨元本，考證是非，修定施行。」從之。

詔故簽書樞密院事王淵歿於王事，更特官其家二人。淵之死也，已用使相例，官子孫八人，又以其子幼，録其女之夫修武郎焦潔爲閤門祗候。至是，其家有請不已，上特予之。潔，陝西人，父安節，嘗爲隴右都護。潔除閤職在四月甲辰。

10 辛酉，淮東宣撫使韓世忠奏本軍統兵官武功大夫、貴州刺史劉光弼乞陞差。上謂輔臣曰：「光弼必光世之家，兹事未便，恐光世疑也。」世忠與光世交惡不已，至是，世忠自揚州入朝。殿中侍御史常同言：「二臣蒙陛下厚恩，不思協心報國，一旦有急，其肯相援？望分是非，正典刑，以振紀綱。」上以章示二人。他日，帶御器械劉光烈召帶御器械韓世良食，世良峻拒之。世忠見上，因及其事。上曰：「世良等内諸司耳，設有不和，罷其一可也。至如大將，國家利害所係。漢賈復、寇恂以私憤幾欲交兵，光武一言分之，即結友而去。卿與光世不睦，議者皆謂朝廷失駕馭之術，朕甚愧之。」世忠頓首請罪，曰：「敢不奉詔。他日見光世，當負荊以謝。」上以其語諭輔臣，然二人卒不解。於是光弼更領夔州路兵馬都監，兼知黔州，仍舊從軍。熊克小曆：「世忠乞差劉光弼充本軍統兵官。」蓋依日曆所書也。日曆：「五月十四日癸亥，樞密院劄子：已降宣命，改差下項人充逐路兵馬副都監，依舊韓世忠下使喚，候事寧日，申取樞密院指揮，前去之任。」數内，劉光弼夔州路兵馬都監兼知黔州，替王宗道成資，滿闕，與王勝、呼延通等並命。則是光弼元在世忠軍中也。恐時政記微有差誤，今略删潤，令不牴牾，更須詳考也。

檢校少保、光山軍節度使、同知大宗正事士㒟，自吉州率宗室還居紹興，至是入對。士㒟言：「昨自陛下立極之初，首論大臣誤國，蒙恩寬貸，差知南外宗正事。臣既離維揚，不旋踵有渡江之役，後來被旨召還，又自虔、洪度嶺，首尾五年，衰病日增。乞罷宗正司職事，除一在外宫觀。」詔不許。士㒟又言：「靖康末，蒙太母密旨，遣臣管押張邦昌齎圭寶詣南京。其一行官吏，並已推恩，獨臣未霑恩霈。」乃詔其子秉義郎不議換文秩，忠翊郎不抽换環衛官。

11 壬戌，詔李横軍中文臣左朝散大夫、直龍圖閣趙去疾等十三員，並發歸吏部，内借官人依條施行。

12 癸亥，日曆所乞：「關內東門司，取會禁中應出納更改事務。」先是，內東門司取旨，不許供報。至是，史館修撰綦崈禮復以爲請，乃許之。上因言：「禁中有事，皆遵守典故，不惟祖宗家法不敢輕議改更，亦厭紛紛多事也。」熊克小曆在甲子，今從日曆。

殿中侍御史常同守起居郎，新除起居郎胡寅别與差遣。時趙思誠新除中書舍人，會徐俯去位，朱勝非薦吏部尚書胡松年爲執政。同言：「松年乃王黼客，宣和間，劉光世復直龍圖閣，松年在詞掖，嘗醜詆之。今乃營求欲爲執政，可乎？思誠，挺之子。挺之首陳繼述，實致國禍，且與京、黼同時執政。今公道既開，豈可使其子尚當要路？」勝非不悦，同坐是徙官。思誠亦辭不至。朱勝非行述云：「勝非爲宰相，每薦士，而言路輒不容。朝士問勝非曰：『胡不辯之？』勝非曰：『勝非聞人以爲賢則用之，言者論其否則退之，初無容心也。且言路久塞，得人主聽言，乃盛德事。勝非若於榻前辯是非，言未必不直，然不知我者，以爲壅塞，豈宰相事哉？』問者竦然。」按此所云，與常同徙官事差不同，今併附此，更須詳之也。寅除命在八月甲午。既而復以寅爲直龍圖閣、知永州。

尚書右司員外郎袁正功直秘閣、知饒州，以正功引疾有請也。

武功大夫藍珪爲內侍省押班。

左朝散大夫、直秘閣朱萬年特遷一官，以往來關師古軍前，計議有勞也。

13 甲子，參知政事孟庾兼權樞密院事。時密院全闕官，用故事而有是命。

左通議大夫、提舉臨安府洞霄宮范宗尹復資政殿大學士，知温州。

閤門宣贊舍人、添差浙東兵馬都監劉綱充淮東兵馬鈐轄，泗州駐劄。

徽州進士汪仲卿言：「有二子汝賢、汝嘉，習童子舉，乞考試。」詔賜錢五十千罷之。

14 乙丑，襄陽府免解進士謝製補右迪功郎⑦。製在李横軍中，累經借補。至是，川陝宣撫副使吴玠有請也。

15 丙寅，尚書左司員外郎虞澐爲中書門下省檢正諸房公事。吏部員外郎晏敦復試左司員外郎。

16 丁卯，利州觀察使、新添差江南東路兵馬鈐轄翟琮知壽春府，琮以母老力辭不赴。熊克小曆載琮除壽春府於今年三月，蓋誤。

17 戊辰，罷諸縣武尉，見任人並不釐務，聽成資罷。

28 辛未，武功大夫、貴州防禦使韓公裔幹辦皇城司。

29 壬申，三省條上裁省細務一百十一事，歸之六曹。應合呈知文字，令宰執廳輪日請筆，民詞令都司簽貼，始用虞澐請也。上諭朱勝非曰：「朝廷所以多事者，以六曹不任責，每事取決耳。自今宜專責長貳，毋得循習苟且。卿等當進退人材，修明法度，助朕圖恢復之計。繁文末節，非所以委付大臣者。」勝非頓首謝。中興聖政：臣留正等曰：「大事關僕射者，所以著唐制之得體。宰相不親小事者，所以譏蜀臣之失職。蓋執刀斧，運斤鋸，左右趨走者，衆工之所服役，而梓人則不過司繩墨，正大綱，餘無所事焉。且天官雖均列六卿，而以治典居六卿之冠。明六卿分任庶務，以逸夫天官耳。不然，百官庶府，條目如蝟，雜然叢諸宰庭，殆有不勝應者，何以優游講究國家之大事耶？太上皇帝高見遠覽，清中書之務，勵分職之官，責六曹長貳無得苟簡，而專以恢復大計屬宰臣，可謂得任人之要矣。傳曰：『揭裘者振領，綱舉而目張。』其斯之謂歟？」

20 癸酉，詔修國史日曆所復以史館爲名。用修撰綦崈禮等請也。崈禮等又言：「神宗皇帝實録自有舊來朱、墨本，係元祐年所修，已是成書。其朱本係紹聖年因蔡卞起請重修，將舊書所載多所增損，務要附會一時紹述議論，深詆元祐史官之非。其間語言不無過當失實，然亦有別行檢會，引用照據，以證墨本未盡去處，并將二本參照修定，委是詳備。欲乞從本館先據朱、墨本看詳重修，如或尚有合行取會照對文字，逐旋申明，取索施行。哲宗皇帝實録係崇寧以後蔡京提舉編修，叙事之外，多是增飾語言，變移是非，殆非實録之體。成書之後，其當時時政記等應干文字，又皆焚棄，竊恐所載不無更改，隱漏失實，即難以便據舊録重行修定。欲乞從本所逐旋申明，於諸路州軍及舊臣之家更行取索求訪當時文字事跡，按據參照，看詳重修，庶無牴牾。」從之。

起居舍人王居正兼權中書舍人，以張綱獨員故也。

21 甲戌，監察御史魏矼守殿中侍御史。

國子監丞王普上明堂典禮未正者十二事。其二，先薦牛，後羊豕。其三，尊罍之數。其四，升祠祭法酒於内法酒之上。其六，禮官冕服，舊自七旒已下凡三等，今增爲四等。其七，皇帝未後詣齋室，非三日齋之義，請改用質明。其八，行事官致齋勿給酒。其九，以侍中中書令等侍立待閤門官⑧。其十，設席升煙、奠册，勿以散吏。其十一，樂曲先製譜，後撰詞，非是，請倚詞製譜。其十二，皇帝還位，當歌大吕，以易黄鍾。皆從之。其一，請以玉爵易陶匏，其五，言三禮圖祭器制度不合古，請用政和新禮改造，皆未克行也⑨。

詔神武右軍選精鋭軍馬三千人戍虔州，專一措置虔、吉一帶盜賊，權聽江西帥司節制。先是，岳飛出師，已破賊首鍾十四等十餘寨。至是，其徒周十隆等出没未已，遂命將官趙祥、李昇以所部往討之。

左從事郎、樞密院編修官田如鼇特改京官，以斬南安賊劉洞天之勞也。事見元年二月。

22 乙亥，權尚書户部侍郎姚舜明充集英殿修撰，提舉江州太平觀。初，都督府既罷，舜明引疾乞奉祠，遂不赴行在。詔舜明江上宣勞日久，特除徽猷閣待制、宮觀。言者論：「舜明諂事權臣，至同僕隸。去年韓世忠移屯鎮江，舜明盡刷江東一路財物以行，上下怨憤，刻薄苛擾，無勞可録。又權侍郎未及二年，未應元降指揮。望賜追寢，以重名器。」舜明由是改命。中書舍人張綱當制，改送刑房行詞，論者非之。改送刑房，作責降人，令遇大禮，不得奏薦，此言者論張綱章疏云耳。

23 丙子，命館職編集建隆至元符七朝制詔録，用秘書少監劉大中請也。其後不克成。此據會要。

24 丁丑，詔：「秉義郎子彦特轉武翼郎，添差温州兵馬鈐轄。左中大夫、集英殿修撰、新知泉州令應特轉行左大中大夫。」初，令應奉詔選宗室子，至是，復得子彦之子伯玖，年五歲，上以其聰慧可愛，命吴才人育之。「聰明可愛」，日曆所書上語云爾。紹興七年正月二十六日，權太常少卿樓炤劄子：「吴才人位主管文字馮才申：本位和州防禦使璩年八歲云云。」伯玖即璩也。前二日，上諭輔臣，且言：「向日賜名瑗者，亦令應求來，可量與恩數。」朱勝非曰：「令應見乞磨勘，有司以礙法，方欲奏稟。」上曰：「凡宗室恩數，當從優例，況令應又有此功耶？」

淮東宣撫使韓世忠言：「於私第建閣，以藏所賜宸翰，乞賜閣名。」詔名懋功。已而翰林學士綦崈禮言：「祖宗以來，人臣之家不聞有以所藏御書賜閣名者，始於蔡京崇觀間賜第城西，遂起君臣慶會閣，錫名揭榜，以侈大之。由是大臣貴倖之家更相援比，以邀上賜，無間内外。兵火以來，所存無幾。今陛下乃於世忠復有此賜。竊探聖志，蓋以寵光世忠，勉其立功之志，以歆豔諸將，非若前日誇詖之風，未有過舉。然方京都淪陷，官省汙穢，龍圖、天章、寶文、顯謨、徽猷所藏七朝典訓，一時委棄，而陛下乃自以所賜將臣御書，聽其建閣，且爲製名，顯示天下。臣恐有識之士，得以竊議，而未以爲當也。在世忠之分，則被遇聖主，感激眷知，親獲宸翰，焜燿私室，寶藏崇奉，唯恐不至，實臣子之義。顧陛下勿與焉，斯可矣。欲望指揮特賜追寢，今後臣寮不許有請。仍著於令，以明陛下謙恭抑畏之德。」從之。密禮所奏，在六月庚寅，今併附此。熊克小曆云：「世忠乞賜閣名。見朱勝非閑居録。」按日曆有世忠、密禮奏狀全文，會要亦備載此事。克不細考耳。

25 戊寅，持服人前直秘閣范寅敷卒。

是月，江南西路舒蘄黃復州漢陽軍德安府制置使岳飛引兵復襄陽府。初，僞齊將李成聞郢州失守，乃棄襄陽去。飛進軍據守，遂復唐州。

校勘記

① 詔荊浙江湖通接邊報州軍　「接」，叢書本作「援」。

② 朝廷以寒士久不得禄　「寒士」，原作「塞士」，據叢書本改。

③ 既而金僞入寇　「寇」，原作「犯」，據叢書本改。

④雖夷狄之彊　「夷狄」，原作「金人」，據叢書本改。

⑤寇至而遁　「寇」，原作「敵」，據叢書本改。

⑥夷狄之禍　「夷狄」，原作「彊敵」，據叢書本改。

⑦襄陽府免解進士謝製補右迪功郎　「右」，原作「正」，叢書本同。據宋會要輯稿職官六二之六改。

⑧以侍中中書令等侍立待閤門官　「待」，原作「侍」，據叢書本改。

⑨皆未克行也　此後有四庫館臣按語：「宋史：『紹興四年，太常寺看詳、國子監丞王普言明堂有未合禮者十一事，並從之。』『其九，設神位版及升煙、奠册，不當委之散吏。其十、十一，皆論樂。』此本其九一條文義脱誤，疑當併入其十條内。又其一、其五兩條皆未克行，亦與史異。」今皆刪除。

建炎以來繫年要録卷七十七

1 紹興四年六月己卯朔，武成感德軍節度使、開府儀同三司、充鎮江建康府淮南東路宣撫使韓世忠援舊例，乞行移所部帥臣、監司用劄子。許之。左諫議大夫唐煇言：「自來行移，惟三省、樞密院用劄子，他司皆不敢用，所以尊朝廷也。軍興以來，領宣撫使者，皆見任二府，故用劄子。向因主兵官輒用此例，已得旨，總兵官行移輒用劄子者，徒二年。伏見昨來孟庾爲福建路宣撫使，世忠爲副使，是時以庾參知政事，故行移皆用劄子。今世忠非帶三省、樞密院職事，恐難用庾例。乞付有司，參照條例改正。」從之。未幾，復詔世忠於所部州縣聽用劄子。唐煇乞改正在此月乙未，許世忠行移州縣用劄子在七月丁丑，今聯書之。

2 癸未，詔集英殿修撰、新知泉州趙令廣轉左大中大夫指揮勿行。上既還令廣，而中書舍人張綱言：「大中大夫非侍從，不得轉行。今令廣以庶官超轉侍從，於法有礙。且自崇、觀以來，士風不競，叨竊官寵，往往不循資任，遂致紀綱大壞。陛下慨然念治，將欲大變其俗，故前日冒濫之人，大者追奪，小者審量，中外有識之士方竊欣幸，以爲自是復守祖宗之法。今乃緣令廣之故，復違舊章，超遷官秩，臣所未喻。兼令廣在宗室中廉聲不聞，望賜寢罷。」疏入，詔以次官命詞行下。起居舍人兼權中書舍人王居正言：「庶官之不可轉行大中大夫，乃祖宗之法，萬世不可改易，豈俟臣等反復論説，而後知其不可？若以一大中大夫爲不足惜，則宗室之爲承宣使者，不旋踵求爲節度使，陛下是時何以却之？」上以爲然，乃寢其命。

拱衛大夫、同州觀察使胡愀①，大閹楊戩妻侄也，靖康中已致仕。至是，大將有薦其筋力未衰者，詔起舊官。左諫議大夫唐煇言：「愀用戩恩澤補授，數年之間，共轉一十九官，任後苑作、製造御前生活所，及主管御前事務，盜取恩賞，人所切齒。今一繫名軍中，便爲掌兵官，月俸不下數百千。愀可再任，即童貫、梁師成、譚稹之徒，其親屬亦皆當任用矣，豈所宜哉？」命遂格。日曆無愀落致仕之日，止因煇奏疏書之。疏言：「僉緣請托，以爲筋力未衰。」或是韓世忠所薦，亦未可知。當考。

3 甲申，饒州進士金覺言：「賫到秘要、天文、太一、遁甲、兵書等，未敢投進，望付三省呼召，容臣賫所有圖書謀策，次第條陳。」詔赴都堂審察。

4 乙酉，詔洪州鄉貢進士黄雲翼令引對。雲翼，豐城人，初名時起，嘗舉進士不第，後以入貲授官。至是，更名上書，故得召。未幾，殿中侍御史魏矼言：「其本富家子，嘗殺人亡命。」乃罷之。雲翼猶上書不已，矼力論其素行凶惡，愚弄朝廷。詔押歸本貫。雲翼上殿指揮更不施行在六月甲辰，押歸本貫在八月辛卯。

5 丙戌，詔今後樞密院邊防兵機等事，令三省官通書檢。時議者以爲：「侍從之臣，以論思獻納爲職，固亦無所不可言。矧廟堂二三大臣，爲人主股肱耳目，賴以圖維天下之治，豈容於事有不預聞者乎？今日國家之急，莫過於邊事，大臣任責，亦莫先於邊事，正須衆智協謀。今宰臣既已兼知右府矣，欲望檢會康定故事，應密院邊事之大者，詔參知政事同議，仍令書檢。庶幾商確僉允，動無遺策。」舊制，三省奏事畢，樞密院别班再上。自渡江後，三省、密院皆同班進呈文字，其密院邊防兵機等事，並機速房掌行。如事體稍大，三省、密院官同議進呈，退同批旨奉行，密院官押草檢并劄子。至是，宰相朱勝非、參知政事孟庾並兼樞密院，言者嘗謂「當國者不知兵」，又乞密院令參知政事通知，蓋以屬趙鼎也。由是勝非忌鼎益甚。言者論「當國者不知兵」，據趙鼎事實云爾，詳見九月鼎除川、陜都督注。按日曆，此月乙酉，唐煇對。丙戌，魏矼對。此事疑矼建請，亦未可知，當考。熊克小曆載此事於五年六月庚戌，蓋差一年。是時，孟庾、沈與求二參並已權樞，克實甚誤。今從日曆。

6 丁亥，左朝散大夫、夔州路轉運判官楊仲先爲成都府路提點刑獄公事，用宣撫司奏也。

7 己丑，詔大理寺捕雄州人王友直治罪。友直，榷場大儈也，嘗上劉豫書，乞招李成歸附。有云：「陛下若得李成，如漢得關羽②，唐得尉遲敬德。」又云：「劉光世非中興之將，吕頤浩非中興之相。」又乞：「令李成作江淮兩路制置使，只在淮南駐劄，陛下津置糧道，就兵取江、浙。」其言多所指斥。莫州商人王孝謹嘗見其書，至是，友直在平江，爲孝謹所告，捕得刑之。日曆今年八月十三日庚寅：「大理寺劄子：『根勘得王友直招，於劉豫上策及有指斥言語，乞據所招結案。』奉旨依。」不知如何行遣也。

8 壬辰，詔：「川、陜合赴省試舉人，令宣撫司於置司州置試院，選差有出身、清彊、見任轉運使副或提點刑獄官充監試，於逐路見任京朝官内，選有出身、曾任館學或有文學官充考試官。務在依公精加考校，杜絕請托不公之弊。」先是，詔省試並就行在。至是，禮部侍郎兼侍講陳與義奏：「川、陜道遠，恐舉人不能如期。」故復令類試焉。日曆十二日庚寅，陳與義已見進對。十四日壬辰，禮部狀勘會云云。以此知爲與義請也。

入内東頭供奉官鄭弼、西頭供奉官盧祖道各追二官，東頭供奉官徐奕、高品、徐伸各追一官。先是，弼等與入内黄門李廣並赴淮東宣撫使韓世忠私第會飲，廣即座上刃傷弓兵。事聞，詔以廣屬吏。弼等坐違制與主兵官交通抵罪，而奕、伸與世忠連姻，故末減之。俄又轉弼爲敦武郎，出監宣州商税。弼差監税在八月癸卯。李廣七月戊午行遣。

詔自今特添差官並作不釐務，其俸給、傔從並減半。慶元隨敕申明。

9 甲午，詔：「明堂大禮所用逍遥子，權住製造。其祭器什物，令禮官講究其可減者。」先是，御輦院乞造逍遥子，工部言約用金九十餘兩，詔以銀塗金代之。修内司又請雅飾朝殿及週迴宫牆至便門。左諫議大夫唐煇言：「禮有隆殺，在於因時。陛下自南渡以來，服用之物未嘗增飾，況親祠不出行宫門，而内外皆丹雘，此於欽祀何所補哉？今彊敵蓄謀未已，叛逆竊據中原，日夜窺我邊陲，而朝廷百司緣明堂大禮講求儀物，大興土木之役，廣求雕鏤文繡，此皆有司之過。邇來霪雨不止，艱食可慮。若縱爲無益，耗蠹金帛，他時但貽陛下之憂。望令有司照紹興元年體例，可罷者罷之，可減者減之，務存其實，庶爲盡善。」時已罷雅飾朝殿宫牆，故有是命。

10 乙未，給事中胡交修試尚書刑部侍郎，中書舍人張綱試給事中。

殿中侍御史魏矼言：「竊惟陛下以霪雨未解，夙夜憂思，凡可以消弭災沴者，無所不用其至，而百姓愁歎，或傷和氣。臣訪聞諸州縣催督夏税，并和買紬絹，急於星火，至有限五月數足。百姓間關輸送，乃倍所賦。矧方遭此水患，妻子號泣，散佈田野，忍以追科迫之哉？二月内户部申明諸路上供，令七月終以前起發數足，繼因臣僚論列，已奉聖旨展一月。今漕司州縣望風故促期限，政苛刑酷，遂使元元重罹其毒。臣竊詳户部元申明之意，本爲大禮賞給，然今府庫中豈無見存紬絹？儻一切留爲冬衣、大禮之費，俟過二事，方得别支，似無違礙。昨來户部初不曾分今年冬衣、大禮，及明年春衣所支各若干，又不曾量度諸路道里遠近，一概限七月終起發盡足，而監司守令，各非其人，吏緣爲奸，寖成大弊。夫農，天下之本也。軍旅資糧，官吏俸入，悉出於此，奈何坐視不恤，使就困苦哉？欲望特委大臣，會計冬衣、大禮所用，參酌諸路遠近，量寬其限。事責憲臣，覺察州縣騷擾并受納官吏之弊，按劾以聞。擇其尤者，重坐之，敢有隱庇，致臣僚論列，並連坐。庶使斯民仰懷陛下撫存之意，變愁歎爲謳歌，實弭災之道也。」詔專委諸路提刑司檢察按劾以聞，當議重寘典憲。時户部尚書黄叔敖理財峻急，故矼以爲言。諫官唐煇亦論：「政事失於下，則天變動於上。望陛下勿以堯、湯水旱爲運數之不能免，勿以緇黄祈禳爲足以消弭。更詔大臣，講求政事之實，無見於空言，斯爲盡善。又前日之雨，浙右民田所損已多，軍食所須，正宜預講，此殆非細事也。」詔札與三省、樞密院。

詔楊華特補修武郎、閤門祗候，添差臨安府兵馬都監。樞密院奏：「華已受知鼎州程昌寓招安。」故有是命。五年六月十三日尚輔乞改正狀稱：「程昌寓用本州添差統制彭筠權本路兵馬鈐轄，進兵攻討黄誠等，是致楊華畏懼出降。」當考。

右朝奉郎、直秘閣、新通判長寧軍李邦獻職名，令川陝宣撫司審量追改。胡交修之在後省，援建炎討論指揮有請，故奪之。

是日，金星晝見經天。

11 丙申，新除宗正少卿兼直史館范沖辭免恩命。朱勝非奏曰：「沖謂史館專修神宗、哲宗史録，而其父祖禹當元祐中任諫官，後坐章疏議論，責死嶺表，而神宗實録又經祖禹之手。今既重修，則凡出京、卞之意及其增添者，不無删改。儻使沖預其事，恐其黨未能厭服。」上曰：「以私意增添，不知當否？」勝非曰：「皆非公論。」上曰：「然則删之何害？紛紛浮議，不足恤也。」勝非曰：「沖不得不以此爲辭，今聖斷不移，沖亦安敢有請？」上復愀然謂勝非等曰：「此事豈朕敢私？頃歲昭慈聖獻皇后誕辰，因置酒宫中，從容語及前朝事。昭慈謂宣仁聖烈皇后誣謗，雖嘗下詔辯明，而史録所載未經删改。朕每念及此，惕然於懷，朝夕欲降一詔書，明載昭慈遺旨，庶使中外知朕修史之本意也。」勝非進曰：「聖諭及此，天下幸甚。」昭慈遺旨詳具建炎四年十二月己卯。

起居郎常同兼權中書舍人，中書門下省檢正諸房公事虞澐兼權給事中。

詔增置秘書郎、著作郎各一員，校書郎、正字各二員。宣和間有詔，秘書省自監少外，以十八員爲額。建炎間罷去，近歲纔復六員。禮部侍郎陳與義言：「陛下留神治道，急於人才，收召未已。而遠方之士，方且麢至，誠恐未足以待之。今郡縣添差之官，莫知其數。一通判、鈐轄之俸，不啻養三四館職，一監當、掾尉之俸，足以養一館職而有餘也。若更以一州添差之費，待天下之英才，誠未爲過。乞詔執事議，益增館職之員。」故有是旨。

12 丁酉，左中大夫、提舉江州太平觀席益復端明殿學士，知潭州；龍圖閣直學士、知潭州折彦質知静江府；徽猷閣待制、新知静江府程昌寓復知鼎州；右武大夫、忠州防禦使、知鼎州楊可輔充湖南兵馬鈐轄，潭州駐劄。初，荆南制置使王瓔自鄂回鼎，奏：「已招到賊衆萬餘。然賊累殺瓔所遣持黄榜使臣裴彦、晁遇等，且乞割州縣如溪峒故事。」而行在未知也。王瓔奏招安萬餘人狀，以七月朔降出，今併附此。彦質與瓔舊不叶，請易鎮，不許。趙鼎嘗爲彦質辟客，至是，改命之。

左從政郎充敕令所删定官謝祖信、左從事郎湖南安撫司主管機宜文字王鉌並改合入官。時二人以薦得召對，而祖信奏疏論名實之辨，以爲：「今國家之不競，在於士大夫無激昂奮勵之志，而以循謹自持爲賢；無捐軀致命之節，而以全身遠害爲智。知無不爲，則見謂生事；服勤州縣，則取譏俗吏。以至避言利之名，而常賦經用寖以不理；要解事之目，而舊章故實多所廢格。若此之類，其名甚美，其實無補。伏望官人賞罰之際，取其能濟時用，有益於國者進之，察其虚名無實，欺衆要譽者退之，則好惡彰，風俗變，而真賢實能出矣。」鉌，元城人也。祖信已見紹興元年。

左承議郎、主管江州太平觀林季仲行秘書郎。季仲爲趙鼎所薦，召對而有是命。

13 戊戌，詔神武軍、神武副軍統制、統領官並隸樞密院。熊克小暦於此日始書改軍名，蓋誤。

14 己亥，左承事郎李公懋守秘書省正字，用劉大中薦也。

詔：「今後除授館職寺監丞、博士、御史臺檢法官、主簿、在外監司、帥司，並命詞給告；承務郎已上差遣，給敕命；惟選人止用劄子。」先是，建炎初有旨，非侍從除拜，並出敕。元年十月丙午降旨。其後稍及貼職遥郡。二年六月辛巳。又及文武官六品。四年四月辛丑。至是，職事官自監察御史已上出告，餘止出劄子。議者以爲：「卑陋削弱，殊失國體。至如館職，天下之清選也，而用幅紙除授，反不若黄冠、祝髮之流以綾紙爲度牒，恐非所以奬士類、尊朝廷。」事下吏部，如所請。而討議、編修官如舊法，止出敕焉。

進士石公孺特補右迪功郎。公孺以薦對，而有是命。已而言者論：「祖宗朝，白衣授官如蘇洵輩，數十年間未有一人。屬者以進士召對錫官，殆無虚月。使果學識才行悉如蘇洵則可，萬一有如胡蒙薦李杞，補官之命方下，而所屬捕獲私醞，乃不敢治，豈不傳笑四方哉？衆口籍籍，咸謂僥倖之門一啓，寖與異時八行之舉無異矣。欲望特降指揮，若進士、隱逸實有文武經世之才，方許論薦。其已收召，則願朝廷更加審察，取其上焉者官使之，次則錫以處士之名，下焉者量賜束帛，庶使人安義命，而入仕之門不至僥倖，實今日治道所當先也。」從之。日曆臣僚上言在此月辛丑，今併書之。公孺初見紹興三年七月。

故承信郎田承寬妻王氏特封宜人。承寬本歸明，寓居廣右。王氏常遣家丁自備糧餉，助官軍討賊破之。提刑司上其事於朝，故得封。

15 庚子，吏部員外郎吕聰問上故相吕大防所撰其祖公著神道碑，且言：「臣猶記憶少時，親見大防取索當時詔本、日曆、時政記，以爲案據，撰成此文。由是觀之，先皇與子之志，蓋已定於一年之前，豈容中間更有異議？其所以召臣祖輔嗣君，欲更革之意，亦皆出於神宗皇帝之本心。後來臣祖與司馬光乃是推原美意，尊奉初詔，即非輒詆先帝，輕變舊章。當時若使更俟年歲，神宗皇帝當自更之，豈待元祐？臣竊聞聖詔欲改修二史，所繫之大者，無出於此。或恐有補遺闕，謹以投進，乞俟御覽畢，宣付三省史館，録白以爲案底。」從之。

16 辛丑，詔祖宗正史、實録、寶訓、會要，令史館各抄録二本，一進入，一付秘書省。以起居郎常同言「渡江以來，搜訪僅足。今三館秘閣尚寄佛廬，一旦守護不謹，則累朝盛典又復散落」故也。

責授黄州團練副使孟揆再責白州别駕，本州安置。揆坐販私鹽議罪，至是始貶。事初在去年八月戊申。

起復尚書右僕射、同中書門下平章事兼知樞密院事、監修國史朱勝非言：「奉制書起復，竊見明堂大禮，宰執例差五使。臣身有衣制，深慮不合陪侍親祠。望令有司討論典禮，付臣遵守。」詔禮部太常寺同共討論聞奏。

17 壬寅，作明堂行禮殿於教場，調紹興府、湖州卒二百爲增築之役。

詔秉義郎王評前差秀州澉浦巡檢指揮勿行。先是，評以内降得差遣。左諫議大夫唐煇上疏，引康定元年詔，及嘉祐中鎮海軍留後李瑋内降指揮轉官，爲諫官陳升之劾奏罰銅，以爲：「祖宗之制如是，今一巡檢不足道，恐此風滋長，自此攀援不已，當不止於求乞巡檢矣。望賜追寢。仍詔三省、密院，繼自今應干請内降指揮，許執奏不行，庶爲後來之戒。」上乃罷之。

初置史館校勘員，以右迪功郎鄧名世爲敕令所删定官，充校勘。

惠州牢城人吕熙許自便③。熙爲南劍州同巡檢，坐殺苗傅之徒張政抵罪，至是始釋之。事初見建炎四年三月

武功大夫、貴州防禦使、入内内侍省押班李叔與在外宫觀，以疾自請也。

18甲辰，户部尚書、提舉榷貨務都茶場黄叔敖充徽猷閣學士，提舉臨安府洞霄宫。以殿中侍御史魏矼論其闒茸老繆，職業不修也。矼言：「數易鹽鈔，蔡京之亂政也。自叔敖在户部，財用略不經意，一有不足，又變鈔法。朝令夕改，失信尤甚。遂使富商大賈陰伺國用將乏，則不復入納，惟幸變法以規厚利。朝廷舉措，反爲所制。而貲本無餘之人，至有待次累年者，怨嗟盈路，所不忍聞。此其罪一也。鬻爵爲官户，童貫之弊法。叔敖去年倡爲博糴，自承信、迪功郎，低價以售。遽理官户，蔭及二代。應兼并之家，遂與公卿無異，悉免科徭。而貧民下户，乃苦差役，破家敗産，在在有之。罪二也。叔敖性與小人合，四司事務，取決於胥魁毛漸，吏緣爲奸，莫敢誰何。凡出曆交綱之屬，非厚賂不行。罪三也。夏税物帛，非皆給大禮之用也。叔敖今春申明，行下諸路，令七月終悉至行在。計江西道里，兩月程方至，若此者，是五月當納足耳。州縣望風，急於星火。民間買絹，一匹至錢八千，多至十千，此在朝廷無毫髮之益，而於百姓有丘山之害。罪四也。榷貨務利源所在，頃者監官張純納賂狼籍，叔敖公然容庇，又縱其侄擇佳物而市之。純既敗露，朝廷委辟士大夫有才者使爲監官，叔敖不之恤也。豈士大夫中悉無幹才以充是選哉？罪五也。廷尉者，朝廷之獄，天下之平也。頃叔敖姻黨張覿，以贓污不法送寺根治，俄干政府出之，三尺安在哉？罪六也。伏望早賜黜責，以警失職之吏。」後二日，降叔敖爲徽猷閣待制，奉祠。

右宣義郎、直秘閣張元亨乞知鬱林州。元亨初見建炎三年二月。制曰：「爾僭僞之族，久冒寵榮。乃敢請於朝，爲郡嶺外，吾忍以遠方赤子餌汝哉？中秘清塗，非爾所居，其歸銓曹，尚畀爾禄。往圖自效，毋重悔尤。

可落職送吏部。」元亨免喪近三年，至此方乞差遣，當是因與朱勝非有連，故敢陳乞也。

詔：「神武右軍都統制張俊、中軍統制楊沂中將逐軍近日强刺人數，並給據，令自便。自今違犯，統制已下重行停降，使臣行軍法。立賞錢三百千，許人告。」先是，行在諸軍多强刺平人爲兵，人有斬手指以自免者。左諫議大夫唐煇言：「輦轂之下，人心必摇。」乃命軍效權住招收，仍令樞密院給黄榜曉諭。

19 乙巳，武功大夫、忠州團練使、新江西兵馬鈐轄杜湛改荆湖北路兵馬鈐轄，依舊統制軍馬，鼎州駐劄，聽守臣程昌寓節制。

太常奏謚故資政殿學士王存曰莊定。

20 丙午，執政奏事，上謂曰：「岳飛已復襄、郢，黏罕聞之必怒。况今正是六月下旬，便可講究防秋。儻敵人尚敢南來，朕當親率諸軍迎敵，使之無遺類，即中原可復也。若復遠避，爲泛海計，何以立國耶？」

權尚書吏部侍郎劉岑改户部侍郎。岑乞依舊帶權字，許之。

左儒林郎、建州觀察判官黄彧乞守本官致仕，以所得陞朝恩贈其父意一官。吏部言，事干風教，望特依所乞。從之。

右儒林郎、新紹興府觀察判官楊真卿除名，潮州編管。真卿，建安人，政和間以蜜煎遺梁師成得官，累爲本路漕屬。至是該討論，乃妄稱因進伯祖億言靈州事宜補官，都省以爲不合審量，遂得調。言者論之，下大理鞫實，而有是命。

是月，江西制置使岳飛復隨州。初，飛令前軍統制張憲引兵攻之，月餘不能下。神武後軍中部統領兼制置司中軍統制牛皋請行，乃裹三日糧往，衆皆笑之。糧未盡而城拔，生執僞知州王嵩，送襄陽府磔於市。飛之復襄、郢也，選鋒軍統制董先頗有功。先、皋皆久在京西，故飛以爲將。

初，直龍圖閣、知建康府呂祉入辭，上召對於内殿。祉奏：「今日之事，當先定規模，使沿江上下，表裏之勢相接。」祉至官，遂與左承奉郎通判府事吴若、右迪功郎安撫司準備差遣陳克共議，作東南防守利便三卷，至是上之。其説以爲：「欲守東南，則淮甸、荆州皆不可失。朝廷宜亟圖之，不可以遣使待報之故，因循廢日，以墮其計。今士氣未振，難以議戰。但當謹守封疆，如沿江一帶，自襄陽、江陵、武昌、九江而下，淮甸諸郡如合肥、壽春、盱眙、廣陵等處，各屯軍馬，西與四川形勢聯接，使上下有備，表裏如一，庶幾可以抗禦。雖未剪去凶逆，南北之勢成矣。今駐蹕臨安，僻在海隅，諸將重兵，皆屯江左，相去遠矣。以臣觀之，必於沿江一帶措置，而移蹕向前，然後可以繫南北離散之心，慰四海來蘇之望，鼓作士氣，以待天命。」其爲説甚備。克，晉陵人，有能詩聲，祉尤信用之。呂祉所上疏，不得其日。按建康知府題名，祉以去年十二月到官，而疏中有「屯軍襄陽」及「遣使待報」之語，當是襄陽已復之後，章誼未歸之前，故參酌且附此月末。

是月，熒惑犯南斗。此據趙甡之遺史。

是夏，僞齊劉豫以僞成忠郎許清臣主管殿前司公事，使清臣毀景靈東西宮。僞豫傳：五年夏，毀拆景靈東西宮云云。僞阜昌五年即今年也。

金左副元帥宗維、右監軍希尹自雲中之白水泊，右副元帥宗輔自燕山之望國崖，左監軍昌自祁州之麻田大嶺避暑。宗維、希尹尋入見金主。左都監宗弼自鳳翔還燕山府④，率宗輔往會之。遷西京樞密院於歸化州。

校勘記

①拱衛大夫、同州觀察使胡愀　「州」，原作「知」，據本書卷九九「拱衛大夫、同州觀察使致仕胡愀追三官勒停」記事改。

②如漢得關羽　「羽」，原作「侯」，據叢書本改。

③惠州牢城人吕熙許自便　「熙」，原作「頤」，按殺張政者熙也，因據本書卷二三建炎三年五月己亥、卷三二建炎四年三月甲寅記事改。下同。

④左都監宗弼自鳳翔還燕山府　「左」，原作「右」，叢書本同，同卷五二校勘記⑮改。

建炎以來繫年要録卷七十八

1 紹興四年秋七月戊申朔，曲赦虔州，降其州雜犯死罪囚，釋徒已下，以招盜之未平者。

吏部尚書兼侍講胡松年充端明殿學士、簽書樞密院事。

徽猷閣待制、知臨安府梁汝嘉試尚書户部侍郎，兼權知臨安府。

2 己酉，龍圖閣學士、知鎮江府沈與求復爲吏部尚書。

3 庚戌，尚書刑部侍郎胡交修兼侍讀，左諫議大夫唐煇試給事中，兼侍講。

端明殿學士、新知潭州、充荆湖南路安撫使席益充荆湖南路安撫制置大使，兼知潭州。樞密院言：「本路見討捕楊么，王𤫉已充制置使。」故有是命，仍促令之鎮。

詔户部侍郎兩員，通治左右曹職事。以侍郎劉岑有請也。元豐舊制，尚書一員，侍郎二員，分曹治事。艱難以來，止除長貳各一員，通管本部事。至是，並除兩侍郎，故申審焉。

是日，建昌軍亂，殺知軍事、左朝請郎劉滂。建昌兵素驕，邀取無藝，滂以法裁之。及是，市肆聚博，羣卒掠取不從，遂毁撤其肆，毆傷其人。滂杖而責償之，衆憤，兵馬監押沈敦智以俸緡代償，且以言激衆軍士修達、饒青等，相與作亂，殺及其家。通判軍事張棫、判官趙不倚皆死。賊遂脅寓居左中大夫、提舉亳州明道宮王義叔權軍事，盡刺彊壯爲兵，欲縱掠傍郡。義叔諭止之，乃嬰城自守。滂，東陽人，嘗爲太常博士，用近臣詹義、汪藻、李公彦薦，守建昌軍，及是遇害。熊克小曆載建昌亂在此月戊申朔，蓋因汪藻撰劉滂墓誌所書也。按日曆，八月十六日癸巳，侯懋奏沈敦智事云：「七月一日，敦智向兵士危先道：『知、通捉得你去，定是斬了，何自各人且逃避走閃？』至初三日，修達鼓衆傷害知、通。」又十月一日丙子，張澄奏王義叔事亦云：「七月三日晚，諸軍變亂，殺死前任知、通。」初三日庚戌也，故附於此日。八月二十二日己亥，樞密院言：「建昌軍賊饒青等，殺害知、通。」與懋所云修達稍異，今兩存之。張致遠奏建昌城中被黥者萬五千，當考。

右朝議大夫、知撫州孔傳聞變，用樞密院計議官李堯旗榜招之，且乞兵於江西制置使胡世將以討賊。傳，道輔孫也。

4 辛亥，徽猷閣待制、提舉台州崇道觀沈晦知鎮江府，兼兩浙西路安撫使。晦過行在，面奏藩帥之兵可用，謂：「唐中年平安、史，用朔方、太原兩軍，末年平黄巢，用忠武、大同兩軍。今沿江千餘里，若令鎮江、建康、太平、池、鄂每處各有兵一二萬①，用本郡財賦，回易官田給之，敵至，五郡以舟師守江，陸軍守隘，彼難自渡。設渡，五郡合擊，敵雖善戰，不能一日破諸城也。若圍五郡，則兵分而勢弱，或以偏師綴我大軍南犯，則五郡尾襲而邀擊，敵安敢遠去？頃歲敵敢越中山、河間，正以兵少，若太原則不敢南踰一步。此制稍定，三年後移軍江北，糧餉器械，悉皆自隨，所至便成全盛。」晦又言：「大將與帥臣各有所職，若全倚大將，恐不能辦。近年杜充總大兵在建康，而帥臣陳邦光不爲措置。及充迎敵，而邦光被縶，以至周望去而湯東野逃，郭仲荀去而李鄴降，皆坐此也。望撥零兵一二千付臣，并令臣募敢戰之士三千，參用昭義步兵之法，朞年後，京口便成强藩。況東晉常謂京口兵可用，故北府兵號爲最精，唐亦用宣、潤弩手平淮甸。」時方以韓世忠屯兵在府，故其言不行。

詔以湖南上供錢三萬緡，爲安撫司諸軍大禮賞給之費。長沙舊無屯兵，自李綱爲宣撫使，始將兵校二萬一千餘人戍其地。轉運司言無窠名應副，故以上供錢助之。

5 壬子，殿中侍御史魏矼乞詔大臣採司馬光之議，置總計使，以大臣領之。詔三省措置，後不行。

賜神武右軍都統制張俊錢十萬緡，爲除戎器之用，仍以金錢度牒中半給之。先是，俊請造長甲三千、短甲五千、馬甲五百、弓五千、矢五十萬，詔即軍中打造②。通費四十餘萬緡，至是未畢也。

6 癸丑，户部侍郎劉岑等建陳臨安税錢事。輔臣言：「收税恐增物價，更當令斟酌的確利害。」上曰：「第令條具，若斂不及民，一切聽之。」

右武大夫、忠州防禦使、樞密副都承旨楊應誠提舉江州太平觀，從所請也。

集英殿修撰李友聞提舉台州崇道觀。友聞，李儔之父。

故門下省録事張思聰贈右宣教郎，録圍城中蠟書之勞也。

是日，水賊楊欽攻鼎州杜木寨，破之。時折彦質自湖南報制置使王𤫉，以爲賊不可招，𤫉乃遣兵踐其禾稼，賊乘大水攻寨，破之。忠訓郎、鼎州遊奕將許筌爲所殺，官軍死者不可勝數，賊愈增氣。許筌明年二月己酉推恩。

7甲寅，詔：「博羅授校尉人，與免本身丁役，許用蔭承節、承信、迪功郎，理爲官户。有田五頃者，與免差科一次。若五頃以上，令用家人充役。」先是，殿中侍御史魏矼屢言：「徭役不均，貧民重困。」故有是旨。

左奉議郎湯鵬舉通判紹興府。鵬舉爲宣諭官所薦，召對不果用，俄改知廣德軍。鵬舉改命在此月丙子。

尚書駕部員外郎宇文師瑗主管台州崇道觀，從所請也。師瑗嘗除福建路提點刑獄公事，言者論其年少資淺，罷之。上念虚中，翌日詔賜虚中及章誼、孫近家錢各千緡。

8乙卯，祠部員外郎范同言：「師克在和。大抵剛果豪健之士，以氣相高，始由小嫌，寖成大釁。然古之賢將，急公家，棄私讎，捨怨忘憤，終成令名者，蓋不乏人。陛下拔用才傑，禮遇勳賢，備極榮寵，固將憑藉忠力，掃除腥穢③，一清寰宇，恢復祖宗之業。而道塗竊議，以爲將帥忘輯睦之義，記纖介之怨，或享高位，而忌嫉軋己，或恃勳勞，而排抑新進。審如是，他日必有重貽聖慮者。欲望明示至意，及其細微，易於改圖，使之視春秋諸卿以爲戒，追漢、唐名將而踵其跡，豈惟社稷是賴，而勳名寵位，尤享始終，亦陛下保全之德也。」詔札與諸將帥。先是，劉光世、韓世忠久不協，而岳飛自列校拔起，頗爲世忠與張俊所忌，故同及之。

9丙辰，檢校少保、定國軍節度使、川陝宣撫副使吴玠爲檢校少師、奉寧保静軍節度使，録仙人關之功也。於是本司統制官、榮州防禦使、知秦州吴璘陞定國軍承宣使，自楊政以下，宣撫司皆用便宜指揮，以次第賞。翰林學士綦崈禮當制，有曰：「陸海神臯，既失秦川之利；銅梁劍閣，敢言蜀道之難？」御史中丞辛炳奏：「玠方擁重兵，據要害以屏翰四川，乃云『既失秦川之利』，又云『敢言蜀道之難』，不識何謂？併乞改正，毋使遠方大將重以爲忌。」詔學士院貼改，遂改秦川爲秦中。既而密禮引咎乞黜責，詔赦罪。

10 丁巳，詔自今年爲始，令左右司歲考郎官功過治狀優劣，上省取旨賞罰。復舊制也。

11 戊午，入内内侍黄門李廙除名，杖脊刺配瓊州牢城。廙飲於韓世忠家，即坐上手刃傷弓匠關實，事下大理寺。殿中侍御史魏矼言：「内侍出入宫禁，而狠戾發於杯酒，乃至如此，其於防微杜漸，豈得不過爲之慮？建炎三年，嘗禁内侍不得關通主兵官，及據朝政，如違，以軍法處之。乞申嚴其制，以謹履霜之戒。」故有是命。

資政殿大學士、知紹興府王綯提舉臨安府洞霄宫，從所請也。

中書門下省檢正諸房公事虞澐言：「新除簽書樞密院事胡松年係親妹夫，乞一閑慢差遣。」制敕庫言：「職事別無相干，不合回避。」詔札與澐照會。

資政殿學士、知衢州謝克家薨，詔例外賜帛五百匹，官給葬事。

12 庚申，詔自今課院全闕官，其印記權令門下後省官寄收。前是，掌於胥史，言者恐其漏泄也。

神武右軍都統制張俊言：「近於逐處置到産業，除送納税賦外，其餘應干科配和預買之類，州縣並不理爲官户，與百姓一等均科。伏望並賜蠲免。」詔俊係主兵大將，特依奏。中書舍人言：「國家兵革未息，用度至廣，粒米寸帛，悉出民力。陛下哀愍元元膏血罄盡，於是以權宜之法，俾士大夫及勳臣戚里之家，一切不問其存亡，及官品之高下，遇有科敷，與編户一等，蓋欲寬民力，均有無。今俊逐處産業，必須浩瀚，使其獨免科斂，則當均在餘户，是使爲俊代輸也。不惟民力已竭，而又加重焉，且人心謂何哉？兼方今大將，不止俊一人，萬一皆援此例，以求於陛下，將何以應之乎？臣以謂，今之二三大將，富極貴足，使其能體國愛君，克自祗畏，則可以長保富貴，傳之子孫，世世不絶，何必斂百姓之怨恨，致在廷之煩言，而求分外之恩，快一時之欲？蓋亦不思之甚也。望命有司檢會見行官户科敷，及和預買等條法，札與俊。」詔令以次官書行，舍人又言：「從俊之請，則是陛下之德雖加於將帥，而害及於編户。夫民譬則肌肉也，將帥譬則肘臂也。愛一身者，四體均受其養。若曰惜肘臂而剥肌肉以養之，其可哉？伏望斷以不疑，收還所降指揮，是乃所以安俊也。」乃詔前降旨勿行，仍札俊照會。按：此時後省乃張綱、常同、王居正三人，未知此兩章何人所上也。當考。

統領忠義軍馬陸全特轉兩官。全本江西安撫大使司統制官祁超部曲，後從統領官、武功郎宛實戍吉州，實馭下嚴，全懼誅，與其衆叛去。至是在韶州，湖南安撫司統制吴錫遣使招之，全聽命。其後江西制置使胡世將論實討賊罔功，乃降實爲敦武郎，付本路帥司，責令自效。宛實降官在八月戊寅。

詔故威武大將軍宣州觀察使曲端，故親衛大夫明州觀察使趙哲並追復舊官。日曆不云復何官，會要云：「哲追復武功大夫、達州刺史。」恐誤。後悉還端所得恩，謚曰莊愍。制略曰：「屬委任之非人，致刑誅之横被。申還舊秩，加賁美名。」哲之制曰：「屬權臣之用事，敢專殺以肆威。其還横列之名，仍假廉車之重。」先是，言者數論張浚殺端、哲爲非是，故皆復之。已而哲子承節郎洪訟於朝，乃錫哲同州觀察使告身焉。趙哲換給告身在八月戊戌。

13 辛酉，龍圖閣直學士、知湖州汪藻上所編建炎中興詔旨三十七册，詔送史館。

14 壬戌，翰林學士兼侍讀、史館修撰綦崈禮充寶文閣學士，知紹興府。崈禮屢爲御史中丞辛炳所攻，乃引疾，而有是命。

直秘閣、新知泰州王圭爲江南西路提點刑獄公事，專切制置虔、汀、漳州賊盜。

左朝奉大夫林杞知池州。杞初坐殺張政故遠竄，至是復用。

右奉直大夫致仕邵伯温卒於犍爲縣，年七十八。伯温有聞見録、辨誣等書，皆行於世。

15 甲子，保義郎蓋諫爲閤門祗候，以在海州手殺金將王企中之勞，特録之也。

江西安復等州制置使岳飛復鄧州。時李成既遁去，與金僞合兵屯鄧州之西北。飛遣統制官王貴出光化，張憲出横林。前二日，至城下。賊兵來戰，統制官董先出奇要擊，大敗之。賊將高仲入城據守，將士蟻附而上，遂克之。飛移屯德安府。

是日，資政殿大學士宇文虛中自雲中始之金國。時宣撫處置司所遣使臣楊安初見建炎四年十一月。再至雲中府，虛中遺以礬書經文并跋語，大略言：「石頭雙林，雖未出世，氣象已咄咄逼人。」又言：「當堅忍其心，有進無退。衆魔將降，吾道自勝。」又言：「若見尊宿，併可告此。」蓋言大石林牙勢浸盛，欲張浚以其言白上也。後數月，安始至閬州。宣撫處置使司劄子：「使司昨於建炎四年七月二十四日，差使臣楊安賫文字前去僞地河東雲中府以來，尋宇文相公投下。今據本人回司供析，稱當年十一月初三日到雲中府，尋見吴先生名鼎，係西京人，充宇文相公門下幹當。安遂具説差來因依，本人指引前去南驛見相公，將所賫文字下了，不敢説話。至初五日，却得礬書一張、盤纏金三兩，亦不敢説話，便回至汾州，爲無文引，收捉了安下院禁勘，半年得脱，後來蒙嵐州給到公據。至今年六月内，却到雲中府再見相公，具説因依。安覆今秋須回去，又蒙相公分付經一卷、詩一首，又説：『國相要我入國，恐去。你回去時，千萬將所賫文字先呈宣撫司，乞令人將往本宅，傳語相公已次并大機宜、小機宜，且照管宅裏。』安今年七月十七日離雲中府，親見相公入國去。安迤邐回司，今月十四日到閬州，赴使司出頭。使司今將使臣楊安賫到礬書二張、經一卷、詩一首，封作一匣，專人賫擎前去，請照會親自開拆，辨認前件文字，是與不是奉使樞密相公親書。如委是詣實，即具保明文狀供申，守待投進施行，仍却將前件文字如法封角如匣，分付差去人賫擎前來。右札送知潼川府兼使司參議宇文徽猷，依此疾速施行，仍不下司。紹興四年十一月十五日印押。」按張滙節要，稱撒母門下被擄人吴才鼎，爲立名曰思謀，疑楊安所稱吴鼎，即是此人，當考。

16 丙寅，詔江東安撫司許招水軍千五百人，仍賜錢三萬緡，爲造舟之費。先是，言者慮賊兵侵犯江、淮，詔沿江諸帥嚴加備禦。故帥臣吕祉有請焉。

武功大夫、文州刺史、入内内侍省押班陳永錫兼主管往來國信所。

是日，神武右軍統領官趙詳等引兵入建昌軍，執叛兵誅之。先是，朝廷命詳自虔州進兵，而江西制置使胡世將亦遣左朝請大夫本司參議官侯慤、中軍統領官丘贇與之會。前一日，慤等至城下，權軍事、左中大夫王羲叔遣叛兵劉浄等就招，翌日，軍士脅從者六百餘人解甲出城，其首謀猶不出。慤等縱兵入城，賊敗走，追殺五百餘人。時降者尚懷反側，慤盡誅之。既而羲叔待罪於朝，士民言其有撫定之勞，乃詔放罪。慤又劾兵馬監押、從義郎沈敦智之罪，遂罷之。仍賜世將詔書奬諭。於是叛兵所掠金帛子女，多爲慤所取而去。慤，懋兄也。

17 戊辰，詔御史中丞辛炳稱疾既久，亦屢抗章，顧柏臺非養痾之地，可遂其請，除顯謨閣直學士、知漳州。先是，樞府全闕官，炳欲遷，乃數論胡松年、綦崈禮之失，捃摭細故，毫髪必聞。未幾，炳疾踰月，松年執政，而密禮補外。會炳疾小愈，未能造朝，乞不妨本職，先赴本臺治事。許之。議者紛然，謂：「從官治事而不赴朝參爲不恭，中司如此，何以掌朝議？」語聞，故有是命。此以朱勝非閑居録參修。炳乞先赴本臺管幹職事，在十七日甲子，蓋未罷前四日也。

初，江西制置使岳飛之入覲也，以泰州軍事判官朱夢説偕行。夢説，宣和間以布衣上書切直，故飛辟之。夢説嘗遺炳書，言：「時尚禽色之荒，多無用之物。二聖播遷未還，中原陷没未復，上無賢相，朝乏賢臣。」因責其不諫。炳携書以奏，飛乃厚賵夢説而謝遣之。此據中興姓氏録附入。夢説已見建炎元年二月。姓氏録又云：「炳携書以奏，上不喜，諭飛罷之。」趙甡之遺史云：「炳亦請外補，除知漳州。」按飛入朝在今春，去此已久。又炳亦久病，恐非緣此求去也。日曆今年八月二十七日甲辰，韓世忠狀：「泰州軍事判官朱夢説體究到知承州劉唐不法。」則夢説還任，必在春夏之間，今且附此，更求他書參考。

吏部尚書沈與求兼侍讀。

18 己巳，執政進呈内降公事。上諭曰：「近民間又造飛語，多及内侍。此曹何足惜？恐因而生變，不可不止絶之。」朱勝非曰：「恐軍中亦有幸變者，更乞諭張俊、楊沂中，使之譏察。然内侍輩亦望約束，令省事。」上曰：「何嘗假借此曹？兼已戒俊與沂中，但令臨安府略加根治可也。」趙鼎進曰：「民言可畏，亦不可不採聽。願陛下思所以致此言之由。」上嘉納之。

詔户部措置錢物二百萬緡，增數和糴。舊例，朝廷歲降本錢三百六十萬緡，約糴米九十萬石。至是，中書請增糴焉。

右朝請大夫、新知筠州白黄中追三官放罷。黄中，時中從弟也。以時中任入官，嘗爲陳州士曹、都水監丞，至是乞審量，而言者論：「其始者，專用濫賞循九資，而九年之内，又轉十官，僥濫太甚，豈可當民社之寄？」故有是命。

19 庚午，命宰執按江東淮西宣撫使劉光世帶到軍馬。光世時自池州入朝見上，言：「今軍中錢糧既已不乏，器甲又漸足備，臣官職超踰衆人，所願竭力報國，他日史官紀中興名將帥，書臣功第一④。」上曰：「卿不可徒爲空言，當見之行事。」光世㦛然受命而去。

降授和州團練使辛企宗乞討建昌軍賊。上諭大臣曰：「聞企宗在建昌，僅以身免，乃使人來經營差委討賊。頃嘗遣往福建平范汝爲，怯懦無謀，養成大寇。正如王𤫊在湖南，玩寇日久，卒無成功。而企宗又在𤫊之下，惟務交結，本無寸長可用也。」朱勝非曰：「陛下洞察諸將才否，不勝幸甚。」

20 辛未，殿中侍御史魏矼守侍御史，尚書吏部員外郎趙霈行右司諫，監察御史張致遠爲殿中侍御史。時致遠在道未至也。於是矼首論自治之策，且言：「諸軍比日以來，或造言惑衆，强行捉募，或劫掠財物，或殺傷農民。朝廷雖付之有司，而未能究治。自古善用將者，必宰輔因其事機，而御之有術；臺諫因其闕失，而言之當理。是以國能御將，將能使兵。今宜訓飭諸將，謹身率下，使士皆心悦誠服，安靖不擾。仍委宰輔以馭將之方，責臺諫以敢言之義，庶幾上下交儆，紀綱克振矣。」

大理寺丞韓仲通請：「武臣之有戰功者，陞朝之後，帶勳階以示旌别。吏部立法。」仲通，龔縣人也。明年二月丁酉立法。

高麗羅州島人光金與其徒十餘人泛海詣泉州，風折其檣，泊泰、楚州境上。詔付沿海制置使郭仲荀養贍，伺便舟還之。據光金所供，以四月三日自毛羅島起舟，當日遇風，至二十八日吹到淮南地分。今附降旨之日。

是日，龍圖閣學士樞密都承旨章誼、給事中孫近使金國還，入見。初，誼等至雲中，與左副元帥宗維、右監軍希尹論事，不少屈。熊克小曆云：「誼至金庭，與其左右副元帥黏罕、悟室論事不屈。」按，此時窩里嗢方爲右副元帥，悟室爲右監軍⑤，克小誤也。金人諭令亟還，誼等曰：「萬里啣命，兼迎兩宮，必須得請。」乃令金吾衛上將軍蕭慶受書。初，誼等之行，論李永壽所需三事，金人互有可否。獨畫疆一事未定，而宗維答書，又約以淮南毋得屯駐軍馬，王繪紹興甲寅通和録：「接伴李聿興問淮南已交與大齊，後來江南擅自占據。魏良臣等答云：『前此丞相惠書，止云淮南不得屯駐兵馬。』」繪所云丞相，即黏罕，今掇取附見。蓋欲畫疆以益劉豫也。誼等還至睢陽，爲豫所留，以計得免。上嘉勞久之。

21 壬申，中侍大夫、華州觀察使、荆南鎮撫使解潛特遷協忠大夫，以川陝宣撫司言其討賊之勞也。既而潛奏統領官胡勉績效，復進勉二官。事祖在今年二月乙酉，勉九月丁巳轉官。

22 癸酉，初命大理寺丞評刊定見行斷例，時議者乞：「明詔有司，應小大之獄，既得其情，一斷以法，無使一時之例復預其間。如其斷刑舊例法家所援有不可去者，乞條具申上，付之所司，立爲永法，布示中外，使知所遵守。庶幾刑罰平允，人無冤濫。」刑部勘當：「自國朝以來斷例，渡江以來，皆已散失。今所引用，多是自建炎以來近例，若建炎以前，皆出官吏省記，間亦引用。至於進擬案用例，或罪輕而引用重例，或罪重而引用輕例，或有例而不引，無例而彊引，即無檢察斷罪指揮。欲乞將本部并大理寺見行斷例，并臣僚繳進元符斷例，裒集爲一，行下大理寺，委自丞評刊定，若特旨斷例，即别爲一書。候成書，申送刑部看詳駁正。其不在新書者，不得引用。如引用失當，許本部檢察斷罪。」上之朝廷，乞頒降施行，故有是旨。

詔撫州、建昌軍依舊隸江西路，南康軍依舊隸江東路。先是，置沿江三大帥，因移易其屬郡。至是，建昌軍亂，朝廷及江西帥司皆已遣兵討捕，而江東帥司獨未知，故兩歸之。

是日，淮西宣撫司統制官酈瓊以所部至襄陽府。初，岳飛之出師也，上命光世遣兵五千爲之援，及是始至焉。此據岳飛九月十一日所奏。

23 甲戌，皇叔洺州防禦使士從爲涇州觀察使。士從前知西外宗正事，以例遷也。

24 乙亥，龍圖閣學士、樞密都承旨章誼試刑部尚書，給事中孫近試尚書吏部侍郎，兼直學士院，起居舍人王居正試中書舍人。

執政進呈，趙詳已平建昌叛兵。上曰：「官軍既入城，寧免玉石俱焚。」趙鼎進曰：「未必敢肆殺戮，恐須劫掠耳。」上愀然不悦，曰：「斯民無辜，遽遭此禍，其令有司優恤之。」既而殿中侍御史張致遠言：「國家艱難以來，福建殺漕臣，建康、杭、秀之守臣，皆爲其下所囚，率歸罪於有司，以爲失於撫循。臣聞建昌兵悍，劉滂稍裁以法，兹守臣之職，乃并其家皆碎於賊。此而不懲，失刑甚矣。願録滂之死，以白其冤。」乃贈滂左朝請大夫，通判軍事張棫亦贈三官，各官其家三人。軍事判官趙不倚亦贈三官，官一子云。

尚書都官員外郎魏良臣移吏部，祠部員外郎范同移考功。

左文林郎、平江軍節度推官趙雋之改京官，以同知大宗正事士㒟言其在建炎間有勤王之請也。事見建炎三年三月。

25 丙子，左朝散郎邵彪知泰州。

26 丁丑，左朝請大夫、提舉廣南西路買馬李預貶秩二等。時預始市戰馬五百至行在，類皆低弱，故責之。

武功大夫、神武後軍幹辦官張旦爲左武大夫、唐鄧郢州襄陽府安撫使、知襄陽府，親衛大夫、安州觀察使、神武後軍中部統領牛皐爲安撫副使，武義大夫、榮州團練使李道充四州都統制⑥，承信郎、神武後軍準備差遣周識爲右承奉郎、知郢州，承信郎、神武後軍準備差遣孫革爲右承務郎、簽書襄陽府判官廳公事，皆用江西荆南等州制置使岳飛奏也。

初，僞齊劉豫聞岳飛復襄陽，遣使乞師於金主晟，以求入寇。金主以方遣韓肖胄、章誼來聘，未可起兵。僞奉議郎羅誘上南征議於豫，曰：「皇天厭亂，所以開聖人。陛下據全齊之地，豪傑之士雲屯霧集，而趙氏兵窮力促，國勢顛躋，此天亡之秋，所以假手於陛下。隱忍不發者，毋乃惑於四議乎？臣請爲陛下決之。其一曰：宜以卑辭通舊主，告以大金敦迫不得已之意，陰結猛援，速求剪伐。成即爲君，敗即不失爲忠臣。陛下獨不畏張邦昌之禍乎？北面奉符璽，退而復辟，猶且爲虀粉，況又有甚焉者哉？此可決者一也。其二曰：彼有强敵難塞之賂，加以冗兵坐食之費，俟其凶荒，兵老財匱，然後可擊。此又不然。今宋之所保，不下百郡，西有三川之饒，南有二廣之富，增摘山之算，倍煮海之利。其賂大金者，不過歲時聘問，講禮之幣而已。若不乘其弊而擊，待其羽翮之成，提兵北向，則我齊一敗塗地。此可決者二也。其三曰：陛下所以王山東者，以其得民心也，若簽而從軍，定失民望。夫趙氏奄有神器，已二百年，其於生靈，德至渥也，一旦猶且忘之，況大齊姑息之恩哉？且民心日夜望故主之來，所賴大金威惠，固無異心。使彼和間稍行，將不我援，則豪傑四起，不待趙氏之兵，而齊已誅矣。此可決者三也。其四曰：陛下臨戎，國事孰委？而元子亦不宜輕動。臣謂陛下一傳之後，大臣皆宋之舊臣，誰肯竭力以輔少主？宜遣元子親行，成此戡定之功，以結民心，以服大臣，庶幾齊祚得永。此可決者四也。四議既決，而臣復有六擊之便，今備陳之。且兩淮膏腴千里，表護江、浙而不可失者也。金陵重地，得人守之，則窮年皓首而不可拔。彼退保吴、越，略無意乎？此天所以遺陛下。若遣兵先據兩淮，振威滁、泗，摇蕩江、浙，乘隙進拔金陵，縱不能全圖，則山東爲内地矣。此地利失其守，可擊者一也。且國步多艱，必資賢相。趙氏自播遷之後，所與謀事者，不過六七輩。吕頤浩横議狂直，失大臣風，兼有私門之僻，常爲利所移；朱勝非雖老臣，然守法具位，怯於圖大事；秦檜智小而謀大；翟汝文才有餘而量不足；趙鼎雖大器，然孤立在外，進不容於朝；至於范宗尹，口尚乳臭，言不顧行，又無足道者。是數子者，皆闒茸士，非宰相才也。況復互爲朋黨，此入彼出，視相府如傳舍。一旦倉卒，其君惸惸於上，百官泛泛於下，無有任其責者。此宰相非其人，可擊者二也。且國家危亂，注意在將。彼所用者，第皆庸瑣。劉光世雖持重，而偏裨不良；韓世忠有京西圯上之役，不可以言勇；世忠嘗敗於永安，又潰於沭陽。至於張俊，尸禄素餐，坐與卒伍争利，徒能費太倉米。是三子者，曾無毫髮功，而又挾不賞之疑，懷藏弓之忌，驕侈淫泆，權勢相尚，結怨連隙，未始少和。此將驕而不和，可擊者三也。彼自敗績之後，士卒殆盡，不過降烏合之衆，收饑悴之夫，驕縱不治，間有邊事，覬賞而後行。此兵縱而不戢，可擊者四也。太子天下之本，彼既無宗室，又失儲位，設有軍事，孰與爲謀？此主孤而内危，可擊者五也。夫用兵之道，財用爲先，彼自拏兵以來，藏無信宿之錢，倉無間日之米。兩浙之間，賦斂横出，官吏生奸，民人怨望。諸軍僥求之心，猶且不已。稍有警急，不亡何待？此民窮而財匱，可擊者六也。且我無四議之惑，彼有六擊之便，是乃萬全之師，取天下如反掌。臣謹上議。」豫覽之大悦，賜誘帛百匹，乘傳赴闕，以誘爲行軍謀主。此據僞齊録附見。叛臣之策，本不宜書，書之以見誘所謂四可決者，皆劉豫所忌，朝廷所當知也。

是月，豫調登、萊、沂、密、海五郡軍民之兵且二萬人，屯密之膠西縣，集民間之舟大小五百，裝爲戰艦，以其僞閤門宣贊舍人、知密州劉某充都統領，叛將徐文爲前軍，聲言欲襲定海縣。此據日曆今年十月五日軍賊崔寧等案欵附入。僞皇子尚書右丞相、梁國公麟與右丞相張昻同上書，乞科民間錢，據已耕種熟地頃畝爲率，每畝出二百五十文，在坊郭者，以五釐營運免行等錢，比附均敷。豫從其請。

校勘記

① 若令鎮江建康太平池鄂每處各有兵一二萬　「令」，原作「今」，據歷代名臣奏議卷二三二沈晦面對改。

②詔即軍中打造　「詔」，原作「招」，據叢書本改。

③掃除腥穢　「腥穢」，原作「氛祲」，據叢書本改。

④書臣功第一　「功」字下原衍一「功」字，據四庫本中興小紀卷一六、宋史全文卷一九上删。

⑤此時窩里嗢方爲右副元帥悟室爲右監軍　「窩里嗢」，原作「謂爾昆」，「悟室」，原作「烏舍」，據金人地名考證改。又窩里嗢、悟室原互倒，據金史，窩里嗢時爲右副元帥，而悟室爲右監軍，其從未任右副元帥，此注誤。故逕自調換。

⑥武義大夫榮州團練使李道充四州都統制　「州」，原作「川」，叢書本同，均誤。按：金佗稡編卷一〇家集一條具荆襄相度移治及差官奏作「武義大夫榮州團練使李道充唐鄧郢州襄陽府四州都統制」。李心傳不書四州府名，且以爲四川，誤甚，故據改。